작가의
드론 독서

5

정광모 지음

5

서출판 **전망**

작가의
드론 독서
5

차례

[문학일기]

[독서일기]

[문학일기]

잠수종과 나비

장 도미니크 보비/ 양영란 옮김/ 동문선

책 띠지에 '삶이 자꾸만 옅어지려고 할 때'라는 글귀가 쓰여 있다. 삶이 옅어질 때 읽어야 하는 책이다. 우울하고 만사가 귀찮을 때만이 아니라 삶이 나락으로 떨어질 때도 꼭 읽어야 할 책이다. 프랑스 ≪엘르≫지 편집장으로 활약하던 저자는 1995년 갑작스런 뇌졸중으로 쓰러져 오직 왼쪽 눈꺼풀만 움직일 수 있는 마비 상태에 빠진다. 그는 잠수종에 갇힌 몸으로 병원에서 전혀 예상치 못한 '새로운' 인생을 살게 된다. 이 책은 저자가 눈꺼풀을 20만 번 깜박여서 쓴 자신의 삶과 병에 관한 기록이다. '범사에 감사하라'와 '평상심이 바로 도'라는 진리를 뼛속 깊이 깨닫게 한다.

그는 베르크 해양병원 119호 병실에서 아침에 일어나 생각한다.

"잠수종이 한결 덜 갑갑하게 느껴지기 시작하면, 나의 정신은 비로소 나비처럼 나들잇길에 나선다. 하고 싶은 일이 너무 많다. 시간 속으로, 혹은 공간을 넘나들며 날아다닐 수도 있다. 불의 나라를 방문하기도 하고, 미다스 왕의 황금 궁전을 거닐 수도 있다."

그러나 이 모든 것은 공상일 뿐, 그는 손가락 하나도 꼼짝할 수 없다. 그는 출판사에서 보낸 사람과 눈꺼풀로 대화하면서 책을 쓴다. 방법은 이렇다.

"방법은 아주 간단하다. ESA……로 된 알파벳 표를 내게 펼쳐 보이면, 나는 내가 원하는 글자에서 눈을 깜박인다. 상대방은 그 글자를 받아 적으면 된다. 똑같은 과정을 그다음 글자에서도 계속 반복한다. 실수만 하지 않는다면 상당히 빠른 시간 내에 한 단어를 완성할 수 있고, 뜻이 통하는 문장도 토막토막 이어 맞출 수 있다."(37쪽)

비참한 상황에서, 눈꺼풀을 움직여 글을 쓴다니 음울할 책이 될 것 같지만 의외로 유머가 넘쳐나는 책이다. 머릿속에 선명하게 남아 있는 기억에 의존해 요리를 하는 장면을 보자.

"나에게는 기억을 더듬어 오래오래 음미하는 기술이 있다. 내 기억속에서는 아무 때고 식탁에 앉을 수 있으며, 까다로운 절차도 필요 없다. 예를 들어 식당에 간다 하더라도 예약을 할 필요가 없다. 내가 직접 요리를 하는 경우에는 백발백중 대성공이다. 부르고뉴 스튜는 먹음직스러울 만큼 적당히 기름기가 흐르며, 쇠고기 젤리는 투명해서 신선한 내용물이 한눈에 들어오며 살구 파이는 알맞게 새콤하다. 기분에 따라 가끔 달팽이 요리 한 접시와 푸짐하게 돼지고기를 썰어 넣은 슈크루트에다가 '늦게 수확한 포도로 생산'했다는 품질 보증서가 붙은 게뷔르츠트라미네르 포도주 한 병을 곁들이기도 하고, 때로는 간단하게 계란 반숙과 버터를 바른 가느다란 빵만을 먹기도 한다. 음, 그 맛이란! 소화불량을 걱정할 필요도 없다. 나는 물론 가장 좋은 재료만을 엄선해서 쓴다."(57쪽)

저자는 자신의 투병을 소재로 희곡을 써볼까도 한다. 한창 일할 나이의 가장인 L씨가 갑작스레 '로크드 인 신드롬' 환자가 되어 병상에서 새롭게 살아가는 법을 배운다는 이야기이다. 이제 작품을 쓰기만 하면 된다. 저자는 이미 머릿속에서 마지막 장면을 완성시켜 두었다고 말한다. 마지막 장면은 비극이면서 씁쓸한 유머로 채워져 있다.

"무대에는 전체적으로 어둠이 깔렸고, 한가운데 침대가 놓인 부분에만 후광이 비친다. 한밤중이라 모두들 잠이 들었다. 막이 올랐을 때부터 줄곧 꼼짝 못하고 누워만 있던 L씨가, 갑자기 이불을 걷어 젖히고 침대 아래로 뛰어내려 아주 비현실적인 조명이 비추는 무대를 한 바퀴 돈다. 곧이어 모든 것이 어둠 속에 잠기고, 마지막으로 L씨의 내면 독백이 들린다. 제기랄, 꿈이었군."(87쪽)

저자는 여러 곳에서 온, 자신을 격려하거나 인생의 의미를 밝히거나 삶의 순간을 생생하게 밝히는 편지를 소중하게 읽고 보관한다. 언젠가 이 모든 편지들을 한 장씩 붙여서 1킬로미터 짜리 리본을 만들어, 우정을 찬미하는 깃발처럼 바람에 펄럭이게 하고 싶은 소망이 있다. 물론 그런 소망은 충족될 가망이 없다.

글쓴이가 머무는 병실에는 별난 환자가 많다. 저자야 전신마비 환자이니 별 사고 칠 일도 없지만 말이다. 예를 들어 똑같은 카세트테이프를 계속해서 듣는 걸 유일한 낙으로 여기는 환자들이 있는가 하면, 한동안 복잡한 장치가 달린 봉제 오리 인형을 가진 젊은 남자가 같은 병실을 쓴 적도 있다. 이 오리는 누군가가 방에 들어오기만 하면, 다시 말해 하루에도 수십 번씩 높고 째지는 듯한 노랫소리를 저절로 외쳐댔다. 이 가엾은 환자는 다행히도 저자가 오리를 처치하려는 계획을 실행에 옮기기 전에 퇴원을 했다. 혼수상태를 거치면서 정신착란을 일으켜 "불이야!"라고 소리쳐대곤 하는 여자도 있다. 이런 소동이 가라앉고 다시 침묵이 찾아오면 저자는 비로소 머릿속에서 팔랑팔랑 날아다니는 나비들의 움직임에 귀를 기울일 수 있다.

출판사 직원인 클로드 망디빌은 끈기 있게 저자의 나비 움직임을 포착해 원고를 만든다. 클로드는 무(無)로부터 건져 올린 원고를 저자에게 읽어준다. 괜찮은 글도 있고 실망스러운 페이지도 있다. 저자는 의심한다. 이게 과연 책이 될 수 있을까? 1996년 8월 저자는 탈고하고 머지않아 책으로 나온다. 그리고 출판된 지 얼마 지나지 않아 장 도미니크 보비는 자유롭게 나비들이 나는 세상으로 영원히 떠나고 만다.

언젠가 글쓰기 강좌에서 '글쓰기 자세'를 말하면서 이 책을 인용했다. 끈질기게 한결같이 쓰는 모범이 여기에 있다고. 저자의 상황이 되면 글을 쓸 사람이 몇 명이나 될까! 절망의 나락에 빠져서 헤어나지 못하고 자학으로 삶을 날려버릴 사람이 대부분일 것이다. 장 도미니크 보비는 글 쓰는 이가 지녀야 할 불굴의 자세를 온몸으로 보여주었다.

백년보다 긴 하루

친기즈 아이뜨마또프 / 황보석 옮김/ 열린책들

중앙아시아 스텝 지역의 삶을 알게 해주는 책이다. 주인공 부란니 예지게이의 삶을 따라가니 우리가 중앙아시아에 관해, 유목민의 삶에 관해 모르는구나 하는 생각이 먼저 들었다. 우리의 문학적 시야가 서구문학에 치중해 있기 때문인지도 모른다. 사로제끄 사막 옆 스텝 지방에 있는 보란리—부란니 간이역에 부란니 예지게이와 아내 우꾸발라가 살고 있다. 간이역에는 불과 몇 가구만이 가끔 정차하는 열차와 선로를 봐주며 살고 있을 뿐이다. 어느날 까진갑 영감이 사망하자 예지게이는 사로제끄에 있는 아나—베이뜨(어머니의 안식처) 묘지에 까진갑을 묻으러 출발한다. 이 장례 행렬 선두에는 장식 술이 달린 마의로 치장된 낙타 까라나르에 올라탄 예지게이가, 그 뒤에는 장례식 손님과 고인의 친척이 탄 트랙터와 트레일러가, 그리고 벨라루시 굴착기가 따라가고 있다. 소설 제목인 '백년보다 긴 하루'는 이 장례식 날을 말하는 것이다.

그런데 소설은 특이하게 지구 궤도에 있던 패리티 우주 정거장의 두 우주인이 외계인을 만났다는 이야기를 병행하고 있다. 두 우주인은 외계 문명에서 온 신호에 따라 교신했고, 외계인들이 광속도로 비행할 수 있는 장비도 있으며 수학 및 화학 공식으로 소통이 될 뿐만 아니라 지구의 언어로도 의사소통이 가능하다는 것을 알게 된다. 외계인은 패리티 정거장을 방문해 두 우주인을 태우고 광속의 속도로 레스나야 그루지 행성으로 옮겨 간다. 레스나야 그루지 행성으로 간 두 우주인은 그루지 행성의 상태와 호감가는 외계인에 관해 진술하는 보고서를 패리티 정거장으로 보낸다. 그러자 항공모함 컨벤션호에 타고 있는 미국과 소련의 고위층들은 우주인 두 명이 외계인과 접촉했다는 사실을 지구인에게 숨기고 대책을 마련한다. 그후 미국과 소련 모두 우주인 두 명과는 완전히 소통을 끊어버린다. 이 우주인 두 명 얘기는 왜 들어간 것일까? 전혀 엉뚱하게 들어온 것 같은 우주인 에피소드는 소통을 거부하는 사건으로 소설에 잘 어울리면서 어떤 사건에 배경과 아우라를 주고 있다.

그 사건은 아부딸리쁘의 체포와 사망이다. 아부딸리쁘 꾸지바예프는 2차대전 당시 독일군과 싸우다가 포로로 되었다. 아부딸리쁘는 1943년에 한 패의 다른 포로들과 함께 남독일의 포로수용소를 탈출하여 전쟁이 끝날 때까지 유고슬라비아 해방군으로 싸웠다. 그는 유고슬라비아에서 부상을 입었다가 회복되었고 유고슬라비아 무공 훈장도 받았다. 그런 투쟁 경력이 소련에 돌아온 아부딸리쁘의 인생을 망치게 한다는 것을 아부딸리쁘로서는 상상도 못 했을 것이다. 2차 세계대전이 끝난 지 얼마 되지 않은 1948년, 유고슬라비아 공산당이 소련 공산당에 대항하다가 민족주의적 편향을 보였다는 이유로 코민포름에서 제명되었다. 이제 아부딸리쁘는 단순히 전쟁 포로였던 사람이 아니라 유고슬라비아와 오랜 교분을 가진 수상쩍은 사람이었다. 아부딸리쁘와 가족은 근무하고 있던 교직을 박탈당하고 이곳저곳을 떠돌아다니다가 1951년 말 한 겨울에 사로제끄의 보란리-부란니의 간이역에 나타났다.

아부딸리쁘는 성실하게 간이역에서 일하면서 자신의 개인 회고록을 썼다. 그런데 열차 운행 감찰관이 아부딸리쁘가 쓰는 회고록에 유고슬라비아 빨치산 투쟁이 들어있다는 이유로 고발하고 아부딸리쁘는 치안기관에 잡혀가고 만다. 스탈린 시대 말기에 일어난 사건이었다. 아부딸리쁘의 체포 사건과 우주인이 소통을 거부당하는 이야기는 묘하게 공명된다. 그리고 예지게이가 까잔갑 영감을 철조망을 두르고 군인이 경비하는 아나-베이뜨 묘지에 묻지 못하게 된 사건과도 묘하게 연결된다.

작품에는 또 다른 에피소드 하나가 큰 줄기로 들어오는데 만꾸르뜨 노예 만들기다. 아나-베이뜨 묘지에는 츄안츄안족이 사로제끄를 정복하는 과정에서 포로가 된 전사들을 눈 뜨고는 볼 수 없이 잔인하게 다루었던 시기로까지 거슬러 올라가는 역사가 서려 있다. 츄안츄안족은 포로로 잡힌 젊은 남자 희생자들의 머리에 낙타 유방 가죽을 씌워 사막으로 끌고 가 버려둔다. 가죽이 머리를 죄어 대부분은 고통 속에 죽는데 일부가 살아남으나 이들은 기억을 모두 잃고 츄안츄안족에 충실한 노예로 살게 된다. 이들 기억을 잃어버린 노예를 만꾸르뜨로 부른다. 만꾸르뜨로 변해 버린 아들을 발견한 어머니 나이만-아나는 아들의 기억을 되찾아주려고 하다 결국 희생되고 만다. 나이만-아나가 묻힌 곳이 사로제끄에서 아나-베이뜨, 즉 <어머니의 안식처>라는 묘지로 알려지게 된다.

이 만꾸르뜨 만들기는 유목민 서사시에서 그 흔적이 발견된다고 하는데, 이 이야기 역시 스탈린 정권 시대의 억압과 기억 말살과 연관되며 독자에게 공명을 일으킨다. 그래서 이 소설의 큰 다섯 개의 줄기인 1)까잔갑 영감의 매장 2)두 우주인 이야기 3)만꾸르뜨 이야기 4)아부딸리쁘 체포 및 사망 5)음유시인 라이말라 아가와 젊은 여자 베기마이의 연애 들은 별도의 이야기 같으면서 '하루'에 묶여 주제를 부각하고 문학적 감동을 창조한다.

작품의 문장은 뛰어나다. 아부딸리쁘가 체포되어 보란리−부란니 간 이역에서 열차를 타는 장면을 보자. 아부딸리쁘는 사랑하는 아내 자리빠와 아이들과 헤어지게 된다. 모두가 침통하지만 아이들은 아직 사태를 잘 모른다.

"바람을 막으려고 코트 깃을 세운 채, 등으로 아부딸리쁘를 가로막고 서서 그를 식구들과 격리시키고 있는 가죽 장화 차림의 그 세 사내는 답답할 정도로 말이 없었다. 그리고 아부딸리쁘에게 작별 인사를 하려고 모인 부란니 사람들도 똑같이 말이 없었다. 한차례 바람이 불어와 버스럭거리는 소리와 들릴락 말락 하게 휙휙거리는 소리를 내면서 땅을 휩쓸어 눈발이 비치는 대기를 몰아갔고 차가운 안개가 사로제끄의 불투명한 하늘로 거칠고 우중충하게, 휑하니 뻗쳐올랐다. 달빛은 그 안개 낀 대기를 뚫지 못해서 단지 흐릿한 반점으로만 보였다."(283쪽)

"멀리서 기관차의 불빛이 시야에 들어왔다. 모두들 조금씩 움직이고 걷기 시작했다. 자리빠는 슬픔을 억누르지 못하고서 그때까지보다도 더 큰 소리로 흐느꼈다. 우꾸발라도 그녀와 함께 울고 있었다. 기차가 가까이 다가올수록 이별의 순간도 가까워지고 있었으므로, 차갑게 휘몰아치는 짙은 안개를 꿰뚫으며 헤드라이트 불빛과 더불어 무시무시하게 덜컹대는 시커멓고 거대한 물체가 다가왔다. 열차가 접근해 오는 동안 눈이 멀듯한 헤드라이트 불빛과 다른 불빛들이 땅 위로 점점 더 높이 떠오르는 것처럼 보였고, 선로 위로 눈발이 비치는 대기가 빛줄기 속에서 점점 더 뚜렷해지며 크랭크와 피스톤의 묵직한 소음이 점점 더 커졌다. 이제 기관차의 윤곽이 보이고 있었다.

아부지! 아부지! 저기 봐, 기차가 들어와! 에르메끄가 신이 나서 외쳐 대다가 제 아버지가 아무 대답도 해주지 않자 놀라서 잠잠해졌다. 그 아이가 한 번 더 제 아버지의 주의를 끌려고 했다. 아부지! 아부지!"(284쪽)

작가의 아버지 역시 작가 나이 아홉 살 때 부르주아 민족주의자로 몰려 처형된다. 작가가 까잔 역에서 아버지와 헤어진 후 50년이 지나 아버지 유해가 발견된다. 1937년 스탈린이 처형한 희생자들로 밝혀진 138구의 시신들을 포함하는 집단 매장지가 발굴된 것이다. 그 유해들 가운데 작가 아버지의 기소장이 들어있었다.

소설에서 좋은 일이 생기면 다음에 나쁜 일이 생기고 다시 좋은 일인가 싶었더니 나쁜 일이 닥치는 파고가 반복된다. 예지게이가 자리빠에게서 스카프를 선물받고 좋아하지만 스텝에서 돌아오니 자리빠는 떠나고 없다. 아부딸리쁘와 가족들이 새해맞이 축제에서 행복하게 지내지만 곧 아부딸리쁘는 경찰에 끌려가고 만다.

작품에서 감초와 같은 역할을 하는 존재가 낙타 까라나르다. 까라나르는 힘이 세고 덩치가 큰 수놈 낙타다. 수놈들은 육봉이 힘차고 충실하고 강력할수록 지방층이 더 두껍고 그만큼 더 겨울의 발정기 동안 강해질 수 있는 것이다. 그때가 되면 눈과 추위는 낙타에게 아무런 영향도 미치지 못하고 다른 사람들은 물론 제 주인도 어찌해볼 도리가 없다. 까라나르는 예지게이의 집을 나가 스텝에서 사납게 날뛰며 돌아다니고 있었다. 모든 침입자들로부터 방심 않고 제 암낙타들을 보호하기 위해 검은 갈기와 무시무시한 수염을 흔들어 대고 으르렁거렸다. 예지게이는 까라나르를 찾기 위해 집을 나선다. 아부딸리쁘를 잃고 혼자 된 자리빠가 떠나는 예지게이에게 스카프를 선물한다. 예지게이가 까라나르를 스텝에서 붙잡아 안장을 올리고 부란니 간이역으로 돌아오면서 예지게이는 자리빠를 사랑하는 마음에 가슴이 부풀어오른다. 자리빠가 자신에게 스카프를 선물한 것은 자신에게 마음을 허락한 것으로 생각된다. 그런데, 웬걸, 부란니 간이역으로 돌아오자 예지게이는 청천벽력의 소리를 듣게 된다. 자리빠가 예지게이가 없는 틈을 타서 아이들을 데리고 기차로 멀리 떠난 것이다. 예지게이는 비통하게 울다가 호주머니에서 그 전날 자리빠가 선물해 준 스카프를 꺼내 눈물을 닦아냈다. 예지게이는 이 모든 일이 낙타 까라나르가 스텝으로 도망치면서 일어났다고 생각했다. 그는 까라나르를 찾아가 양손으로 채찍 손잡이를 움켜쥐고서 지독한 슬픔을 안겨준 대가로, 품은 원한을 한꺼번에 터뜨리며 그 짐승을 채찍으로 후려 때리기 시작했다. 그는 사납게 인정사정없이 연달아 채찍을 내리치고 고함을 지르고 욕설과 저주를 퍼부었다.

"네놈은 맞아야 돼! 맞아야 돼! 망할 놈의 짐승! 이건 모두 네 탓이야! 이 탐욕스러운 놈! 여태까지도 네놈은 물리지가 않아서 도망을 쳤다 이거지! 그 사이에 자리빠가 애들을 데리고 가버렸단 말이다! 이제부터 난 어떻게 살란 말이냐? 이 나쁜 놈!"(403쪽)

까라나르는 쏟아지는 채찍질 아래서 미친 듯이 소리를 지르며 길길이 날뛰다가 마침내 스텝으로 도망치고 말았다. 예지게이의 순정을 바친 사랑은 그렇게 끝을 맺고 말았다.

작가는 작품에서 우화와 신화, 공상, SF 등 다양한 장치를 이용해 작품을 끌고 나간다. 그런 장치를 등에 업고 우직하고도 정의감에 찬 주인공들이 소설 곳곳에 버티고 서 있다. 스탈린 시대의 암흑을 견뎌낸 스텝 민족의 서사시로 읽혀진다. 눈보라가 부는 스텝의 고난을 뚫고 살아남은 것은 작품이다. 권력이 아니었다. 스탈린의 힘이 아니었다. 그리고 작품은 시간과 공간을 넘어 극동의 나라 한국에서도 독자가 작품을 읽고 감탄하고 있다.

[문학일기 3]

미키 7
에드워드 애슈턴/ 배지혜 옮김/ 황금가지

　'브래드 피트 제작, 봉준호 감독 연출의 헐리우드 영화의 원작 소설' 문구에 꽂혀 책을 읽었다. 미드가르드 행성에서 사는 미키 반스는 빚에 쪼들리다가 조폭 세력에게 고문을 당한다. 이대로 조폭에게 당하며 살 수 없는 그는 행성을 탈출해서 개척지 탐사대에 합류하기로 결심한다. 미래에도 빚을 받아내는 기술은 발전하고 갚을 수 없는 빚을 진 인생은 처참하다. 개척대 탐사대 모든 자리는 지원자가 넘쳐나는데 딱 한 자리, 익스펜더블만 남아 있다. 익스펜더블은 무한히 계속되는 재생용 인간이며 소모 인력이다.

　익스펜더블이 되면 조직 샘플을 채취해서 시스템에 업로드한다. 만약 익스펜더블이 위험한 작업을 하다가 죽으면 그 시스템을 이용해 부활시켜 다시 위험한 작업에 투입한다. 치명적인 방사능에 노출되거나 포악한 육식 생명체가 있을 수도 있는 크레바스 탐험 같은 작업에 투입된다는 것이다. 이건 좋게 말하면 불멸의 삶을 사는 것이다. 하지만 최악의 죽음을 되풀이한다는 점에서 으스스하기 짝이 없다. 지원자가 아무도 없는 것이 이해되고도 남는다. 미키는 익스펜더블이 되고 이런 저런 위험한 업무로 수행하다 여러 번 사망하고 마침내 미키 7까지 나가게 된다.

얼음으로 뒤덮인 행성 니플하임에서 개척민 소속의 소모 인력인 미키 7은 위험한 임무가 필요할 때마다 기꺼이 나서는 역할을 맡는다. 그가 죽음에 이르면 전임자의 기억을 갖고 복제된 미키가 다시 임무에 투입된다. 미키 7은 크레바스를 탐험하다가 깊은 구멍에 빠지게 되고 동료인 베르토는 그를 버려두고 떠난다. 지네를 닮은 거대 동물인 크리퍼의 도움으로 구사일생으로 살아난 미키 7은 탐사대가 있는 돔으로 귀환한다. 그런데 동료였던 베르토가 미키 7이 죽었다고 생각해 미키 8을 재생시켜 놓는다. 미키 7은 자신의 방에 누워 있는 미키 8을 만난다.

맙소사. 이 사실이 탐사대 대장 마샬에게 알려지면 둘 중의 하나는 단백질 제조 공정에 던져져 바로 죽을지도 몰랐다. 미키 7은 미키 8과 불안한 동거를 시작한다. 그런데 미키 7의 기억과 삶을 복제한 미키 8은 이상하게도 미키 7과 똑같지는 않다. 그 둘은 티격태격하며 아슬아슬한 생존 경험을 쌓아나가는데 마침내 미키 7과 미키 8은 애인을 공유하는 황당한 상황에도 빠진다.

동시에 행성 니플하임의 선주 생명체인 크리퍼는 돔과 탐사대 대원을 공격하고 탐사대는 점점 더 위기에 빠져든다. 과연 미키 7과 미키 8은 살아남을 수 있을까? 아니면 둘 중 하나만 살아남게 되는가?

소설은 시원시원하게 스토리를 전개한다. 큰 장점이다. 우울하지 않고 풍자와 유머를 섞어 은근히 미소짓게 만드는 미덕도 있다. 사건들이 연속해서 일어나기에 다음 장면이 저절로 궁금해지기도 한다. 웹 소설을 닮았다고나 할까. 바닥에 깔고 있는 세계관과 철학이 허접하지는 않다. 미키 7과 미키 8은 동일한 사람인가? 미키 7의 삶은 올림푸스에 사는 불멸의 신들 삶과 같은가? 그렇지는 않다. 미키 7과 미키 8은 적은 식사 배급량을 두고 갈등을 일으키는데 어느 쪽도 양보하기 어려운 딜레마에 빠져 있다. 사람은 두 명인데 배급량은 한 사람 분이다. 거기다 미키 8은 재생 탱크에서 막 나온 후유증으로 휴식과 더 많은 칼로리와 단백질이 필요하다. 미키 7과 미키 8은 옛 기억을 공유하지만 그런 기억의 공유가 둘이 동일체라는 신념을 보장하지도 못하고 눈앞에 직면한 식량 문제를 해결하지도 못한다.

그들의 음식을 둘러싼 싸움을 보자.

"절대 안 돼. 이건 내 몫이야."

"재생 탱크 후유증을 생각해 봐. 세븐. 난 음식다운 음식을 좀 먹어야 해. 우리 카드에 300킬로칼로리가 남았으니까 네가 이걸 가져."

"잘 들어. 나는 지난 24시간 동안 두 번이나 죽을 고비를 넘겼고, 너는 두 번 다 낮잠을 자고 있었어. 계속 이럴 거면 사이클러에서 20분 뒤에서 만나. 이번에는 제대로 한번 해보자고."

"좋아, 알겠어. 맛있는 저녁 잡수세요. 덩치만 큰 아가씨. 네가 얼른 크리퍼한테 먹혔으면 좋겠다."(229쪽)

에잇은 비밀이 발각된 다음 체포되고 마샬 대장 앞에서 이렇게 말한다.

"저, 사령관님. 저희가 둘이면 안 된다는 것은 이해하지만, 아시다시피 고의로 이렇게 된 게 아닙니다. 그리고 이건 어떻게 보면 좋은 일이 될 수도 있습니다. 우리 개척지는 점점 형편이 어려워지고 있고 두 명이 있으니 두 배로 유용하게 사용할 수 있지 않겠습니까? 결국 저희가 필요하잖아요. 이번 일은 넘어가는 게 어떻겠습니까?"(330쪽)

탐사대장 마샬은 미키 7과 미키 8이 동시에 존재하는 현실을 확인하고 그 둘 모두에게 위험한 크리퍼 상대 외부 탐사 작업을 맡긴다. 더구나 위험하기 짝이 없는 반물질 폭탄을 들고서 말이다. 반물질 폭탄을 터뜨리면 크리퍼뿐만이 아니라 미키 둘은 동시에 날아가버릴 가능성이 높다. 미키 7은 모두를 속이는 꾀를 쓴다. 복제를 거듭해도 생존을 향한 아이디어는 무뎌지지 않는 모양이다.

도리언 그레이나 드라큘라처럼 소설 주인공이 불멸의 삶을 사는 아이디어는 많다. 미키 7은 고난의 부활을 계속하지만 백만장자가 부귀영화를 누리다가 죽은 후 재생되어 새로운 삶을 사는 것처럼 능청스럽고 긍정적인 삶을 이어나간다. 은근히 미키 7이 존경스러워진다. 서민형 불사신! 미키 7 만세다.

회란기

이잠부/ 문성재 옮김/ 지만지드라마

회란기는 원나라 시대 이잠부가 지은 잡극 희곡이다. 부산문화회관에서 극공작소 마방진이 연극으로 올렸다. 마방진 대표인 고선웅이 각색 연출을 했다. 연극을 보러 가기 전에 희곡을 읽었다. 시나리오나 희곡이 실제 영화나 연극으로 어떻게 변하는지를 보는 것이 재미있기도 하고 장르의 특성을 배울 수 있어 좋다.

주인공 장해당은 어머니를 먹여 살리기 위해 기생으로 살고 있다. 그후 마원외의 첩으로 들어간 장해당은 본처인 마 부인의 모략에 말려든다. 마 부인은 내연관계인 조영사와 살기 위해 남편 마회원을 독살하고 죄를 장해당에게 뒤집어씌운다. 마 부인은 나아가 장해당의 다섯 살 난 아들도 자신이 낳은 아들이라 주장하고 재판에 대비해 산파 등을 매수한다. 개봉부의 부윤 포증(청백리 포청천으로 널리 알려져 있다)은 석회로 동그라미를 그리고 다섯 살 아이를 원 안에 넣고 장해당과 마 부인에게 서로 아이를 당기게 해서 누가 끌고 가는가로 생모를 파악하기로 한다.

연극은 희곡을 충실히 따라가면서 현대적인 복장을 입고, 앵무새와 같은 장치를 새로 넣어 극을 재미있게 만들었다. 그리고 중간중간에 무거운 극의 긴장을 풀기 위해 우스운 장면을 넣고 마 부인이 활달하게 빠른 움직임과 가벼운 춤으로 성격과 상황을 표시했다. 그러한 웃음으로 근엄한 법정 연극의 분위기를 누그러뜨리고 관객이 다소 거리를 두고 상황을 관찰할 수 있도록 하는 효과를 누렸다. 배우들의 연기 수준이 높고 발성도 좋았다. 두 시간이 걸리는 연극인데 짜임새 있게 등장인물들이 들어와서 나가고 속도감 있게 진행해서 지루하지 않았다. 원대 잡극은 일종의 오페라와 비슷해 남녀 주인공들이 노래를 부르는 장면이 많은데 한국 연극에서 그렇게 할 수 없어 그 장면들을 모두 연기로 메운 점이 아쉬웠다.

잡극의 배역은 크게 '말, 단, 외, 정, 잡'의 다섯 가지 유형으로 나눠진다. 여기서 '말'은 극 중에서 남자 주인공을 맡는 배우를 뜻하고 '단'은 여자 주인공을 맡는 배우를 뜻한다. 또 '외'는 극 중 줄거리의 발전에 중요한 단서를 마련해 주는 조연 배우, '정'은 통상 주인공과 대립하거나 갈등 관계를 이루는 악역 배우, '잡'은 극의 내용에 따라 역할이 수시로 변경되기는 하지만 주로 극 중에서 비중이 그다지 높지 않은 단역이나 공연의 원활한 진행을 돕는 스태프(Staff)를 각각 담당한다.(128쪽)

극공작소 마방진의 연극 팜플렛을 보면 '원잡극'은 13세기 몽고가 금을 멸망시킨 후 유행한 희곡이다. 지금의 북경을 중심으로 북방에서 성행하다가 남송이 망한 후에는 전국적으로 퍼졌다. 당시 이민족의 통치 아래서 대다수 한족 지식계층은 관직에서 밀려날 수밖에 없었다. 문인 사방득은 '창녀와 거지 사이에 끼인 계층이 오늘날의 유생이다'라고 개탄하기까지 했다고 한다. 과거제를 단 한 차례만 실시하고 80년이나 중지하여 유생들은 하급 관리나 심지어 최하층으로 몰락한 삶을 살아야 했다고 한다. 이잠부가 몰락한 유생인지는 모르겠으나 협잡과 부패가 판치는 시대를 바로잡아야 한다는 의협심은 극에 넘친다.

연극에서 배우들은 자기가 누구이며 어떤 역할을 맡고 있는지 소개하는 말을 먼저 한다. 팜플렛 글을 옮기면 대화는 백(白)이라 하는데 인물이 등장하여 자기를 소개하는 정창백, 서로 대화하는 대구백, 혼자하는 독백, 노래 중간에 끼어드는 대백, 관객에게만 전달하는 배백으로 다양하게 말의 묘미를 살린다고 해설하고 있다. 현대연극의 대화와 거의 비슷한 것 같다.

회란기는 13세기 당시 중국에서 전해지던 '두 여인의 한 아이 다툼' 모티브를 주요한 내용으로 활용하고 있다. 이 문학적 모티브는 오래전부터 동서양에서 전해져 내려왔다고 한다. 서양에서는 구약성경의 솔로몬 왕 이야기, 동양에서는 중국 동한 시대의 황패 이야기, 북위 시대의 현우경에 소개된 이야기 등 다양하다.(129쪽) 브레히트도 회란기를 각색하고 재해석해「코카서스의 백묵원」을 창작했다. 무엇보다 청백리이면서 능력이 뛰어난 포청천의 속시원한 법정 해결이 관객을 감격하게 한다. 포청천이 아니었다면 장해당은 죽고 그녀의 아이는 마 부인의 아이로 둔갑했을 것이다. 어쩌면 역사에는 그런 부정한 경우가 넘치지 않을까. 정의는 연극에서 존재하고 부정의는 현실에서 활개를 치지 않았을까.

드라큘라

브램 스토커/ 홍연미 옮김/ 열림원

영국 제국주의의 공격적인 문명 전파와 다른 문명을 배제하고 교화시키는 주제를 담은 소설이다. 작가가 그런 주제의식을 염두에 두고 소설을 썼을까? 그렇지 않았을 수도 있다. 작가는 흡혈귀에다 죽지 않는 삶이라는 흥미로운 소재를 뛰어난 문장으로 잘 가공해서 세상에 내놓았을 뿐인지도 모른다. 하지만 영국 사회에서 살아가는 작가 의식은 본의든, 본의 아니든 제국의 문명이 작동하는 방식을 나타내고 있다.

소설은 빅토리아 여왕 시대인 1897년에 출판되었다. 빅토리아 왕조 시대 대영 제국은 전 세계로 영토를 확장하고 자신의 문명을 전파한다. 그런 제국주의 문명의 중심지 런던에 야만적인 흡혈귀가 둥지를 틀려고 하는 것이다. 흡혈귀와 트란실바니아는 야만과 반기독교, 런던과 조너선 하커와 미나, 반 헬싱 박사는 문명과 기독교를 대표한다.

소설은 부동산 구매에서 시작된다. 변호사 조너선 하커는 트란실바니아의 부코비나에 있는 드라큘라 백작의 성에 도착한다. 런던의 피터 호킨스를 대리하는 조너선의 임무는 런던의 영지를 구매한 드라큘라 백작에게 부동산 매매 계약을 설명하는 것이다.

드라큘라는 런던의 여러 건물에 수십 개의 상자를 옮겨놓는다. 드라큘라는 이 상자에 들어가 휴식을 취하며 흡혈귀로 만들 대상을 찾고 있다. 그 전에 이미 휘트비 수도원 부근에서 루시가 드라큘라에게 당해 흡혈귀로 변신한다. 루시의 친구 미나는 온갖 힘을 다해 루시의 병을 치료해보려고 노력하지만 실패한다.

드라큘라에 대항하는 신성 동맹자 연합이 만들어진다. 존 수어드 박사, 반 헬싱 박사, 퀸시 모리스, 아서 홈우드, 미나, 조녀선 하커 등이 모여 드라큘라를 추적한다. 이들은 기차와 선박, 전보와 신문 같은 영국이 만든 모든 문명의 도구를 동원한다. 그런데 실제로 드라큘라를 저지하는 효과를 내는 것은 성체와 십자가, 마늘과 같은 기독교의 상징이거나 미신에 가까운 물건들이다. 근대의 문명을 이용하되 드라큘라를 공격하는 물건은 반문명인 셈이다. 놀랍게도 늑대를 부리고, 엄청난 힘을 자랑하며, 거울에도 비치지 않는 드라큘라가 이런 성체와 마늘 공격에 맥을 못 쓴다. 드라큘라가 힘들게 런던에 반입한 흙이 든 상자들은 성체로 정화하면 드라큘라가 사용할 수 없고 목숨까지 위협하는 상자로 변해버린다.

드라큘라는 현대의 치명적인 바이러스와 같은 존재다. 환자의 침과 기침을 통해 빠르게 전파되는 바이러스와 달리 드라큘라의 전파 방법은 상대방의 목에 날카로운 이를 꽂아 흡혈하고 흡혈귀로 감염시키는 것이다. 하지만 이런 느려빠진 흡혈 방식도 반복되고 여러 사람에게 전파되어 새 흡혈귀가 늘게 되면 제국의 중심지 런던을 붕괴시키기에 충분한 힘을 발휘할 수 있다. 그러면 드라큘라가 성공할 수 있을까?

드라큘라는 영국 런던에 진출했다가 반 헬싱 박사를 비롯한 신성 동맹자 연합에 쫓겨 다시 불쌍하게도 드라큘라 백작의 성으로 돌아온다. 드라큘라는 런던이 아닌 근거지에서만 가냘픈 숨을 쉬어야 하는 운명인 것이다. 야만을 척결하고자 하는 신성 동맹자들의 공격은 집요하고 효과적이다. 반 헬싱 박사는 드라큘라를 처단하기 전에 성 안에 있는 자매 세 명의 무덤을 정화한다.

"나는 주인이 있는 무덤이 적어도 세 개가 있다는 것을 알고 있었네. 나는 찾고 찾고 또 찾아 마침내 무덤 하나를 발견했지. 그 안에 든 뱀파이어의 잠을 자고 있는 여인은 너무도 생생하고 관능적 아름다움으로 가득해 나는 마치 살인이라도 저지르는 듯 부르르 몸서리쳤다네. 아, 그 오래전, 나와 같은 사명을 수행하러 떠난 수많은 이들이 결국에는 그 심장이, 곧 이어는 그 신경이 스스로를 배신했으리라는 것을 이제는 얼마든지 이해할 수 있네. 아마도 머뭇거리고, 머뭇거리고 또 머뭇거리다가, 그 음탕한 언데드의 아름다움과 매혹 탓에 최면에 걸리고 말았겠지."(573쪽)

우리 신성 동맹자들은 놀라울 정도의 자제력과 의지력을 지니고 있다. 현대 문명의 이기라는 물질력에 영혼의 자제력까지 지니고 있으니 어떻게 드라큘라가 당해낼 수 있으랴. 마침내 해가 산 정상에 가까스로 걸려 있는 순간에 마차의 상자 안 흙 위에 누워있는 백작은 성 바로 앞에서 조너선의 칼로 목이 잘리고 모리스의 사냥칼이 심장을 관통하면서 먼지로 사라지고 만다.

하지만 드라큘라는 사라진 것일까? 대영 제국의 질서 밑바탕에는 새로운 드라큘라를 끊임없이 만들어내고 처단하는 마음이 깔려있지는 않을까. 그래서 그들이 모든 야만을 정복하고 자신들을 유일한 질서로,

기독교가 유일한 종교로 등극할 때까지 계속 또 다른 드라큘라와 전쟁을 벌이게 되는 것은 아닐까.

편지 형식으로 스토리가 박진감있게 진행되고 문장도 뛰어나고 묘사가 치밀해 고전으로 불릴만한 작품이다. 뱀파이어 문학의 원조로서 대접받을 충분한 가치가 있다.

마당 깊은 집

김원일/ 문학과지성사

　한국전쟁이 끝난 1954년 4월 하순, 주인공인 나, 길남은 경남 진영에서 대구로 옮겨 간다. 초등학교를 졸업한 나이였다. 어머니는 대구 중심부에 가까운 장관동 어느 한옥 아래채 방 한 칸에 사글세를 살고 있었다. 주인네가 사는 위채 두 동 한옥은 다섯 벌 돌층계 위에 덩실하게 앉은 골기왓집이었다. 아랫방 한 칸마다 경기댁 가족, 상이군인 가족, 김천댁, 평양댁 가족이 살고 있었다. 이 집을 길남이와 가족들은 '마당 깊은 집'으로 부른다. 어머니는 미군과 한국군, 관청 업무로 호황기를 맞은 요릿집 기생들의 조선옷을 맡아 삯바느질을 하면서 근근이 생계를 이어가고 있었다. 빽 있는 부유층은 잘 먹고 살며 흔전만전 돈을 쓰고, 빽 없고 가진 것 없는 서민은 수제비로 하루 끼니를 잇기에도 급급했다. 그 시절 가족은 가난했다. 길남이는 하루하루를 겨우 살아가는 소년의 눈으로 마당 깊은 집에 세들어 사는 이웃들과 주변 사람을 관찰하고 겪어본다.

　길남이에게 가장 큰 고통은 굶주림이다. 세상은 굶주림이라는 고(苦)로 차 있다. 길남이는 굶주림의 시각으로 세상을 바라본다. 남쪽으로 북쪽으로 향하며 인민군과 국방군, 미군과 중공군이 밀고 밀리며 싸웠던 전쟁은 국토를 황폐화시켰다. 남은 것은 굶주림이었다. 한국은 미국의 경제원조로 하루하루를 버티는 실정이었다. 미국 원조액이 정해져야 한국 정부 예산이 정해지던 시절이었다. 미국의 원조도 공평하게 하늘에서 뿌리는 비가 아니라 빽이 있고 줄이 있는 사람에게 먼저 공급되는 요지경이었다. 초등학교를 막 졸업한 길남이는 배가 고파 밥도둑질도 한다.

"나는 위채 부엌으로 살쾡이처럼 다가가 닫힌 부엌문을 살짝 열었다. 안씨가 쓰는 부엌 골방은 깜깜했다. 나는 부엌 안으로 들어가서 시렁 위를 더듬었다. 소쿠리가 만져졌다. 안씨는 밤새 남긴 밥이 쉴까 보아 밥뚜껑을 덮지 않고 소쿠리로 덮어두곤 했다. 나는 손으로 밥을 한 움큼 집어내어 찬도 없이 허겁지겁 먹기 시작했다. 그날은 그렇게 반그릇 밥을 비워내고 다시 우리 방으로 돌아와 잠자리에 들었다."(73쪽)

안씨에게 훈계를 들으며 밥도둑질은 끝난다. 그러나 길남이의 굶주림은 끝없이 따라다니는 원죄였다. 어른이 되어 끼니 걱정을 하지 않게 된 지 오래인 지금도 길남이는 배를 가득 채워야 숟가락을 놓는 식사 습관을 버리지 못한다.(74쪽) 한국인에게 한국전쟁에서 숱하게 본 죽음과 그에 이은 기아는 한국인 모두의 원죄가 되었다. 그래서 한국인은 '잘살아 보세. 우리도 한 번 잘살아보세.'라는 궐기에 너도나도 떨쳐 일어나 앞뒤 가리지 않고 달리고 달렸다. 그리고 나름 잘살게 된 지금도 가난했던 과거의 악령에 잡혀서 새로운 시대의 길을 개척하지 못하고 있다.

초등학교를 막 졸업한 주인공에게 거는 어머니의 기대는 큰 부담이었다. 아버지가 전쟁통에서 죽는 바람에 졸지에 과부가 된 어머니는 한국인의 전통 습속에 따라 장남인 아들 길남에게 의지한다. 그러나 길남은 철도 들지 않았고 무엇보다 어리다. 그럼에도 어머니는 아들이 자기 기대에 조금이라도 어긋난다 하면 사정없이 매를 든다. 매타작을 벌이는 어머니의 말은 살벌하다. "뒈져라. 니 같은 종자는 밥마 축낼 뿐 살 필요가 읎다. 자슥새끼 하나 전쟁통에 죽었다고 생각하모 그뿐, 내사 아무렇지도 않다!"(204쪽) 이렇게 삿매질을 하다 길남이가 입에 거품을 물고 늘어질 때서야 회초리를 거둔다. 그 매에는 무엇이 담겼을까. 남편을 잃어버린 한, 자신도 어쩔 수 없는 시대에 대한 증오, 팍팍한 살림살이에 대한 불안, 아들을 향한 교육열. 무엇이든 매는 길남이에게 공포의 대상이었다.

마당 깊은 집에는 경찰에 잡혀가는 빨갱이도 있고, 주인이 셋방에서 나가라고 할까 싶어 전전긍긍하는 서민들의 삶이 있고, 기와집 대청에서 벌어지는 주인아저씨, 아주머니, 미군과 미선이누나 등이 참여하는 파티도 있다. 파티 음식은 생전 처음 보는 뷔페식으로 차려져 있어 굶주림에 시달리던 길남의 회를 동하게 한다.

마당 깊은 집에서 열린 파티를 구경하다 어머니에게 매를 맞을 지경에 이르자 길남이는 더는 견디지 못하고 가출을 한다. 소년의 가출 결심은 옹골차다.

"나는 일 환 한 장 없이 비어 있는 바지 주머니에 두 손을 꽂고 약전 골목 쪽이 아닌, 종로통 쪽 어두운 긴 골목길을 천천히 빠져나갔다. 이제부터 나는 부모와 형제가 없는 고아라고 나 자신을 마음으로 매질했다. 한편, 누구의 간섭도 받지 않는 대신 나 혼자 살아가야 한다고 나를 격려했다. 이제 어머니, 누나, 아우들도 영원히 찾지 않으리라. 길

바닥에서 얼어 죽든 굶어 죽든 내 발로 걸어 집에 들어가지 않으리라."(205쪽)

길남이는 가출해서 대구역 대합실에서 추운 밤을 보낸다. 다음 날, 신문 배달하는 친구인 한주를 찾은 길남이에게 한주는 어머니가 지금쯤은 걱정하시며 기다릴 것이라고 집으로 돌아가기를 권한다. 길남이는 부아가 나서 우리 어무이가 을매나 매정하고 무서븐 여자인지 말하고 나 같은 자슥을 기다리지도 않는다고 단언한다. 신문사로 찾아온 선례 누나가 집으로 가자고 요청하지만 그도 거부한다. 그 무서븐 여자인 어머니는 밤에 역 대합실로 길남이를 찾으러 온다. 길남아, 니가 크야 한다. 그래야 혼자 살아온 이 에미 과부 설움을 풀 수가 있다고 하던 어머니는 무슨 생각을 하며 역 대합실을 찾았을까.

"가자. 집에 가자고. 어머니는 그 말만 하곤 앞장을 섰다… 어머니는 마당 깊은 집에 도착할 때까지 내게 한마디 말씀도 없었다. 당신은 묵묵히 걷기만 했지 내가 따라오는가 어떤가 뒤돌아보지 않았다. 아침 밥상을 받자, 콩나물과 대파 건더기 사이에 쇠고기 기름이 동동 뜨는 고깃국이 내 밥그릇 옆에만 놓여 있음을 알았다."(220쪽) 전쟁과 굶주림은 더 강렬한 생존경쟁을 낳았고, 그 생존경쟁을 지탱하고 보상해주는 곳은 가족이었다. 가족 사이에 갈등이 넘쳐나는 것처럼 보였지만 가족은 부산이나 대구를 넘어선 마지막 피난처였다. 전쟁 후 지배적이 된 한국 이데올로기는 마르크스주의도 자유민주주의도 아닌 가족주의였다.

길남이는 한주와의 우정으로 대구 시절을 잘 헤쳐나갈 수 있었다. 소년 가장이었던 한주는 길남이에게 대구일보 배달원 일을 소개한다. 신문 판매를 하던 길남이에게 배달원은 좋은 일자리였다. 배달원은 대체로 중학교나 고등학교에 다니는 학생들 일감이었고, 적은 돈이지만 학비에 충당할 만큼 월급이 나왔으므로 고학생들이 줄을 서서 대기했던 만큼 그 자리를 따내기가 어려웠다. 한주는 신문 보급소장 손씨에게 길남이 애가 신문을 잘 팔고 신문 확장도 잘 할 거라고 소개한다. 손씨가 한주를 보고 "니가 야를 보장할 수 있나?"하고 윽박지르듯 묻자 한주는 "보장하구말구요. 제 말만 듣구 길남이를 한번 믿어보세요" 자신있게 대답한다.(82쪽) 길남은 친구 한주에게서 조건없는 환대를 받았던 것이다. 길남이 어른이 되어서도 한주의 소식을 찾는 것은 그가 세상을 헤쳐나갈 수 있는 원형적 힘이 되었기 때문일 것이다.

수많은 소식과 사연이 길남 옆을 스쳐간다. 대구에서도 원조받는 돈을 떼먹고 도망가는 고아원 원장과 자살하는 양공주 소식이 들린다. 대구에 피난 내려온 사람은 이북 폭격 소식을 떠올린다. "말두 마십시우. 니북 땅은 완전히 초토화되었습니다. 처음은 군수 시설이나 큰 건물이 폭격 대상이었으나, 나중에는 무차별 융단 폭격이었지요. 폭격을 피해 인민학교 생도들이 뒷산으로 몰려 도망가면 그 산을 폭파해버리기까지 했쉐다."(131쪽) 이런 소식을 얘기하면서 피난 내려온 북한사람들은 "여기 살면 여기 사람 돼야디. 열심히 벌면 우리두 옛 고생 얘기하구 살 날 올 것이야. 남한 세상 좋다는 게 뭐 있갔어. 내 노력하면 남 부럽디 않게 살게 된다는 이치 아니갔어."(132쪽)하며 마음을 다잡는다.

작품은 서사와 서정이 잘 어울려 읽기 좋으면서도 가슴을 울리는 아름다움이 있다. 작가의 자전적 기록이라고도 하는데 치밀한 묘사와 인물들이 생생하다. 대구 약령길에 가면 골목 안에 마당 깊은 집 문학관이 있다고 한다. 소설에 나오는 인물들과 공간을 입체적으로 재구성했

다고 한다. 작품 하나로 문학관이 만들어지다니 글 쓰는 사람들의 꿈이
아닐 수 없다.

추락하는 모든 것들의 소음

후안 가브리엘 바스케스/ 조구호 옮김/ 문학동네

언론은 수많은 소음을 내놓는다. 대부분은 우리 삶과 역사의 흐름에 관계없는 소음이다. 그러나 우리는 그런 소음들에 관심을 쏟는다. 그래도 괜찮다. 뉴스가 우리를 죽이지는 않으니까.

소음을 피해도 좋다. 그런 뉴스 소음은 우리를 해치기 어렵다.

큰 줄기를 잡고 흐르는 역사에도 주변으로 퍼지는 사건의 소음이 있다. 그런 소음은 잘못하면 우리의 삶에 큰 영향을 미친다. 역사는 힘이 세고 부수적으로 파생된 사건의 소음도 파괴력이 만만찮다.

소설은 콜롬비아의 마약왕 파블로 에스코바르의 옛 동물원에서 도망친 하마 이야기에서 시작한다. 하마는 농작물을 훼손하다가 포수들에게 총을 맞아 죽는다. 며칠 동안 신문을 통해 하마 사냥을 따라가고 있던 안토니오 얌마라는 리카르도 라베르데라는 사람을 떠올린다. 안토니오 얌마라는 젊은 법학교수인데 1996년초 콜롬비아 수도 보고타의 당구장에서 리카르도 라베르도란 사람을 사귀게 된다. 리카르도는 48세로 20년 정도 교도소에서 복역을 했었다. 안토니오는 리카르도와 이러저런 만남을 계속하다가 어느날 리카르도가 구해온 녹음테이프를 들을 장소를 구해준다. 리카르도는 녹음 테이프를 듣고 한참을 울었는데 안토니오는 그 이유를 모른다. 그날 안토니오는 리카르도와 같이 길을 걷다가 괴한에게 총을 맞게 되고 리카르도는 사망한다. 안토니오는 다행히 죽지 않고 중상을 입게 된다. 안토니오는 몸이 어느 정도 회복된 후에 리카르도 라베르데란 사람이 어떤 사람인지, 왜 그가 총을 맞게 되었는지를 추적한다.

안토니오가 길거리에서 괴한에게 총을 맞은 것도 '추락하는 모든 것들에서 나온 소음'의 하나였다. 작가가 탐정 기법으로 추적해서 들려주는 리카르도란 사람이 왜 감옥에서 오래 복역을 하게 되었냐의 진실은 이렇다. 리카르도는 비행기 조종사였는데 1968~1973년 사이에 경비행기로 마약 운반을 해서 큰돈을 벌게 된다. 리카르도는 평화봉사단원으로 콜롬비아에 와있던 미국인 엘레나 프리츠와 사랑에 빠져 결혼한다. 그리고 마약으로 골치를 앓던 미국에서 1973년 경 마약단속국을 만들고 본격적으로 콜롬비아 등에서 들어오는 마약을 수사한다. 그렇다. 리카르도는 마약 현장에서 체포되어 20년 옥살이를 하게 된다. 그럼 그사이에 리카르도의 아내 엘레나 프리츠는 무엇을 하고 어디에 있었을까? 리카르도와 엘레나 사이에 난 딸 마야 프리츠는 어떻게 되었을까? 콜롬비아의 마약왕 파블로 에스코바르는 어떻게 되었을까? 안토니오 얌마라는 대학생인 아우라와 결혼해서 딸 레티시아를 낳았는데 안토니오가 총에 맞아 중상을 입은 이후로 이들 가족은 어떻게 되었을까?

이들 모두 '마약'으로 추락하는 콜롬비아의 역사에서 우여곡절로 얽히게 된다. 소설에는 '추락'의 이미지와 묘사가 많다. 엘레나가 탔던 아메리칸 965편의 추락, 조종사 아바디아 대위와 많은 관객이 사망한 에

어쇼 참변. 무엇보다 마약왕이 저지른 수많은 범죄로 추락한 콜롬비아 국민의 현실. 폐허가 된 파블로 에스코바르의 아시엔다 동물원.

안토니오 얌마라는 잠시 리카르도 라베르도와 친구 사이가 되면서 '추락'하는 역사의 파편으로 중상을 입게 된다. 처음에 안토니오는 자신이 왜 총을 맞게 되었는지를 모른다. 리카르도가 왜 총에 맞아 죽었는지도 모른다. 안토니오가 그 진실을 추적하면서 콜롬비아 마약 유통의 역사가 드러나고 그 역사의 파편이 얼마나 많은 사람에게 고통과 눈물을 주었는지를 알게 된다. 안토니오는 마약과 관계없었지만 크게 회전하며 '추락하는 모든 것들'의 파편에서 상처를 입게 된다. 왜? 그가 콜롬비아에서 살고 있었기 때문이다. 마치 미국에서 살았기 때문에 어느 날 총기 사고로 희생당한 미국인처럼. 한국에서 살았기 때문에 이태원 압사사고로 죽은 청년처럼. 러시아에서 살았기 때문에 우크라이나 전쟁터에서 죽은 군인처럼. 이 모든 것들은 개인의 의지와 관계없이 필연과 운명의 힘으로 인간을 옥죈다. 역사는 땅에 깊은 구멍을 곳곳에 파놓고 지하에 숨어서 갈고리로 그 위를 지나가는 사람의 몸을 낚아챈다. 작가는 이를 이렇게 묘사한다.

"선선한 새벽은 마야의 부드럽고 가녀린 울음소리로, 처음 들려오는 새들의 노랫소리로 채워졌고, 모든 소음의 어머니인 소음으로, 즉 삶이 공空으로 뛰어들면서 사라질 때 나는 소음, 965편이 안데스산맥에 추락할 때 나는 소음, 그리고 터무니없게도, 엘레나 프리츠의 삶과 어쩔 수 없이 묶여버린 라베르데의 삶에서 생긴 소음으로 채워졌다. 그런데 내 삶은? 바로 그 순간에 나 자신의 삶이 땅으로 곤두박질치기 시작하지 않았을까? 그 소음은 내가 알아차리지 못한 채 그곳에서 시작된 내 추

락 소음이 아니었을까?"(338쪽)

아아, 인간된 자로서 이런 운명과 추락의 힘에서 어떻게 벗어날 수 있을 것인가? 그래서 소설 분위기는 탐정소설의 형식을 띠고 있지만 범인을 추적할 때의 긴박감이나 스릴 대신 진상을 알아갈수록 덮치는 처연함으로 채워진다. 검붉은 노을이 하늘을 덮고 있고 곧 밤이 오는 것을 우리는 안다. 그렇지만 밤이 온 후로 다시 새벽이 오지 않던가? 안토니오는 집으로 돌아오지만 아내인 아우라는 딸 레티시아를 데리고 집을 나가버렸다. 하지만 안토니오는 아우라와 다시 합칠 꿈을 꾸고 그 꿈이 성사될 것으로 확신한다. 그는 추락하는 역사의 진실을 알았고 자신의 부상이 어떻게 일어났는지를 알았다. 그는 연기의 법칙을 깨달아 붓다가 된 고타마처럼 역사의 진실을 깨닫고 그동안의 육체적 고통에서 자유로워진 것이다. 안토니오는 "왜 하필이면 나지?"라는 질문을 하지 않는다. 다행스럽게도 그는 살아남았고, 법학교수직에 종사하고 있으며 아내와 딸도 건재하다. 이 정도면 괜찮다. 이대로도 괜찮다. 범사에 감사하고 현실에 만족할지어다. 안토니오는 아우라를 만날 생각을 하며 이렇게 말한다. 소설의 끝장면이다.

"아우라가 내게 전화를 걸어오면 그녀에게 해줄 말을 생각했다. 아우라가 어디에 있는지, 내가 아우라를 데리러 가도 되는지, 혹은 나에게 아우라를 기다릴 권리가 있는지 아우라에게 물어볼까? 우리의 삶을 방치한 것은 실수였다는 사실을 아우라가 깨닫도록 침묵을 지켜볼까? 아니면 애써 아우라를 설득해보고, 우리가 함께라면 세상의 악을 더 잘 방어할 수 있을 것이라고, 또는 세상은 집에서 우리를 기다리고, 우리가 집에 오지 않으면 걱정해주고, 우리를 찾으러 나올 누군가가 없이 홀

로 살기에는 너무 위험한 곳이라고 애써 주장해볼까?"(354쪽)

　작품은 뛰어난 구성과 문장, 묘사와 깊이 깔린 정서로 쌓여있고 문학성이 뛰어나다. 역사와 개인의 관계에 대한 모범적인 작품 사례로 들어도 좋다.

[문학일기 8]

탄샹싱

모옌/ 박명애 옮김/ 중앙M&B

작가가 일필휘지로 단숨에 완성했을 것 같은 느낌을 주는 소설이 있
다. 전개가 부드럽고 구성이 자연스러우며 사건은 특이하지만 억지로
꾸민 감은 들지 않고 익숙하다. 사건들은 개인의 운명과 연계되어 있으
면서 시대의 방향과 대세와도 긴밀하게 접해 있다. 그래서 우리는 개인
의 인생을 읽으면서 애쓰지 않고 시대를 관통하는 역사의 풍랑도 알게
된다. 우리는 안다. 쉬워 보이는 자연스러운 서술은 실로 웅대한 생각
과 깊고 넓은 조사와 오랜 숙고 끝에 익어서 생산된 것임. 그래서 책
을 덮으면 작가의 붓끝이 일으킨 변란과 폭풍에 놀라서 한숨을 쉬고 진
한 커피를 마시게 된다.

시대적 배경은 대략 1898~1899년경이다. 독일이 중국 산둥성의 자
우저우만을 조차하고 칭다오와 지난을 연결하는 자오지 철도를 착공
한 시기다. 곧 이어 외세를 배격하는 중국 민중의 의화단 운동이 일어
난다.

소설 첫 대목은 이 시대적 배경을 말한다.

"마을에 독일 병사들이 진입해왔지요. 그들은 시골 밭에다 철로를 놓으면서 조상들의 무덤을 파헤쳤죠. 그 때문에 동네 사람들은 모두들 야단이었습니다. 아버지는 동네 사람들을 거느리고 독일 군인들에게 항의하기 위해 찾아갔지요."(1권 9쪽)

여기서 나는 쑨메이냥이고 아버지는 민간의 가창 연극배우였던 쑨빙이다. 쑨빙은 감옥에 갇히게 된다. 다음 페이지에 이 사건이 어떻게 전개될지 나타난다.

"시아버지 자오자는 내 아버지에게 형벌을 가하며 며느리인 내 손에 의해 죽게 되리라곤 상상하지 못했을 것입니다. 물론 나도 감히 칼을 들어 시아버지를 찌르게 될 줄 예상하지 못했죠. 사실 나는 시아버지가 망나니라는 것을 몰랐어요. 그는 대대로 내려오는 혹독한 형벌에 대해 많이 알고 있었죠. 그는 사람의 목을 베는 전문가였으니까요."(1권 10쪽)

작가는 소설 처음에 사건의 전개를 분명히 밝힌다. 나, 쑨메이냥은 독일군에 저항하던 아버지 쑨빙에게 혹형을 가한 시아버지 자오자를 죽인다. 그러니까 며느리 쑨메이냥이 시아버지 자오자를 죽이는 며칠 사이의 이야기다. 이렇게 소설 얼개를 밝혀놓고 두 권 길이의 장편을 진행시킨다고? 얼른 납득되지 않지만 가오미현의 첸딩 현령과 위안스카이 나리와 독일 총독 커로트가 등장하면서 얘기는 풍성해진다. 그리고 자오자의 망나니 경력과 자오자에게 능지처참형을 당한 천슝페이—그는 위안스카이를 암살하려다 실패한 군인이었다—와 목을 베인 청나라 말기의 개혁 관리들 얘기까지 이야기는 겹겹이 쌓인다. 이 모든 얘기들은 청나라 말기의 중국과 중국 인민이 당한 고초를 보여준다. 그 고초의 극한이 독일 병사를 죽인 쑨빙이 자오자에게 당한 탄샹싱이다. 탄샹싱은 박달나무 쐐기를 죄인의 항문에 박아서 등 아래를 관통시켜 몸 밖으로 쐐기가 나오게 하는 혹형이다. 기술 좋게 형벌을 가하면 탄샹싱을 당한 죄인이 며칠 동안 살아있게 된다. 위안스카이는 자오자에게 명령해 쑨빙을 닷새 동안 살려서 독일이 시행하는 철도 공사장으로 끌고 가려고 한다. 쑨빙이 당한 탄샹싱 형벌은 당시 중국인이 처한 반식민지 고통 그대로다. 청나라는 망해가고 있으나 새로운 중국은 탄생하지 못하고 끝없는 분열에 시달리고 있다. 낡은 것은 죽었으나 새로운 것은 아직 생명을 얻지 못하고 암중모색하고 있을 따름이다. 그 와중에 외세는 마음대로 중국을 유린하고 있다. 중국이라는 나라 자체가 탄샹싱 형벌을 당하고 있는 셈이다.

군인 천슈페이에게 자오자가 가한 능지처참형은 참혹하다. 날카로운 칼로 먼저 젖꼭지를 조금 도려낸다. 그렇게 해서 몸의 살을 500여 조각으로 도려내는데 그 사이에 죄인은 명이 끊어져서는 안 된다. 저자는 태연하게 지옥의 형벌을 길고 상세하고 소름끼치게 묘사한다. 형벌이 난무하는 소설에서 저자는 유머와 해학을 곳곳에 넣어 그 매운 맛을 중화시킨다.

쑨빙과 첸 현령 둘 다 수염이 길고 아름다웠다. 쑨빙이 첸 현령의 수염이 자신의 수염에 비해 볼품없다고 모욕하는 바람에 법률에 따라 죄를 받아야 하지만 첸 현령이 은혜를 베풀어 누구의 수염이 더 멋있는지 시합을 하기로 한다.

"쑨빙은 상처 자국이 확연한 한쪽 어깨를 드러내면서 머리채를 흔들었다. 그러고 나서 숨을 깊이 들이마신 다음 온몸의 힘을 아래턱으로 옮겼다. 과연 마술을 부린 듯 그의 수염이 부르르 떨더니 철사처럼 한올 한올 섰다. 그는 아래턱을 들고 허리를 곧게 펴더니 몸을 내려뜨리고 천천히 물속에 수염을 드리웠다.

첸 대인은 한쪽에 서서 부채를 흔들며 그 모습을 여유 있게 구경했다. 모든 사람이 그의 우아한 모습에 사로잡혔고, 쑨빙의 태도는 길거리에서 우쭐대며 가짜 약을 팔고 다니는 상인처럼 추악해 보였다. 그가 물속에 수염을 꽂는 순간, 첸 대인은 손에 쥐고 있던 종이부채를 모아 옷소매 속에 밀어넣었다. 그리고는 허리를 약간 움직이더니 두 손으로 수염을 받쳐들고 물 속에 깊숙이 꽂았는데 그 모습을 바라보고 있던 쑨메이냥은 하마터면 숨이 넘어갈 것만 같았다."(1권 184쪽)

저자 거리를 나다니는 연극배우 쑨빙과 현령인 첸 대인의 수염 시합이라. 온 현민이 모여 서서 구경하는 이 시합은 연극적이다. 이 소설 자체가 사실은 한 편의 연극이다. 모두가 놀랄 잔혹극이지만 모두 태연하게 자신의 역할을 해내고 있다.

쑨메이냥이 첸 현령에게 마음을 빼앗겨 상사병에 걸리자 어떤 방책도 효험이 없었다. 무당이 그녀에게 모든 방법이 통하지 않자 마지막 비법 약을 쓴다. 가루로 만든 구린내 나는 약이었다. 상사병을 끊는 특효약이라는 이건 무슨 약재로 만들었을까? 첸 현령의 대변을 말려 만든 약이었다. 아무리 좋아하는 사람의 변도 구린내가 난다는 것을 깨치면 타는 애모의 마음이 식는다는 것이다.

첸 현령이 외할머니 자오자(망나니를 외할머니라는 별칭으로 부른다)를 만나는 장면도 풍자 그 자체다. 첸 현령은 내키지 않았지만 위안 스카이의 명으로 자오자를 만나러 온 것이다.

"첸 현령은 소매를 들어 이마의 땀을 닦았지요. 그리고 산양처럼 헛기침 소리를 오랫동안 내뱉더니 푸르죽죽한 얼굴에 내키지 않는 표정으로 두 손을 들어 인사하더군요. 미천한 이 관리가 잘못 본 것이 아니라면, 어른은 바로 그 명성 높은 자오자, 자오 외할머니가 아닌지요? 자오자는 염주를 돌리면서 일어나더니 거만하게 말했지요. 소인 자오자. 황태후마마께서 직접 하사하신 향나무 염주가 손에 있어 나리 앞에 무릎을 꿇지 못하겠사오니 그 점을 용서해주십시오. 이렇게 말하고 나서 자오자는 쇠사슬보다 더 묵직해 보이는 염주를 높이 치켜들었지요. 무엇인가를 기대하는 동작이었어요. 첸 현령은 뒤로 한발 물러서더니 두 다리를 모으고 마고자 소매를 잘 간추리더니 무릎을 꿇고 땅에 엎드렸지요. 이마를 땅에 대고 울먹이면서 말했지요. 가오미 현령 첸딩이 황태후마마의 만수무강을 기원하옵니다."(1권 128쪽)

독일군의 산둥성 침략과 혹형을 배경으로 진행된 연극같은 소설은 산둥성 고양이 연극의 일인자인 쑨빙의 죽음으로 끝난다. 소설의 마지막 장면이다. 첸 현령의 말이다.

"쑨빙. 나는 너에게 수없이 미안한 일을 했다만 너의 수염은 내가 뽑은 것이 절대 아니란다. 나는 다급하게 말하면서 그의 가슴에 비수를 꽂았다. 그의 눈에서 찬란한 불꽃이 튀어나와 얼굴을 유난히 비추는구나. 달빛보다 밝구나. 나는 그의 입에서 피가 용솟음쳐 나오는 것을 보았고 그 피와 동시에 쏟아져 나온 것은 한마디 짧은 말이었으니.

연극은…… 끝났다……."(2권 288쪽)

하지만 연극은 끝나지 않았다. 중국 현대사는 희극인가, 비극인가. 희극의 모습을 띤 비극인가, 비극의 모습을 띤 희극인가. 누구는 중국 현대사를 관통하는 희극성을 볼 것이고, 누구는 비극성을 볼 것이다. 아편전쟁부터 시진핑 시대까지를 아우르는 극은 역사의 수레바퀴에 짓눌려 미로를 헤매며, 때로는 문화대혁명의 아수라장을, 때로는 개혁개방과 먼저 부자가 되는 길로, 때로는 위대한 중화민족의 부흥이란 탈출구를 찾는 중국인들이 만드는 장엄 총체극이 아닐까.

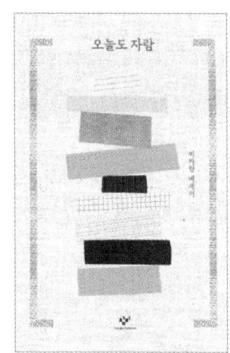

[문학일기 9]

오늘도 자람

이자람/ 창비

소리꾼 이자람의 소리를 좋아한다. 가능한 보러 가는 공연이 두 종류 있다. 하나는 나윤선이고 또 하나는 이자람이다. 나윤선의 웬만한 노래는 유튜브에 올라있다. 프랑스의 유명한 공연장 샤틀레에서 부른 노래도 실황 전부가 유튜브에 있으니 바람직한 건지는 모르겠다. 하지만 유튜브와 공연장 실황을 비교하기는 어렵다. 나윤선을 보면서 맑고 높으면서도 부드러운 음색으로 momento나 calypso blues를 들으면 소리가 만들어내는 기운에 그저 황홀할 뿐이다. 9년 전 즈음 금정문화회관에서 연 나윤선 공연에서 조금 규모가 작은 공연장의 공연이 훨씬 가수와 청중과의 거리를 가깝게 하는 것을 느꼈다. 나윤선은 유명해지면서 점점 대공연장으로 옮겨갔고 이제는 영화의 전당 하늘연극장에서 주로 공연하는 것 같다. 이자람은 처음부터 하늘연극장에서 들었다. 브레히트의 작품을 각색하고 작창한 판소리 「억척가」나 헤밍웨이의 소설을 작창한 「노인과 바다」, 그리고 최근에 들은 전통 판소리 바탕 공연 동초제 「수궁가」도 모두 하늘연극장이었다.

하늘연극장은 좋은 공연장이지만 무대와 관객석이 분리되어 있고,

클래식이나 일반 음악 공연을 염두에 둔 무대라서 판소리를 듣기는 영 불편하다. 의자도 판소리용과 거리가 멀고 추임새를 한 번 넣기도 왠지 옆 관객의 눈치를 봐야 할 것 같다. 위치가 좋은 곳에 한국 판소리 전용 공연장이 있으면 좋겠지만 오페라 하우스 건립 소식은 언론 문화면을 채우지만 판소리 공연장은 그다지 관심이 없다. 공연도 관객 수요와 시장 선호도를 쫓아갈 수밖에 없으니 어쩔 수 없지만 씁쓸하다. 그러고 보니 TV에서 여는 트로트 가수 선발전에 국악 가수가 많이 도전하는 것도 입맛이 개운찮다. 그 시원한 목청으로 판소리를 발전시키는 데에 쓰면 좋겠지만 그건 우리의 바람일 뿐, 공연 기회도 드물고 생활고에 시달리는 국악 음악가에게 예술혼만을 요구하는 건 무리한 요구일 것이다.

판소리는 끊임없이 창작되고 재창작되는 장르다. 서편제니 동초제니 하는 '제' 자체가 창작의 의미를 담고 있다. 「수궁가」나 「춘향전」에 그 시대의 풍습과 언어가 담겨 있어 지금 들으면 용어도 어렵고 남녀차별 대사 등 봉건적인 요소도 많다. 2023년 3월에 열린 공연에서 이자람은 춘향전의 '사랑가'를 부르기 앞서 춘향전을 남녀 평등한 창으로 고쳐서 부르고 싶다는 포부를 드러냈다. 앞으로 후대에 이자람제 「사천가」, 「억척가」, 「노인과 바다」와 같은 장르가 유행하지 않는다고 누가 말할 수 있을까. 무엇보다 소리꾼 이자람은 작창하고 동시에 공연하는 양대 기능을 다 해서 그저 놀랄 뿐이다.

판소리는 일종의 1인 오페라다. 몇 시간씩 공연을 하는 판소리 소리꾼을 보면 어떻게 몸 관리를 할까 하는 생각이 든다. 이자람은 어떻게 몸을 관리하고 훈련할까. 책의 처음은 그 이야기로 시작한다.

"내 기술과 재능이 눈을 뜬 첫 번째 닦음이 스승님들과 보낸 도제 교육의 시간이었다면, 그것이 나만의 '에네르기파'로 성장하는 두 번째 닦음은 수백 번의 무대 경험이다. 무대 위에서 다양한 위기 상황들을 직면하고 이겨내면서 몇 가지 기술의 발견과 성장을 이루었다. 긴 시간 홀로 수백명의 관객을 끌어가기 위해 에너지를 분배하며 조절하는 법을 익혔고, 무대 위에서 아무리 강력한 드라마를 펼치고 있어도 한 인간으로서 체력의 한계점을 감각하는 법을 배웠고, 다양한 대규모 극장을 경험하며 성량이 점점 커졌다. 약했던 낮은음들은 튼튼해지고 높기만 했던 높은음들은 두꺼워졌으며 단어를 해석하고 표현해내는 사유와 사운드의 레이어는 조금씩 촘촘해져갔다."(17쪽)

이자람은 그 과정에서 오른쪽 청력을 많이 잃었고 이제는 요가 없이 살 수 없는 목과 허리 상태를, 그리고 무엇보다 예민한 성격을 얻었다. 공연은 순간의 예술이다. 국내에서 공연을 해도 공연자들은 예민해지는데 「사천가」와 「억척가」로 5년 동안 시카고와 상파울루와 프랑스 국립민중극장, 리옹, 아비뇽 등 전세계를 누비며 공연을 했으니 오죽하랴. 무대와 무대장치가 다르고 습도와 난방도 다르며 공연 감독과 무엇보다 관객이 다른데 쉽지 않은 공연이었을 것이다.

그런 모든 과정을 이겨내고 이자람은 자기관리를 이렇게 말한다. "몸은 마음의 바로미터다. 몸은 세상 그 어떤 명예나 돈보다도 중요한데, 그 몸을 가장 크게 관장하는 것이 마음이니 결국 마음을 잘 다스리며 사는 사람이 진정한 삶의 주인이다."(20쪽) 계룡산에서 수십 년 수도를 했거나 위빠사나 수행 경지에 이른 사람이 할 법한 자기 관리 비법을 이자람은 공연과 관객과의 소통을 통해 도달한 것이다.

이자람은 10살 때 처음 판소리를 만났고, 재능을 알아본 판소리 명인

은희진, 오정숙, 송순섭에게 판소리를 배웠다. 「인생 첫 마스터」는 이자람의 첫 스승 은희진에 관한 글이다.

"나는 초등학교 3학년 때 선생님을 처음 만났다. 어린이 방송 프로그램에서 판소리를 배워 오프닝 공연을 하라는 방송국 프로듀서의 제안이 있었고 당시의 나는 뭣 모르고 부모가 하라는 걸 하던 어린이였기에 그날도 그저 방송국 분장실에 갔을 뿐인데 난데없이 판소리를 배웠다 … 웬 아저씨가 북을 앞에 두고 아가, 니가 예솔이여? 자 따라 혀봐. (쿵, 척!) 짜증은 내여서 무엇 하나 …"(112쪽)

이자람은 그 노래가 너무 부르기 싫었다. 못생긴 노래였다. 목소리도 이상하고 아름답지도 않고 울퉁불퉁한 노래였다. 입을 꾹 다문 이자람에게 아저씨는 지치는 기색도 짜증내는 기색도 없이 30분을 소리를 따라 해보라고 어르고 달랠 뿐이었다. 방송을 몇 번 하고 난 다음 그 어른은 이자람의 부모에게 제안을 했다. "나가 아직 제자를 안 만들고 있지만 혹시 아가 소리 가르쳐볼 생각 없습니까. 소리를 하면 아주 대성할 목을 타고난 듯해서 내가 아까워서 그라요." 이자람은 너무도 당연한 마음으로 그분의 첫 제자가 되기로 했고 그렇게 그 어른은 나의 선생님이 되었다. 판소리 명인 은희진이었다. 은희진은 타인에게 그리 다정한 분이 아니었다. 그가 바라는 것은 오직 하나, 소리 잘하는 것이었다. 이자람이 여덟시간 「춘향가」 완창 날의 인터미션 때였다. 네 시간을 내리 소리하고 무대 뒷막 통로에서였다. 선생님이었다. "아가 잘했다." 하시더니 말없이 꼬옥 안아주셨다. 생애를 통틀어 단 한번이었다. 그런 선생님이 큰 병에 걸려 돌아가셨다. 아마도 이자람이 대학 시절에 열심히 공연 연습을 하던 때인 것 같다.

그렇게 이자람은 좋은 스승을 만나 판소리에 발을 딛고 새로운 길로 나아가게 된다. 특이하게도 이자람은 대학에서 록밴드를 '놀이'이자 '취미' 겸 구성하고 점점 프로의 길로 나아가게 된다. 이름은 '아마도이자람밴드'다. 아마도이자람밴드는 인디밴드 기획사에 들어가고 정규앨범도 냈지만 잘 팔리지는 않았다. 이자람밴드는 기획사로부터 독립해서 독자적으로 2집 앨범을 준비해서 낸다. 그런데 판소리와 록밴드를 동시에 하는 게 가능할까? 영 어울리지 않는 조합이 아닐까? 이자람은 "판소리할 때랑 밴드 할 때 목소리가 너무 달라요. 어떻게 그게 가능해요?" 질문을 받는다고 한다. 이자람의 대답은 이렇다. 똑떨어지는 정장을 입으면 갑자기 말투나 걸음걸이가 옷에 어울리려는 노력을 한다. 파자마를 입고 있을 때와 수영복을 입었을 때도 몸과 마음가짐은 많이 다르다. 목소리와 발성도 마찬가지다. 50년 전의 텔레비전 프로그램 속 배우들이 성별에 따라 다른 키와 톤, 말투를 사용한다. 50년이 지나 현재를 살아가는 그들은 그때와 완전히 다른 지금의 말투를 사용한다. 의식하지 않아도 자기도 모르게 그렇게 달라지는 것이 몸과 목소리다. 밴드의 프런트맨으로 무대에 설 때 내 모든 것은 '나는 록밴드 보컬리스트야'를 입는다. 이자람이 만든 판소리의 소리꾼 배우로 무대에 설 때는 '관객분들 안녕, 내가 오늘 이 이야기를 만든 작가이고 작창가이고 이제 이걸 직접 이야기해줄 거예요. 같이 가봅시다!'를 입는다.(161쪽)

이자람은 아무 고민, 갈등 없이 판소리에 작창가에 록밴드까지 잘 해나가고 있는 걸까? 그럴 리가. 순풍만 있는 예술의 세계는 없다. "인생은 행복한 순간의 소중함을 깨닫게 해주는 대가로 수많은 이별을 요구한다. 믿었던 이의 배신을 혹독하게 맛봐야 하고, 내 편인 줄 알았던 이의 두려움과 다름을 직시해야 하고, 결국은 나의 삶을 송두리째 홀로서기 코스까지 밀어붙인다. 그렇게 뜨끈한 고생을 시킨 다음에야 겨우 하나의 깨달음을 준다."(188쪽)

이자람은 그 시간을 검은 터널의 시간이라 부르고, 꽤 많은 작가들이 이 시간을 검은 개의 시간, 검은 터널의 시간이라 표현하고 있다고 말한다. 예술가만이 그런 검은 터널의 시간을 보낸다고 유난을 떨 건 없다. 예술가 아닌 보통 사람들도 모두 그런 시간을 지난다. 그것은 사춘기, 실연, 질병, 좌절, 배신 등 여러 형태의 이름으로 불리지만 인생이 가진 본질적인 불가사의, 우연성에 기초한 것이다.

이자람은 책의 마지막에서 너무 막막해서 판소리를 그만둘까 고민도 했다고 말한다. 그러나 언제나 돌아갈 곳이고, 디디고 선 곳이며, 영양분을 공급하는 땅이라고 말하며 뼛속까지 판소리꾼임을 고백한다. 에필로그에서 이자람은 신기한 도움과 응원들이 순간순간 무너지려는 자신을 일으켜 세워왔음을 말한다. 생은 어느 날 어느 시에 진 빚을 다른 곳 다른 시간에서 갚아가는 거라는 어른이 했던 말을 되새기기도 한다.

아니, 뭘 이렇게 씌이나 깊은 고민을. 이자람은 잘하고 있고 앞으로도 잘 해나갈 것이다. 과거를 보면 현재를 알 수 있고, 현재를 알면 미래를 알 수 있다. 나는 이자람 공연이 있으면 예매해서 그날을 기쁜 마음으로 기다릴 것이다.

만신 김금화

김금화/ 궁리

만신은 무당을 높여 부르는 말이다. 만신 김금화는 1931년 황해도 연백군 생이다. 2남 3녀 중 둘째 딸로 태어났는데 아들이 아니라고 태어나서 바로 죽을 고비를 넘겼다. 그 뒤부터도 가난하고 굶주린 삶을 살다가 열네 살에 첫 결혼을 하고 시어머니에게 학대받은 끝에 시댁에서 도망가기까지 굽이굽이 가슴 아픈 사연이 이어진다. 만신은 이런 고통을 겪어야만 될 수 있는 것인가 싶기도 하다.

나는 만신의 예지와 치유능력이 궁금하다. 책에도 김금화의 예지와 치유 사례가 여러 건 실려 있다. 그 중 하나는 어느 날 절벽에서 떨어졌는데도 푸른 풀밭을 즐겁게 거니는 꿈을 꾸고 난 다음에 벌어지는 사건이다. 남자에게서 전화가 와서 "우리 아이가….”라고 말하려는 순간, 자신도 모르게 김금화의 입에서 "얘가 지금 병원에 있죠? 중환자실에 있나보네요.”라는 말이 나왔다. 남자는 놀라서 얼른 "예"하고 대답을 했는데 적잖이 놀라는 눈치였다. 김금화의 얘기는 가끔 신령님이 꿈으로 어떤 일을 미리 알려주실 때가 있는데 새벽에 꾼 꿈을 나름대로 해몽하고 준비를 하고 있었다는 것이다. 병원에 입원한 아이는 공항동에 사는 여덟 살짜리 남자아이인데 전자오락을 하다가 갑자기 온몸을 떨면서 쓰러져 중환자실에 입원 중이었다. 병원에서 독한 약을 처방하고 치료를 해도 잠을 못 자고 온몸을 떤다는 것인데 두 달째 병원에 입원해 있으면서 아무런 차도가 없었다. 병원에서도 온갖 검사를 다 해도 원인을 알 수 없었다. 김금화는 꿈에서 신령님이 주신 자신감이 가슴에 와닿았고 넓고 환한 풀밭이 아른거렸다고 한다.

김금화는 어린 암탉으로 하는 비방을 알려주고 나중에는 굿도 한다. 아이 어머니가 의사가 마음의 준비를 하라고 한다며 자꾸만 조바심을 내길래 아이는 낫는다, 아이가 실컷 자게 내버려두라, 자는 아이를 두고 왜 그렇게 야단을 하느냐며 소뼈나 푹 고아서 코로 먹이고 아이를 그냥 내버려두라고 했다. 의사들이 한 마디 할 때마다 엄마 마음은 무한정 흔들리고 있었다. "가망 없대요. 그대로 둬도 될까요?" "믿고 기다려봐요. 내가 낫게 해주는 게 아니고 단군 산신님이 낫게 해주시는 거니까 믿어요."(244쪽) 불안한 목소리로 전화를 하던 아이 엄마 목소리가 언제부터인가 조금씩 밝아지기 시작했다. 날이 가면서 아이 얼굴에 핏기가 돌고 자면서도 살이 붙는다고 했다. 아이는 그렇게 스무 날 정도를 잤다. 차츰 눈을 떴다 감았다 하다가 등에 욕창이 생길 때쯤 아이는 건강한 얼굴로 깨어났다. 의사들도 놀라고 부모도 좋아서 어쩔 줄을 몰라했다. 퇴원한 아이는 예전의 건강한 모습으로 완전히 돌아와 학교도 잘 다니고 김금화의 집에도 자주 놀러 오기도 했다.

이 사건을 어떻게 해석해야 할까?

첫째 아이의 신경계통에 원인 모를 이상이 생겼으나 시간이 흐르면서 자연치유되었다.(이런 증상을 다룬 신경학자 올리버 색스의 『깨어남』이라는 책이 있다.)

둘째 아이의 신경계통에 김금화의 알 수 없는 힘이 작용해서 치유되었다. 또는 아이의 코로 넣어준 사골 국물이 치유에 영향을 미쳤다.

셋째 어머니의 마음이 안정되면서 아이에게 전달되는 안정적인 에너지가 회복에 도움되었다.

넷째 아이의 병도 치유도 현재의 과학으로는 알 수 없다. 신령으로 부르는 미지의 힘이 개입되었을 가능성도 배제할 수 없다.

김금화는 아이의 병을 이렇게 말한다. "아이의 병은 몸이 아픈 병이 아니었다. 귀신이나 잡귀에 의해 생긴 것이었다. 지나치게 전자오락에 빠져 아이의 자연스러운 기운을 심하게 거슬렀고, 아이 자신도 모르게 신이 금기하는 일을 했기 때문에 온 것이다. 그러니 의사가 고칠 수 있는 병이 아니었다." 그럼 귀신이나 잡귀는 무엇일까? 이건 증명할 수 있는 것일까? 자연스러운 기운이나 신이 금기하는 일은 무엇일까? 아니 세상일을 모두 증명 가능하다고 생각하는, 현대의 소위 과학적인 사고 방식에 큰 흠이 있는 것일까?

나는 첫째가 가능성이 높다고 생각하지만 어떻게 김금화가 남자의 전화가 왔을 때 아이가 중환자실에 있는 사실을 말했는지 궁금하다. 이런 능력은 어떻게 온 것일까? 아니면 남자가 아이에 관해 말할 때 아이가 병원에 있는 상태가 확률적으로 높은 것이라서 말이 나온 것일까? 우리가 알지 못하는 어떤 미지의 능력이 실제로 있는 것일까? 과거와 현재와 미래는 우리가 생각하는 것처럼 선형으로 나아가는 것이 아니라 같은 평면에서 일어나거나 나선형으로 꼬여 있고 그 모습을 예지력으로 보는 것일까? 궁금증이 꼬리를 잇는다.

이와 비슷한 사례가 또 있다. 며느리가 찾아와서 점사를 봤을 때 시아버지가 6월이나 7월에 돌아가실 것 같다는 점괘가 나왔고 실제로 시아버지가 가출해서 실종되고 말았다. 김금화가 그 집에 찾아갔을 때 뚜렷하게 시아버지가 '한강으로 가서 빠져죽었어요'라는 말이 들렸고 어젯밤 꿈에 물에 빠져 죽는 꿈이 생각났다. 김금화는 가족이 집을 나서 만나는 첫 번째와 두 번째 사람에게 묻고 세 번째 사람에게 물으면 알 수 있되 오늘 오후 2시까지 찾아야 한다고 말한 그대로 시아버지의 익사 시신을 찾은 것은 어떻게 해석해야 할까. 김금화는 이를 꿈이 찾아준 할아버지 시신이라고 말한다.(220쪽) 자살한 할아버지의 넋을 위로하기 위해 물에 빠져 죽은 사람을 위로하는 넋걷이굿을 했다. 무당이 물에 들어가 넋을 건져 올릴 때는 그 혼이 잡아당기는 힘 때문에 무당이 물속으로 휩쓸려 들어가는 일이 더러 생긴다. 그래서 무당 허리에 무명끈을 매고 바깥에 서 있는 사람들이 그 끈을 단단히 잡은 채 굿을 한다. 이날도 굿을 하는 무당이 원혼의 힘에 휩쓸려 기절을 하는 바람에 김금화가 마무리를 했다고 한다.(226쪽) 무당이 굿을 할 때 망자의 목소리 그대로 말하거나 가족만이 아는 비밀스런 얘기를 하는 경우도 많다고 한다. 이런 일들을 어떻게 해석해야 할까? 정말로 궁금하다. 예지몽은 어떤가? 미래를 보는 꿈은 수많은 신화와 역사와 개인 경험에서 나온다. 이건 인간의 착각에 불과한 것일까?

박정희 정권의 새마을운동 당시에 굿이 미신으로 치부 받아 굿하던 무당이 파출소에 잡혀가고 굿이 금지당했다는 얘기는 슬프기 짝이 없다. 한국의 관에서 푸대접받던 만신 김금화는 1982년 미국에서 열린 한미수교 백주년 기념공연에 참가해 굿춤을 췄다.

"나는 떨리는 가슴을 억제하고 무대 중앙에 섰다. 입술을 가만 깨물고 내 자신에게 소리쳤다. 자. 힘을 내자! 나는 무대 위에서 풀썩 뛰어올랐다. 그 순간 발끝에서부터 강한 신명이 솟구치기 시작했다. 나는 두 발이 땅에 닿는지 허공을 나는지 구분할 수 없을 정도로 몰입의 경지에 이르렀다. 땀이 비 오듯 쏟아지고 관중이 있는지 없는지도 보이지 않았다. 나는 이만치 뛰어갔다 다시 저만치 뛰어가며 작두를 얼렀다. 그리곤 주저없이 마상 위의 작두로 뛰어올랐다. 작두 위에서도 한참 동안 춤을 추었다. 그러나 한 번 올라간 작두는 다시 내려오게 마련이었다. 하늘을 찌를 듯 오르던 신명도 내리는 순간이 있는 법이다. 눈을 감고 망연히 서 있는데 객석이 너무나 조용했다. 나는 그만 무너지듯 힘이 빠졌다. 아 틀렸구나. 그러나 나는 최선을 다했다. 신의 뜻이라면 달게 받아들여야지. 나는 천천히 눈을 떴다. 그런데 이게 웬일인가? 밖으로 빠져나갔던 사람들이 다시 돌아와 객석이 빽빽하게 들어차 있었다. 야외까지 무대를 터서 6,000석 가까이 된다는 그 큰 객석에서 박수소리, 고함소리가 터져나왔다."(207쪽)

굿꾼들은 미국에서 사람들 앞에 소개될 때 인간문화재나 국립무용단에 밀려 항상 뒷전이었다. 김금화는 조금 섭섭하기도 하고 좌절감을 느끼기도 했다. 이런 마음이 신령님께 전해졌는지 김금화의 꿈속에 백발이 성성한 할아버지 한 분이 오시더니 김금화를 불러 앉혔다. 내가 너를 돌봐주러 왔다. 아무 걱정하지 말거라. 할아버지는 깨끗한 백지에 붓글씨로 굿 날을 받더니 그 앞에 절을 하라고 했다. 김금화가 물었다. 여기는 미국인데 어디서 굿이 나려구요? 기다려보아라. 할아버지는 그렇게 말하더니 어디론가 사라져버렸다. 그런데 다음날 일행이 식당으로 밥을 먹으러 갔다가 뉴욕영사로 근무하던 천오성 씨라는 분을 만나게 되었다. 뜻밖에도 그분이 굿꾼들에게 큰 제안을 했다. 아시아 소사이어티 주최 행사에 굿 공연을 초청하겠다는 것이었다. 믿기지 않지만 실제 있었던 일이다. 미국인들과 미국 학자들은 굿을 환대하고 한국의 관료들은 푸대접을 했으니 뒤집혀도 보통 뒤집힌 게 아니다.

만신들의 꿈은 특별하다. 꿈이 생시 같고 생시가 꿈처럼 맞을 때가 많다. 굿을 할 때도 꿈을 꾸듯, 필름이 돌아가는 것처럼 뭔가가 보이기도 한다. 중요한 일이 있을 때는 신이 꿈에 나타나 현몽을 주기도 한다.(228~229쪽) 그야말로 믿기지 않지만 믿어야 하는 일이다.

무당은 어떤 존재일까. 김금화는 말한다. 무당은 신과 사람 사이의 매개자다. 사람의 편에 서서 신을 설득하고 달래고 사정한다. 그리고 사람들의 간절한 소망을 신에게 전한다. 신의 뜻을 받아 사람들에게 전하는 것도 무당의 역할이다. 또한 무당은 신의 선택을 받은 신의 아기다. 따라서 신의 세계로 들어가기 위해서는 나를 버려야 한다. 신의 밥을 먹고 신의 잠을 자고 신의 걸음을 걸어야 한다. 모든 사람의 걱정을 자기 일처럼 생각하고 옳고 그름을 일깨워주며 신의 세계 속에 사는 것이 무당인 것이다.(274쪽)

새벽 4시 반에 일어나서 기도하고 항상 찬물로만 목욕을 하는 김금화 만신.

책 뒤에 황루시 관동대학교 미디어문학과 교수의 글이 붙어 있다. 황루시 교수는 굿을 연구하는 학자다. 1980년 10월 공간사랑 소극장에서 황해도 대동굿을 공연하는 김금화 만신을 처음 만났다고 한다. 황루시 교수는 무당이 다양한 신격을 모시면서 굿하는 것이 꼭 배우 같다고 생각했다. 그런데 황해도 굿은 아예 연극이었다. 그것도 너무나 재미있는 연극이었다. 특히 잡귀를 풀어먹이는 마당굿이 압권이었다. 약 먹고 죽은 귀신, 목매달아 죽은 귀신도 굿판에서는 먹고 놀고 춤추기를 좋아한다. 그 연극의 주인공이 바로 김금화 만신이었다. 황루시 교수는 김금화 만신이 한 일 가운데 가장 의미있는 일은 바로 무가집 발간이라고 말한다. 1995년 드디어『김금화의 무가집』이 발간되었다. 그 후 다른 지역의 무당들도 다투어 자신의 이름으로 무가집을 내고 굿녹음 자료도 발행했다.(319쪽) 인터넷 서점에 들어가니 아쉽게도 책이 절판이다. 이런 무가의 형태를 빌려서 소설을 써보는 것도 괜찮겠다 싶다. 아니면 장편 속에 하나의 병행하는 이야기로 무가가 들어가도 좋지 않을까 한다.

아버지의 해방일지

정지아/ 창비

천만 관객 영화나 베스트셀러 책은 천천히 늦게 보는 편이다. 사람들의 어떤 휩쓸림에 함께 몰려가는 것이 꺼려져서이다. 이 책은 50만 부 가까이 판매됐다는 대형 베스트셀러. 그래서 부산대도서관에서 대출신청을 했더니 두 번이나 예약순서 7번에 걸렸다. 7번 이후는 예약을 받지 않는다. 그정도 예약순서가 밀리면 부산대도서관에서는 책을 2~3권 더 구입할 만도 한데 끝까지 대출도서는 2권이었다.

책의 운명은 알 수 없다지만 이 책도 그렇게 쏠림 현상이 일어난 이유를 곰곰이 생각해봤다. 남로당 군당위원장을 지낸 아버지의 해학 넘친 민중 사랑론 때문일까? 방물장수 할머니를 하룻밤 재워줬더니 저자에게 이를 옮겼다. 엄마는 그럴까 싶어 할머니를 딸과 재우는 걸 반대한다. 아내를 향한 아버지의 명언이다. "자네, 지리산서 멋을 위해 목숨을 걸었능가? 민중을 위해서 아니었능가? 저이가 바로 자네가 목숨 걸고 지킬라 했던 민중이여, 민중!"(12쪽)

아버지가 죽고 장례식장에서 저자가 백만 원짜리 국화 장식을 선택하자 어머니는 이십만 원짜리를 고른다. "아이, 죽으면 썩어문드러질

몸땡이. 비싼 꽃으로 처바르면 뭐 할것이냐." 사회주의자답게 어머니는 유물론적인 결론을 내린 뒤 기어이 제일 싼 장식을 골랐다.(17쪽)

아버지와 어머니의 유물론과 사회주의와 민중은 책에서 기묘하게 변주를 울리며 계속되는데 이건 비극 속의 희극이랄까, 아니면 희극 속의 비극이라고나 할까 아귀가 맞지 않다. 경쟁과 각자도생을 최우선으로 삼는 한국사회는 아버지가 말하는 '사람이 오죽하면 그랬을까' 식의 아량은 받아들일 수 없다. 그래서 독자는 아버지와 어머니가 혹시 극한 빈곤으로 몰리는 것 아닐까 내내 걱정하지만 그런 정도까지 어머니와 아버지가 어렵게 지내지도 않는다. 아버지는 한량 기질을 보이지만 어머니는 자신의 농사에 애착이 크다.

어머니 혼자서 동네 사람들이 심지 않은 논의 네 귀퉁이에 모를 심은 적이 있었다. 혼자 별을 보며 스무 마지기 귀퉁이마다에 모를 심은 어머니는 네 발로 기어 집에 돌아왔다. 저자는 이렇게 말한다. 만에 하나 어머니가 월북했다면 자기 농사에 심혈을 기울이다 진작에 숙청당했을 거라고. 그것이 당신들이 믿는 사회주의의 실체라고.(103쪽)

웃음을 머금고 책을 볼 수 있는 이유는 아버지 어머니가 믿는 사회주의는 이미 안전하게 소독되어 극한 자본주의 대한민국에 아무런 위해를 가할 수 없는 죽은 사회주의이기 때문이다. 자본주의는 사회주의에 아무런 위협을 느끼지 않는다. 쿠바를 비롯한 몇몇 나라에서 겨우 명맥을 유지하는 사회주의가 무슨 겁이 날 것인가. 자본주의의 적은 자본주의일 뿐이다. 어릴 때부터 자본주의 체제와 경쟁에 익숙한 대한민국인 또한 감상과 희극의 대상으로 책의 아버지와 어머니를 볼 뿐이다. 그래서 조선시대의 갓쓴 성리학자가 현대 한국에 와서 군사부일체와 열녀

론을 강의하는 것을 보는 거리감과 함께 애처로움을 함께 느낄 것이다.

2023년 7월 베트남의 하미마을에 갔었다. 하미마을 위령비에는 들어갈 수 없었다. 철제 울타리가 가로막았다. 멀리서 위령비를 바라만 보았다. 입구에 꽂힌 낡아서 찢어진 베트남 국기가 바람에 펄럭였다. 나는 오래도록 국기의 별을 지켜보았다. '과거를 덮고 미래로 나아간다'는 베트남 정부의 의지가 헤진 국기에 모여있었다. 1968년 2월 22일 청룡부대는 135명의 하미마을 민간인을 죽였다. 마을을 찢었던 총소리와 비명은 단지 박제된 비석에 머물러 있을 뿐이었다. 베트남 정부는 베트남전쟁이라는 과거를 옆으로 조용히 치워놓고 미래를 향해 나아가고자 했다. 한국 정부가 베트남전쟁 참전에 사과하면 고맙지만 그건 지나간 일이라고 답한다. 베트남 정부는 1986년 개혁 프로그램인 이른바 '도이머이' 정책을 시행한다. 계획경제를 포기하고 시장경제로 전환이었다. 베트남 정부는 한국정부의 사과보다도 원조와 차관과 투자가 더 필요한지도 모른다.

하미마을 위령비의 낡은 베트남 국기를 바라볼 때의 심정이 책을 읽으면서 회상되었다. 백운산과 지리산에서 사회주의를 위해 투쟁한 게릴라, 남한 단독정부 반대 투쟁을 했던 사회주의자는 역사의 한 페이지에 박제되어 있을 뿐이다.

아버지는 지리산 게릴라 투쟁이 이길 수 있었다고 믿었을까. 아니다. 질 줄 알고 있었다. 질 게 뻔한 전쟁이었지만 우리사 이미 나선 몸. 최후까지 그 길을 걸어 나간 것이다. 그런 아버지의 발걸음에는 어떤 숭고미가 있다.

소설 화자인 나는 아버지의 장례식장에서 새로운 아버지의 모습을 발견하고 아버지의 삶을 다시 되새겨본다. 아버지의 장례식장에 찾아오는 조문객들은 아버지의 새로운 면을 일깨워주면서 나는 아버지에 대한 생각을 교정해 나간다. 아버지가 조석으로 드나든 술집의 노파도 온다. 동식은 노파를 아부지의 마지막 애인으로 소개하지만 노파는 나를 보러 왔나, 쐬주 보러 왔다고 눙친다. 이는 이청준의 소설『축제』에서 어머니의 장례식장에 모인 가족들이 화해하는 구조를 닮았다. 한국의 장례식장은 특별한 장소다. 죽은 사람은 조문객의 마음을 모으고 화해시키는 특별한 힘을 지녔다. 장례식장은 죽은 이의 잘못보다는 긍정적인 삶을 말하는 자리다. 어떻게 보면 한국의 장례식장은 가부장적 질서를 유지 온존시키는 의례 장소이기도 했다.

책에 소선생이란 분이 나온다. 소선생은 아버지와 어머니의 은사이기도 했다. 소선생은 전쟁이 나기 전 어느 날 아버지와 다른 제자 한 명을 불러 밥을 샀다.

"내 제자들 중 느그가 최고다. 긍게 서로 돕고 지내그라."

아버지는 물론 좌익이었고 다른 제자는 우익이었다.

"좌익 시상이 되면 니가 쟈를 봐주고, 우익 시상이 되면 니가 쟈를 봐줘라." 우익 세상에서 공화당 삼선 의원을 지낸 제자는 은사의 당부를 잊지 않고 여러 차례 아버지의 편의를 봐주었다. 아버지가 힘을 쓴 시상은 얼마 가지 못했고 혹독한 시련이 뒤따랐다. 우익 제자는 훗날 공화당 삼선 의원이 되었고 친구인 아버지에게 여러 도움을 준다.

세상이 이렇게만 된다면 얼마나 좋을 것인가. 좌와 우의 좋은 점만을 취해 중도로 가면 얼마나 좋을 것인가. 세상은 대체로 극단으로 치우치기 쉽고 극단에 선 자들이 득세하기 마련이다. 한국 현대사는 아버지와 같은 좌파를, 북한에서는 우파를 철저하게 몰락시키는 과정이었다. 자연스럽지 않았고 비극에 비극을 더한 역사였다. 그 역사는 그 시대를 산 사람들에게 아름다움과 서정 같은 감각마저 빼앗아갔다. 휴머니즘 또한 사라졌다.

저자는 작가의 말에서 이렇게 썼다. "사램이 오직하면 글겄냐. 아버지 십팔번이었다. 그 말 받아들이고 보니 세상이 이리 아름답다. 진작 아버지 말 들을 걸 그랬다." 아버지의 죽음을 통해 확인하는 세상의 아름다움이 어쩐지 서글프다.

[문학일기 12]

역사 앞에서

김성칠/ 창비

오늘의 한국을 만든 뼈대는 한국전쟁과 대학살이다. 이 두 가지 사건 이 사회와 국가의 기본 심성을 만들었고 개인도 벗어날 수 없다. 한국 의 경제 구조는 박정희 정권 당시 만든 뼈대가 지금까지 유지되고 있다. '굳세어라 금순아'와 '잘 살아보세' 마음의 뿌리는 깊다. 한국전쟁과 박 정희 경제개발은 두고두고 곱씹고 공부해야 할 주제다.

이 책의 부제가 '한 사학자의 6.25일기'다. 표지에는 뒷짐을 진 남자 가 고개를 들어 먼 곳을 바라보는 그림이 있다. 시대의 흐름이라 일컫 는 힘이 얼마나 강한지를 여실히 보여주는 일기다. 6.25전쟁 당시 서울 대교수로 서울에 남아있었던 저자의 어떻게 해볼 수 없는 무력함을 보 여주는 것 같다.

일기는 1945년 12월 1일부터 시작한다. 당시 금융조합연합회 본부에 서 근무하게 된 저자는 미국인에게 임명장을 받게 된다. 저자는 일본인 들이 조선인은 옛날에는 우리들에게 와서 머리를 굽신거리더니 이제는 또 미국인 앞에 같은 태도로 나갈 것이라 하고 속으로 비웃을 것이라 생 각한다. 아니나 다를까 역사는 그렇게 진행된다.

저자는 1947년 서울대 사학과 전임강사로 부임하고 서울에서 6.25 전쟁을 맞게 된다. 6월 25일 낮에 가겟집 주인 강군이 시내에 다녀오는 길이라면서 오늘 아침 38전선에 걸쳐서 이북군이 침공해와서 격전중이라는 소식을 전해준다. 저자는 마의 38선에서 항상 되풀이되는 충돌의 한 토막인지, 또는 대규모 침공인지 알 수 없으나 사태는 비상한 것이 아닌가 싶다고 짐작한다. 6월 26일에는 호외가 두 번이나 돌고 신문은 큼직한 활자로 "괴뢰군의 38전선에 불법남침"을 알린다. 신문은 자신만만하게 "적의 전면적 패주"라느니 "국군의 일부 해주시(海州市)에 돌입"이라느니 "동해안 전선에서 적의 2개 부대가 투항"이라느니 하는 낙관적인 소식들을 전해주고 있다.(72쪽)

6월 27일 라디오에서는 정부는 대통령 이하 전원이 평상시와 같이 중앙청에 집무하고 있고 일선에서도 충용무쌍한 우리 국군이 한결같이 싸워서 오늘 아침 의정부를 탈환하고 물러가는 적을 추격중이니 국민은 군과 정부를 신뢰하고 조금도 동요함이 없이 직장을 사수하라고 거듭 외치고 있었다.(76쪽) 모두 거짓이었다. 불과 하루가 지난 6월 28일 인민군이 미아리고개를 넘어 서울 시내로 진입하고 거리에는 붉은 기를 흔들며 만세를 부르는 사람이 있고, 학교 깃대엔 말로만 듣던 인공국기가 바람에 나부낀다. 대한민국 정부의 허위 발표는 그이후 현재까지 국민이 정부의 발표를 믿지 않고 속내를 이리저리 짐작하게 되는 국민 정서가 생겨나게 된 큰 계기가 된다. 한국 특유의 '각자도생'이 시작된 것이다.

6월 28일 저녁 무렵에는 이미 붉은 완장을 차고 거리를 왔다갔다하는 청년들이 있었는데 그중에는 어제까지 대한청년단의 감찰부 완장을 차고 자전거를 달리던 청년도 섞여 있었다. 6.25전쟁에서 가장 중요한 '생존 경쟁'이 시작된 것이다. 대부분의 사람에게 이데올로기는 '생존'을 위한 위장막에 불과한 시대가 온 것이다. 저자는 그 광경을 이렇게 묘사한다.

"며칠 전까지 서슬이 대단하던 군경과 그 가족들은 어디론지 자취를 감추었거나 그러지 아니하여도 집을 쫓겨나고 반동분자로 추궁을 받아 전전긍긍하고 있는 한편, 이때까지 그늘에 숨어서 쥐구멍을 찾고 있던 공산주의자와 그 동정자들이 문자 그대로 제세상을 맞이하여 네활개를 치고 다니게 되었다. 세상은 분명히 뒤엎인 것이다."(93쪽)

저자는 중립적 입장에서 인민군이 서울을 점령한 시대의 모습을 자세히 보여준다. 무엇보다 생존이 중요했다. 이중성이니 가식이니 이런 것은 모두 말장난에 불과했다. 한 청년의 이중성을 보자.

"여태껏 대한청년단의 간부로서 부지런히 일하고 또 언젠가는 나에게까지 청년단의 교양강좌를 맡아달라고 졸라서 몹시 거북하게 굴던 R이 전에 없이 내 손을 힘차게 잡아 흔들면서 참 좋은 세월이 왔습니다 하고 내가 그런 세월이나 가져온 듯이 반겨 인사한다."

"마을엔 붉은 완장을 차고 다니는 사람들이 많아졌다. 그중엔 전에 방공(防共) 무어라 하는 단체의 열성분자로 우리가 거기 적극적인 협조를 하지 않는다 해서 눈망울을 굴리던 사람도 있다."(93~94쪽)

저자는 이들이 지금 도망가지 못해 어쩔 수 없이 위장하고 있는지, 아니면 우익 청년단체에 프락치로 들어왔던 좌익인지 도무지 알 수 없다고 말한다.

좌익들이 중학생과 여학생들을 상대로 궐기대회를 열고 의용군으로 나서는 과정이 나온다. 조국과 민족을 위하고 악독한 미 제국주의와 이승만 매국도당을 쳐부숴야 한다는 가열찬 연설이 이어지고 장내는 이상한 흥분의 도가니 속으로 들어간다. 이때 사회자가 "그럼 우리는 전원 의용군으로 지원합시다."하면 "찬성이요. 찬성!"하는 소리가 빗발치듯 한다. 그다음에 한 사람 한 사람씩 서명날인으로 예정한 절차를 밟고 미리 마련해둔 "○○ 중학교 전원 의용군 지원"이라는 플래카드를 들고 시가행진을 하고 그 길로 곧 심사장으로 향한다.(114쪽) 낙동강 전선에서 죽은 수많은 청년들이 이러한 과정을 거쳐 산화되었다고 생각하니 그저 먹먹할 뿐이다.

1950년 7월 14일, 저자에게 일가 청년인 김익현 군이 찾아와 인민위원회에 나가서 일할 수 있게 되었는데 신분도 보장되고 생활에도 도움이 되지만 나중에 일이 두려워서 어찌하면 좋을지 모르겠다는 상담을 한다. 한 마디로 대한민국과 인민공화국을 선택하는 문제인데, 그것은 전쟁의 향방과 관련있는 것이다. 누가 이길 것인가? 오늘의 시점에서 보면 자명한 문제였다. 세계 최고의 군사력을 가진 미국이었다. 공군력도 최고였다. 이미 미 공군의 공습이 극심해 인민군의 발은 묶였다. 그러나 그 당시에는 전황을 분명히 알 수 없었다. 저자는 어중간히 누구의 편도 들지 않고 중도적인 입장에서 상담해준다. 그것 또한 현명한 처사였으리라.

김일성은 미국이 참전하고 미군 전투기의 공습이 극렬한데도 한국전쟁을 이길 수 있었다고 생각했을까. 저자도 1950년 7월 16일에 미군 비행기 편대가 용산을 폭격해서 막대한 피해를 보았다고 기록하고 있다. 전쟁 한 달도 채 되지 않은 시점이다. 김일성은 미국이 참전하지 않는다는 쪽에 승부를 걸고 전쟁을 일으켰다. 그러면 예상과 달리 미국이 참전했으면 전쟁 한 달이 지난 즈음에 물러서고 38선 이북으로 회군해야 하지 않았을까. 회군할 명분은 충분했다. 이승만 괴뢰도당의 북침 시도를 막고 충분히 응징했다든지, 남한 인민들의 희생을 우려해서 대국적인 견지에서 양보한다든지 하는 명분을 내걸면 되지 않았을까. 그러나 김일성은 낙동강까지 밀고 내려간 후에 처참한 패배를 당하고 만다. 물론 회군은 어려웠을 것이다. 그러나 낙동강까지 내려가 단기전으로 승리를 한다는 것은 이미 불가능했다. 이는 남북 모두에 엄청난 희생을 불러온 전략 및 판단 잘못이었다.

1950년 8월 4일 일기에는 미군 폭격이 날로 심해가는 상황이 기록되어 있다. 그리고 미국에서 원자탄을 쓴다는 소문이 민심을 흉흉하게 만들고 있다고 했다. 당시 북한에서 남쪽으로 피난을 많이 내려온 이유 중의 하나가 폭격과 원자탄 투하 소문과 관련이 있을 것이다.

저자는 1950년 9월 1일 일기에서 한국전쟁의 의도와 앞으로 미래를 통찰하고 있다.

"그도 외력(外力)의 침략을 받은 결과라면 울분을 던질 상대라도 있지만, 남의 장단에 놀아나서 동포끼리 서로 살육을 시작한 걸 생각하면 더욱 가슴이 어두워진다. 만백성이 잘살기 위함이라고 염불처럼 뇌던 친구들, 만백성이 잘살게 하는 길은 반드시 살인과 방화를 일삼는 이른바 무자비한 투쟁의 고개를 넘어야 하고 마침내 동족끼리 서로 칼부림하는, 멸망에의 길로 통하여야만 하는 것일까.

그들도 물론 처음부터 이렇게 될 줄 예견하고 한 노릇이야 아니겠지. 소련에서 얻은 탱크와 대포로 마구 내려 밀면 대한민국쯤이야 며칠 안으로 다 요정(了定)을 낼 수 있을 것이고 미국은 중국에서의 전례와 같이 허둥지둥 손을 떼고 말 것이니 그사이에 얼마쯤 희생이 있더라도 분열되어 있느니보다 통일하는 것이 훨씬 나을 것이 아닌가."(206쪽)

그랬다. 북한의 정세 판단은 애초부터 글러먹은 것이었다. 그러나 피난도 못가고 서울 외곽의 집에서 겨우 목숨만 부지하는 한 지식인으로서는 한국전쟁이라는 크나큰 수레바퀴를 어떻게 할 아무런 힘이 없었다. 정녕 개인의 운명은 시대의 운명을 넘어서지 못하는 것이다.

저자는 1950년 10월 24일 일기에서 조경희의 말을 빌려 조선의 인재들이 좌우익 투쟁과 한국전쟁을 통해 많이 죽었는데 이제 와서 정부가 무슨 부역자니 해서 몰아내는 과정을 비판하고 있다. "진짜 빨갱이로 광신적인 사람은 이미 다 달아나고 인공국 시대에 생명을 건지기 위해 부득이 협력한 체한 사람들을 샅샅이 뒤져낸다면 꼬리에 꼬리를 물어서 끝이 없을 것"이라고 기록하고 있다. 그러나 이승만 정부는 부역자 색출에 열을 올렸다. 한강 다리를 넘어 먼저 도망간 사람은 애국자가 되고, 뭣도 모르고 정부가 서울을 사수한다는 말을 믿고 우두커니 서울에 남은 사람은 부역자가 된다는 기괴한 현실이 된 것이다.

중공군이 서울로 내려오자 저자는 이번에는 부산으로 피난을 내려간다. 겨우겨우 부산의 방 한 칸을 얻어 목숨을 부지하는 현실이 이어진다. 한국전쟁 당시 서울에 남은 한 지식인의 귀한 기록이다. 그리고 한국전쟁이 끝난 후에 현실은 그 지식인이 우려했던 바대로 진행된다. 남한은 이승만의 반공 독재 정치로 넘어가고 북한도 비슷한 과정을 밟게 된다. 그 과정은 계속 악화된다. 미소의 38선 분단에서 시작되었지만 민족 내부의 역량 부족이 악화의 큰 원인이었다.

[문학일기 13]

에도로 가는 길

에이미 스탠리/ 유강은 옮김/ 생각의힘

두 가지가 놀라웠다. 저자가 미국인으로 노스웨스턴 대학교 역사학 교수라는 것이다. 일본인이 아닌 사람이 한 집안의 편지를 기초로 에도의 1840년대 생활사를 재현한다고? 저자가 십 년 동안 이 책을 쓴다고 고심했다는 사실이 이해가 된다. 저자는 편지 필기체 해독을 비롯한 작업에 니가타 현립 문서관의 직원들을 비롯한 일본 문서보관소 관계자들의 도움을 많이 받았다고 감사를 표했다. 충분히 납득된다.

또 하나는 1840년대와 50년대 에도의 건축, 문화, 풍습, 서민들의 생활상, 쇼군과 부하들의 통치 형태 등을 생생하게 그렸다는 것이다. 1840년대의 에도로 가서 여행을 다녀도 되겠다는 생각이 든다. 일본이 미국의 페리 제독의 함대 시위에 밀려 1854년 개항했는데 그 직전의 에도 정치 분위기도 알 수 있다.

이 책의 주인공은 쓰네노다. 그녀 아버지 에몬은 눈이 많이 오는 에치고국의 이시가미 마을의 린센지 주지였다. 정토진종이다. 에몬은 세금고지서 등 많은 서류를 꼼꼼하게 철해서 정리했다. 그리고 근심을 많이 안겨준 그녀의 딸 쓰네노가 에도 등에서 보낸 편지 수십 통도 잘 모아두었다.

린센지 절이 사라지고 오랜 뒤, 쇼군이 세상을 떠나고 이시가미 마을이 이웃 도시에 통합된 뒤, 그의 가족이 보관한 문서들은 130킬로미터 떨어진 니가타시의 공립문서관이 소장하게 된다. 문서 관리자들은 쓰네노 이야기의 줄거리를 조사해서 웹사이트에 올렸고 어느 외국인 학자가 연구실에 혼자 앉아서 컴퓨터 화면으로 보게 된다. 그 학자가 저자로, 그녀는 쓰네노의 삶과 생활상을 복원하기로 결심한다.

일본은 기록의 나라다. 관리뿐만 아니라 민간인들도 엄청난 기록을 남겼다. 에도 시대에는 서점도 많아 많은 책이 유통되었다. 한국도 기록의 나라라고 하지만 왕조실록 등 지배층의 기록 중심이었다. 그리고 한국에는 서점이 없었고 출판문화도 관 중심이었다. 에도 시대의 일본은 대단히 많은 남자와 여자가 글을 읽을 줄 알았다. 농촌 마을에서도 무려 5명 중 1명이 글을 쓸 줄 알았고 대다수 도시에서는 그 비율이 훨씬 높았다. 미국 교수가 한 민간인 여자의 편지를 기초로 에도 생활사를 복원하게 된 것도 그런 기록문화의 뒷받침으로 가능한 것이었다.

쓰네노는 1804년에 이시가미 마을에서 태어나 1853년에 에도에서 사망했다. 책에는 그녀의 형제 자매들과 부모, 네 번에 걸친 결혼과 남편의 이름이 나온다.

책에는 쓰네노의 아버지가 일한 정토진종의 린센지가 가난한 소작인들이 기근을 겪으면 도와주었던 기록이 나온다. 기근은 자주 벌어졌고 관청만큼이나 절에서도 복지활동에 힘을 썼다. 에도에서는 절에서 구호식당을 운영하기도 했다. 조선의 억불정책으로 산으로 들어간 한국 불교와 달리 일본의 절은 주민의 장례식 등 생활에 밀착했고 일종의 사회복지기관으로도 힘을 썼다. 일본에 기독교가 섭사리 침투하지 못한 것도 생활불교화된 절의 영향이 컸을 것이다.

세 번의 결혼이 실패한 후 쓰네노에게는 홀아비와 살면서 여생을 보내는 방법밖에 남지 않았다. 쓰네노는 그런 혼담을 단호히 거절하면서 에도로 떠날 준비를 한다. 쓰네노가 에도로 간 1839년 당시, 여자 혼자서 에도를 향해 수백 킬로의 길을 보름 넘게 걸려서 가는 일은 없었다. 쓰네노는 온천에 가고 싶다고 거짓말을 하고 이웃 동네 하급 승려 도움을 받아 길을 떠난다. 대단한 용기가 아닐 수 없다.

에도에는 사람이 너무 많았다. 시골에서 많은 사람이 올라왔고 이들은 단칸방에서 가난하게 살아야 했다. 쓰네노의 에도행을 도와준 지칸도 떠나고 쓰네노는 혼자서 입을 겉옷도 제대로 없이 에도에 남게 된다. 쓰네노는 도시의 낯선 이들에 둘러싸여 정토진종의 승려에게 도움을 청하기도 하고 마침내 사무라이 집에 하녀로 들어가게 된다.

에도는 쇼군과 한 해 걸려 에도에 살아야 하는 번주의 도시였다. 20여 만명 쯤 된다고 하는 사무라이들은 에도의 태평성대에서 전쟁을 할 일이 없었다. 사무라이들은 전쟁에서 자신의 능력을 입증할 기회를 빼앗겼고 자기들끼리 조상들이 용감하게 싸웠다고 이야기했다. 그 사실을 증명하는 족보가 있었고 없으면 날조했다.(163쪽)

쇼군의 직속 부하로 에도성을 지키는 상비군 사무라이를 하타모토라고 불렸다. 이들 숫자는 5,000명 정도 되었고 이들은 쇼군이 의식 등에 출석할 때 참석하여 알현이 가능했다. 그 조상들은 에도에 처음 자리 잡은 사무라이 정착민에 속했는데 에도성 해자 바로 건너편의 높은 대지에 가장 좋은 땅을 배분받았다. 하타모토 아래에는 2만 명 정도 되는 고케닌이 있었다. 그들 또한 쇼군의 직속 가신이었지만 에도성에서 쇼군을 직접 알현하는 특권이 없었고, 막부에서 최고 직위에 오르지 못했다. 고케닌의 주거지는 더 작고 흩어져 있었다. 이들은 쇼군의 곡창에서 쌀로 녹봉을 받았다. 이들은 쌀을 돈으로 바꿔 생활에 필요한 물품을 샀다. 쌀값은 조금씩 내려갔고 물품들 가격은 해마다 조금씩 올라갔다. 해가 갈수록 녹봉으로 받는 쌀과 맞바꾸는 돈이 줄어들자 에도의 하타모토와 고케닌들은 점점 빚의 수렁에 빠져들었다. 평범한 상인으로 시작한 중개인들은 이제 대저택에 살면서 헤아릴 수 없는 재산을 보유했다.(166~167쪽) 이들 사무라이들은 쓰네노가 에도에 온 1839년 후, 약 30년이 지나 일본이 개항을 하면서 사라질 계급이었지만 당시에는 아무도 그런 사실을 몰랐다.

저자는 쓰네노가 살았을 에도를, 여러 자료를 통해서 생생하게 재구성해낸다. 1830년대에 에도의 관료들은 큰길에만도 7,000명에 가까운 노점상이 도시락과 식사를 판다고 집계했다. 뒷골목 싸구려 술집과 행상, 임시 노점 등은 헤아릴 수도 없었다. 에도는 1840년 당시 인구 100만 명의 번화한 거대 도시였다.(서울이 그 당시 인구 20만 정도였다.) 700곳 이상이 국수, 즉 우동이나 소바를 팔았다. 게이샤와 가부키가 번성했다. 극장의 유명 배우들은 부자였다. 쓰네노는 바느질을 잘 해서 두꺼운 명주 크레이프천으로 사무라이 주인이 입을 겉옷을 짓기도 했다. 쓰네노는 어머니에게 집에서 자를 보내달라고 했는데 아마도 손에 익은 자였을 것이다.(198쪽) 1840년에 중국에서 아편전쟁이 터졌는데 이 사건은 에도의 지배층에게 근심거리를 안기면서 큰 영향을 미쳤다. 중국이 영국에게 저토록 무너진다면 일본도 비슷할 것이다. 그럼 일본은 어떻게 해야 할 것인가. 그러나 아직 에도의 쓰네노 삶에는 영향이 없었다.

1842년 여름 청나라가 강력한 영국 해군에 항복했다. 중국 항구는 영국에게 개방되었다. 일본에서 막부 관리들과 방위에 관심이 있는 사무라이들이 이 사태가 중국뿐만 아니라 결국은 자국에도 엄중한 패배라는 데 뜻을 모았다. 일부 강경파 지식인들은 이 사태와 긴급성을 백성에게 알려야 한다고 생각했다. 막부는 이에 반대하면서 비밀 방침을 고수했으나 에도의 평민들 사이에서도 소문이 퍼졌다.(241쪽)

당시 에도는 1841년 경 덴포 개혁이라고 부르는 검소한 생활을 위주로 하는 풍속 단속이 벌어졌다. 정무수석 미즈노 다다쿠니가 주도했고 가부키 배우 5대 이치카와 에비조가 주요 극장에서 끌려 나오는 사건이 발생했다. 그는 수갑을 찬 채 마치부교소로 끌려 가서 심문을 받았다. 후카가와에 있는 거대한 석등으로 뒤덮이고, 정교하게 조각한 가구가 많은 화려한 저택이 제일 문제가 되었다.(241쪽) 아마도 이 사건은 당시 에도에 사는 사람에게 제일 입에 올랐을 것이다. 미즈노의 풍속 단속으로 에도의 서민층들은 경제적으로나 정서적으로 매우 힘든 삶을 살았다.

쓰네노는 이자와 히로스케라는 남자와 네 번째 혼인을 했다. 히로스케는 사무라이 집안에서 일했다. 둘은 에도에 살면서 한 번 헤어지기도 한다. 쓰네노는 고향마을로 돌아갔다가 다시 에도로 돌아온다. 이때 린센지 주지였던 큰 오빠인 기유를 비롯해서 가족들이 쓰네노와 절연하기도 한다. 당시 기준으로 쓰네노는 정말 골치 아픈 가족이었을 것이다. 왜 쓰네노는 고향 마을에서 조용히 살지 못하는 것일까? 오늘의 기준에서 보면 용감하고 진취적이었으며, 봉건 시대의 족쇄를 풀려고 노력한 사람처럼 보이지만 그건 오늘의 평가일 뿐이다.

1849년에 큰 오빠인 기유가 사망한다. 쓰네노도 병으로 1853년 5월에 죽는다. 저자는 그로부터 160여 년이 지나 도쿄를 돌아본다. 쓰네노가 살던 에도 시대의 하타모토, 마치부교소 등은 사라지고 없다. 도쿄에서 쓰네노의 고향인 에치고까지 기차로 하루가 걸린다. 쓰네노가 보름 가까이 걸어서 에도로 가던 길이었다.

오랜 세월이 지나 쓰네노의 삶을 미국의 한 역사학자가 재구성하는 것을 쓰네노는 전혀 알 수 없었을 것이다. 쓰네노는 자식이 없었다. 손자가 있었더라면 어떤 삶을 살았을까. 한 예를 들어보자. 그 세대의 에치고 사무라이의 딸은 1874년 설국 에치고에서 쓰네노가 대번에 알아볼 법한 다카다와 꼭 닮은 성읍에서 태어났다. 컬럼비아 대학교에서 일본어를 가르치다가 1950년 뉴욕시에서 사망했다. 아마 한 세대 동안 수백 년을 산 것 같은 느낌이 들었으리라.(323쪽)

역사를 다룬 책이면서 픽션이 섞여 있다. 픽션에 역사를 섞었다고 해도 과언은 아니다. 미국인이 일본의 역사와 문화를 얼마나 사랑하고 관찰했으면 쓰네노가 주고 받은 편지로 이토록 방대한 시절 역사를 만들어낼 수 있었을까. 새삼 존경스럽다.

악령

표도르 도스토옙스키/ 박혜경 옮김/ 열린책들

도스토옙스키 소설의 백미는 개성 강하고 잊혀지지 않는 인물이다. 『악령』에도 스따브로긴과 샤또프, 끼릴로프, 뾰뜨르 스쩨빠노비치 등 독특한 인물들이 다양하게 등장한다. 인물들이 너무나 생생하고 생각이 분명해 술집에서 옆자리에 있다면 알아볼 것만 같다. 도스토옙스키는 시대를 반영하는, 시대를 앞서가는, 시대에 뒤떨어진 각자의 인물을 창조해낸 것만으로도 세계문학사에 길이 남을 것이다.

그의 작품에는 신과 무신론, 러시아 정교, 자유의지 등에 관한 긴 논쟁이나 토론을 하는 장면들이 꼭 등장한다. 신의 존재 여부와 무신론을 두고 주인공들 사이에 벌어지는 기나긴 다툼은 독자를 지겹게 할 것 같지만 의외로 긴장해서 읽게 하는 효과도 있다. 또 러시아 정교주의자와 자유주의자, 사회주의를 믿는 사람들의 개별적인 생각과 세계관을 볼 수 있어 좋다. 끼릴로프가 뾰뜨루샤와 벌이는, 자살할 것인가 말 것인가를 둘러싼 대화처럼 작품 전체에 관념적이면서도 무시무시한 기운을 불어넣는다.

자살을 결행하려는 끼릴로프의 말이다.

"만약 신이 있다면, 모든 것은 신의 의지이고, 나는 신의 의지에서 벗어날 수 없어. 만약 신이 없다면, 모든 의지는 나의 것이니, 나는 자의지를 표명할 의무가 있는 거야."

"왜냐하면 모든 의지는 나의 것이니까. 정말로 이 지구상에는 신을 끝장내고 자의지를 확신한 후, 그것이 완전한 지점에 도달했을 때 자의지를 선언할 만한 용기를 가진 사람이 단 한 명도 없단 말인가? 이것은 마치 가난한 사람이 유산을 받고 너무 놀라서 스스로 그것을 소유할 힘이 없다고 생각해 돈 자루에 감히 다가가지 못하는 것과 같은 거야. 나는 자의지를 표명하고 싶어. 나 혼자라 하더라도 나는 할 거야."

"나는 자살할 의무가 있어. 왜냐하면 내 자의지의 가장 완전한 지점은 내가 나를 죽이는 것이기 때문이지."(하권 265쪽)

도스토옙스키의 소설에서 예기치 않게 불현듯 부닥치는 만남도 그의 특징 중 하나다.

니꼴라이 프세볼로도비치가 유형수 페찌까를 만나는 장면을 보자.

"그는 완전히 다른 생각에 잠겨 있다가 깊은 사색에서 깨어나 갑자기 자신이 비에 젖은 긴 부교 한가운데 서 있다는 것을 알아채고는 놀라서 주위를 둘러보았다. 주위에 인기척이 없어, 갑자기 팔꿈치 바로 밑에서 정중하면서도 허물없는, 그러나 꽤 기분 좋은 목소리가 들려왔을 때는 이상한 느낌마저 들었다. 그것은 우리 도시의 지나치게 세련된 소시민이나 아케이드 시장 출신의 머리가 곱슬곱슬한 젊은 점원들이 허세를 부리며 쓰는 달콤하고 또박또박한 억양이었다.

죄송합니다만 나리, 우산 좀 같이 쓸 수 있을까요?

그러고는 실제로 어떤 형상이 우산 밑으로 기어 들어왔다. 혹은 그의 우산 밑으로 기어드는 시늉만 내려 했다. 부랑자는 그의 옆에서 군인들이 쓰는 표현대로 일정 간격을 유지하면서 나란히 걸어갔다."(중권 88쪽)

페찌까는 후에 살인과 방화를 일삼으면서 사건 전체에 불안과 근심을 던져주는 조역이다. 이렇게 주인공과 페찌까는 우연하게, 그러나 사실은 필연적으로 만나며 그 만남은 사건과 사건을 단단하게 접착시키는 역할을 한다.

저명한 문필가인 스쩨빤 뜨로피모비치가 혼자 방랑을 떠나면서 길에서 복음서 방문 판매상인 소피아 마뜨베예브나를 우연히 만난다. 스쩨빤 뜨로피모비치는 묵게 된 농가의 방에서 소피아에게 자신의 인생을 고백하고 함께 길을 떠나자고 간청한다. 스쩨빤 뜨로피모비치는 가엽게도 열병에 걸려 혼미한 상태지만 자신의 비밀스런 소신을 내보인다. 사실상 임종 전의 고백이자 유언이기도 한 말이다. 그의 말을 들어보자.

"새벽 3시쯤 되어서야 그는 좀 편안해졌다. 그는 자리에서 일어나 다리를 침대 밑으로 내리더니 아무런 생각도 하지 않고 그녀 앞 마룻바닥에 몸을 던졌다. 조금 전에 무릎 꿇으려고 했던 것과는 전혀 달랐다. 그는 그야말로 그녀의 발아래 쓰러져서 그녀의 옷자락에 입을 맞췄다.

그만하십시오. 저는 전혀 그럴 가치가 없는 사람입니다.

그녀는 그를 침대 위로 올리려고 애쓰면서 중얼거렸다.

나의 구세주여. 그는 그녀 앞에서 경건하게 두 손을 모았다. 당신은 후작 부인처럼 고귀합니다. 나는, 나는 파렴치한 인간입니다! 오, 나는 평생 동안 불명예스럽게 살아왔습니다.

　진정하세요. 소피아 마뜨베예브나가 간청했다."(하권 320쪽)

　도스토옙스키는 주인공이나 인물을 한 자리에 모아두고 갈등을 고조시키거나 미래를 암시하는 방식을 능숙하게 구사한다. 상권에서 바르바라 뻬뜨로브나, 스쩨빠노비치 등 많은 사람이 모인 가운데 샤또프가 니꼴라이 프세볼로도비치의 뺨을 때리는 사건이 일어나고, 중권에서는 럄신과 리뿌진 등 5인조와 뾰뜨르 스쩨빠노비치, 그외 여러 명이 모여 혁명 이야기를 하는 장면과 문학축제장에서 벌어진 소동, 하권에서는 스쩨빤 뜨로피모비치가 열병에 걸려 누운 농가에서 여러 명이 모여 죽음을 지켜보는 사건 등을 들 수 있다. 그 장소에 사람들은 우연히 모인 것 같기도 하고(갑자기 누군가가 사람들이 모인 장소를 방문하는 방식으로) 필연적으로 만난 것 같기도 하지만 인물의 개성과 앞으로 전개될 사건의 방향이 의미심장하게 제시된다.

　도스토옙스키 소설에서 살인은 인물과 사건의 집약점이자 갈등을 폭발시키고 동시에 해결하기도 하는 정점이다. 이 소설에서도 여러 살인이 나오며 샤또프의 살해는 그 정점이다. 살인자가 살해에 이르는 과정이 치밀하며 추리소설이나 범죄소설에서와 같은 긴장감을 던진다. 도스토옙스키는 범죄를 통해 러시아 사회의 진면목을 파헤치고 있는 것이다. 살인과 인물 해부가 너무나 잘 결합되어 있고 인간사회에서 살인은 계속 일어날 수밖에 없으며 살인을 둘러싼 갈등과 공포는 현대에서도 다양하고 강렬하게 일어나니 그의 소설은 현대사회에 관한 무서운 예언적 성격을 지닐 수밖에 없는 것이다.

『악령』은 범작인가, 걸작인가. 도스토옙스키의 다른 장편에 비해 질이 떨어지는가. 어떤 독자와 평론가는 탁월한 걸작이라고 평하며, 어떤 사람은 작품 완성도가 떨어진다고 말하기도 한다.

이 소설은 1869년 모스크바에서 실제로 일어난 네차예프 사건을 바탕으로 구상되었다고 한다. 작품이 창작 기획 단계에서 서구주의자와 허무주의자들에 반대하는 정치 팸플릿으로 의도되었다는 것은 잘 알려진 사실이다. 도스토옙스키는 몰락해 가는 서구에서 전파된 급진주의가 러시아에서 혁명적 분위기를 고조시키고 있다는 점을 상기시키고, 사람들에게 그에 대한 경각심을 불러일으키기 위해 당시의 혁명적 움직임에 반대하는 경향성있는 팸플릿을 쓰려는 의도를 가지게 되었다.(하권 422쪽)

정치 팸플릿으로 구성된 작품이 이 정도의 완성도 있고 의미심장한 작품으로 출간되었다는 것은 도스토옙스키의 탁월한 문필력 덕분일 것이다. 그렇더라도 작품은 『죄와 벌』이나 『까라마조프가의 형제들』에서 보여주는 통일적이고 총체적인 완주와는 다소 거리가 멀다. 특히 마지막에 주인공이자 묵시론적이며 복합적 인물인 스따브로긴의 갑작스런 자살은 잘 이해가 되지 않으며 혼란스러운 인상을 남긴다. 도스토옙스키가 썼으나 출간된 작품에는 넣지 않은, 번역서의 하권에 추가된 「찌혼의 암자에서」는 원작에 들어갔으면 훨씬 좋았을 것이다.

마지막 감상이다. 도스토옙스키의 인물과 심리 묘사는 탁월해서 어떤 작가라도 따라잡기는 어려울 것 같다.

평범한 인생

카렐 차페크 / 송순섭 옮김/ 열린책들

카프카와 밀란 쿤데라와 함께 체코 문학을 대표하는 작가다. '로봇'
이란 신조어를 만든 작가로도 유명하다. 장편인 이 작품은 작가의 명성
에 바람이 높았는지 기대에 조금 못 미쳤다. 철도공무원으로 퇴직한 주
인공은 죽음을 앞둔 어느 날 자서전을 쓰기로 마음 먹는다. 그는 어린
시절부터 이야기를 풀어나가면서 자신의 여러 모습을 새롭게 발견하고
빛을 비춘다. 그는 어떤 인물이었을까?

소설 앞부분은 그야말로 주인공의 '평범'한 인생을 밝힌다. 시골의 소
목장이 아들로 태어나 성공이라고 말할 수 있는 김나지움에 입학해 8년
을 공부하고 프라하의 대학에 입학한 주인공이 시를 쓰다가 철도 하급
공무원으로 옮겨간다. 그는 각혈을 하다 정양을 하기 위해 시골역으로
발령받고 상관의 딸인 독일계 처녀와 결혼한다. 그리고 역장으로 승진
해서 살다가 평화로운 죽음을 맞이하는 모습으로 그려진다. 뭔가 이상

하다. 이렇게 인생이 평탄할 수가 있을까? 살다 보면 어쩔 수 없이 맞닥뜨려야 하는 모험도 없고, 내면의 깊은 갈등도 보이지 않는다. 주인공이 과거를 회상하며 어린 시절부터 하나씩 챙기자 아니나 다를까 여러 복합적이고 갈등에 찬 내면이 드러난다.

그는 결혼을 검토해본다. 그는 자신의 내면에서 울리는 독백, 즉 그녀가 역장의 딸이라서 그녀에게 접근했다는 목소리에 기겁한다. 주인공은 스스로 그녀가 착하고 사리에 밝고 사랑스러운 여인이라서 결혼했다고 믿고 있다. 진실은 이렇다. "장인은 사위를 밀어줄 수 있는 위치에 있었고, 그 집안에 장가드는 게 손해 볼 일 없었다." 아내는 어땠을까. "남편의 출세에 커다란 관심을 가진 똑똑한 여인이었지. 남편의 야망과 억척스러움을 아주 잘 이해했지."(142쪽)

주인공은 1차 세계대전 당시 모범적인 자신의 기차역이 파괴되는 걸 지켜보았다. 기차역은 군대의 수송과 물자를 보급하는 데 중요한 거점이 되었고 파견 온 대위는 주정뱅이이자 반미치광이였다. 주인공은 체코인 동포와 접촉해서 부대의 이동 상황이나 보급 상태 등의 정보를 정기적으로 보내기로 결심한다. 그 일은 반역죄에 해당되며 교수형을 당할 수도 있었다. 그는 제동수에게 탄약과 대포들의 운반과 부대의 이동 상황을 알려주었고 제동수는 프라하에서 인쇄 일을 하는 자기 형에게 그 정보를 다시 전달했다. 마침내 전쟁은 끝났고 제국도 종말을 고했다. 그는 프라하로부터 새 철도청에 합류해 새로 건국된 공화국의 철도망 구축에 기여하라는 소환장을 받았다.

그는 왜 위험을 무릅쓰고 저항행동을 했을까? 주인공은 죽음에 임박해서 자신의 인생에 여러 개의 자아가 있었다는 것을 깨닫는다. 평범하고 착한 자아도 있었지만 우울증 환자의 자아도 있었고, 자신이 태어난 소목장이의 환경을 넘어 끊임없이 발전하고 싶었던 자아도 있었다. 저항운동은 아마도 내면에 있는 모든 자아들을 결합시키는 유년기 때와 상관이 있었을 것이다. 그는 제동수와 검표원과 어깨동무를 하고, 그들과 함께 술을 마시며 소리를 지르고 싶었던 것 같다. 그의 고백은 이렇다. "나는 평생 외톨박이였다. 그 일을 할 때 가장 멋진 점은 남들과 하나가 된다는 것과 동료들에 대한 남성적인 사랑이었다. 혼자 이룩하는 영웅 행위가 아니라, 그 근사한 무리에 속한다는 기쁨이 관건이었다."(209쪽)

주인공이 평생 외톨박이라고 고백하니 놀라웠다. 주인공은 전혀 그런 기색을 보이지 않다가 영웅적인 저항운동이 외톨박이에서 벗어나 남성 공동체 체험을 하기 위해서였다고 말하니 말이다. 그는 애국심이나 조국애는 전혀 말하지 않았다. 솔직성이란 측면에서 최고점을 받아야 하지 않을까.

어떤 평범한 인생에도 복잡하고 다각적인 면모가 있음을 소설의 전반은 평범, 후반은 다양성으로 나뉘어 보여준 나름 평범하고 다각적인 작품이었다.

[문학일기 16]

바르도의 링컨

조지 손더스/ 정영목 옮김/ 문학동네

바르도란 무엇인가.『티벳 사자의 서』에서 BARDO는 '둘 사이'라는 뜻이다. 낮과 밤의 사이로 이 세계와 저 세계의 틈새다. 티벳에서는 사람이 죽은 다음에 환생하기까지 머무는 사후의 중간 상태를 바르도라고 부른다. 인간이 그 상태에 머무는 기간은 49일로 알려져 있다. 우리 말로는 중유中有 또는 중음中陰이라고 말한다.

바르도의 링컨은 누구인가? 미국 링컨 대통령의 셋째 아들 윌리 링컨이다. 그는 1862년 2월 20일에 장티푸스로 죽었다. 윌리 링컨은 아버지가 1861년 3월 대통령에 취임하자 백악관에 들어가 살다가 다음해에 열한 살의 나이로 세상을 떠났다. 아버지 링컨은 이 아들을 사랑해서 장례를 치른 뒤에도 아들의 무덤을 다시 찾곤 했다. 저자는 지인에게서 이 이야기를 듣게 된다.

아버지 링컨이 아들을 찾아간 곳은 묘지, 즉 아들을 비롯하여 바르도 상태에 있는 수많은 존재가 우글거리는 세계였다. 물론 링컨 자신은 그들을 보지도, 의식하지도 못한다. 작가인 손더스는 본다. 작가는 윌리 링컨을 포함한 바르도의 존재들을 소설에 불러내 그들의 목소리를 옮겨 적는다.(495쪽) 아들이 죽을 당시 링컨 대통령 역시 엄청난 희생자가 발생하는 남북전쟁의 한가운데 있었다. 이런 면에서 보면 아들을 잃은 아버지로서 또 위기에 처한 나라의 대통령으로서 아버지 링컨 또한 바르도에 들어가 있는 상태로 부자가 함께 바르도에 들어가 있었다고 봐도 무방할 듯 하다.(497쪽)

우리에게 49재 의식은 친숙하다. 절에서 49재를 지내면 매 7일마다 가족들이 절에 모여 경을 읽고 죽은자의 극락왕생을 빈다. 서양인 작가가 바르도의 개념을 이용해서 이런 소설을 쓰다니 놀랍다.

무엇보다 이 소설은 새로운 형식 실험이 돋보인다. 수십 명의 망자가 끊임없이 과거와 현재를 이야기하는 형식은 집단 낭송극처럼도 보인다. 윌리 링컨을 둘러싸고 아이와 자주 말하는 사람은 한스 볼만, 로저 베빈스 3세, 에벌리 토마스 목사 등이다. 이들은 중간 세계에 머무르면서 저 세상으로 넘어가기를 거부하는 망자들이다. 자신이 죽었다는 사실 자체도 인정하지 못하는 망자도 있다. 이들은 시신을 담은 관을 관이라 부르지 않고 '병자—상자'로 부른다. '피부가 창백하다'는 표현은 시신이 썩어가고 있음을 말한다. 이승에 대한 집착이 대단하다.

이 작품에는 링컨 시대의 신문, 잡지, 회고록, 보고서 등이 직접 인용되어 있다. 링컨을 격렬하게 비난하는 언론도 많다. 아이가 아픈데 백악관에서 만찬을 열다니 정신이 나갔다고 비난하는 기사도 있다. 이 또한 작품의 독특한 형식을 부각시킨다. 비난의 몇 가지 예다.

"대통령은 천치다."

"아주 열등한 유형의 인품을 가진 사람이 분명하며, 위기를 감당할 능력이 전혀 없다."

"시대의 징조를 읽지 못했고, 조국의 환경과 이해관계를 이해하지 못했고…… 정치적 재능이 없었고, 계획도 없이 조국을 큰 전쟁에 빠뜨렸고, 변명의 여지 없이 실패했고, 친구가 없어 쓰러진 사람으로 후대에 전해질 것이다."(332~333쪽)

오늘날 우리의 귀와 눈을 붙잡고 어지럽히는 언론의 평가는 믿을 것이 못됨을 다시 확인할 수 있다. 작품에 나오는 망자의 얘기를 들어보자. 애벌리 토머스 목사의 얘기다.

"오해하지 말아주시오. 우리는 어머니였고, 아버지였소. 오랜 세월 남편이었소. 중요한 사람이었소. 첫날에는 아주 많은 사람들, 슬픔이 가득한 사람들과 함께 여기에 왔소. 사람들이 하도 많아 추도사를 들으려고 앞으로 몰려나가다가 담장을 완전히 박살내기도 했소. 우리는 젊은 부인이었는데, 아이를 낳다가 이곳으로 방향을 틀게 되었지. 그 상황의 적나라한 고통 때문에 우리에게서 부드러운 특질들은 다 벗겨나갔소. 우리는 우리를 그렇게 사랑하던 남편을 남기고 왔소. 그들은 그 마지막 순간의 무시무시함이 너무 고통스러워 다시는 사랑을 하지 않았소."(101쪽)

작품에서 인상적인 장면은 바르도에 머무는 망자들을 저 세상으로 끌고 가려는 천사들의 '공격과 노력'이었다. 바르도는 동양 개념인데 천사들은 서양의 개념으로 이 둘이 합쳐졌다는 것도 흥미롭다. 천사들은 망자가 이승에서 가장 아끼는 사람으로 변신해 여기 머무를 필요가 없다고 꼬드긴다. 게이였던 로저 베빈스 3세를 유혹하는 게이 길버트를 보자.

"여러 길버트 가운데 하나가 다가오더니 내 옆에 무릎을 꿇고 물었어요. 그 귀에서 손을 떼고 제발 그냥 자기를 봐주면 안 되겠느냐고.

그의 목소리에는 뭔가 거역하지 못하게 하는 게 있었어요.

그는 헤아릴 수 없을 만큼 아름다웠어요.

우리하고 함께 가. 그가 속삭였어요. 여기는 온통 야만과 망상뿐이야. 이런 데서 썩기엔 네가 아까워. 우리하고 함께 가. 모든 걸 용서받았어.

우리는 네가 뭘 했는지 알아. 두 번째 길버트가 말했어요. 하지만 괜찮아.

하지 않았어. 내가 말했어요. 완전히 끝나지 않았잖아.

완전히 끝났어. 첫 번째 길버트가 말했어요.

아직 뒤집을 수 있을지도 몰라. 내가 말했어요.

...

내가 한 가지 말하지. 두 번째 길버트가 모질게 말했어요. 너는 지금 어떤 바닥에, 어떤 부엌에 누워 있는 게 아니야. 안 그래? 주위를 둘러 봐. 멍청아. 너는 너를 기만하고 있는 거야. 완전히 끝났다고. 네가 완전히 끝냈단 말이야.

우리가 이런 말을 하는 건 네가 어서 계속 가게 하려는 거야. 첫 번째가 말했어요."(133쪽)

많은 망자들이 천사들의 권유와 유혹에 넘어가 저승으로 가지만 끝까지 버티는 망자들도 있다.

윌리 링컨은 무덤으로 찾아오는 아버지를 기다리며 자신의 죽음을 인정하지 않는다. 그러다 아버지 링컨의 몸속에 들어갔다가 나오면서 깨닫는다. 자신이 죽었다는 것을.

"죽었어요! 애는 소리쳤습니다. 거의 기뻐하는 목소리로. 그러면서 방 한가운데로 으스대며 걸어왔습니다. 죽었어요. 죽었어요. 죽었어요!

그 말.

그 무시무시한 말.

(한스 볼먼)

이제 아이는 기뻐서 팔짝팔짝 뛰고 있었어요. 물이 너무도 출렁거리는 곳에 들어간 아주 어린 아이처럼.

보세요. 저하고 함께 가요. 아이가 말했어요. 모두! 왜 여기 있는 거예요? 아무런 의미도 없어요. 우리는 끝났어요. 모르시겠어요?

(로저 배빈스 3세)"(420~423쪽)

자신이 죽었고 저승으로 가야 함을 깨달은 윌리 링컨은 어렸을 때부터 가졌던 다양한 자아로 깜빡거리기 시작한다. 자주색 갓난아기, 열이 나서 누운 소년. 그러다가 결코 아이가 얻을 수 없었던 미래의 모습도 보여준다. 결혼 예복을 입고 초조해하는 젊은 남자. 아이의 울음소리에 초를 켜려고 침대에서 뛰쳐나오는 젊은 아버지. 머리가 허연 홀아비. 그렇게 윌리 링컨은 자신의 삶을 정리한다. 바르도에서 완전한 저승으로 옮겨 가는 것이다.

이 책의 서평을 보면 왜 독서모임에서 이 책을 선정했는가 하는 비난과 곤혹이 섞인 반응을 얻기 딱 좋은 책이라는 글이 있다. 나 역시 독서모임에서 이 책을 읽었다. 역시 곤혹스런 반응을 보인 분들이 있었다. 도저히 글이 눈에 들어오지 않는다, 무슨 이야기인지 알 수 없다. 진도가 나가지 않는다. 내가 보기에 그분들은 일종의 '미학의 고전화'에 사로잡혀 있지 않나 한다. 음악으로 말하면 베토벤과 브람스, 쇼팽, 차이코프스키와 같은 음악가들의 작품에 귀가 익어 있는 것과 같다.

책은 발상과 형식 실험만으로도 대단하다. 49재에 익숙한 우리가 이런 작품을 먼저 써내지 못해 아쉽다.

트러스트

에르난 디아스 / 강동혁 옮김 / 문학동네

이동진 영화평론가 선정 올해의 소설

2023 교보문고
소설가 50인이 뽑은
올해의 소설 3위

2023
퓰리처상 수상

이 책의 서평을 몇 개 읽으면 '라쇼몽식 서사'라는 표현이 자주 나온다. 사건은 하나지만 진실은 여럿이라는, 아니 각자가 바라보는 진실만 있을 뿐 유일무이한 진실은 존재할 수 없다는 문학 표현이다. 이 책을 그렇게 단순하게 말할 수만은 없다.

이 책의 장점은 1929년 미국 대공황 시대를 풍미한 한 금융업자의 존재와 묘사다. 우리는 자본가를 잘 모른다. 알 수가 없다. 대부분의 사람은 자본가 – 그냥 건물 한 채 정도 들고 있는 사람이 아니라 어마무시한 부자다 – 를 만날 수도 없고 사귈 수도 없다. TV 드라마에 나오는 '재벌'이나 '재벌 3세'가 자본가를 대변한다고는 아무도 믿지 않을 것이다. 그건 대중이 이해하기 좋도록 적당하게 가공되고 조리된 수육에 불과하다. '자본이 인격화된 인간'은 어떤 모습일까. 그 사람은 일상 생활을 어떻게 살까. 그 사람은 남편이나 아내를 사랑할까. 사랑한다면 어떤 방식으로 얼마나 다정하게 대할까. 이 역시도 알 수 없다. 아마도 다양한 방식이 존재할 것이다. 문학과 예술은 그 다양한 존재를 역시 다양한 방식으로 빛을 비추고 각도를 달리해서 조감한다. 우리는 그 조감도를 합해서 각자의 3차원으로 조립할 수 있다.

책은 4부로 구성되어 있다. 1부는 「채권」으로 작가 해럴드 배너가 쓴 장편 소설이다. 여기에 나오는 금융업자 벤저민 래스크를 주목하자. 벤저민과 자본의 관계를 살펴보자.

"벤저민에게 자본은 균 하나 없는 생물로 보였다는 이유도 있었다. 자본은 움직이고 먹고 자라고 새끼를 치고 병들며 죽을 수도 있지만, 깨끗하다. 시간이 지나면서 벤저민에게 이 점은 더욱 분명해졌다. 투기의 규모가 커질수록 벤저민은 구체적인 세부 사항과 멀어졌다. 그는 단 한 장의 지폐도 만질 필요가 없었으며, 자신의 거래로 영향을 받는 사물이나 사람들과도 관계를 맺을 필요가 없었다. 자본이라는 살아 있는 생물이 움직이기 시작해 아름다운 패턴을 그리며 점점 더 추상적인 영역으로 들어갔다. 가끔은 벤저민이 전혀 예상치 못했던 자본 자신의 식욕을 따라가기도 했다. - 이 점이, 그 생명체가 자유의지를 행사하려 한다는 게 벤저민에게 또 하나의 기쁨을 주었다. 벤저민은 그 생명체가 실망감을 안겨줄 때조차 그놈에게 감탄했고, 그놈을 이해했다."(24쪽)

"영향력이 커질수록 벤저민은 과묵해졌다. 그가 한 투자가 사회의 더 먼 곳, 더 깊은 곳까지 확장될수록 그는 자기 내면으로 물러났다."(31쪽)

"벤저민이 오래전에 깨달은 사실을 헬렌(아내)이 알게 된 건 이즈음이었다 - 그 사실이란, 사생활을 누리려면 공적인 겉모습이 필요하다는 것이었다. 사교생활 비슷한 것을 해야만 하는 상황은 피할 수 없는 것처럼 보였다. 당대의 즐거운 분위기와 무척 어울리던 어머니의 발걸음을 쫓는 대신, 그녀는 수많은 인도주의적 실천에 참여했다. 명판에 래스크의 이름이 새겨진 병원과 콘서트홀, 도서관, 박물관, 쉼터, 대학 건물이 이후 몇 년에 걸쳐 온 나라에 생겨났다."(77쪽)

뉴욕 모마 미술관에 가면 기부 받은 유명 화가의 작품이 무척 많다. 그들은 왜 몇백 억은 쉽게 넘어갈 그림을 미술관에 기부했을까. 기부자에게는 그림 아래의 자그마한 명판 밖에 주어지지 않는다. 기부자의 심리는 어떤 것일까. 이건희의 미술 컬렉션이 전시되면 사람들은 줄을 서서 보러 간다. 이건희와 아내인 홍라희의 감식안에 감사하고 그들이 번 돈을 미술품에 투자하고 다시 대중에게 돌려준 것에 감사한다. 이들의 기부 심리와 평생 김밥 장사를 해서 모은 돈을 대학에 기부하는 할머니의 마음은 같은 것일까, 다른 것일까. 자본가 기부자들은 자신들이 자본에 깔려서 죽을 것 같은 공포에, 혹은 거대 자본이 던지는 권태와 피로 때문에 기부하는 것은 아닐까. 자본이 지닌 피가 뚝뚝 돋는 손톱과 시뻘건 눈동자와 날름거리는 붉은 혀에 그들 자본가도 가위눌리는 것은 아닐까.

책 2부는 「나의 인생」이라는 자서전이다. 금융업자 앤드루 베벨이 1938년에 쓴 미완의 작품이다. 이 앤드루 베벨이 1부에 나오는 소설의 금융업자 벤저민 래스크의 모델이다. 앤드루 베벨은 1부의 작가가 자신을 소설 『채권』에서 엉터리로 왜곡해서 묘사했고 특히 아내 밀드레드(1부 소설에서 이름은 헬렌이다)를 스위스의 요양병원에서 정신병자로 죽게 한 장면에 격분해서 자서전을 쓰기로 결심한다.

1929년의 대공황에 주식을 미리 팔고 공매도를 통해 엄청난 부를 쌓은 베벨의 사고방식은 전형적인 시장 최우선주의자다. 그는 거품 붕괴를 막으려는 연방준비은행의 개입에 철저하게 반대한다.

"그냥 자유롭게 작동하도록 놔두기만 하면 시장이 자연스럽게 교정할 상황을 인위적으로 교정하려는 국가적 시도의 전형적인 사례다."(211쪽)

베벨은 개인 생활에서도 교환과 이윤 중심으로 세상이 돌아간다고 믿었다. 그의 사고는 명언집에 기록되도 좋을 정도로 명쾌하다.

"우리의 행동은 하나하나 경제의 법칙에 지배된다. 아침에 처음 눈을 뜨는 것은 이익과 휴식을 교환하는 것이다. 밤에 잠자리에 드는 건 이윤이 발생할 수 있는 잠재적 시간을 포기하고 힘을 회복하는 것이다. 우리는 이처럼 하루 종일 무수히 많은 교환에 참여한다. 노력을 최소화하고 소득을 높일 방법을 찾을 때마다 우리는 사업적 거래를 하는 셈이다. 상대가 우리 자신이라도 말이다. 이런 협상은 우리의 일상에 너무도 깊이 배어 있어 거의 눈에 띄지도 않는다. 하지만 사실, 우리 존재는 이윤을 중심으로 돌아간다."(217쪽)

베벨은 대공황으로 큰돈을 벌었다. 그는 탐욕에 찬 금융업자로 비난받았으나 스스로를 공익의 수호자로 말한다.

"나의 행동으로도 시장이 정신을 차리지 못한 것은 유감이다. 그보다 극단적인 조치가 필요했다. 나는 내 행동이 공익에 역행하는 것처럼 보일 때도 늘 공익의 수호자였다. 한편으로는 연방준비은행의 무절제한 간섭주의에 공매도를 해야 한다는 의무감을 느꼈다. 단지 사업가로서 합리적인 일이기 때문만은 아니었다. 이 나라를 걱정하는 시민으로서 시장을 교정하고 숙청하려는 시도이기도 했다. 나의 조상들과 마찬가지로 나 역시 책임감을 가지고 만들어낸 수익은 공동선과 함께 간다는 점을 증명했다. 내가 예측했듯 연방준비은행의 간섭은 결국 은행과

대출업자들을 공황에 **빠뜨렸다.**"(213쪽)

경제신문에서 자주 보는 경제단체들의 말이 100여 전부터 되풀이되었다는 것은 전혀 놀랍지 않다. 자본과 자본을 대변하는 자는 200년 전, 100년 전, 현재 모두 비슷한 속성을 지니고 있기 때문이다. 또 그들이 사회의 주류 세력임도 변하지 않는다. 3부에서 나오는 회고록 작가 아이다 파르텐자의 아버지는 무정부주의자인데 이들은 그야말로 소수 중의 소수다. 역사는 이러한 소수가 사회를 변혁시킨다고 주장하기도 하는데 그것은 하늘과 땅과 사람의 운명이 함께 맞아떨어져야만 가능한 극히 희박한 일이다.

3부 「회고록을 기억하며」는 이 책의 백미다. 2부의 베벨 자서전을 쓴 아이다 파르텐자가 자서전을 쓰게 된 경위를 밝히고 있다. 파르텐자가 채용되는 과정과 베벨의 저택과 사무실 묘사가 뛰어나다. 베벨은 파르텐자의 뒷조사를 이미 마친 상태이다. 베벨은 왜 자서전을 쓰려는지 파르텐자에게 밝힌다. 배너가 쓴 엉터리 소설 때문이다. 베벨의 말이다.

"하지만 이 책이 왜 센세이션을 일으켰는지는 말할 수 있어. 이 책이 공공연하게 내 아내와 나를 다루고 있기 때문이지. 우리를 나빠 보이게 썼기 때문이야."

"특정 장면과 문단의 내용을 확인하겠다며 책에 나온 단서와 실마리를 따라다니는 기자들까지 있어. 믿어지나? 그 허구의 글에 나오는 상상 속 사건들이 이제는 내 삶의 실체적 진실보다 현실 세상에 더 강한 존재감을 뿜어내고 있네."(273쪽)

베벨은 배너의 엉터리 소설을 판매금지시키려고 노력하다 마침내 그 책을 낸 출판사를 아예 사들이고 만다. 그리고 도서관에서 배너의 모든 책을 사라지게 만드는 마법도 부린다. 막강한 자본가가 진실을 조작하는 파워를 유감없이 보여준다. 동시에 베벨은 '진실'을 왜곡하는 소설 나부랭이가 아닌 '진짜 진실'을 밝히는 자서전을 파르텐자에게 구술한다. 아내 밀드레드가 다정하고 온순하며 천사와 같은 여자였으며 절대 정신병을 앓지 않았다는 사실을 넣고 싶어한다. 베벨에게 자서전과 경제활동이란 비슷한데 결국은 자신의 시각에 맞춰 "현실을 조정하고 구부리는 것"이다.

파르텐자는 베벨의 목소리를 자서전에 담기 위해 카네기와 포드와 같은 '위대한 미국 남자들'의 자서전을 참고해서 그들의 문체와 목소리를 담아 흔들리지 않는 확신을 담은 베벨만의 문체를 만들어낸다.

자, 이런 파르텐자의 자서전 작업이 쉽게 평탄하게 진행될까? 그렇지 않다. 긴장감을 더해 파르텐자와 그녀 아버지와 갈등과 무엇보다 연인인 잭의 충격적인 배신이 더해진다. 그리고 자서전이 출간되기 직전에 62세의 베벨이 심장마비로 죽고 만다.

책의 마지막인 4부「선물」은 밀드레드의 일기다. 나이가 든 파르텐자가 박물관이 된 베벨의 저택 유품 서류에서 찾은 일기다. 일기에서 놀라운 사실이 밝혀진다. 밀드레드는 다정하고 온순하며 자선사업에 몰두한 사랑스러운 아내만은 아니었다. 그녀는 뛰어난 투자자로 대공황 시기에 베벨이 거둔 막대한 수익은 밀드레드 덕분이었던 것이다. 베벨에게는 자신의 아내도 "현실을 조정하고 구부리는 것"의 대상이었던 것이다.

베벨의 막대한 자산은 자선기금에 기부된다. 그러면서 베벨은 뛰어난 투자자이자 금융기업가이며 훌륭한 자선가임을 미국 사회에 공인받는다.

소설 속의 네 개 이야기 「채권」, 「나의 인생」, 「회고록을 기억하며」, 「선물」은 앤드루 베벨이라는 금융자본가의 충실한 인상을 만든다. 우리는 그 얼굴을 바라보며 파르텐자가 구성한 것처럼 '위대한 미국 남자들'을 떠올려야 할까.

한국에서도 재벌가는 죽으면 '위대한 한국 남자들'의 범주에 들어가고, 그들이 남긴 미술품과 기금은 대중과 언론의 칭송을 받는다. 그 자본의 기원은 무엇이며 어떻게 형성된 것이고 부도덕했거나 위법한 것인지는 묻지 않는다.

그렇게 현실은 조정되고 구부러지는 것이다. 우리는 조정되고 구부러진 현실을 '위대한 미국 남자들' 또는 '위대한 한국 남자들'이 천재성과 노력과 헌신으로 완성한 것으로 찬양한다. 우리는 그걸 역사라고 부른다.

[문학일기 18]

우주를 듣는 소년

루스 오제키/ 정해영 옮김/ 인플루엔셜

　두껍다. 700쪽에 가깝다. 표지는 우주에서 또는 독특한 디자인의 방에서 책을 읽는 소년이다. 인상적이다. 첫 페이지에 (읽는 사람의 역량에 따라) 모든 책은 저마다의 운명이 있다는 발터 벤야민의 글이 나온다. 저자는 미국인 아버지와 일본인 어머니 사이에서 태어났고 선불교 승려이기도 하며 미국에서 공부하고 일본 나라대학에서 일본 고전문학을 공부했으며 다큐멘터리 영화도 찍었다. 지은이의 삶이 인상적인 만큼 시작하면서 글도 인상적이다. 왜 아니겠는가?

　"책은 어딘가에서 시작해야 한다. 용감한 한 글자가 자진해서 신념에 찬 행동으로 앞장서 모험을 감행해야만 하고, 거기서 하나의 단어가 탄생하여 문장을 이끌고 뒤따른다. 그것이 쌓여서 한 단락, 그리고 곧 한 페이지가 되고, 이제 곧 책이 목소리를 찾으며 스스로 탄생하게 된다.

　책은 어딘가에서 시작해야 하고, 이 책은 여기서 시작한다."(11쪽)

　주인공 소년 베니의 아버지 케니는 재즈 클라리넷 연주자였다. 어느 날 집 앞 쓰레기장에서 교통사고로 죽고 만다. 베니의 어머니 애너벨은 언론사 용역 업무를 하면서 힘겹게 베니를 키운다. 자, 사건은 이렇게 심각하게 시작된다. 더 심각한 사건이 생기는데 베니가 사물들이 내는 소리를 듣는 것이다. 책상이나 연필, 소파, 유리창 등이 내는 소리 말이다. 환청은 정신분열증의 전형적인 증세다. 베니는 정신병원에 갇히기도 한다. 베니는 정신병에 걸린 것일까? 아니면 초능력을 발휘하는 것일까.

작품은 베니의 이야기를 들려주면서 베니 옆을 지키는 '책'의 이야기도 들려주는 구조를 지니고 있다. 요새 영미 문학은 『바르도의 링컨』처럼 형식 실험에 열심인 모양이다. 이 책도 독특한 이중 나선 - DNA가 그러니 책도 그렇다 한들 이상할 것 없다 - 구조를 지닌다.

베니는 사물들이 내는 소리를 어떻게 이해할까?

"사물들이 딱히 내게 말하고 있는 게 아니었다. 그래서 그나마 내가 덜 질겁한 거였다. 처음에는 사물들이 그저 항상 그래왔던 것처럼, 서로에게, 또는 공기 중의 분자에게 이런저런 얘기를 하며 세상에 스스로를 표현하는 것뿐이었으리라. 그러나 그때 내 귀가 열리게 되었고, 내가 들을 수 있는 귀, 초자연적 귀를 가졌음을 깨닫게 되자, 그들은 나와 소통을 시도하기 시작했다. 물론 그들은 사물의 언어로 말하고 있었기 때문에, 당연히 나는 그들이 무슨 말을 하는지 알아들을 수 없었다."(96쪽)

'책'으로 제목이 붙은 장은 '책'의 이야기를 들려준다. 책이 보는 베니 이야기를 하기 앞서 책의 역사를 간략하게 소개한다. 물질의 사회적 위계질서 속에서, 책들은 제일 상층에 위치했다. 우리(책)는 성직자 계급에 속했고, 말하자면 만들어진 것들의 대사제였다. 처음에는 당신네들의 숭배를 받기까지 했다. 물건으로서 우리 책들은 신성시되었고, 당신은 우리를 위한 사원을 세우고 나중에는 도서관을 세웠다. 왜 당신들은 우리를 그토록 숭배했을까? 우리에게 당신들을 무의미함으로부터, 망각으로부터, 심지어 죽음으로부터 구원할 힘이 있다고 믿었기 때문이다.(101쪽)

사물의 목소리를 듣는 건 난처하다. 사람은 다른 사람의 이야기를 듣기도 쉽지 않다. 경청이라는 이름으로 특별한 대우를 받기도 한다. 그런데 수많은 사물의 이야기까지 들어야 하다니.

베니가 학교에서 유리창을 깬 사연이다. 베니는 교장선생님에게 왜 자신이 유리창을 깼는지 말한다.

"유리창은 새를 죽일 생각은 없었어요. 그건 한때 모래였어요. 모래였던 때를 기억하죠. 새들을 기억하고 새가 걸어 다니며 작은 흔적을 만들 때 그 발이 어떤 느낌인지도 기억해요. 그건 유리가 되고 싶어한 적이 없어요. 새를 좋아해서 창문에서 새들을 지켜보기를 좋아했죠. 그래서 울었어요. 내가 유리창을 치면 안 되는 거였는데, 하지만 울음을 멈추게 해야 했어요."(110쪽)

베니의 이야기를 교장이 이해할 수 있을까. 교장은 베니가 정신병에 걸린 건 아닌지 더 혼란스러워한다. 그리고 베니는 소아청소년과 병원에서 진단을 받고 정신병원에 들어간다. 거기서 베니는 독자적인 환경 생태주의자 앨리스를 만나고 앨리스를 통해 휠체어를 타고 다니는 시인 슬라보이를 만난다.

책은 '베니'와 어머니 '애너벨', '책', 『정리의 마법』을 쓴 비구니승 '아이콘'의 얘기로 이어지고 흩어졌다가 다시 합쳐진다. 이들의 관계는 마술적 리얼리즘이라고 해도 좋은 독특한 관계로 얽힌다.

책『정리의 마법』은 애너벨의 장바구니에 뛰어들어 와서 애너벨이 읽게 된다. 애너벨은 온갖 물건을 집안 가득히 쌓아두는 - 물건을 버리려고 하지만 모든 물건에는 사연이 있고 애너벨은 그 사연의 호소를 이겨내지 못한다 - 저장 증후군을 가지고 있는데 일본의 선불교승 아이콘이 쓴『정리의 마법』은 그와 반대되는 단순하고 검소한 생활을 소개하는 책이다. 애너벨은 남편이 죽고 직장은 제대로 돌아가지 않으며 베니는 정신에 문제가 있는 현실을 저자인 아이콘에게 메일로 보낸다. 물론 읽으리라고 기대는 하지 않으면서 말이다.

아이콘이 쓴『정리의 마법』요지는 명쾌하다. 선불교에 관해 조금의 상식만 있으면 책이 어떤 권고를 할지 예상할 수 있다. 이런 식이다.

"잡동사니가 줄어들면 삶이 좀 더 나아질 거라는 건 당신도 안다. 그래서 물건들을 버리려 하고 청소도 해보았지만, 실제로 크게 달라진 것 같지는 않다. 당신은 에너지가 소진되었고, 부지불식간에 또다시 당신의 물건들에 지배당하며 소유물의 노예가 된다. 이것이 당신의 얘기라면, 내가 이해한다는 것을 알아주기 바란다. 나도 내 물건들과 이런 똑같은 관계였다. 내가 그들을 소유한 게 아니라, 그들이 나를 소유했다!"(129쪽)

온갖 이야기가 난무하지만 박진감 있고 나름 일관성 있고 연결도 되어 하나로 합쳐진다. 베니가 도서관의 제본실 칼날 근처에 앉아 광활하고 무한한 정적의 장소이자 공백의 장소이며 무시무시한 종이 재단기의 칼날이 있는 곳에서 이런 희망적인 목소리를 듣는다.

책은 어딘가에서 시작해야 한다…….

베니는 이 작품의 첫 문장을 도서관 제본실에서 듣는 것이다. 이 책의 여러 페이지를 차지하는 '책' 이름의 장, 한 곳에서 책은 이런 하소연을 한다. 책도 사물이니 자신의 목소리를 지니는 게 당연하다. 도서관의 책은 자신의 추락한 사회적 지위를 슬퍼한다.

"이 기계적이고 전산화된 첨단 도서 분류 시스템은 도서관 개조의 일환으로 설치되었고, 책들은 혐오감에 제정신이 아니었다. 그들은 인간의 손길, 인간의 접촉을 그리워했다. 그들은 마구 돌려지고 젖혀지고 회전되고 스캔되고 분류되어, 시끄러운 활송 장치를 통해 미끄러져 통속에 들어가거나 유압장치에 의해 트롤리로 들어올려지는 신세가 된 치욕감에 치를 떨었다. 그것은 책이 감당하기 힘든 상황이었고, 그들의 통탄이 기계들의 아우성을 넘어섰다. '우리는 물건이 아냐! 우린 한때 하느님 다음으로 신성시되었던 존재라고!'(428쪽)

작품에는 유머스런 사건도 있다. 산에서 베니와 알레프가 손을 잡고 키스하는 장면이 있다. 이런 장면을 책이 연출한 것일까. 베니가 책이 베니의 가슴을 두근두근 뛰게 하고 용감한 시도를 하도록 부추긴 게 아닐까 의심하자 베니의 책이 말한다. 책들은 약간의 로맨스와 드라마를 좋아한다고. 그건 사실이라고. 우리더러 외설적이라고 부를 테면 불러. 하지만 네가 그녀의 입술을 맛보아야 우리도 맛볼 수가 있어. 우리는 너의 입맞춤을 언어로 묘사하고 싶었어.(490쪽)

저자가 선불교 스님이라서 그런지 책에는 깊은 철학적 깨달음이 녹은 문장들이 많다. 예를 들어 현상들이 아직 묶이지 않은 책 제본실에

서는 이야기들이 순차적으로 행동하는 법을 배우지 못해 세상의 수많
은 모든 것들이 동시에 나타나고 너와 같은 공간에 있다고 한다. 놀랍
지 않은가. 마치 책 제본실에서는 양자역학에서 말하는 동시에 두 군데
에서 존재하는 전자의 움직임과 같은 현상이 일어난다는 것이다.

스승과 아이콘의 찻잔 이야기도 그렇다. 아이콘이 스승에게 차를 드
리다가 찻잔이 쟁반에서 미끄러져서 바닥에 떨어졌다. 시가 새겨진 매
우 오래되고 아름다운 골동품 잔이었다. 찻잔이 바닥에 닿을 때 아이콘
은 비명을 질렀다. 스승은 책을 읽다가 눈을 들고 고개를 끄덕이고는
"이미 깨진 겁니다"라고 말하고 다시 책을 읽기 시작했다. 다행히도 찻
잔은 바닥에 떨어지고도 흠 하나 없이 살아남았다. 스승은 찻잔이 깨지
지 않았는데, 왜 이미 깨졌다고 말씀했을까?(575쪽)

스승은 이렇게 말한다. 깨지는 건 찻잔의 본성이다. 그래서 찻잔이
그렇게 아름다운 것이고, 그래서 내가 아직 이 잔으로 차를 마실 수 있
음에 감사하는 것이다 라고.

책에 초점을 맞춘 원제보다 새로 만든 한국어 번역본 제목인『우주를
듣는 소년』이 훨씬 좋다. 책과 도서관과 사물의 소리를 듣는 소년과 저
장 강박증에 빠진 어머니와 새로운 노마드 인간인 알레프와 선불교 승
려인 아이콘과 아이콘이 쓴 책인『정리의 마법』이 어우러져 복잡하면서
도 단순하고, 스토리 중심 같으면서도 심오한 작품을 낸 저자의 내공에
놀랍다. 700쪽 가까운 분량을 이만큼의 통일성과 연계된 사건으로 구
성한다는 것은 정말 어렵다. 뿌듯한 감정에 휩싸여 책을 덮는 것은 베
니에게도 책에게도 좋은 일일 것이다.

[문학일기 19]

맡겨진 소녀

클레어 키건/ 허진 옮김/ 다산책방

90쪽 밖에 되지 않는 소설이다. 한 권으로 나왔다. 생략과 절제의 미학이 돋보인다. '소설은 이야기가 아니라 이미지다.' 또는 '소설은 이야기가 아니라 문장이다'라는 명제가 성립한다면 이 작품에 딱 맞다. 독자의 상상력에 기대어 작가는 너그럽게 손을 빼버린다. 설명도 보충도 없다. 줄이고 줄여서 척추와 갈비뼈와 골반뼈만을 남겨놓았다. 그래도 우리는 그 사람을 알아볼 수 있다. 우리가 살과 머리카락과 피부를 얹고 근육을 올리고 입에 숨을 불어넣어 움직이게 하기 때문이다.

소설은 느릿느릿하게 진행한다. 어머니가 아이를 낳게 되는 바람에 친척집에 소녀가 맡겨진다. 1981년경의 아일랜드 농촌 집이다. 소녀는 낯선 집에서 자고 집안 일을 돕는다. 소녀는 친척집에 보관되어 있던 어떤 아이의 옷을 입고 지낸다. 아무 일도 없이 흘러가는 흰 구름처럼 평온하다.

소설의 전환점은 삼분의 이쯤 지난 즈음에 소녀가 장례식에 가서 밀드러드 아주머니에게서 비밀을 듣게 되는 지점이다.

밀드러드 아주머니가 말한다.

"하긴 그동안은 죽은 애 옷을 입고 지냈으니."

"네?"

"킨셀라 씨네 아들 말이야. 멍청하긴. 몰랐니?"

나는 뭐라고 말해야 할지 모르겠다.

"그게 두 사람이 널 만나기 위해서 굴려야 했던 바윗돌이었나 보지. 애가 그 집 늙은 사냥개를 따라서 거름 구덩이에 들어갔다가 빠져 죽었지 뭐니?"

소설의 긴장도는 소녀가 우물에서 혼자 양동이로 물을 떠올리려 할 때 최고도로 높아진다.

"그런 다음 아주머니가 그랬던 것처럼 양동이를 들고 몸을 숙여서 물에 띄웠다가, 삼키게 했다가, 가라앉힌다. 하지만 양동이를 들어 올리려고 남은 한 손을 마저 뻗었을 때 내 손과 똑같은 손이 물에서 불쑥 나오는 듯하더니 나를 물속으로 끌어당긴다."

다행히 소녀는 푹 젖은 채 우물에서 돌아온다.

며칠 뒤 일요일에 소녀는 킨셀라 아저씨와 에드나 아주머니와 함께 본가로 돌아간다.

작품의 마지막에서 소녀는 킨셀라 아저씨에 안겨서 다가오는 아빠를 향해 다음과 같이 말한다.

"아빠." 내가 그에게 경고한다. 그를 부른다. "아빠."

소녀는 킨셀라 아저씨를 아빠로 부르는 것일까. 친척집에 다시 돌아가고 싶은 것일까.

소녀는 킨셀라 아저씨에게서 "해야 하는 말은 하지만 그 이상은 안 하는" 아이라고 칭찬을 받고, 아저씨에게 "입 다물기 딱 좋은 기회를 놓쳐서 많은 것을 잃는 사람이 너무 많다"는 말도 듣는다. 소녀는 이제 하지 말아야 할 말을 가리고 있다. 몇 장의 연속되는 수채화를 보는 것 같다.

책 날개에는 이 책에 쏟아진 찬사가 나열되어 있다.

"키건은 지독하게 경제적인 작가이다. 이 소설의 모든 말 없는 여백이 당신의 마음을 아프게 할 것이다."

"모든 문장이 문체와 감정을 어떻게 완벽하게 배치하는지에 대한 가르침이다."

"딱 당신의 짐작만큼 슬프지만 당신이 예상한 것보다 놀랄 만큼 생생하다."

책을 덮으며 이 짧은 소설이 놀랄 만큼 강렬한 폭발력을 지니고 있어 놀란다. 아일랜드의 농촌 풍경과 한 소녀의 이미지가 선명하게 떠오르고 오래 마음에 머무른다. 작가의 다른 책이 없는지 뒤져보게 만든다.

[문학일기 20]

빙하여 안녕

제마 워덤/ 박아람 옮김/ 문학수첩

빙하학자가 자신이 연구한 빙하에 관해 쓴 책이다. 자서전과 탐사와 모험이 섞인 에세이다. 나는 빙하를 본 적은 없다. 빙하가 지구 기후에 큰 영향을 미친다는 건 안다. 빙하의 위력을 보자.

"지난 200만 년 동안 빙하는 지구의 공전과 같은 미세한 변화에도 확장되고 축소되기를 되풀이했고, 이와 함께 북아메리카와 유럽, 남극 대륙을 뒤덮은 빙상이 융빙수를 풀었다 조이기를 반복하면서 해수면이 100미터 이상 높아지거나 낮아졌다. 자유의 여신상을 가라앉힐 수도, 다시 온전히 드러낼 수도 있는 높이다."(15쪽)

해수면이 100미터 아니라 5미터만 높아져도 한국을 비롯한 세계는 난리가 난다. 해변이나 강가에 자리한 도시가 워낙 많고 인구도 많기 때문이다. 베네치아 산마르코 광장에 바닷물이 넘어 들어와 시민들이 장화를 신고 다니는 모습을 본 기억이 난다. 베네치아는 서서히 가라앉는 중인데 해수면이 5미터 더 높아지면 유서 깊은 도시는 사라지고 말 것이다.

빙하는 움직이고 이동하기도 하며 뒤로 물러서 후퇴하기도 한다. 후퇴한다는 말은 빙하가 사라진다는 뜻이다. 지구의 큰 강들 가운데 상당수는 고산의 얼음이나 눈이 녹아 흐르는 작은 물줄기에서 발원한다. 빙하가 끊임없이 녹아내리고 주변에 주민이 많이 살고 있는 지역이라면 심각한 문제다.

신생대의 최근 300만 년 동안에는 수만 년의 비교적 짧고 따뜻한 간빙기와 최대 10만 년에 이르는 길고 추운 빙기가 번갈아 나타나는 양상이 이어졌다. 빙기에는 북아메리카와 유럽 전역의 빙상을 포함하여 빙하와 빙상이 늘었고 간빙기에는 빙하가 녹으면서 이른바 '빙기-간빙기의 주기'가 시작되었다.(53쪽)

현재 우리가 속해 있는 홀로세라는 제4기 간빙기는 대략 1만 년 전에 시작되었다. 인간의 농업 문명이 시작되고 인류가 번성하게 된 것도 간빙기 덕분이다. 인류는 오만해질 대로 오만해져 화성과 달에 이주하느니 따위의 허무맹랑한 장담을 늘어놓지만 급격한 기후 변화가 일어나면 인류의 존망이 위협받을 것이다. 기후는 힘이 세다.

오늘날 대기 중 이산화탄소 농도는 300만 년 전인 플라이오세 중기와 비슷하다.(약 421PPM 정도다.) 당시 지구의 평균 기온은 현재보다 3도 더 높았고 해수면은 20미터 더 높았다. 그린란드와 서남극 빙상이 대부분 사라지고 동남극의 얼음도 일부 사라졌을 것이다.(54쪽) 지구는 앞으로 그런 방향으로 가게 될 것이다. 해수면이 20미터 더 높아지면 어떻게 될까? 집값이 비싼 해운대와 수영구, 남구에서 멀리 떨어져 산자락에 집을 구해야 될 것 같다.

몇십 년 안에 그렇게 되지는 않겠지만 기후 변화도 가속도가 붙고 되먹임이 작용하면 어떻게 될지 모른다.

저자는 스발바르 빙하 등 7곳의 빙하를 조사한 경험을 싣고 있다. 북극곰을 가까이서 만났다는 재미있는 에피소드도 많지만 전문적인 내용도 많다. 최대한 일반 독자를 위해서 쉽게 해설해서 어렵지는 않다. 예컨대 영하 20도의 빙하 아래서 흘러나온 물 조사 내용이다. 얼음이 되야 마땅한 물이 어떻게 존재할 수 있을까? 물을 조사하면 된다.

저자는 물이 기억을 갖고 있다고 말한다. 물은 화학적 기억을 갖고 있다. 물이 암석 위를 흐를 때 암석의 화학 물질이 서서히 용해되어 물에 섞인다. 따라서 물에 함유된 화학 물질의 종류와 양을 정확히 알면 물의 역사를 알 수 있다. 예를 들면 물이 얼마나 먼 여정을 거쳤는지, 진흙이 많은 환경을 지나왔는지, 깊은 지하에서 발원하여 대기 중의 가스와 접촉이 제한되었는지 따위를 알 수 있다.(70쪽)

기후변화와 관련된 인간의 삶을 들어보자. 그린란드 북서쪽 외딴 곳에 살고 있는 700명 규모의 공동체는 툴레 이누이트라고도 불린다. 이들은 1100년경 중세 온난기로 알려진 시기에 캐나다 북극지역과 그린란드를 이은 가느다란 육지로 이동하여 남쪽으로 퍼져나갔다. 15세기 소빙기라는 한랭기가 그린란드와 전 세계 다른 지역을 점유하는 바람에 남쪽의 정착민들과 완전히 단절되었다. 1818년에 존 로스 선장이 북서항로를 찾아 이 지역에 도달하면서 이들이 '재발견'되었다. 그들은 자기들이 세상에 존재하는 유일한 인간이며 세상의 나머지 부분은 모두 얼음덩어리라고 믿었다고 한다. 기후변화는 삶과 밀접한 연관이 있는 실존적 문제인 것이다.

저자는 남극을 연구하면서 남극 빙상 밑에서 미생물이 만들거나 화산 지대에 있는 수십억 톤의 메탄을 발견했다. 기후 온난화로 남극 빙상이 부분적으로 얇아지거나 사라질 수도 있다는 점을 감안하면 엄청난 의미를 지니는 발견이다. 메탄은 이산화탄소보다 80배 정도 더 강력한 기후 온난화 물질이다.

2019년에 이르러서야 과학자들은 카라코룸산맥과 파미르고원, 텐샨산맥, 티베트고원을 포함하는 힌두쿠시 히말라야 지역과 빙하들에 대해 획기적인 영향 평가를 했다. 결론은 최소한 1970년대 이후로 전체 히말라야 산계에서 빙하의 축소가 진행되고 있다는 것이다.(238쪽) 이들 지역에서 빙하는 아래쪽의 주민과 하천에 물을 공급한다. 심각한 문제다.

책에서 가장 문학적이고 감동적인 장면은 페루의 파스토루리 빙하에서 저자가 빙하를 안는 장면이다.

"관광객들을 막는 방벽 아래로 들어가 얼음으로 다가서자 웅성거리는 인간들의 목소리가 멀어지고 음악 소리가 들렸다. 마치 성당처럼 우뚝 솟은 채 나를 내려다보는 하얀 벼랑에서 빙하가 녹아 고드름을 타고 떨어지는 소리였다. 빙원에서 태어난 이 거대한 얼음덩어리는 빙하의 유동으로 서서히 내려와 액체가 되는 운명에 처했다. 가까이 다가가자 눈물이 얼굴을 타고 흘러내렸다. 이토록 아름답고 이토록 강인하며 이토록 순수한 빙하가 무자비하게 녹고 있다니. 나는 상체를 기울이고 두 팔을 벌려 마치 오랜 친구를 안듯 빙하를 껴안았다. 빙벽에 튀어나온 작고 날카로운 얼음 결정에 얼굴을 대자 얼음이 녹아서 내 눈물과 섞여 함께 얼굴로 흘러내렸다. 20년 뒤, 이 빙하는 이곳에 있을 수도 있고 없을 수도 있다. 그건 나도 마찬가지다."(278쪽)

지구는 물의 행성이다. 지구의 물은 바다가 약 97%, 빙하가 2%, 강과 지하수 등이 1%보다 적은 비중을 차지하고 있다 한다. 빙하가 모두 녹으면 해수면이 200미터 올라간다고 한다. 중생대 때 그런 적이 있었다고 한다. 노아가 겪은 대홍수는 아무것도 아닌 것이다.

현재 빙하는 녹고 있다. 남극은 호주 대륙의 2배 크기고, 4킬로 높이의 얼음과 빙하로 덮여 있다. 이런 빙하가 녹으면 그 자체도 재앙이지만 바닷물의 염도가 달라지고 표층수와 심해수의 순환과 해류가 변화한다. 인류가 겪어보지 못한 대재앙이 될 가능성이 높다.

그래서 우리는 '빙하여 안녕!' 이라고 인사를 해야만 한다. 이별의 안녕이 아니라, 잘 지내고 있는지의 안녕이다. 인간은 선과 악이 혼합된 종이고 역시 지혜와 어리석음이 섞인 종이다. 현재 인류는 위험한 절벽으로 질주하고 있다. 인류는 과연 생존할 수 있을까? 빙하와 더불어 공존할 수 있을까?

[문학일기 21]

기후변화 시대의 사랑

김기창 / 민음사

소설집의 첫 작품은 「하이 피버 프로젝트」이다. 평균 기온 54도. 체감온도 73도. 짙은 미세먼지를 품은 공기가 열기를 안은 채 한 곳에 머무르며 사람들의 숨통을 조여 온다. '돔시티(Domecity)'는 이런 상황을 타개하기 위해 허겁지겁 세워진 대책이다. 각각의 돔시티에 공통점이 있다면 정치적 또는 질서유지란 명분으로 추방자들을 수없이 양산한다는 점이다. 그러자 추방자들은 돔시티 안으로 들어가기 위해 땅굴을 파기 시작한다. 다음 작품인 「갈매기 그리고 유령과 함께한 하루」와 「개와 고양이에 관한 진실」 역시 돔시티를 다룬다.

「개와 고양이에 관한 진실」에 나오는 경비원 고든은 돔시티 벽 주변을 연옥이라 부른다. 급격한 기후변화로 돔시티 밖은 지옥처럼 뜨겁거나 차가웠기 때문이다. 고든은 정치적 반대자로 낙인찍혀 돔시티 밖으로 쫓겨난 사람들 중 일부를 돔시티 안으로 몰래 들여보내곤 한다. 그 댓가로 들어오고자 하는 사람이 가진 것의 절반을 통행료로 받았다.

소설집 『기후변화 시대의 사랑』의 제목과 깊은 관련이 있는 위 작품 세 편은 모두 '돔시티'의 안과 밖에서 벌어지는 사건을 다룬다.

돔시티는 돔이라는 막과 경계로 안의 사람과 밖의 사람을 나눈다. 삶과 생활도 당연히 달라진다. 돔시티 밖의 기온은 상상을 초월한다. 평균 기온 54도다. 사람이 살 수가 있을까 싶은 온도다. 돔시티 안은 자기 완결 생태계며 기후 안전 도시다. 공기정화와 냉난방 시스템이 가동되며 돔시티 안의 주민들은 그 시스템이 장착된 돔시티 천장과 벽을 보호하기 위해 전력을 기울인다.

돔시티를 둘러싼 막과 경계는 '반항하는 인간'과 '반항하지 않는 인간'을 나눠 배치한다. '반항하는 인간'은 돔시티에서 추방되어 막 바깥으로 내몰린다. 추방당한 사람은 돔시티의 막을 부수기 위해 폭탄으로 공격하거나 돔시티로 몰래 잠입하고자 한다. 돔시티의 막은 사람의 피부나 미토콘드리아의 막처럼 안과 밖을 가르는 기능체로 작동한다. 이렇게 돔시티의 안이 바깥을 배제하면 안과 밖의 투쟁은 생존을 건 처절한 싸움으로 갈 수밖에 없다.

스티븐 킹의 『언더 더 돔』(2010)은 인구 천여 명의 미국 마을이 갑자기 투명 돔에 갇히며 벌어지는 혼란을 그린 작품이다. 돔 안은 마을을 장악한 범죄자들이 사람을 죽이고 괴롭힌다. 주민들은 무기와 조직을 갖춘 범죄자들에게 대항하기 어렵다. 주민들이 아무리 노력해도 돔의 경계는 튼튼해 돔 안으로 구조대나 경찰이 들어올 수 없다. 돔을 경계로 완벽하게 안과 밖, 질서와 무질서가 나눠진다.

2024년 6월에 NASA는 화성에서 거주하는 실험인 '마스 듄 알파' 운영을 시작한다. 과학자 등 4명이 1년 남짓 거주한다. 실험소는 지구에 건설되어 있지만 과학자 등은 철저하게 화성과 똑같은 여건에서 생활한다. 이 시설 역시 막과 경계로 화성의 기후 조건을 인위적으로 만든다.

「하이 피버 프로젝트」에 나오는 문장이다. 『기후변화 시대의 사랑』에서 다루는 기후 관련 세 작품의 문제의식이기도 하다.

"잠들기 전, 소피는 말했다.

정말 멍청해. 이렇게 될 줄 몰랐다고? 정말?"(24쪽)

기후변화는 강도가 약한 단어다. 기후위기라고 불러야 한다. 지구 기후위기와 관련된 가장 심각한 문제는 대기 중 이산화탄소 농도가 급속하게 증가한다는 점이다. 1년에 2~3ppm이 계속 증가한다. 언뜻 적게 보이기도 하지만 문제는 속도다. 예전 중생대에 지구의 이산화탄소 농도가 2000ppm에 달한 적도 있었다고 한다. 그때는 몇 백만 년, 아무리 짧게 잡아도 몇십만 년에 걸쳐 이산화탄소 농도가 올라갔다. 지금은 화산이 터지거나 마그마가 분출하는 자연 요인이 아니라 인간의 활동으로 급속하게 올라가는 점이 다르다. 그리고 인간 활동이 당분간 줄어들 가능성도 보이지 않는다. 지구 인구는 계속 늘고 있고, 화석연료 사용은 줄지 않고 있으며, 더 수준 높은 생활을 원하는 인간의 욕망 또한 줄지 않고 있다. 소피가 말한 것처럼 이렇게 될 줄 모르지 않는 것이 더 문제다.

김혜경 유럽기후재단 컨설턴트는 '추천의 말'에서 이렇게 말한다. 기후변화는 날씨가 더워지는 단순한 문제가 아니다. 사회가 안고 있는 병폐를 심화시키고 적나라하게 드러내는 재앙이다. 소설은 그 재앙이 모퉁이에 있는 이들에게 더 가혹하다는 점을 정확히 짚어 내고 있다. 기후위기는 성경식으로 말하면 고아와 과부, 굶주리고 헐벗은 자들에게 더 치명적이다. 그러면 이런 질문이 당연히 나오게 된다.

"인간성을 상실하면서까지 끊임없이 발전해야 하는 걸까. 대체 누구

를 위하여."(328쪽)

「하이 피버 프로젝트」에 나오는 기후위기가 닥치기 전의 일상의 행복을 기록한 장면을 보자.

"바람이 불어오는 곳을 향해 웃으며 뛰어가던 시절, 계절에 순응하며 곁에 다가온 것들을 있는 그대로 받아들이던 시절, 폭서와 혹한이 찾아와도 견딜 수 있고, 이 또한 지나가리라는 믿음이 있던 시절은 바다 저편의 등대 불빛처럼 희미했다."

이와 같은 기후위기에 무능하게 대처한 결과는 어떻게 되는 것일까.

작품 「접는 나날」에 나오는 장면이다.

"열대야가 21일째 이어지던 토요일의 늦은 밤, 근호는 잠을 자다가 커다란 심장박동 같은 소리에 놀라 가늘게 눈을 떴다 … 근호는 머뭇거리고 있던 일을 이제 해야겠다고 결심했고, 홀가분한 표정으로 침대에서 내려와 생각했던 순서에 따라 냉장고를 차례차례 접기 시작했다 … 근호는 자신의 발아래에 24분의 1 크기로 접혀 있는 냉장고를 차분한 표정으로 내려다보았다 … 그러나 근호는 뭔가 덜 접힌 것 같은 찜찜함을 느꼈다. 더 접을 수 있을 것 같았다. 침대 아래 있던 티셔츠와 와이셔츠보다 더 작고 아름답게. 근호는 자신을 반으로 접고, 다시 반으로 접고, 또 반으로 접고, 도저히 접을 수 없을 때까지 계속 접었다."

기후위기의 끝에서 인류는 접고 또 접는 삶으로 넘어갈 것이다. 참혹한 광경이다. 그렇게 된다 해도 어찌하랴. 인류 스스로가 불러냈고 인류의 욕망 때문에 막아내지 못한 재앙인 것을. 소설은 기후위기로 인한 종말의 광경을 예리하고 풍부하게 보여주고 있다.

[문학일기 22]

너무 한낮의 연애

김금희 / 문학동네

금샘도서관에서 <도서관 주간> 행사로 김금희 소설가를 초청해서 강연을 열었다. 미리 작가의 책을 읽고 강연을 들었다. 김금희는 소설도 잘 쓰지만 말도 잘 했다. 부산 출신이라 부산에 관한 얘기도 많았다. 강연 제목이 '기억의 현현, 소설'이었는데 최근에 남극에 한 달 다녀온 경험까지 섞어 70분 강연 시간이 순식간에 흘러갔다. 작가의 팬들이 많아서 120명 넘게 참석했다. 책 사인 받기 위해 줄 선 사람을 헤아려보니 30명 쯤이었고 대부분은 여성이고 남성은 1명이었다. 요즘 소설 시장이 그렇지만 여성 팬들이 압도적으로 많은 작가이다.

작가는 강연 중 PT에서 "빙벽처럼 거대하고 아주 차갑게 응결되어 있는 기억을 탐험하고 유빙처럼 깨어져 떠다니는 기억을 좇고 그 아름다움(심미성 혹은 진실)을 맞추어내려는 노력이 글쓰기. 그럴 '성의'와 '체력'을 갖춘 사람이 작가"라고 말했다. 강연 중에 『너무 한낮의 연애』 창작에 관한 기억 키워드를 PT로 올렸는데 오전, 추석 명절, 스타벅스, 남녀, 마주보기 등등이었다. 작가의 개인 기억과 부산에 얽힌 추억이 『너무 한낮의 연애』 창작에 녹아든 것은 사실일 것이다. 그러나 그 창작

과정은 너무나 은밀하고 대뇌에서 변환 과정을 거치기 때문에 독자뿐만 아니라 작가 자신도 정확하게 알기는 어렵다.

『너무 한낮의 연애』에서 가장 흥미로웠던 것은 독특하고 개성 강한 인물이었다. 작품「너무 한낮의 연애」에 나오는 양희가 그렇다. 양희가 선배 필용에게 사랑한다고 고백한 후에 나누는 대화를 들으면 웃음이 나오면서도 사랑에 관해, 흩어지기 쉬운 사랑이라는 감정의 제행무상에 관해 이렇게 위트있게 묘사하기는 어렵다고 생각든다.

"아니…… 네가 날 사랑한댔잖아. 킬킬킬킬…… 그 고백을 들은 거잖아. 지금. 그러면 이제 어떻게 하면 좋으냐고. 앞으로 우리 어떻게 되는 거냐고."

"모르죠. 그건 알 수도 없고. 알 필요도 없고."

"알 필요가 없다고?"

"지금 사랑하는 것 같아서 그렇게 말했는데, 내일은 또 어떨지 모르니까요."

필용은 황당했다. 얘가 지금 누굴 놀리냐 하는 생각이 들었다.

"사랑한다며?"

"네. 사랑하죠."

"그런데 내일은 어떨지 몰라?"

"네."

"사랑하는 건 맞잖아. 그렇잖아."

"네. 그래요."

"내일은?"

"모르겠어요."

필용은 가방을 챙겨 자리에서 일어났다. 화가 났다. 모욕당한 기분이었다. 떠드는 걸 다 받아주는 것 같더니만 사실은 우습게 본 모양이라는 생각이 들었다.(22쪽)

필용은 가방을 챙겨 자리에서 일어날 게 아니라 양희의 말을 곰곰이 되새겨보아야 했을 것이다. 양희는 그야말로 소설과 영화와 유행가와 우리 일상에서 범람하는 '사랑'의 실체를 너무나 정확하고 완벽하게 설파했기 때문이다. 사랑의 실체가 그러하고 인간 또한 그러한 존재임을 생각했더라면 필용과 양희는 맺어졌을 것이다.

「조중균의 세계」에 나오는 주인공 조중균도 인상적이고 매력적인 인물이다. 고지식하고 원칙에 충실한 조중균은 회사 사람들 사이에서 외톨이다. 출판사의 편집자인 조중균은 역사 교수가 교재로 쓰려고 하는 책 개정판 교정을 지나치게 꼼꼼히 본다. 원래 사흘로 잡혀 있던 조중균의 작업 기간은 일주일로, 다시 열흘로 늘어났다. 출판이 늦어지자 노교수는 하루가 멀다하고 전화를 해왔다. 다른 편집자가 교정이 늦어져서요, 하면 교정볼 게 뭐가 있느냐, 니들이 한국사에 대해 뭘 아느냐, 건방 떨지 말고 인쇄기나 돌려라, 하는 불호령이 떨어졌다. 하지만 조중균은 역사 논문집들과 『역사용어사전』, 『한국민속대사전』, 『조선실록 해제』, 『일한사전』을 쌓아놓고 오류잡기에 열심이었다. 조중균은 교정 기한을 한 달이나 넘겨서 회사에 해를 끼쳤다는 이유로, 직무 유기, 태만이라는 명목으로 해고되었다. 조중균의 체면과 명분과 원칙과 관련된 이런저런 에피소드를 읽다보면 그가 진화 경쟁에서 탈락되는 도도 새와 같다는 생각이 든다. 그러면서 이 세상에, 직장마다 조중균과 같은 사람이 몇몇은 있어야 할 것 같다는 생각도 든다. 그는 우리 사회의 신이 되어버린 돈 중심의 사고방식에 본능적으로 저항하는 사람이다. 돈 중심은 곧 효율 중심이며 대충대충 넘어가는 작업 방식과도 관련 있다. 건설 현장이나 공장에서 매일 같이 떨어지거나 다쳐서 죽는 사람 소식이 끊어지지 않는 한국 사회에 꼭 필요한 사람일지도 모른다. 조중균은 중세의 길드나 조선의 장인과 같은 수공업적 사회와 행동양식에 적합한 사람이다. 그래서 우리가 잃어버린 노동의 '원형'인지도 모른다.

김금희는 독자와의 대화에서 자신은 '악당'과 '악'을 잘 그리지 못한다는 평을 받는다고 말했다. 「보통의 시절」은 악과는 먼 작가의 기질을 유감없이 보여주는 작품이다. 소설의 주인공 가족은 부모를 죽인 김대춘을 만나려 간다. 김대춘은 보일러실에 불을 질러 부모님이 운영하던 목욕탕을 전소시킨 사람이었다. 목욕탕 근처의 역에서 생활하던 노숙자였다. 그렇게 부모님이 세상을 떠나자 큰오빠가 열여섯 살에 가장이 된다. 1982년 경에 일어난 사건으로 설정되어 있다.

부모가 죽으면서 남겨진 아이들의 삶이 넉넉지 못하고 평탄하지 못했음은 당연하다. 경제 문제를 둘러싼 형제자매 간의 갈등도 심각했을 터이다. 이들 가족은 교도소를 나온 김대춘을 만나러 가는데 응징이나 공포로 가득 차야 할 방문과 만남의 과정은 어딘지 블랙코미디 비슷한 과정으로 변화되어 흘러간다.

피해자 가족들은 애당초 김대춘을 징벌할 깜냥이 되지 않는 기질이었다. 김대춘은 가상현실속에서 피해자 가족을 힘들게 한 존재로 자리 잡았을 뿐, 실물을 직접 타격해서 육체적 고통을 안겨주지는 못한다. 이들 피해자 가족들의 대화와 서사도 김금희식 유니버스에 사는 고민도 많고 뒤쳐진 것 같지만 나름의 행복을 추구하는 평범한 인물군들 중 하나이기 때문이다.

주인공 나는 이렇게 말한다. "누구를 용서하고 말고 할 것 없이 불행을 일반화, 불행을 평준화, 불행을 보통화해서 마음의 평화를 얻을 수 있다. 그런 건 큰오빠 말마따나 우리처럼 미천한 목욕탕집 네 남매나 할 수 있지, 마구간에서 태어난 예수처럼, 그렇게 누추한 곳에서 태어나도 예수는 세상이 끈질기게, 아주 끈질기고 한결같이 불행한 덕분에 신도 됐으니까."

나는 엎드려 있는 김대춘을 징벌은커녕 말 한마디도 제대로 하지 못한다. 심지어 존대말을 써야 하나 고민한다.

"얼굴도 못 보게 저렇게 엎드려 있으니 말은 더 안 나왔다. 존대를 써서 물어야 하는지, 오빠들처럼 하대를 해야 하는지부터가 감을 잡을 수 없었다. 저 늙은이를 희롱하고 모욕하는 데 내게 얼마만큼의 지분이 있는지 가늠이 안 됐다."

김금희의 문장은 날렵하면서 상황을 잘 짚어주고 적재적소에 비유와 단어를 배치한다. 여성들에게 인기 높을 에피소드와 세계관과 경험들이 많다. 남극에 한 달 다녀온 생활을 바탕으로 새로운 소설을 구상한다고 하니 기대된다.

말리의 일곱 개의 달

셰한 카루나틸라카/ 유소영 옮김/ 인플루엔셜

저자 이름도 어렵고 출판사 이름도 쓰기 어렵다. 출판사 이름을 기억하고 발음하기 좋도록 왜 만들지 않았을까, 의문이다.

2022년 부커상 수상작이다. 개인적으로 부커상이 문제의식과 흥미에서 노벨문학상보다 낫다고 생각한다. 누가 그랬듯이 노벨문학상은 심사와 시상을 하는 북유럽 특유의 정서와 끌림이 반영되어 있다. 부커상은 영어로 쓴 작품만이 대상이니 그 점에서 확장성에 문제가 있다. 어찌 보면 영어의 확장, 영문학의 확장을 위해 주도면밀한 의도가 작용되는 상이 아닐까도 한다.

소설은 스리랑카 내전을 다루고 있다. 스리랑카 내전은 1983년부터 2009년까지 26년간 지속되었다. 상힐라족이 중심인 정부군과 북부를 중심으로 하는 소수민족인 타밀족 반군인 '타밀 엘람 해방 호랑이(LTTE)' 사이에 벌어진 전쟁이다. 모든 전쟁은 참혹하지만 내전은 더 참혹하다. 서로가 같은 지역과 공간을 점유하고 있기에 한쪽의 전진은 다른 쪽의 소멸이다. 소설은 그 참혹함을 가감없이 보여준다.

스리랑카 내전과 희생자 주검을 찍어 정부군과 반군, 외국 언론에 팔던 사진가 말리 알메이다가 저승에서 깨어나면서 소설은 시작한다. 중간계에 있던 말리에게는 다른 곳으로 옮겨가기 전에 일곱 번의 달이 있는 시간 여유가 있다. 즉 일곱 밤이다. 감파 인민해방전선 위원장이었던 세나의 말을 들어보자. "모든 영혼은 일곱 번의 밤 동안 중간계를 방황하는 것이 허락됩니다. 생전의 삶을 떠올리기 위하여, 그런 뒤 잊기 위하여, 그들은 여러분이 잊기를 바랍니다. 왜냐하면, 잊어버리면, 아무것도 변하지 않으니까요."(145쪽)

말리는 그 일곱 번의 밤이 지나가는 시간 동안 자신을 죽인 사람과 살해당한 이유를 찾는다.

이런 내전은 아무래도 판타지 형식을 빌리는 것이 좋다. 전쟁 스토리와 전쟁 이미지는 영화와 다큐와 뉴스로 소비될 대로 소비되어 사람들은 자신 옆에서 폭탄이 터지지 않는 이상 일종의 게임처럼 대하기 십상이다. 매일 매일 하루를 살기에도 바쁜데 먼 곳에서 벌어지는 낯선 종족 사이의 싸움에 관심을 둘 이유가 뭐란 말인가. 그래서 이런 내전에는 이해관계가 있는 나라와 군대가 개입할 뿐이다. 전쟁은 사람을 죽일 만큼 죽이고 파괴할만큼 파괴해서 더이상 불태울 동력이 남아있지 않을 때 자연스럽게 사그러진다. 한국전쟁이 그랬고 유고 연방 내전이 그랬으며 아프리카의 많은 나라에서 벌어진 내전이 그랬다.

소설에는 사진가 말리와 같이 살았던 딜런 다르멘드란과 재키와 인민해방전선 위원장으로 일했던 유령 세나 파띠라나를 비롯한 많은 인물이 나온다. 유령과 산 사람들이 뒤엉켜서 내전의 참상과 진행을 보여준다. 소설에 나오는 어떤 사람들은 살아있고 어떤 사람은 죽었다. 유령은 바람을 따라 콜롬보 시내를 마구 돌아다니지만 산 사람에게 말을 건넬 수는 없고, 진행되는 사건에 직접 개입할 수도 없다. 말리를 비롯한 유령들에게는 당혹스럽기 그지없는데 이들이 한탄한다고 해서 상황이 바뀌지는 않는다. 그렇지만 말리는 노력하고 노력해서 주술사의 도움으로 재키의 귀에 잠시나마 속삭일 수 있는 능력을 얻는다. 말리는 그 댓가로 마하칼리에게 영혼을 넘긴다. 마하칼리는 자신의 뱃가죽에 그렇게 얻은 영혼들의 모습을 주렁주렁 심어놓는다.

말리는 자신의 살인범을 왜 그렇게 찾아다닐까? 단순히 호기심 때문에? 아니다. 복수를 하고 싶은 마음도 크다. 이미 죽어 유령이 된 사람이 복수를 한들 무엇하겠는가. 그래서 소설에는 복수를 둘러싼 두 가지 입장이 제시된다.

살해당했던 인민해방전선위원장이었던 세나의 말이다. "세상은 저절로 변하지 않습니다. 복수는 여러분의 권리, 나쁜 사마리아인의 말을 듣지 마세요. 정의를 요구하십시오. 시스템은 당신을 저버렸습니다. 신도 당신을 저버렸습니다. 지상에서도, 여기 위에서도."(145쪽)

온건파 타밀족이었는데 극단주의자 타밀족에게 살해당한 대학 강사 라니 박사는 세나에게 반대한다. "복수는 정의가 아닙니다. 복수는 당신을 왜소하게 만듭니다. 오직 카르마를 통해 당신의 것을 가질 수 있습니다. 하지만 인내해야 합니다. 당신들이 할 일은 그것뿐입니다."(146쪽)

말리는 자신을 죽인 사람을 찾고, 재키를 구하기 위해 크로우맨의 도움을 얻기로 한다. 까마귀 사람. 그는 살아있는 사람에게 속삭이거나 빙의할 수 있는 능력을 줄 수 있다. 신세를 졌으니 물론 대가를 치러야 한다. "나는 귀에 대고 속삭이는 능력을 줄 수 있어. 산 자에게 빙의하는 능력도. 하지만 자네는 나를 도와야 해. 그렇게 하겠나?" 현세에서 일어나는 기이한 사건들은 혹시 크로우맨의 도움을 얻은 유령들이 저지르는 짓일지도 모른다. 누가 알겠는가.

말리는 재키의 꿈에 찾아가 학살과 범죄를 찍은, 숨겨놓은 원본 카메라 필름이 어디 있는지를 전한다. 말이 아니라 그림으로, 언어가 아닌 간접 방식으로 알린다. 재키는 침대에서 일어나 엘비스와 퀸의 음반을 찾는다. 재키가 반으로 접는 음반 커버를 펼치자, 말리가 손으로 휘갈긴 쪽지와 검은 사각형 조각들이 쏟아진다. 모서리가 날카로운 네거티브 필름이 재키의 무릎 위에 비 오듯이 떨어진다. 뿌연 형체들이 필름 표면에 비친다. 말리는 느끼지도 못하는 재키를 꼭 껴안고 마지막으로 귓가에 지시를 내린다. 재키, 전부 다, 미안해. 그걸 천 부쯤 복사해서 콜롬보 시대 모든 곳에 붙여줘.

소설 곳곳에 통찰력을 지닌 유령이 나타나 인상적인 말을 한다. 이 작품을 읽는 재미다. 한 때 사제였던 유령의 말을 들어보자.

"사제였던 때, 나는 신앙심이 없는 사람들과 토론하곤 했다네. 신에게 악을 멈출 능력이 있느냐 없느냐."(368쪽)

"의지와 무능" 장기간에 걸쳐 아수라장에 아수라장으로 이어지는 스리랑카 내전을 지켜보는 유일신 종교인이라면 가질 법한 의문이다.

죽은 표범이 말하기도 한다. "알 가치가 있는 유일한 신은 전기(電氣)야." 표범이 말리를 빤히 관찰하자 말리는 놀란다. 표범이 말한다. "얄라 3지구에 전기가 들어왔을 때, 난 정말 깊은 인상을 받았어. 밤마다 바깥에 숨어서 넋을 잃고 형광등을 바라보았지. 야만적인 원숭이가 이런 걸 다 만들 수 있다면, 나는 과연 어떤 일을 할 수 있을까?"

그런데 말리를 죽인 사람은 누구일까? 정부군, 반군. 둘 다 아니었다. 아들을 지극히 사랑하는 어떤 아버지였다. 538쪽의 소설을 다 읽으면 마지막에 주인공이 뛰어들기 직전의 '탄생의 강'을 만난다. 탄생의 강바닥까지 내려가면 그 모든 달 동안 찾을 수 없던 말리가 마지막으로 한 일과 마지막으로 당한 일을 알게 된다. 그 모두를 알고 나서 말리는 표범이 뛰어들어간 탄생의 강으로 뛰어든다. 말리는 이제 할 이야기도, 이야기할 상대도 남지 않았다는 것을 깨닫는다. 살인의 진실은 밝혀졌고, 말리는 유령이다. 소설의 마지막 부분이다. 말리는 탄생의 물에서 똑같은 음료를 선택할 것이고 이번에는 다른 곳으로 가게 될 것이다. 그리고 거기 도착하면 말리는 이 모든 것을 잊게 될 것이다.

역자는 <옮긴이의 말>에서 이 소설은 유령들이 많이 나오지만 무겁지 않다고 말한다. 역자는 이 책을 이렇게 정의한다. 자신을 살해한 범인을 추적하는 탐정소설이자 허락되지 않았던 사랑의 궤적을 담은 퀴어 소설이고, 산 사람들의 도시에 유령들이 득실거리는 판타지 블랙 코미디다. 어쨌든 내전과 인간의 어리석음은 유령에게도 편안한 휴식을 허락하지 않는다.

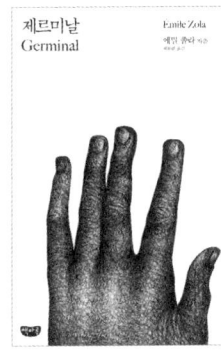

제르미날

에밀 졸라/ 박명숙 옮김/ 문학동네

최초로 노동자와 노동자 계급이 주인공으로 나선 소설이라고 한다. 제르미날은 프랑스 혁명 당시 국민공회가 제정한 달력인 공화력의 일곱 번째 달(3월 21일 경 ~4월 19일 경)을 말한다. 싹이 트는 달이다. 제르미날은 탄광과 광부에 관한 소설이다. 1885년에 출간된『제르미날』의 시대적 배경은 1866~1867년이다. 그 당시 프랑스의 탄광에서는 크고 작은 충돌과 파업이 잇따라 발생했다. 1869년의 생터티엔 탄전과 오뱅 탄광에서는 군인과 광부가 대치하다 유혈 충돌을 빚어 수십 명의 사상자가 나기도 했다.『제르미날』에 나오는 광부와 군인의 충돌은 이런 역사적 경험에서 나온 것이다.

『제르미날』은 한 시대를 상징하는 탁월한 소설이다. 무엇보다 나오는 인물의 생생함이 독자를 압도한다. 그들은 수백미터 지하의 캄캄한 갱에서 방금 올라와 독자에게 말을 건넨다. 탄광의 방수벽이 폭발해서 물이 차오르자 살기 위해 위로 위로 올라가는 에티엔과 카트린, 라 피올렌 영지를 소유한 그레구아르 일가의 풍족한 생활, 탄광회사 사장인 엔보, 탄광기사 네그렐, 갱내 총감독 당세르, 탄광을 몰래 폭파하는 무정부주의자 수바린, 광부인 마외 가족과 르바크 가족 등이 자신의 목소리로 자신의 행동으로, 자신의 생각으로 소설에서 움직이고 있다.

광부와 가족들은 저임금에 시달리다 못해 파업을 일으키고 '빵을 달라'고 외치지만 무시무시한 경쟁에 내몰리는 소자본가들의 생존 경쟁도 치열하다. 그들은 투자한 자본에서 이익을 얻지 못하면 바로 파산해버리고 만다. 광부들이 집단행동을 한다는 말을 들은 드뇔랭의 고민을 들어보자.

"집에 딸린 텃밭 사이로 난 오솔길을 가로질러 가는 동안 드뇔랭은 위협받는 자신의 재산, 몽수의 드니에를 떠올렸다. 열 배 이상으로 부풀릴 꿈을 꾸며 투자한 100만 프랑이 지금 그대로 사라질 크나큰 위기에 놓여 있었다. 오랫동안 끊임없이 찾아온 불운이 그를 괴롭혀 온 터였다. 예상치 못했던 보수 작업과 탄광의 유지와 채굴에 엄청난 비용을 들인 뒤, 겨우 수익을 내기 시작하려는 찰나에 망할 놈의 산업위기가 닥쳤던 것이다. 만약 그의 탄광에서 파업이 일어난다면 그는 끝장이었다."(2권 13쪽)

『제르미날』은 광부를 미화하지 않는다. 그들은 각자의 동기와 생명을 지닌 존재로 어떤 사람은 배신하고, 어떤 사람은 추잡하며, 어떤 이는 음모와 배신에 밝다. 노동과 광부를 다룬 자연주의 소설이면서도 구소련 체제의 사회주의 리얼리즘 소설과 다르다. 사회주의 리얼리즘 소설에는 노동자는 신성하고 시대의 사명을 붙잡고 앞으로 끌고가는 기관차와 같은 존재로 묘사된다. 몇몇 인간이야 그럴 수 있다. 그러나 한 집단에 속한 인간 모두가 그럴 리가 있겠는가.

『제르미날』이 지금까지 대표적인 노동소설로 이름을 날리는 이유는 역설적으로 노동자들의 약점과 허약함을 잘 묘사했기 때문일 것이다. 파업을 선동하고 주도한 에티엔도 어느 순간 노동자들에 대한 짙은 실망감을 내보이고, 우쭐하는 지배자의 마음에 사로잡히기도 한다. 산업혁명이 진행된 1860년대에 동력원으로 꼭 필요한 석탄 채굴은 광부와 탄광주들만의 문제는 아니었다. 에너지는 그나라의 산업체제와 국가경쟁력의 핵심 관건이었다. 우리는 작품을 통해 수백미터 지하까지 수직으로 갱을 파고 들어가서 지하에서 수킬로 너머까지 탄맥을 찾는 기술력을 본다. 권양기를 통해 광부들은 수십 명이 한번에 지하까지 타고 내려가며 배수펌프를 운용해서 지하의 물을 빼내고 탄광을 보호하기 위해 지하에서 방수벽을 치기도 한다.

조선의 1860년대는 어땠을까. 조선의 1860년대는 이전부터 이어져온 세도정치로 인한 민란이 자주 발생했다. 무장 봉기 가운데 가장 규모가 컸던 것은 평안도에서 일어난 홍경래의 난(1811년)과 진주에서 시작되어 전국으로 확산된 임술 농민 봉기였다. 1863년에 고종이 즉위하고 흥선대원군이 집권했으며 1866년에는 프랑스가 강화도를 침략하는 병인양요가 일어났다. 그러나 한국사회의 기본 정치 경제 시스템은 전혀 변하지 않았다. 그에 반해 일본은 1868년 메이지유신을 통해 서구화 전략을 시작했다.

병인양요를 뒷받침한 프랑스의 국력은 생산력을 해방시킨 자본주의의 발달과 함께 국방기술의 고도화로 가능한 일이었다. 그 기술력의 한 단면을 아이러니하게 『제르미날』에서 살펴볼 수 있다.

『제르미날』에서 가장 뛰어난 장면 중 하나는 2권의 앞에 기록된 탄광 광부들의 봉기와 광산시설의 파괴다. 군중의 움직임은 방향과 위력을 알 수 없으며 홍수로 넘쳐난 강물처럼 마구잡이로 파괴하고 일시적인 기분과 변덕에 따라 공격 대상을 바꾸기도 한다.

"그리하여 장바르 탄광은 순식간에 텅 비어버렸다. 집합을 알리는 뿔나팔을 찾아낸 장랭은 마치 소떼를 불러모으듯 거친 소리를 내며 뿔나팔을 불었다. 라 브륄레와 라 르바크, 라 무케트를 포함한 여자들은 치마를 위로 걷어올린 채 달려갔다. 르바크는 손에 든 도끼를 마치 고적대장의 지휘봉처럼 휘둘렀다. 또다른 동료들이 계속 그들과 합류하면서 무질서하게 무리를 이룬 천 여 명이 범람한 강물처럼 도로 위로 넘쳐흘렀다. 그들이 지나가기에는 탄광의 출구가 너무 좁아 판자 울타리가 부서져버렸다. 다른 탄광으로 가자! 가서 배신자들을 처단하자! 더이상 일을 못하게 하자! 장바르 탄광은 돌연 깊은 정적에 빠져들었다. 개미 새끼 한 마리 보이지 않고, 숨소리조차 들리지 않았다."(2권 59쪽)

"겨우 두 시가 지나간 시각이었다. 그런데 미리 소식을 들은 갱내 감독들이 갱내의 광부들을 서둘러 올라오게 했다. 그리하여 파업 노동자 무리가 그곳에 도착했을 때는 마지막 스무 명이 위로 올라와 케이지에서 막 내리고 있던 참이었다. 그들이 허겁지겁 도망치자 성난 군중은 돌멩이를 던지면서 그들을 쫓아갔다. 두 명은 무리에게 흠씬 두들겨 맞았고, 다른 한 명은 웃옷의 한쪽 소매를 남겨둔 채 간신히 그곳을 빠져나갔다. 탄광은 파업 노동자 무리의 인간 사냥 덕분에 설비를 보존할 수 있었다. 군중은 케이블이나 보일러에는 일절 손대지 않았다. 그들의 거대한 물결은 그사이 인접한 탄광을 향해 멀어져갔다 …… 빵을 달라! 빵을 달라! 빵을 달라! 그들이 가스통마리에 이르렀을 때는 그 수가 다시 불어나 어느덧 이천오백 명을 넘어서고 있었다. 그렇게 불어난 광란의 무리는 점점 기세를 더해가는 거센 급류처럼 모든 것을 파괴하고 휩쓸었다. 광부들 무리는 도착한 지 십오 분도 채 안 되어 화실을 뒤엎고 보일러를 모두 비워냈으며 건물들 안으로 침입해 시설을 초토화시켰다. 무엇보다도 그들이 노린 것은 배수펌프였다 …… 다른 동료들이 쇠막대와 벽돌, 그리고 손에 닿는 것은 뭐든지 휘두르며 배수펌프를 결판냈다."(2권 68~76쪽)

작품에서 가장 뛰어난 장면을 꼽으라면 2권 앞부분의 군중이 된 노동자들의 파괴 행위와 갱 붕괴, 본모르 영감이 살해한 세실을 들 수 있겠다.

"세실은 노인을 알아보았다. 그리고 무릎 위에 올려놓은 그의 두 손을 바라보았다. 몸을 웅크리고 있는 노동자의 두 손에서 노쇠한 육체에도 불구하고 여전히 억센 손목의 힘이 느껴졌다. 본모르 영감은 차츰 깨어나는 듯 보였다. 그러다 그녀를 알아보고는 그 역시 멍하니 그녀를 관찰했다. 그러자 뺨이 벌겋게 달아오르고, 입가에 발작적인 경련이 일면서 벌어진 입술 사이로 시커먼 침이 가늘고 길게 흘러나왔다. 이제 두 사람은 서로에게 이끌린 듯 서로 마주보고 있었다. 오랫동안 무위도식하는 삶을 살아온 그녀는 그들 부류의 충족된 행복감에서 비롯된 건강한 혈색에 포동포동하고 생기 넘치는 모습을 하고 있었다. 물에 퉁퉁 부은 듯한 노인은 백 년간 대대로 이어져내려온 노동과 굶주림으로 망가지고 삶에 지칠대로 지친 초라하고 흉측한 모습이었다."(316쪽)

어떻게 탄광주의 딸 세실이 의자에 앉아 제대로 움직이지도 못하는 본모르 영감에게 가까이 갔는지 모른다. 정신이 나간, 치매 상태의 본모르 영감이 어떻게 세실을 넘어뜨려 목을 조르게 되었는지 모른다. 그레구아르 부부가 십 분이 지나 돌아오자 딸 세실은 목이 졸려 죽어 있었다.

르 보뢰 탄광 갱을 폭파한 무정부주의자 수바린은 탄광을 떠났다. "그는 피우던 마지막 담배를 집어던지고는 그새 한층 더 짙어진 어둠을 뚫고 한 번도 뒤돌아보지 않은 채 그곳에서 멀어져갔다. 그는 저기, 미지의 장소로 발걸음을 옮기면서, 평온한 모습으로 인류의 절멸을 향해 나아갔다. 그는 도시와 사람을 모두 날려버릴 다이너마이트가 있는 곳이라면 어디든 상관없었다."(2권 294쪽)

파업 투쟁에 실패하고 갱 붕괴에서 겨우 살아남은 에티엔은 정치투쟁을 하기 위해 파리로 떠난다. 에티엔은 성공할 수 있을까? 프랑스가 인도차이나 반도와 알제리를 비롯한 아프리카를 식민화하면서 얻은 잉여로 식민 모국인 프랑스의 노동자 계층은 그 혁명성이 줄어들었을까? '벨 에포크'로 불리는 프랑스의 좋았던 시절의 물질적인 기반은 무엇이었을까? 소설은 많은 사건과 인물을 냉정하고 있는 그대로 그리면서 열린 결말을 향한다. 그리고 그 결말은 아직도 최종적으로 정리되지 않고 진행 중이다.

이처럼 사소한 것들

클레어 키건/ 홍한별 옮김/ 다산북스

대학도서관에서 빌려보았다. 예약 대기가 7명이고 7명 이상은 예약을 받지 않아서 몇 달을 기다렸다가 6순위로 예약을 하고 석달 쯤 지나서 대출문자를 받았다. 예약이 많은 신간을 가끔 보는데 이 책은 특별히 길었다. 이 작품의 문학성이 뛰어난 것일까, 120쪽 남짓 얇고 금방 읽을 수 있는 책을 사기가 그랬던 것일까. 나는 둘 다였다.

전작인 『맡겨진 소녀』를 감동있게 보아서 이 책도 기대가 컸다. 부커상 최종후보에 올랐다니 작품성과 대중성을 보증받은 게 아닐까.

시대배경은 1985년의 아일랜드다. 아일랜드 젊은이들이 런던, 보스턴, 뉴욕 등으로 이민을 떠나던 시절이었다. 소설 도입부를 읽으면 1950년대나 60년대로 느껴지는데 1985년이라니 의외였다.

펄롱은 석탄과 목재를 판다. 나이는 마흔이 다 되었고 아내 아일린과 사이에 딸 다섯이 있다. 딸을 잘 키워 좋은 여학교에 보낼 바람이 있다. 성실하고 동정심이 있으며 주위 평판도 좋다. 펄롱은 아버지가 없이 자랐고 엄마는 죽을 때까지 아버지가 누구인지 말해주지 않았다. 저자는 소설 문장을 압축해서 상징적으로 쓴다. 첫 문단부터 죽음과 추위가 비유적으로 녹아 있다.

"10월에 나무가 누래졌다. 그때 시계를 한 시간 뒤로 돌렸고 11월의 바람이 길게 불어와 잎을 뜯어내 나무를 벌거벗겼다. 뉴로스 타운 굴뚝에서 흘러나온 연기는 가라앉아 북슬한 끈처럼 길게 흘러가다가 부두를 따라 흩어졌고, 곧 흑맥주처럼 검은 배로강이 빗물에 몸이 불었다."(11쪽)

펄롱은 아버지가 없었지만 미시즈 윌슨 집에서 차별받지 않고 잘 자랐다. 펄롱의 개인적인 삶과 이웃들의 소소한 이야기가 이어지는데 뭔가 사건이 벌어질 것 같은 예감이 든다. 소설이 이렇게 평화롭게 끝나지는 않을 것이기 때문이다. 절반에서 삼분의 이가 지나면서 결정적인 사건이 터질 조짐이 보인다.

펄롱은 수녀원에 장작과 석탄 배달을 갔다가 작은 예배당에서 바닥을 문지르는 여자아이들 몇을 본다. 그 아이 중 하나가 펄롱에게 펄롱의 집에서 죽을 때까지 일하거나 강물에 빠져 죽도록 도와달라는 말을 한다. 펄롱은 당황한다. 수녀원은 지역 실세였고 수녀원과 척지는 것은 매우 위험한 행동이기 때문이다. 펄롱은 트럭을 타고 집으로 돌아오면서 길을 잘못 든다. 샛길로 가다가 더 좁은 길로 들어서서 노인에게 이 길로 가면 어디가 나오는지 묻는다. 노인의 대답은 소설에서 가장 인상적이며 소설 전체의 무게중심을 잡는 대화이다.

"이 길?" 노인은 낫으로 땅을 짚고 손잡이에 기댄 채 펄롱을 빤히 보았다. "이 길로 어디든 자네가 원하는 데로 갈 수 있다네."(54쪽)

펄롱이 아내 아일린에게 수녀원에서 본 아이들 얘기를 하자 아일린은 냉정하게 그 애들 부모 탓을 하고 자식이 있는 사람이 그렇게 무심해서는 안 된다고 비난한다. 걔들은 우리 아이가 아니라고 못을 박는다.

이쯤에서 독자는 책을 덮고 상상을 한다. 펄롱은 다시 수녀원에 배달을 갈 것이고, 우연 혹은 고의로 어떤 소녀를 만나게 될 것이고, 소녀는 수녀원에서 학대를 받거나 불합리한 처우에 시달리고 있음을 알게 된다. 소설의 중간 부분까지 암시와 복선을 깐 많은 울타리들이 쳐있기에 펄롱은 다른 길을 갈 수 없다. 갈 수도 없다. 펄롱의 어린 시절 삶 자체가 미시즈 윌슨 집에서 평온하게 지낸 덕에 기대고 있기 때문이다. 미시즈 윌슨이 연금을 받고 있고 생활이 다소 윤택했다 하더라도 달라지지 않는다. 미시즈 윌슨과 비슷한 경제 여건인 사람은 많지만 모두가 그녀처럼 처신하지는 않기 때문이다. 즉 자선과 호의도 유전되는 일종의 표현형인 것이다.

소설은 독자가 상상한 것처럼 흘러간다. 직접적으로 말하는 부분은 극히 적고 암시와 비유로 심리와 사건이 나아간다. 펄롱이 수녀원 원장과 대면해서 기싸움을 하는 장면도 있다. 펄롱은 크리스마스에 수녀원으로 가서 광에 갇혀있던 소녀를 데리고 나온다.

"대가를 치르게 될 테지만, 그래도 변변찮은 삶에서 펄롱은 지금까지 단 한 번도 이와 견줄 만한 행복을 느껴본 적이 없었다. 갓난 딸들을 처음 품에 안고 우렁차고 고집스러운 울음을 들었을 때조차도."

소설은 실화에 기반을 두고 있다. 1996년 아일랜드의 마지막 막달레나 세탁소가 문을 닫았다. 이 모자 보호소에서 은폐, 감금, 강제 노역을 당한 여성과 아이는 적으면 만 명, 많으면 삼만 명에 달한다고 한다. 이곳에서 죽거나 다른 곳으로 입양된 아기가 몇 천 명이나 되는지도 알 수 없었다. 이 시설은 가톨릭교회가 아일랜드 국가와 함께 운영하고 자금을 지원하는 곳이었다.

현실의 비극은 방송과 신문과 정치권에서 거듭 말해져서 낡고 너덜너덜해지며 굳어버리기 일쑤다. 그래서 그 사실 안에서 고통을 당한 피해자의 흔적은 사라지기 일쑤다. 그렇게 비극은 뉴스용으로, 일회용으로 소비되기 쉽다. 그런 비극을 차분하게 문학작품으로 승화해낸 작가의 역량이 놀랍다.

사조영웅전

김용/ 김용소설번역연구회/ 김영사

　예전 어떤 모임에서 아이디를 '신조협려'로 쓰는 사람이 있었다. 김용의 소설 제목이다. 신조협려는 '신조협'과 그 짝을 말하는데 주인공인 양과와 소용녀를 뜻한다고 한다. 얼마나 김용 소설을 좋아했으면 아이디로 쓸까 인상 깊었다. 알리바바의 창업자인 마윈도 무협소설을 좋아해 회의실과 집무실 등에 무협소설에서 따온 이름을 붙였다는 기사도 본 적이 있다. 언젠가는 김용 소설을 한 번 읽어야지 하다가 이번에 『사조영웅전』 8권을 완독했다.

　무협소설은 중국 고유의 장르다. 이런 고유 장르를 갖고 있는 것 자체가 큰 복이다. 책을 읽으면서 왜 김용의 소설이 그렇게 인기가 많은지 이해가 되었다.

　첫째로 무협 소설은 일종의 판타지인데 현실과 괴리된 순수한 판타지가 아니라 역사와 현실 인물과 연결되어 나름 뿌리를 둔 역사성을 띠고 있다. 이 책에서 시대배경은 테무진이 칭기스칸으로 등장하는 몽골과 금나라, 남송시대다. 주인공 곽정은 테무진의 아들과 의형제를 맺기도 하고, 테무진의 딸과 장래 혼인을 약속하기도 한다. 금나라가 남송을 침공하기도 하며 몽골이 금나라와 남송을 공격하기도 한다. 대략 1115년에서 1235년 사이이다. 즉 시대배경이 허공에 떠있지 않고 그럴듯하다. 소설 후반에 테무진이 도사 구처기를 청한 조서가 나오는데 이는 실제 역사서에 나오는 문서다.

둘째, 저자의 뛰어난 조어 능력이다. 무공과 비법을 다루는 언어가 탁월하다. 무공 수련 비법을 다룬 책『구음진경』을 비롯해 온갖 무기와 암기, 창법, 진법, 수법, 내공 등 이름이 한자어로 딱딱 맞춰서 제시된다. 한국어로 번역하면 그뜻이 완전하게 전달되지 않아 아쉽다.

셋째, 개성을 지닌 수많은 인물이다. 주인공 곽정과 황용을 비롯해 동사 황약사, 서독 구양봉, 남제 단지흥, 북개 홍칠공 외에 수많은 주연과 조역이 나온다. 이들은 모두 이런 저런 인연으로 얽혀있다. 소설 후반에 나오는 영고는 조금 뜬금없는 고수다 싶었는데 원래는 남제 단지흥이 있던 궁궐의 유귀비로 자신의 아이가 죽는 바람에 단지흥과 원한을 맺게 되는 설정이었다.

넷째, 상황설정이 특출하다. 무협소설의 장르 원형을 제시하지 않았나 싶다. 무공을 키우는 비급인『구음진경』탄생 배경은 이렇다. 송 휘종 황제가 천하의 도가 책을 모아 총 오천사백팔십일권으로 만들었는데 관리 황상이 교정을 하면서 세심하게 읽었다. 그러다 도학에 정통하게 되고 무학의 깊은 도리를 깨닫게 되었고 그 비결을 쓴 것이『구음진경』상권과 하권이다. 이 작품에서도 누구는 상권을 가지고 누구는 하권을 보유하는 등 갈등 요소를 더 높게 만들었다. 동시에 무림 최고수 왕중양이『구음진경』을 손에 넣은 것은 결코 사심이 있어서가 아니었다. 무림에 닥칠 대재앙을 막기 위해서였기 때문에 전진교 제자들에게 비급에 적혀 있는 무공을 연마하지 못하게 했다. 그리고 무림 대결에도 원칙과 기준이 있다. 무림 고수들이 겨누는 상황에서 다른 사람에게 비웃음을 받는 잘못이나 사술을 저지르면 안 된다. 명예가 중요하다. 제자가 스승에게 한 약속도 꼭 지켜야 한다.

다섯째, 사건에 사건이 이어져 추리소설처럼 페이지를 빨리 넘기게 만든다. 사건과 사건을 연결지으려니 작중 인물들이 곳곳에서 개연성 없이 만나는 장면이 많다. 곽정과 황용이 영고와 만나는 장면이 그렇고 마지막 8권의 화산논검대회에서 무림고수들이 집결하는 장면이 그러며 그곳에서 곽정이 죽은 줄로만 알았던 황용과 재회하는 것도 그렇다. 김용이 서문에서 말했듯이 무협소설은 흥미를 위한 책이니 그렇게 엄격하게 따지지 않아도 좋을 것 같다.

또 하나 남녀의 연애 묘사가 뛰어나다. 곽정과 황용의 연애는 굽이굽이 열두 고개를 넘어 해피엔딩으로 끝난다. 애증이 얽힌 연애 심리 묘사가 탁월하다.

소설을 이끄는 힘은 『구음진경』을 구하고 훔치고 수련하는 동력에 있다. 그리고 동사와 서독, 남제와 북개 고수들의 성격과 무술이 재미를 자아낸다. 무엇보다 능력과 지모에서 조금 떨어지는 곽정이 뛰어난 인재이며 동사의 딸인 황용의 도움을 받아 무공을 늘리는 장면들이 두 연인의 사랑싸움과 얽혀서 재미있게 이어진다.

무협소설의 협은 의리와 정의와 연결된다. 이 작품도 결국 정의가 승리하는 쪽으로 기울며 끝난다.

테무진 칸은 무공은 개인의 호신술 정도에 불과하고 병법은 집단을 다룬다고 보아 무공을 탐탁치 않게 여긴다. 무림 고수들도 진법이나 공성전 같은 전술은 우리가 할 수 있는 일이 아니라고 말한다. 무공은 스포츠로 치면 야구의 투수와 타자의 맞대결 비슷하다. 일대 일 싸움이 주가 될 수밖에 없다. 그러니 스승이 곽정에게 못 이기면 도망치라고 가르치는 것도 일리 있다.

『사조영웅전』은 『신조협려』와 『의천도룡기』의 3부작으로 이어진다고 한다. 신조협려를 읽어볼까. 아직은 모르겠다. 하지만 영화 <동사서독>을 다운받도록 이끌었으니 『사조영웅전』의 매력은 넉넉하다.

스노우 헌터스

폴 윤/ 황은덕 옮김/ 산지니

한국전쟁을 다룬 소설이다. 아니 한국전쟁의 그림자를 다룬 소설이다. 주인공 요한은 38선 이북의 농장 일꾼의 아들이다. 한국전쟁에서 인민군으로 내려와 참전하고 포로로 잡힌다. 요한은 포로송환에서 제3국을 선택해서 브라질로 간다. 브라질에서 그는 양복점 재단사로 삶을 살아간다. 역자는 요한이 브라질의 항구에 도착하는 첫 장면이 최인훈의『광장』마지막 장면을 떠올리게 한다고 해설에서 말한다. 한국전쟁 휴전협정 후 중립국을 선택한 88인의 포로는 인도에서 출발해서 브라질로 갔을 것이다. 『광장』의 이명훈은 한반도를 떠나 인도로 향하던 중 선박에서 투신자살한다.

요한은 성공적으로 브라질에 정착한다. 요한이 브라질에서 재단사로 생활하는 장면은 요한이 겪은 한국전쟁에 비해 구체적이기는 하나 역시 흐릿하다. 커튼이 처진 틈으로 들어오는 빛이라고나 할까. 요한이 제3국행을 택하는 동기와 결심 역시 그림자처럼 흐릿하다. 영화『퍼펙트 데이즈』에서 투병생활을 하는 환자가 그림자가 몇 개 겹치면 더 진해지느냐고 주인공에게 묻는 것처럼 전쟁 장면과 포로 송환 과정 모두 희미해서 한국전쟁은 천 몇 백년 전 신라와 백제가 싸운 무슨 전투처럼 현실성이 삭제되어 있다.

그 탈현실성을 살펴 보자.

"남쪽을 향해 끊임없이 움직였던 그해, 그는 대부분 걸어서 이동했다. 그들의 군모가 생경한 그림자를 만들어냈다. 그들은 버려진 집들을 찾아내 방에서 휴식을 취했고 마치 자기 집인양 밖을 내다보며 찰나의 자유를 즐겼다. 그들은 형체를 알아볼 수 없는 구조물을 수색했고 거기 남겨진 남자들을 찾아냈다. 그의 감각은 갑작스럽게 폭발하는 탄약에 차츰 익숙해졌다."(197쪽)

"기차 안에서 그는 어깨에 둘렀던 담요의 절반을 요한에게 내밀었다. 그런 후에 눈을 깜빡거리지도 않고 들판을 향해 고개를 끄덕였다.

― 눈 사냥꾼들.

펭이 말했다. 두 사람은 잔해 더미를 뒤지는 가족을, 곡예사처럼 그들이 눈 위를 가로질러 이동하는 방식을, 가능한 한 오랫동안 함께 지켜보았다."(201쪽)

"일 년 안에 두 사람은 정찰대와 함께 오렌지 과수원에 서서 얼어붙은 채 산등성이의 염소 한 마리를 지켜볼 것이었다. 이와 동시에 쉬익 하는 소리가 허공을 채우며 땅이 폭발할 것이고 그들의 몸은 땅속에 묻힐 것이었다."(200쪽)

"전쟁이 정확히 언제 끝났는지 그는 알지 못했다. 휴전이 되고 머칠이 지난 후에야 그는 그 소식을 들었다. 어느 날 그는 집으로 돌려보내진다는 말을 들었다. 그의 나라로, 라고 그들이 말했다. 북쪽으로.

― 송환.

그들은 이렇게 불렀다.

그는 그들의 제안을 거절했다. 그 수용소에서는 그가 유일했다."(25쪽)

작가의 서술과 문장을 따라가면 요한이 징집되고 남쪽으로 내려오면서 치른 전투의 실체는 없다. 초등학생이 그린 그림에서 누가 총을 쏘고 누가 죽어있는 것처럼 현실성 없이 건조하다. 폭탄이 작열하고 총알이 뚫고 나가는 공간은 그저 익숙해지는 장면에 불과하다. 기아를 견디기 위해 눈 덮인 잔해 더미를 뒤지는 사람은 '눈 사냥꾼'이라는 낭만적인 이름으로 대체된다. 요한이 북쪽으로 송환을 거절하는 장면은 단순한 문장으로 끝난다. 포로 수용소의 정치 투쟁과 갈등은 나오지 않는다. 요한은 포로수용소에서 의사를 도와 포로 환자를 간호하는 일을 한다. 살날이 얼마 남지 않은 청년들은 미소를 지으며 어머니를 떠올리고 몇몇은 울면서 미안하다고, 정말 미안하다고 말한다.

이 모든 묘사와 사건과 서술은 한국전쟁을 거대한 그림자놀이로 바꾼다. 2차 세계대전에서 퍼부은 폭탄만큼을 한반도에 퍼부었다고 하는 전쟁. 미군이 쏜 네이팜탄. 피난민인지 가리지 않고 퍼붓는 슈팅스타와 머스탱의 공중 총격과 폭격. 수많은 민간인 학살. 스탈린이 주창한 '조선인민군이여. 최후의 1인까지 미국과 싸워라. 단 우리는 가지 않는다.' 전략으로 한반도는 죽음의 땅이 되고 말았다. 스탈린은 미국이 한반도에서 싸우는 동안 동유럽을 장악하고 안정시켰다. 일국사회주의를 부르짖은 전략가답다. 어쨌든 작품은 한국전쟁을 다룬 소설이면서 이 모든 비극은 은은한 그림자로 멀리서 비칠 뿐이다. 요한의 3국행은 쉬운 결정이 아니었다. 그는 인생에서 중요한 결단을 내린 것이다. 그러나 그 결단의 배경과 의지 역시 작품에 나타나지 않는다. 한국전쟁 종

전 후 70년이 지나 그때의 고통이 모두 사라진 것일까.

한국전쟁의 상흔은 너무나 깊고 끔찍했다. 작품은 말하지 않음으로써 말하는 것, 보여주지 않음으로 보여주는 것을 실현하고 있다. 요한은 트라우마가 극심해 눈과 입과 귀를 닫고 사는 사람 같다. 작가는 역설적으로 한국전쟁의 비극을 말하고 있는 것이다.

80일간의 세계 일주

쥘 베른/ 이효숙 옮김/ 펭귄클래식 코리아

지역도서관에서 <'80일간의 세계일주'와 차 인문학>이라는 강의가 열린다. 전에 들어본 성실하고 실력있는 강사다. 온라인으로 강의를 신청하는데 신청시각 10시를 조금 넘겼는데 정원 25명에 벌써 20명을 넘어간다. 소설『80일간의 세계 일주』에 여러 차 마시는 경험이 나오는가 싶어 책을 읽기 시작했다. 한번 읽은 적이 있는데 그게 청소년 판본이나 축약본 같기도 하다. 내용이 기억이 나는 것 같기도 하고 아니기도 하다. 영국 신사인 필리어스 포그의 세계 일주 여행은 흥미진진하지만 차와 관련된 내용은 없다. 인도에서 포그가 구출한 아우다부인과 아쌈과 같은 브랜드명을 단 차를 한잔 마시며 대화를 나눌법도 한데 그런 장면을 찾기 어렵다. 이럴 수가. 냉정하고 침착한 영국 신사 포그는 여행시간을 당기는 데에 집중한다. 차 따위가 눈에 들어올 리가 없다. 당연히 음식 이야기도 나오지 않는다. 포그가 뭣하러 세계일주를 하냐 싶지만 근대인답게 오직 일주시간과 완주에 집중한다.

포그가 상하이와 홍콩과 인도를 들르니 중국차와 홍콩차와 인도차를 중심으로 강의를 할 수도 있겠지만 매력적인 강의 제목과는 동떨어진

'무'차다.

『80일간의 세계 일주』는 1872년에 출간되었다. 그 시절에 80일간만으로 세계일주를 한다는 것은 대단할 뿐만 아니라 산업문명의 선두에 선 영국인의 실력을 보여주는 일대 사건이다. 위키피디아에 따르면 포그가 계획한 세계 일주는 영국의 런던을 출발하여 프랑스의 파리, 이집트의 수에즈, 예멘의 아덴, 인도의 뭄바이와 콜카타를 거치고, 싱가포르와 홍콩, 일본의 요코하마, 미국의 샌프란시스코와 뉴욕, 영국의 리버풀을 경유하여 다시 런던으로 돌아오는 경로이다.

중국은 영국과 아편전쟁에서 지고 홍콩 등을 할양하는 불평등조약인 난징조약을 체결한다. 그때 중화제국이었던 중국은 그 조약이 불평등조약이라는 의식조차 없었다. 난징조약 체결 당시 베이징의 관료였던 증국번이 고향에 보낸 편지를 보자.

"영국 오랑캐가 강남에 쳐들어와 결국 화의를 체결했습니다. 난징은 남과 북을 연결하는 요충지인데, 우리에게 대들던 오랑캐(영국)가 그 급소를 제압하며 요새를 점거했습니다. 일단 임시방편으로 오랑캐와 화해하는 방책을 택해 전쟁을 막고 백성의 안위를 돌보지 않을 수 없습니다. … 만일 오랑캐가 앞으로도 계속 변경을 위협하지 않고 전국이 안심하고 살 수 있다면(맹자가 말하듯이 인을 존중해서 관대한 태도로) 대국이 소국에게 겸양하는 것은 천명을 즐기는 정치로서 상책이라고 할 수 있습니다."(『중국 근현대사』 1권)

영국 오랑캐는 그로부터 불과 30년 후인 1872년에 80일만에 세계 일주를 감행할 수 있도록 성장했다. 그리고 그런 산업 문명의 상징적인 인물로 필리어스 포그가 출현하는 것이다. 포그는 빈틈없고 침착하기 그

지없는 인물이다. 모험에도 나서고, 신사의 명예를 지키기 위해 자기가 받은 모욕에는 싸우기도 한다.

포그는 모험적 자본가의 면모도 없지 않다. 그는 진정한 영국인이라면 내기처럼 그렇게 중요한 일에 결코 농담하지 않는다면서 영국 런던의 개혁클럽에서 런던을 출발해 80일만에 영국에 돌아오는 모험에 2만 파운드를 거는 내기를 한다. 산업 문명의 선두주자답게 포그와 개혁클럽의 신사들은 '내기에 관한 조서를 작성하고 공동의 이해 당사자들이 당장 서명'을 한다. 그들은 모험과 내기 조차도 철저하게 계약 정신에 입각하는 것이다.

포그가 인도에서 알라하바드역까지 질러가기 위해 이동용 코끼리를 매수할 때 그의 침착성과 계산력은 더없이 발휘된다. 포그는 2,000파운드라는 거액을 코끼리 주인에게 지불하고 코끼리를 산다. 코끼리를 모는 헌신적인 가이드 파르시에게는 헌신에 대한 특별수당을 코끼리로 지급한다. 포그는 때로는 정확하게 때로는 관용을 베풀어 모험 자본가로서의 면모를 유감없이 발휘한다. 그가 내기에 이기면 얻을 2만 파운드를 위해서 코끼리값 2,000파운드는 충분히 투자할 가치가 있는 돈이었다.

작품은 포그가 런던의 은행을 턴 강도라고 생각하고 추적하는 형사 픽스와 포그의 의리있고 충실한 하인 파스파르투의 활약으로 재미를 더한다. 1870년대 초의 80일간의 세계일주에서 기차의 연착이나 선박의 출항 지연과 같은 온갖 사고가 없으면 오히려 이상할 것이다. 포그는 선박을 놓치면 스쿠너선으로 폭풍을 무릅쓰고 상하이항까지 이동하기도 한다. 물론 소형 스쿠너선의 선장인 존 번스비에게는 특별수당 200파운드를 약속한다. 포그는 보수와 성과급이라는 현대 회사에서도 잘 쓰는 동기부여책을 동원해 난관을 돌파한다. 그는 상대방의 선의에 기대거나 양심에 호소하지 않는다. 그 당시 만국에 공통된 화폐인 파운드로 특별수당을 지급해서 해결한다. 그는 철저히 자본주의적 계약관계로 문제를 해결한다.

형사 픽스는 법치주의의 화신이다. 픽스는 포그가 런던 은행 강도라고 믿고 그를 추적한다. 체포영장을 받아서 적절한 장소에서 집행하고자 하지만 포그가 계속 이동하는 바람에 기회를 놓친다. 홍콩이 체포할 가장 좋은 장소였지만 역시 기회를 놓친다. 미국에 들어가서는 체포영장 외에 범죄인인도서류를 추가로 받아야 하기 때문에 대륙횡단열차를 탄 포그를 체포할 수가 없다. 픽스는 본의 아니게 포그를 따라 세계 일주를 하게 된다. 런던 경시청의 범죄자 추적 집념도 대단하다. 포그가 런던에 도착해 80일간의 세계일주를 성공리에 마친 그 시점에 픽스는 마침내 포그를 체포해서 유치장에 수감한다. 그렇게 되어 개혁클럽에 도착할 수 없게 된 포그는 내기에 질 형편에 놓인다. 이런 스타일의 소설에 걸맞게 은행강도의 진범이 잡히는 바람에 픽스는 석방된다. 그러나 이미 80일은 지나버렸다. 그런데 하인 파스파르투가 저택에서 밖으로 나가 결혼 서약을 해줄 목사를 찾게 되면서 동쪽으로 세계를 이동한 날짜변경선 때문에 스물네 시간이 남는 것을 발견하게 된다. 포그는 80일이 되기 바로 몇 초 전에 개혁클럽에 도착한다.

철저하게 현대적인 시간 개념으로 무장하고 냉정하며 계약과 성과급에 충실한 포그와 근대문명을 상징하는 기선과 철도로 달리는 세계일주 내기는 재미있다. 근데 차 이야기는 어디에 있는 걸까.

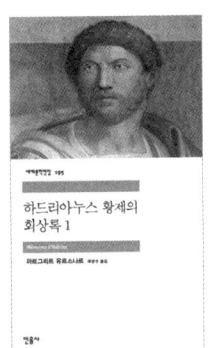

[문학일기 29]

하드리아누스 황제의 회상록

마르그리트 유르스나르/ 곽광수 옮김/ 민음사

벨기에서 1903년 태어난 저자가 받은 교육이 부러웠다. 그녀는 학교 정규 교육 대신 개인교습을 받았다. 아버지가 라틴어와 그리스어를 직접 가르쳤고, 아버지와 어린 저자가 유럽 문학을 읽고 여행을 다녔으며 영국에서 영어를 배우고 독학으로 독일어를 배우기도 했다. 저자가 후기에 쓴 <자료 개괄>을 보면 로마사에 관한 단행본과 논문 그리고 비문에 이르기까지 방대한 자료를 기재했는데 놀라울 뿐이다.

두 권으로 내용이 길고 로마사를 잘 모르는 한국 독자가 읽기 쉽지 않은 책이다. 독서 모임에서 책을 읽으면서 많이 나온 얘기는 번역 문제였다. 번역이 난삽해 읽기 어려웠고 과연 원문이 이렇게까지 길게 문장을 꼬았는지 문제가 제기되었다. 프랑스어 원문을 읽을 수 없으니 번역에 흠이 있는지 아니면 역자가 후기에서 꼼꼼하게 기록한 대로 번역의 고충이 많았는지를 알 수가 없었다. 직접 번역을 해본 적이 없어 번역자의 고민을 알기도 어려우니 이런 문제 제기는 대체로 제기로만 끝날 수밖에 없다.

하드리아누스 황제는 117년 8월에서 138년 7월까지 21년 동안 로마 황제로 재임했다. 서기 76년에 태어나 138년에 62세로 죽었다. 로마 오현제 중 세 번째 황제다. 시오노 나나미가 쓴 『로마인 이야기』 9권이 도움되었다. 하드리아누스 황제와 선제인 트라야누스를 이해하기 좋은 책이다. 시오노 나나미는 로마의 황제와 군인과 문필가에 대한 확고하고 독자적인 시각을 지닌 저자이기에 그녀의 평을 전적으로 신뢰할 수만은 없다.

이 작품의 미덕은 로마 황제가 자신의 목소리로 남긴 통치와 철학 신조다. 왜 작가가 회상록 주체로 하드리아누스 황제를 택했을까. 그가 오현제 중 가장 그리스적이고 논쟁적이며 통치철학이 뚜렷했기 때문일 것이다. 하드리아누스 황제가 쓴 회상록이 있다고 하는데 지금은 전해오지 않는다. 아마도 하드리아누스 황제의 소신으로 보건대 회상록이 기독교 일신교 중심의 중세 시대를 버텨내기 힘들었을 것이다.

문장은 통치 철학과 황제 자신의 감상을 나타내기에 적절한 만연체 문장이 많다. 읽기 쉽지 않고 번역하기도 쉽지 않을 것 같다. 그가 사냥과 함께 포도주를 마시면서 생각하는 장면을 보자.

"사냥이 있었던 날 저녁에 구운 짐승 고기 역시 그러한 거의 성사(聖事)적이라고 할 특질을 가지고 있어서, 우리들을 더 멀리로, 원시상태에까지 올라가는 종족의 기원으로 다시 데려가는 것이었다. 또 포도주는 우리들을 땅의 화산적인 신비에, 땅속에 숨겨져 있는 광물들의 풍요에 접하게 했다. 정오에 가득한 햇빛 가운데서 마시거나 혹은 반대로 겨울 저녁 피로한 상태에서 집어삼킨 사모스 한 잔은 ─ 그 피로 상태를 횡경막의 공동에서 그 술의 따뜻한 흐름을, 그것이 동맥들을 따라 확실하고 뜨겁게 퍼져 나가는 것을 곧 느끼게 해주는데 ─ 거의 성스럽다고 할,

때로는 인간의 머리에는 너무나 강렬한 감각인 것이다."(1권 23쪽)

"들판은 긴 여름의 더위를 저장해 두고 있었고, 훈련되지 않은 말 떼들이 질주하고 있는 산가리오스 강변의 풀밭 위로 수증기가 떠오르고 있었다."(2권 15쪽)

철학적인 문장도 좋다.

"우리들 각자는 사람들이 생각하는 것보다 더 많은 미덕들을 가지고 있지만, 그러나 성공만이 그것들을 드러낼 따름인 것이다. 아마도 그것은, 성공하면 우리들이 그 미덕들을 실천하기를 그만두는 것을 사람들이 보고자 하는 기대를 가지고 있기 때문일지 모른다."(1권 180쪽)

"나는 석상들에 주술을 걸었고, 그러면 그다음에는 그 석상들이 나에게 주술을 걸었다. 나는 그 침묵에서, 이후 산 자들의 체온과 음성보다도 나에게 더 가까워진 그 차가움에서 이젠 빠져나오지 못할 것 같았다. 나는 그 포착하기 힘든 미소를 띤 위험한 얼굴을, 원한에 차서 바라보았다."(2권 134쪽)

그리스 문화를 좋아하는 하드리아누스 황제지만 권력의 본질에는 민감했고 권력을 지키는데도 재빨랐다. 선제인 트라야누스 황제 시절 뛰어난 장군이었던 네 사람은 하드리아누스 황제의 즉위에 부정적이었으며 반대하는 음모를 꾸몄다. 켈수스, 팔마, 니그리누스, 키에투스 네 사람이었다. 그들은 원로원 의원이었다. 하드리아누스 황제는 근위대장 아티아누스에게 빨리 행동을 취하라고 편지를 썼다. 근위대는 현재의 FBI와 비슷한 역할도 수행했다. 근위대장은 이들 네 명을 순식간에 암살했다. 원로원 의원을 재판 절차도 없이 즉결처분했으니 공포의 물결이 로마에 퍼져나갔다. 소설은 하드리아누스 황제가 근위대장에게 행동을 취하라고 명령했지 암살하라고는 하지 않았다고 말한다.

황제는 근위대장을 황제의 선박이 도착하는 브룬디시움으로 소환하여 그의 행위에 대해 책임을 져야 한다고 통고했다. 그러나 과연 그럴까? 황제가 말한 '행동'이란 무엇을 말하는 것일까. 네 사람의 체포와 재판일까. 이들 네 전직 장군들이자 원로원 의원들의 힘은 상당했다. 국가반역죄라 하더라도 시간을 끌면서 재판을 할 때 이들 반란자들이 어떤 행동을 할지는 알 수 없다. 그들은 근위대원을 매수하거나 또는 황제가 제사를 지낼 때 암살을 시도할 수도 있었다. 근위대장은 한 치세에서 다른 치세 권력으로의 이행은 어떤 것이나 그것을 위한 숙청 작업을 이끌어 오는 법이라고 짚으면서 황제에게 황제의 손을 깨끗한 채로 두기 위해 그 작업을 스스로 떠맡았다고 말한다. 이것이 역사적 사실에 맞을까.

시오노 나나미는 그의 저서에서 하드리아누스 황제가 사실상 암살을 지시하지 않았을까 추측한다. 모든 과거는 불충분한 기록 속에 묻혔고 이제 진실은 알 수 없다. 아니 이런 사건에서 객관적 진실이란 게 존재하기나 할까.

하드리아누스 황제는 트라야누스 황제가 확대한 동방 전쟁을 마무리 짓고 화해와 협력의 길로 나선다. 그는 나아갈 때와 물러설 때를 분명하게 알았다. 그래도 로마의 영역은 넓었고 통치하기 쉽지 않았다. 로마 황제라는 직업이 오늘날의 미국이나 중국, 러시아의 최고 통치자보다 훨씬 더 복잡하고 힘든 직업으로 느껴진다. 그는 로마의 영역을 순행하면서 치세의 대부분을 보낸다. 그리스와 이집트를 비롯해 곳곳에 필요한 공공시설을 만들고 지역 총독과 장군의 근무 태세를 살핀다. 이

점에서 오현제 시대의 로마 황제는 청나라 옹정제를 닮았다. 밤늦도록 상주문에 비답을 달며 격무를 하던 옹정제도 제국을 성실하고 치밀하게 통치했던 것이다. 태평성세는 결코 쉽게 오는 것은 아니다.

소설에서 두 가지가 인상적이다. 하나는 황제가 사랑한 그리스 미소년 안티노우스의 자살이다. 안티노우스는 이집트에서 왜 자살했을까. 소년에서 청년으로 넘어가면서 사라지는 미를 괴로워한 것일까. 황제의 총애를 잃을까 두려워한 것일까. 황제는 안티노우스를 위한 도시를 만들고 그의 조각상을 만들게 한다. 얼마나 많이 만들었는지 지금도 유물로 상당수가 남아있다고 한다.

또 하나는 유대 전쟁이다. 하드리아누스 황제는 중동의 유대인들에게 할례를 금지하는 등 모욕적인 정책을 수행하면서 유대인들을 도발한다. 그들이 반란을 일으키기를 원하는 듯이 말이다. 유대 젤로트당 무리들의 반란은 초기에 성공한다. 그들은 고립된 곳에 주둔한 로마 군부대를 공격해서 로마병사를 학살한다. 예루살렘은 유대 폭도들의 손에 떨어진다. 반란은 전쟁이 되어버렸다. 하드리아누스 황제는 로마 군단을 대거 동원하고 세베루스 장군에게 반란 진압을 맡기고 황제 자신도 전쟁터의 숙영지에 머문다. 유대 전쟁은 3년 이상 계속되었고 도시의 폐허는 늘어갔다. 마침내 로마군이 승리하고 황제는 저항한 유대인을 노예로 팔아버리고 유대인을 예루살렘에서 영원히 추방해버렸다. 유대인들은 1년에 하루 붕괴된 성벽 앞에 와서 애도할 수 있는 권리를 얻었다. 유대인들은 파르티아와 알렉산드리아를 비롯한 여러 나라로 이주했다. 디아스포라였다. 유대는 지도에서 삭제되고 팔레스타인이라는 지명을 다시 얻었다. 오늘 우리가 보는 가자 지구 전쟁의 뿌리는 길고도 깊다.

　『하드리아누스 황제의 회상록』은 한 역사적 인물을 소설적으로 재탄생시킨 역작이다. 로마사와 거리가 먼 우리가 보아도 그 시절 황제의 고민과 제도와 시대의 바람이 느껴진다. 역사와 소설이 친척임을 확인하게 하는 작품이다. 동시에 둘은 결코 지나치게 가까워질 수는 없는 친척임을 다시 한번 확인하게 된다.

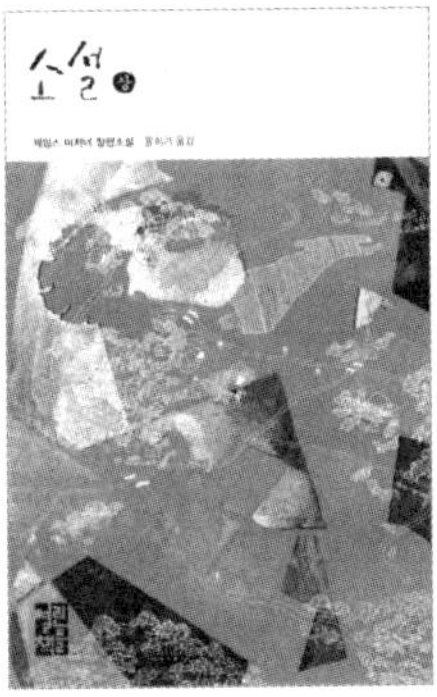

[문학일기 30]

소설

제임스 미치너/ 윤희기 옮김/ 열린책들

소설가이거나 소설가를 꿈꾸는 사람은 꼭 봐야 할 책이다. 상권과 하권이고 상권은 1. 작가 루카스 요더 2. 편집자 이본 마멜로 구성되어 있고 하권은 3. 비평가 칼 스트라이버트 4. 독자 제인 갈런드이다. 작품 배경지는 미국 펜실베이니아의 독일인 마을이다. 작가와 편집자, 비평가와 독자가 모두 모여 있으니 소설에 관한 소설로 나올 주인공들은 모두 갖춰진 셈이다.

책날개에 글쓰기와 출판에 관여하는 화자를 통해 소설의 형성과 생산 과정을 그리고, '문학이란 무엇인가'라는 고전적 주제에 대한 각자의 입장을 흥미롭고 긴장감 있게 전개해 나가는 특이한 소설이라고 소개해놓았다.

저자가 이 작품을 1991년, 84세의 나이에 발표한 것도 놀랍다. 마흔이 다 된 나이에 소설을 쓰기 시작한 것도 남다른데 1946년에 낸 첫 작품인 『남태평양 이야기』가 퓰리처상을 수상하고 베스트셀러가 된 것도 충격이다.

첫 번째 주인공인 소설가 루카스 요더의 고백을 들어보자. 여러 번

소설을 냈지만 몇 권 팔리지 않다가 다섯 번째 소설이 베스트셀러가 되면서 기사회생한 대기만성형 작가다. 이 분의 장점은 끈질김이다.

"책이 세상에 나왔다가는 곧 날개 찢긴 새처럼 퍼덕거리다가 죽는 것을 지켜보는 일이란 죽음보다 더한 고통이었다. 더욱이 네 번씩이나 그러한 고통을 경험하다니! 정말 불운한 세월이었다. 내 소설이 하나씩 하나씩 실패를 거듭하던 그 악몽과도 같은 세월을 되새기면서 나는 차창에 머리를 기대고는 나도 모르게 나오는 눈물을 남이 볼까 얼른 훔쳤다. 그런 다음 코를 쿵 하고 풀고는 다시 생각에 잠겼다. 만일 엠마가 아이들 가르치는 일을 하지 않았더라면 우리는 어떻게 되었을까? 마찬가지로, 만일 키네틱 출판사가 그 어려운 시기에 계속 나를 지탱시켜 주지 않았다면 내 인생은 지금 어떤 식으로 끝나버렸을 것인가?"(60쪽)

두 번째 주인공인 편집자 마멜은 뛰어난 편집 능력자이다. 그녀는 연인인 베노 레트너의 작품 때문에 골머리를 앓고 있다. 작품은 뛰어나지만 여기저기 손봐야 할 곳이 많다. 그런데 레트너는 그 작업을 제대로 해내지 못하고 있으며 나르시시즘에 빠져있다. 그녀의 고백은 글쓰기에 관한 중요한 시사점을 던져준다. 작가의 미덕은 인내심에 있지 반짝하는 천재성에 있는 게 아니라는 점이다.

"독일인 요더 씨는 인내심이 강하고 꾸준히 작업을 하는 작가로 일단 목표가 설정되면 어떤 유혹이나 방해에도 한눈을 팔지 않았다. 반면에 베트남 참전 용사인 베노 래트너는 너무 변덕스럽고 감정의 변화가 죽 끓듯 하는 사람으로 빛을 발하는 어떤 한 지점을 추구하는 것이 아니라 하늘의 모든 영역에서 빛나는 북극의 오로라를 따라가듯 자기 방향을 잡지 못하였다. 그리고 요더 씨는 내가 한마디만 해도 제대로 방향을 잡고 그 힘든 수정 작업을 공들여 하는 데 반해, 래트너는 나의 말에 조금이라도 비평적인 언사가 섞이기만 해도 한 일주일 동안은 활기를 잃고 타자기를 피하는 것이었다. 결국 그 독일인 농부는 매달 목표 의식을 갖고 소설의 완성을 위해 꾸준히 매진하였지만, 베트남 참전 용사는 동남아시아의 정글에서 길을 잃고 이리저리 손을 뻗쳐 누가 구해 주기만을 기다리는 꼴이 되었다."(225쪽)

세 번째 주인공인 비평가 칼 스트라이버트 교수 부분에서는 그리스 신화에 나오는 '운명의 아트레우스 가' 도표와 이야기가 흥미있었다. 그가 학교 강의실에 벽화로 아예 새겨놓은 작품이다. 살인, 모친 살해, 근친상간, 배신, 부친 살해로 얼룩진 집안이다. 그는 학생에게 강의하면서 역사상 가장 위대한 문학이라고 알려져 왔던 몇몇 작품들, 우리를 깜짝 놀라게 했던 그 이야기들이 바로 우리가 다루어 온 이 사악한 악당들의 행위에 기초해 있음을 상기시킨다. 따라서 누가 학생들에게 무엇이 고상한 문학이고 무엇이 금지된 문학이라고 말한다고 하더라도 귀 기울이지 말라고 권고한다.(291쪽)

칼 스트라이버트 교수의 스승인 데블런 교수는 예술가의 태도에 관해 이렇게 말한다.

"예술가는 항상 어느 정도는 사회에 대항해야 하네. 이미 관습화되어버린 지식에 대항해서 말일세. 낯선 길을 찾고, 기성의 지혜를 논박하고, 또 새로운 양상들을 받아들이고 도전하여 재구성하는, 그런 마음가짐을 가져야 하지. 천성적으로 예술가는 반(半)무법자라네. 반 고흐는 우리의 색채 감각을 공격했고, 바그너는 음에 대한 기존의 인식을 흔들어 놓았지. 옛날 케임브리지의 그 젊은 친구들은 삶의 예술가들이었다네. 그 점에선 그들을 능가하는 사람들이 없었어. 삶의 중심 지대를 곧장 가로지른 사람들이라네."(321쪽)

1984년 대학교에서 벌어진 토론회에 초청된 시인과 소설가의 얘기도 흥미롭다. 이 책은 다양한 타일을 이음새 보기 좋게 엮어 묘사의 형태로 내놓기 위해 노력한다. 소설의 미래에 관해 토론회에서 한 시인이 이렇게 말한다.

"다음 세기는 소설가들이 지금의 우리 위치에 서게 될 겁니다. 그런 시대가 오고 있는 걸 모르십니까? 텔레비전이 소설의 위치를 빼앗을 것이 분명합니다. 어느 누구도 소설에 자신의 정신을 허비하지 않으려 할 겁니다. 상황이 그렇게 될 겁니다. 혹 고상한 정신이 남아 있더라도 말입니다. 지금으로부터 백 년 후, 그러니까 2084년이 되면 소설가들은 이 대학에서 저 대학으로 이 수도원에서 저 수도원으로 떠돌아다니게 분명합니다. 대학이 타락해 가는 속도로 보아 나중에는 휘황찬란한 불빛으로 가득한 쇼핑센터보다 나을 것이 없을 겁니다."(377쪽)

2084년이면 약 60년 남았다. 스마트폰이 나온 지 17년 가량 되었는데 세상을 압도하고 있으니 그런 예언이 맞지 않으란 법은 없다. 이야기의 힘과 문자라는 독특한 상상력 자극 방식 때문에 소설이 그렇게 쉽게 사라지지는 않을 것 같지만 말이다.

데블런 교수가 소설을 쓰겠다는 칼 스트라이버트 교수에게 충고하는 작법도 들어볼 가치가 있다.

"먼저 인물들을 정렬시켜 보게. 그리고 그들을 복잡한 플롯과 이념 사이로 움직이도록 하게. 위대한 진실 위에 소설을 얹어 놓고 독자들로 하여금 그 아래에 숨어 있는 진실을 찾아내도록 해야 하네. 칼, 자네는 자네의 생각, 자네의 교훈을 먼저 제시하고 있는 셈일세."(396쪽)

칼 스트라이버트 교수는 후에 실패한 자신의 소설『텅 빈 물탱크』를 반성하면서 자신의 소설 작법을 이렇게 반성한다.

"나는 데블린 교수님이 나에게 쏟아 부었던 말들을 이해할 수 있었기 때문이었다. <소설을 쓴다는 것은 실제 상황에 있는 실제 인물들에게 생명을 불어넣는 작업이네.> <추상적 개념에 관한 소설은 실패할 수밖에 없네. 유형적 인물에 대해서가 아니라 살아 있는 인물에 대해 써야만 하네.>"(430쪽)

칼 스트라이버트 교수가 이런 작법을 모르지 않았다. 그는 강의실에서 학생들에게는 위와 같은 작법을 가르치고 자신의 소설은 그와 반대되는 방법으로 썼던 것이다. 칼 스트라이버트 교수는 이렇게 반성한다. 나는 이제 소설이란 실제의 삶 속에서 잉태되어야 한다는 것을 깨달았다. 작가는 등장인물들의 열정이나 고통을 마치 작가 자신의 것인 양 강렬하게 느낄 수 있어야 한다. 그런데 나는 뚜렷한 동기 없이 움직이는 잘못 묘사된 인물들이 계몽적인 사상을 전하는 말들로 내 소설을 가득 채웠던 것이다.

이 작품 하권에서 가장 놀라운 사건은 티모시 툴이 살해당하는 사건이다. 독자의 예측을 비켜가는 것이 중요하고 기승전결에서 전(轉)이 핵심이라고는 하지만 이렇게 소설 후반부를 마무리하는 것도 특이하다. 티모시 툴이 살해당하면서 작품은 급작스럽게 범인을 찾는 추리소설로 바뀐다. 잔잔하게 작품이 마무리되는가 싶더니 급류에 이은 폭포가 한 번 더 남은 셈이었다. 살인 사건을 계기로 루카스 요더는 대담하고 새로운 소설에 착수한다. 작품 이름인 '소설'은 새로운 길을 나서기 위해서라면 젊은 주인공 한 명의 죽음따위는 얼마든지 제물로 바칠 수 있는 냉혹한 물건이다. 그렇게 해서 소설이 지금까지 생명을 이어오고 독자를 붙잡아왔지만 말이다.

아이스 콜드

테스 게리첸/ 박아람 옮김/ RHK

　테스 게리첸이 쓴 범죄 스릴러 소설이다. 형사 제인 리졸리 & 법의관 마우라 아일스 시리즈의 8권이다. 미국에서 방송 드라마로 제작되어 인기가 높다고 한다. 저자는 2세대 중국계 미국인인 아버지와 중국인 어머니 사이에서 태어났고 의사였다. 1990년 게리첸은 의학 스릴러 작가가 되기로 결심하고 첫 작품『외과의사』를 발표한다. 신문에서 우연히 게리첸에 관한 기사를 읽고서 2권의 작품을 읽어보았다. 의학 스릴러나 범죄 스릴러를 좋아하지는 않는다. 그럼에도 2권이나 읽은 이유는 글쓰기의 기승전결(起承轉結) 중 '전(轉)'이 중요하다는 유홍준 교수의 글을 보고 스릴러가 '전(轉)'에 강하다는 생각이 들어서이다.

　『외과의사』는 여자의 집에 침입해서 수술칼로 여자의 배를 절개하고 자궁을 들어내는 사이코패스 살인마를 추적하는 내용이다. 설정이 끔찍해서 읽기가 쉽지 않았다. '전(轉)'이 반복되고 반복되어서 그야말로 스릴러의 재미는 충분히 얻을 수 있다. 범인이 누구이고 어떤 범행방법을 썼는지 추적하는 형식이기에 범인은 뻔히 짐작할 수 있는 인물이 아니다.

『아이스 콜드』 역시 그렇다. 법의관 마우라는 가톨릭 신부와 내연관계다. 당연히 사랑이 잘 진척되지 않고 관계 설정이 불안하다. 와이오밍 주의 의학 학회에 온 마우라는 대학 시절 알던 더그를 만나게 되고 그들 일행과 1박 2일 정도의 스키 여행을 떠나게 된다. 이제부터 일은 하나씩 어긋나고 기이한 상황이 벌어지며 긴장감을 높일 사건이 이어진다. 먼저 마우라 일행은 폭설로 길을 잃게 된다. 눈에 덮인 표지판을 발견하게 되는데 "사도. 거주자 외 통행 불가. 순찰 구역"으로 쓰여 있다. '전(轉)'이다. 차가 갓길에 빠지고 핸드폰도 터지지 않는다. 할 수 없이 1.5킬로를 걸어가다 10여 채의 똑같은 집을 발견한다. 아무도 없고 집의 창문은 열려 있으며 식탁에는 으깬 감자와 우유 같은 식사가 그대로 남아 있다. 모음교를 믿는 집들이다. '전(轉)'이다. 이 집들의 사람들은 다 어디로 갔을까. 무엇보다 마우라 일행이 폭설 속에 이 마을에 있다는 것을 마우라의 직장이 있는 보스턴의 아무도 모른다. 집 앞의 눈에서 시체들이 발견된다. 집에 살았던 주민으로 보인다. 이들은 왜 죽었을까. 모음교에서 죽였을까? 이 집들에는 차량도 있다. 주민의 집 차량을 이용해 탈출하려던 마우라 일행 중 한 명이 차량 사고로 다리에 중상을 입어 생명이 위험해진다. 할 수 없이 마우라 일행은 다시 마을로 돌아온다.

마우라는 마을에서 탈출하려고 하던 중 생쥐라는 이름의 소년을 만난다. 소년은 모음교에서 탈출한 자였고 야생에서 생존 기술을 익힌 자였다. 경찰관도 만나는데 여기 경찰관은 모음교 신도이거나 모음교에 포섭된 자이다. 사방이 눈으로 둘러싸인 산 속 마을의 고립을 벗어나기란 쉽지 않다. 생쥐 소년은 마우라를 도와서 목숨을 구해준다. 또 '전

(轉)'이다. 보스턴의 형사 리졸리는 마우라가 돌아오지 않자 이상하게 여기고 마우라 행적을 추적한다. 조사에 조사, 추적에 추적을 거듭해서 마우라가 일행들과 함께 스키여행을 떠난 것을 찾게 된다.

마우라는 구조된다. 모음교의 교주는 종교 집회가 끝난 후에 살해된다. 살해자는 오래전 13살의 나이로 교주에게 강제 결혼을 당한 여자였다. 그 여자는 사회복지사로 일하면서 모음교의 비행을 계속 추적하고 있었다. 그 여자는 10여 가구의 마을 주민이 죽은 것도 교주가 시켜서 벌어진 사건으로 굳게 믿고 있었다.

10여 가구의 마을 주민은 누가 왜 죽였을까. 작품의 끝에 그 비밀이 나온다. 어떤 폐기물 업체가 심심산골에 VX 신경가스통을 무단 폐기했고 집을 지으려고 하던 중장비가 신경가스통을 부숴 방출된 가스가 계곡의 마을을 덮친 것이다. VX 신경가스는 피부를 통해 흡수될 경우 사린의 100배 효과를 내는 치명적인 화학무기다. 살인범은 모음교가 아니었다. 모음교는 작품에서 어떻게 보면 가짜 미끼인 셈이다. 독자의 예측을 뒤엎고 뒤엎는 '전(轉)'이다.

일반소설에도 이런 '전(轉)' 기술이 사용될 수 있을까. 한강의 소설에서 급격한 '전(轉)'을 찾기란 어려울 것 같다. 인간 개개인의 심리와 가족과 친구 사이에서 천천히 완만하게 쌓이는 '전(轉)'은 있을 수 있겠다.

작가는 의사였던 자신의 경력을 십분 살려 다리가 부러지거나 총을 맞는 사람을 등장시켜 스토리가 꼬이거나 위기에 빠지게 한다. 독자는 작가가 묘사하는 수술과 몸의 상태와 위험도를 옳은 지 평가할 수는 없다. 그건 그야말로 전문가의 영역이다. 등장 인물이 그런 상태로 빠지는 것 자체가 위기감을 고조시키고 갈등을 심화시키며 스토리 진행을 역동적으로 만든다. 이 부분이 의사 경력을 지닌 작가의 장점이다. 변호사로 일했던 존 그리샴이 쓴 법정소설에서도 똑같은 장치를 볼 수 있다. 작가는 증거물인 시체를 찾거나 법정에서의 공방을 통해 기본 플롯을 세우고 스토리를 풍성하게 만든다. 의학과 법정은 세계와 소설적 인물이 부딪치는 중요한 분야다.

[문학일기 32]

적절한 균형

로힌턴 미스터리/ 손석주 옮김/ 아시아

인디라 간디가 국가비상사태를 선포한 1975년에서 1977년까지의 인도가 배경인 장편이다. 완독하고 놀라웠던 점은 두꺼운 장편의 처음에 만나는 주인공 네 사람이 소설 마지막에 다시 나오며 만난다는 것이다. 디나 아주머니와 대학생이었던 마넥 콜라, 재봉사인 이시바와 옴프라카시가 그들이다. 첫 만남과 마지막 만남 사이에 개인의 운명을 가르는 엄청난 사건들이 이어지는데 중요한 사건은 인디라 간디의 비상사태 선포와 관계가 깊다. 그야말로 개인의 운명은 시대의 운명을 이길 수 없다는 교훈을 일깨운다. 자유로운 삶을 꿈꿨던 디나 역시 결국 소설의 마지막에 자신이 그토록 벗어나고 싶어했던 오빠 누스완의 집에 다시 들어가게 된다. 역사의 수레바퀴는 무겁고 잔혹해서 그 바퀴 아래 깔리는 사람들의 개별적인 운명에는 관심을 두지 않는다.

대학생 마넥은 에어컨 공학을 전공해서 인도를 떠나 8년 동안 두바이에서 일을 한다. 마넥이 아버지의 장례를 치르고자 1984년에 인도로 돌아왔을 때는 인디라 간디가 시크교도 경호원에게 암살당해 대혼란과 시크교도 학살이 일어나고 있었다. 마넥은 디나 아주머니를 만나 옛날 절친하게 지냈고 열심히 재봉 일을 했던 이시바 아저씨와 옴의 안부를 묻는다. 마넥은 인도의 비극을 보여주는 결과를 듣는다.

　마넥이 몸을 거북하게 움직였다. "그런데 이시바 아저씨와 옴은 어떻게 됐죠? 지금은 어디서 일하나요?"
　"일하지 않아."
　"그러면 어떻게 먹고 살아요? 옴은 아내에다가 애들까지 있을 텐데요."
　"아내도 없고 애들도 없어. 재봉사들은 거지가 됐다."
　"네? 아주머니, 뭐라고요?"
　"지금 둘 다 거지가 됐다고."

　마넥은 재봉사들이 거지가 됐다는 말을 듣고, 거리에서 디나 아주머니 집으로 가는 재봉사들을 만난다. 마넥은 절친했던 재봉사들을 모르는 척 한다. 그리고 기차역으로 가서 달리는 기차에 몸을 던진다. 그에게 성실했던 이시바와 옴을 거지로 만드는 인도의 현재는 견딜 수 없는 고통이었다. 마넥은 그 현재를 고칠 힘도 없고 고칠 방법도 없었다. 그저 시대의 운명에 휩쓸려가는 길밖에 없다.
　이시바와 옴을 나락에 빠뜨리는 1975년의 두 사건을 보자. 하나는 불임시술이고 하나는 빈민가 철거다. 소설에서 극적으로 묘사된 사건은 실제로 거대한 규모로 진행되었다. 경제학자가 쓴 『두 개의 인도』에 따르면 그 내용은 이렇다.
　인디라 간디의 아들 산자이는 터무니없이 높은 불임 시술 목표를 내

세웠다. 불임 시술을 하지 않은 하위 공무원들의 급여와 보너스가 보류됐다. 불임 시술 증명서가 없는 트럭 운전사들은 면허를 갱신할 수 없었다. 한 마을에서 경찰은 "적격"으로 간주된 남성들을 덮쳐 가장 가까운 보건소로 끌고 가 불임시술을 받게 했다. 지방공무원들과 경찰들은 버스를 세우고 남성들을 "불임 시술 캠프"로 밀어 넣었다.

빈민가 철거는 이랬다. 1975년 6월부터 1977년 3월까지 델리에서만 거의 70만 명이 "재정착"되었고 15만 채 이상의 건물이 철거되었다. 철거된 건물의 수는 이전 2년 반 동안보다 8배나 많았다. 처음부터 퇴거와 철거는 무자비했다. 몬순이 한창인 상황에서 아픈 사람들, 임신부, 울부짖는 아이들, 노인들, 장사꾼들을 짐짝처럼 싣고 가서 땅 조각을 보여준 다음, "여기가 네 땅이다. 그 위에 알아서 지어"라고 말했다. 인디라 간디가 국가비상사태를 선언하고 독재를 했기 때문에 인도가 희망이 없어진 것은 아니었다. 인도 자체가 희망이 없는 나라였고 인디라 간디의 비상조치는 거기에 무거운 바위를 더 얹어놓은 것이었다. 소설 제목인 '적절한 균형'은 무엇과 무엇의 균형을 말하는 것일까. 카스트 제도와 인권 부재와 인간의 탐욕이 서로를 자극하며 더 강렬하게 타오르는 인도의 현실에서 '적절한 균형'은 불가능하다는 역설적인 제목이 아닐까.

900쪽 정도 되는 두꺼운 장편이지만 책은 쉽게 읽힌다. 마지막에 가까워지면서 그래도 해피 엔딩이거나 아니면 어떤 희망의 여지를 남기겠지 하는 예측을 부정하고 소설은 끝난다. 독서모임의 회원 한 분은 책을 덮고 한참을 울었다고 한다. 한강 작가의 말을 빌리면 인간은 왜 이렇게 아름다우면서 동시에 잔인하고 폭력적인가 알다가도 모를 일이다.

[문학일기 33]

피아노 조율사

궈창성/ 문현선 옮김/ 민음사

대만 소설이며 음악을 다룬 작품이다. 미술과 연관된 작품은 많지만 음악을 다룬 소설을 쓰기 쉽지 않다. 음악을 문자 이미지로 전환시키기 쉽지 않기 때문일 것이다. 언뜻 떠오르는 작품은 가즈오 이시구로의 『녹턴』, 온다 리쿠의 『꿀벌과 천둥』이다.

영혼이 음악을 감지하게 된 계기를 말한 소설 첫 부분이 인상 깊다.

"원래 우리는 육체가 없는 영혼에 불과했다. 신은 영혼을 육체에 불어넣고 싶어 했지만, 영혼들은 병들고 늙어갈 뿐 아니라 자유롭게 시공을 넘나들지도 못하는 형체 속으로 들어가길 원치 않았다. 그러자 신은 묘수를 생각해 냈다. 천사들에게 매혹적인 음악을 들려주라고 한 것이다. 음악 소리에 완전히 빠진 영혼들은 좀 더 또렷하게 들을 수 있기를 바랐다. 하지만 음악을 더 생생하게 듣기 위해서는 특정한 경로, 바로 인간의 귀를 통하는 수밖에 없었다. 결국 신의 기지는 성공을 거둬 이때부터 영혼은 육체를 가지게 되었다."(8쪽)

독서모임에서 이 작품은 꿈이 실패한 사람들의 얘기라는 의견이 나왔다. 에밀리는 피아니스트의 꿈을 이루지 못하고 바이올린을 연주한다. 린쌍은 성공한 사업가이지만 연하의 아내인 에밀리의 마음을 얻지 못하고 다른 남자와 바람피우는 것을 알고 있다. 피아노 조율사는 어릴적 피아노 신동 소리를 들었지만 지금은 조율사로 생계를 유지한다. 추선생은 피아니스트로 성공할 뻔했지만 결국 음악선생으로 인생을 보낸다.

나는 음악과 관련된 인상적이고 아름다운 장면의 연결로 이어진 작품으로 보았다. 날카로운 경구가 많다. 이런 조율사의 말은 연주자에게만 아니라 모든 인간에게 적용될 것이다.

"악기를 연주하는 상당수 사람이 악기를 제대로 이해하지 못합니다." 음악가가 추구하는 완벽함은 너무도 추상적이고 독단적인데 정작 실현되는 곳은 순수한 물리적 기계 장치 위라고, 그 사실을 음악가는 늘 간과한다고 내가 말했다.(26쪽)

피아니스트 유자왕의 다큐에 연주 직전 공연장 측에서 두 대의 스타인웨이 피아노를 유자왕에게 보여준다. 유자왕은 두 피아노를 각각 1분씩 쳐보고 그중 한 대를 선택한다. 우리가 보기에는 똑같은 음색에 똑같게 느껴진다. 예리하고 섬세한 귀와 손가락을 지닌 유자왕은 자신과 궁합이 맞는 피아노를 골라낸다. 유자왕에게 왜 이 피아노를 선택했냐고 물으면 개인적이고 추상적인 용어로 채워진 답변을 들을까. 아니면 구체적이고 생생한 답을 들을까.

작품에 나오는 피아니스트의 말을 들어보자.

"맞아. 무대에 오르는 순간 마주하는 것은 본인이 통제할 수 없는 상황이야. 결국 연주자는 그순간 자신과 피아노의 대화에만 집중해야 해. 인생도 마찬가지 아니겠어. 마음속 괴물을 떨쳐내야만 한 걸음을 내디

딜 수 있지." 피아니스트는 리흐테르의 죽음 얘기를 빌어 음악과 인생을 되짚어본다. "게다가 리흐테르는 자기가 죽을 때 함께할 음악도 진작에 골라 두었어. 슈베르트의 피아노 소나타였지. 연주가가 되느냐 마느냐는 결국 중요한 게 아니야. 중요한 것은 인생을 끝까지 살았을 때 마음이 편안해지는 뭔가가 있는가이지."(83쪽)

부유하지만 음악을 잘 모르는 린쌍이 에밀리가 죽은 이후에 왜 음악에 관심을 두는 걸까. 그는 피아노 조율사와 함께 뉴욕의 피아노 중고거래상을 찾아다니며 중고피아노업을 대만에서 열어볼까 모색한다. 음악을 통해서만 에밀리의 마음을 잡을 수 있다는 것을 뒤늦게 깨달은 것일까. 나이가 많은 그로서는 어떤 방법을 써도 에밀리와 마음을 나눈다는 것이 불가능했음을 에밀리가 죽은 후에 알게 된 것일까.

많고 인상적인 경구가 여럿 지나간 후에 피아노조율사 린후이는 린쌍과 함께 방문한 뉴욕의 중고피아노 거래상에서 훼손되고 망가진 피아노를 보면서 감정이 폭발해 쇠망치로 피아노의 덮개를 부수고 만다. 린쌍이 가게에서 쫓겨난 조율사를 안아 위로한다.

"나는 힘없이 린쌍의 어깨에 기대면서 똑같이 까만 옷을 입은 우리가 밤새 내린 눈으로 하얗게 변한 공터 위에 서 있는 걸 발견했다. 망가진 검은 건반 두 개 같았다. 검은 건반은 간격을 둔 채 나란하지, 흰 건반처럼 딱 붙어 있을 수 없다. 그렇지 않은가?"(183쪽)

린쌍과 조율사의 삶 자체가 검은 건반처럼 원하는 무엇과 붙어 있을 수 없는 경로를 걸어온 것 같기도 하다.

작품에서 서사가 일관되지 못하고 어딘지 모르게 비어있다는 인상을 받는다. 작품이 소개한 라흐마니노프의 '보칼리제'와 리흐테르의 '슈베르트 소나타'를 듣는 운을 덤으로 얻었다. 작가는 삼십 대 때 더는 소설을 쓰지 않겠다고 결심했고 그 공백을 십삼 년간 이어 갔다. 작가는 이 작품은 십삼 년 동안 내면 깊은 곳의 회의감과 상처의 누적에 따른 피로와 미망을 마주한 결과라고 말한다. 작가는 새롭게 글을 쓰기 위해 피아노 조율이라는 미지의 분야를 선택한다. 작가가 잘 알지 못하는 피아노 조율사의 세계로 선뜻 뛰어들어 작품을 완성한 긍정의 힘이 대단하다.

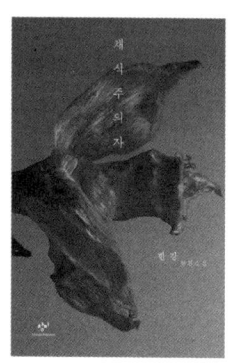

채식주의자

한강/ 창비

　　동물에서 식물로 변신하는 과정에 대한 소설이다. 변신은 문학과 신화의 오랜 소재다. 마늘과 쑥을 먹고 곰에서 사람으로 변신하는 웅녀도 그런 변신 능력자의 한 사람이다. 그리스 로마 신화는 변신으로 뒤범벅이다. 제우스는 수시로 여러 형태로 변신하고 신의 저주에 의해서든 축복 때문이든 인간은 월계수로, 때로는 사슴으로, 소로 변한다. 『삼국유사』는 알에서 깨어난 사람 이야기가 많다. 모든 생명은 최초의 세포에서 시작되었다고 하니 이 동물에서 저 동물로, 이 동물에서 다른 식물로, 이 식물에서 다른 동물로 변신하는 것은 사실상 생명의 경계가 없는 시원으로 돌아가는 것이다.

　　변신의 주인공 영혜가 직접 자신의 변신을 말하지는 않는다. 영혜와 가까운 세 사람이 각자의 시각에서 변신을 이야기한다. 남편과 형부와 언니다. 남편이 나오는 장의 제목은 「채식주의자」이다. 남편은 순종적이고 얌전했던 영혜가 자신과 가정의 통제를 벗어나 육식을 거부하자 당황한다. 남편은 자신이 이해하지 못하는 이유로 새로운 질서로 들어가려는 영혜를 제지하나 실패한다. 영혜의 변신은 이미 시작됐고 남편은 그 과정에 개입할 수도 없고 이해할 수도 없어 국외자로 남는다.

다음 장인 「몽고반점」에서 화가인 형부는 영혜 엉덩이의 몽고반점에서 새로운 예술적 영감을 얻는다. 형부는 영혜의 몸에 꽃그림을 그리고 영혜와 관계한다. 영혜는 왜 그 과정을 받아들일까. 그 과정에서 영혜는 수동적이라기보다 능동적이다. 형부의 몸에 그려진 꽃과 관계하는 영혜는 식물로 꽃과 꽃의 자격으로 수정하려는 것이 아닐까. 이런 형부에게 화가인 P는 이렇게 말한다. "형도 이제 변신하려는 거야? 그런데 너무 과격한 변신 아냐?" 이 장에서 문장은 에로틱하고 상황은 전율할만큼 강렬하다. 작가는 상황에 주눅들지 않고 묘사를 밀고 또 밀고 나간다.

마지막 장 「나무 불꽃」은 언니의 시각에서 진행된다. 정신병원에 수용된 영혜는 몸과 마음 모두 식물로 변신하는 과정을 밟는다. 영혜의 말이다.

"어떻게 내가 알게 됐는지 알아? 꿈에 말이야. 내가 물구나무서 있었는데…… 내 몸에서 잎사귀가 자라고, 내 손에서 뿌리가 돋아서…… 땅속으로 파고들었어. 끝없이, 끝없이…… 사타구니에서 꽃이 피어나려고 해서 다리를 벌렸는데, 활짝 벌렸는데……."

"나는 이제 동물이 아니야. 언니.'

중대한 비밀을 털어놓는 듯, 아무도 없는 병실을 살피며 영혜는 말했다.

"밥 같은 거 안 먹어도 돼. 살 수 있어. 햇빛만 있으면."

놀란 언니가 네가 정말 나무라도 되었다고 생각하냐고? 식물이 어떻게 말을 하고 생각을 하니 라며 나무라자 영혜는 이렇게 말한다.

"언니 말이 맞아…… 이제 곧, 말도 생각도 모두 사라질 거야. 금방이야."

영혜는 변신을 통해 무엇이 되고자 하는가. 무엇으로부터 벗어나고자 하는가. 가부장제 질서일 수도 있고, 육식이기도 하며, 인간의 원초적 생존 조건인 식(食) 자체일 수도 있고 존재 그 자체일 수도 있다. 인간은 잡식동물이고 수백만년 이상 그렇게 진화해왔다. 인간은 식물의 뿌리와 열매부터 거미와 곤충과 동물까지 생존하기 위해 가리지 않고 먹어왔다. 현대에 들어와 유행하는 '채식'만 한다는 이 특이한 현상은 인류 진화에 있어서 의지가 존재를 넘어서고자 하는 독특한 현상이다.

한강 소설의 강점은 문장이다. 소설은 문장이다. 촘촘하고 정확하고 뛰어난 문장으로 한층한층 상황과 사건과 인물을 묘사하며 쌓아나가는 이미지는 선명하고 강렬하다. 『작별하지 않는다』와 『소년이 온다』의 문장도 뛰어나다. 역사적 사건을 모티브로 한 위의 소설보다 『채식주의자』의 문장이 탁월하다. 그렇게 느낀다. 『채식주의자』는 작품 발상도 좋다.

한강이 노벨문학상을 받는 디딤돌이 된 부커상 수상작으로 유감없는 필력과 상상력을 발휘하고 있다.

[독서일기]

거의 모든 물질의 화학

김병민/ 현암사

매일 페리오 치약으로 양치를 한다. LG생활건강에서 만든 제품인데 치약에 다음과 같은 '유효성분'이 적혀 있다. 일불소인산나트륨, 탄산칼슘, 글리세린, 리우랄황산나트륨, 모노올레인산소르비탄, 비결정성소르비톨액, 사카린나트륨수화물, 아세트산아연, 카르복실메탈셀룰로오스나트륨, 함수규산. 도대체 이 물질들은 어떻게 만들어진 것일까. 입 안에 머무는 이 '성분'들은 어떤 '유효'한 작용을 하는 걸까. 그리고 '유효하지 않은 작용'은 어떤 것일까. 이 '유효성분'은 매일 양치를 해도 안전한 것일까? 혹시 하루에 양치를 20번쯤 하면 안전하지 않은 물질일까? 질문은 끝이 없지만 답을 알아내기란 쉽지 않다. 우리의 대기업과 한국의 화학물질관리시스템을 믿을 수밖에 없다. 아니면 소금으로 양치를 하는 방법을 택할 수밖에 없다.

집에서 재활용 쓰레기를 버리면 플라스틱과 비닐 양이 많아서 깜짝 놀란다. 1주일 사이에 이렇게 많은 양이 쌓이다니. 플라스틱 홍수 속에서 살고 있는 것 같다. 어렸을 때 먹던 우유병은 모두 재활용했다. 유리병 자체가 귀했다. 극장 경품으로 빨간색 '다라이'를 주던 기억이 난다.

그때 '다라이'는 제법 귀한 물건이었다. 한국에서도 막 석유화학산업이 시작되던 시절이었다. 그때는 재활용이란 말 자체가 없었고 있을 필요도 없었다. 소박한 소비가 세상을 지배했다.

책을 읽으면서 유효성분과 물질 구성과 석유화학 산업을 대략 알 수 있었다. 책은 '거의 모든 물질'이란 제목에 걸맞게 방대한 물질을 다루고 있다. 세상에 이렇게 많은 화학물질이 있구나 깨닫게 됨과 동시에 그 물질들을 모르고 있다는 무지도 함께 깨닫는다. 저자는 '글을 마치며'에서 "이 책의 본질은 화학물질을 의혹과 공포의 대상이 아니라 좀 더 친근한 물질로 대하고 그 본질을 이해해 물질에 대한 통찰력을 얻게 하는 데 있다"고 밝히고 있다.

물질에 대한 통찰 첫 번째는 독과 약은 본질적으로 한 몸이다는 사실이다. 독성물질도 소량은 약으로 쓰이기도 한다. 유용한 물질도 다량이 몸에 들어오면 독이 된다. 자연은 불필요한 것을 만들지 않는다. 자연의 일부인 생명체도 이런 규칙에 지배된다. 생존에 필요한 만큼 물질을 사용하고 다시 자연이 필요한 물질로 돌려놓는다. 그런데 유일하게 인간만이 지성을 키우고 욕망을 더해 자연의 규칙을 깬 것이다.(11쪽)

통찰 두 번째는 화학은 전자의 이야기라는 것이다. 원자끼리 전자를 어떻게 주고받느냐 혹은 어떻게 공유하고 나눠 가지느냐가 바로 분자와 물질이 만들어지는 핵심이다. 화학에서 결합을 통해 물질이 만들어지는 핵심은 바로 전자이기 때문에 화학은 전자의 학문이라고 한다.(60쪽)

전자는 입자이면서 파동성을 갖는다. 파동이 원자처럼 작은 공간에 갇히면 특정한 진동만 갖게 된다. 원자 안에 있는 전자의 파동방정식을 풀면 전자가 특정한 에너지를 갖게 된다. 양파 껍질처럼 원자 안 전자는 특정 에너지 계단에 존재한다. 전자는 전하를 가지고 있어서 주변에 전기장을 만든다. 전자에 전기장이 생기면 전자는 자신이 만든 전기장과 상호작용하고 다른 전자들, 그리고 핵과도 상호작용한다. 확률 분포에 따라 각각의 전자가 90퍼센트 이상 나타나는 서로 다른 전자구름이 오비탈이다. 과학자들은 각각의 모양과 방향에 따라 s, p, d, f라는 이름을 붙였다. 그리고 전자는 에너지 준위가 낮은 안쪽 오비탈부터 차례대로 채워진다. 채워질 때도 규칙이 있다. 하나의 오비탈에 들어갈 수 있는 전자의 개수가 2개를 넘지 못한다. 그리고 화학결합과 관련한 전자는 가장 바깥쪽 오비탈에 존재하는 전자들뿐이다. 인류는 양자역학으로 계산한 오비탈의 구조와 전자의 위치를 알기 때문에 원자와 분자를 마음대로 다룰 수 있으며 자연에 없던 새로운 물질을 만들 수 있게 되었다.(58~59쪽)

아무리 복잡한 세상도 100개 남짓의 재료로 구성되었다. 인체를 대상으로 그 재료를 알아보자. 사람 체중의 94퍼센트는 산소와 탄소, 그리고 수소가 차지한다. 이런 원소가 독립적인 물질인 원자 상태로 존재한다는 것은 아니다. 가령 인체의 65~70퍼센트가량이 물인데 물은 산소와 수소로 이루어져 있다. 물뿐만 아니라 이 원소들은 당과 탄수화물, 지방의 구성 원소이고 단백질의 주요 성분이다. 질소와 인은 우리 몸을 이루는 또 다른 중요한 원소이다. 질소는 단백질을 구성하는 아미노산의 핵심 원소이고 인과 함께 유전체인 DNA에 포함된다. 유전자는 긴 핵산 가닥이고 마치 사다리가 꼬여 있는 것 같은 이중나선 형태이다. 이 구조를 만드는 토대가 바로 질소이다. 칼슘도 인체 내에 풍부하게 존재하는 원소다. 체중의 1.4퍼센트를 차지하고 인과 결합해 인산칼슘 형태로 단백질 뼈대를 채우고 있다. 뼈의 대부분을 칼슘으로 알고 있지만 뼈의 대부분은 콜라겐COLLAGEN 단백질이다. 콜라겐 틀에 칼슘과 인이 채워져 있는 것이다.(66쪽)

인체에는 약 60종의 원소가 있다. 납PB은 인체에 없는 58개의 원소 중 하나인 중금속이다. 납이 몸 안에 들어오면 뼈속에 축적되어 있다가 서서히 혈액으로 녹아 나오며 각종 질병을 유발하거나 사망에까지 이르게 한다. 수은HG과 카드뮴CD은 인체에서 발견되지만 체내에서 아무런 기능을 하지 않는 원소이다. 미나마타병과 이타이이타이병은 수은과 카드뮴 중독으로 발생하는 대표적인 질병이다. 이런 원소는 원래부터 독성을 지닌 게 아니라 생명체가 진화하며 이 재료를 사용하지 않은 결과라고 보는 게 맞다. 생명체가 진화하면서 쉽게 구할 수 있는 재료를 가져다 사용했고, 흔하지 않은 재료는 사용하지 않았던 것이다. 지각에 존재하는 원소의 분포량만으로도 어떤 물질이 이롭고 해로운지 추측하는 것은 무리한 일이 아니다.(67쪽)

탄소 원자는 특별하다. 탄소는 주기율표에서 규소와 같은 14족 원소다. 바깥 껍질의 전자가 4개이므로 최대 4개의 원자와 공유결합을 할 수 있다. 특히 탄소는 탄소끼리 결합하려는 경향성이 짙다. 탄소끼리 긴 사슬 형태로 결합하거나 나뭇가지처럼 분기되어 뻗어가기도 하고, 고리나 그물 형태를 만든다. 118개의 원소 중에 자신의 원소로만 이런 긴 사슬이나 그물망을 만드는 원소는 탄소가 유일하다. 이런 특징은 분자의 건축에서 가장 중요한 뼈대 역할을 한다. 탄소는 특히 생명 세계를 구성하는 근간으로 사용된다. 가장 대표적인 이중결합 탄소화합물이 이산화탄소CO_2, O=C=O인데 탄소의 강한 결합은 온실가스 제거가 어려운 원인이기도 하다. 인류가 합성한 것까지 포함해 인류가 알고 있는 탄소화합물만 해도 700만 종 가까이 된다.(106~111쪽)

석탄은 지질시대 식물이 퇴적되어 매몰된 후 열과 압력으로 변형되어 생긴 광물이다. 약 3억 5,900만 년 전부터 2억 9,900만 년까지의 고생대 데본기와 페름기 사이 다섯 번째 시기를 '석탄기'라고 부른다. 석탄기 식물은 진화하며 리그닌LIGNIN이라는 유기물을 세포벽에 두르기 시작했는데, 당시 미생물은 이런 리그닌을 분해하지 못했다. 미생물이 식물을 분해하지 못하고 휘발성 물질이 빠져나가며 고농도로 농축된 탄소 물질이 석탄인 것이다.

1859년, 미국 펜실베이니아주 타이터스빌에서 시추 작업 중 갱내의 물 위에서 반짝이는 검은 기름띠가 발견되었다. 원유였다. 최초의 유정OIL WELL이 발견된 것이다. 석탄과 석유는 과거에 태양이 지구에 쏟아부었던 에너지를 그대로 간직하고 있는 광합성의 산물인 셈이다. 인류가 이 물질을 지각에서 꺼내 에너지로 쓰게 되면서 일어난 사건이 바로 산업혁명이다. 인류는 성장에 도취돼 지각에 묻힌 탄소를 대기로 끊임없이 올려보냈다. 기후 위기를 일으킬 정도의 재앙을 가두었던 자물쇠를 푼 열쇠가 바로 화석연료와 열기관이다.(137~149쪽)

석유에는 석탄과 달리 탄소가 길게 연결된 사슬이 있다. 이 탄소 사슬 주변에 수소가 결합한 순도 높은 탄화수소HYDROCARBON 물질이 있다. 석유 물질을 추출하는 과정이 정제다. 정제는 석유 산업에서 중요한 화학 공정이다. 탄화수소화합물은 탄소 개수 때문에 끓는 점이 달라 증류라는 방법을 써 1차적으로 물리적 분류를 한다. 이 과정에서 중유,

윤활유, 경유, 등유, 나프타, 가솔린이 나온다. 이중 가장 중요한 유분이 섭씨 30도에서 200도 사이에서 얻는 나프타NAPHTHA이다. 책에는 수많은 탄소화합물이 나오는데 그중 하나로 에탄올을 들고 있다. 에탄올은 단백질을 응고시키기 때문에 소독 및 살균 작용을 한다. 우리는 에탄올이 80퍼센트 이상 함유된 손 소독제로 소독한다. 에탄올은 메탄과 마찬가지로 에탄C2H6의 수소 1개가 하이드록시기−OH로 치환된 물질이다. 화학식으로는 C2H5OH로 표기한다. 이 물질을 물에 희석한 것이 바로 우리가 즐겨 마시는 술이고, 자동차 워셔액, 혹은 가글 제품이나 미용 제품, 그리고 소독제 성분으로 사용된다. 에탄올은 대부분 화학 공정으로 만들어진다. 술의 주성분인 주정(酒精)은 자연이 만들어낸다. 당의 발효 과정에서 에탄올이 만들어지기 때문이다.(200쪽)

　'플라스틱'이라고 하는 '고분자POLYMER'물질의 탄생에서 바로 떠오르는 물질은 '나일론'이다. 그중에서도 스타킹이 탄탄한 탄생 및 유통 스토리를 갖추고 있다. 그런데 최초의 인공 고분자, 그러니까 플라스틱의 탄생을 추동한 것은 당구공이었다. 당구공은 약 40만 회의 타격과 5톤의 하중을 견디는 내구성과 충격에서도 탄성은 필수이고, 변형되지 않는 완벽한 구형을 유지해야 하며, 순간적으로 발생하는 마찰열 250도를 견뎌내는 내열성도 있어야 한다. 상아로 만들던 당구공은 현재는 페놀 수지로 만든다.(256쪽) 코닥사가 석유로 만들던 필름, 셀룰로오스, 셀로판테이프, PCB, PVC 등 수많은 물질을 만들어내었다. 모든 차량이 전기차로 달려도 석유화학산업은 사라질 수 없다.

　아침에 카페에 들려 커피 한 잔을 마신다고 하자. 결제하는 신용카드는 폴리염화비닐, 일명 PVC로 알려진 물질이다. 커피가 담긴 투명하고 단단한 플라스틱은 폴리에틸렌 테레프탈레이트인데 흔히 페트PET라는 이름으로 더 익숙한 물질이다. 빨대는 폴리프로필렌polypropylene으로 만들었다. 커피를 마시며 눈을 떼지 못하는 휴대전화에도 여러 고분자 물질이 들어있다. 점심을 먹기 위해 들른 패스트푸드 매장은 고분자 물질 범벅이다. 일회용 스푼은 폴리프로필렌이고 용기는 폴리스타이렌polystyrene이며, 음식을 포장한 종이나 음료를 담은 종이컵 안쪽에는 수분을 막아주는 폴리에틸렌이나 폴리카보네이트가 코팅돼 있다. 집을 나서기 전 몸을 씻기 위해 사용했던 각종 세제에도 화학물질이 있었고 화장품에도 미세 플라스틱이 존재한다. 그리고 멋지게 입었던 의복과 신발에는 폴리에스테르와 폴리우레탄이 있다. 이렇게 물질 이름이 다르면 화학적 구조와 성분, 기능이 다르다. 그러나 모두 석유에서 추출한 올레핀olefin에서 출발한 물질이다. 올레핀은 분자 내에서 탄소 간 1개의 이중결합을 갖는 불포화 탄화수소화합물을 말한다.(269~270쪽) 이쯤 되면 우리는 석유화학산업의 자녀라고 불러도 괜찮을 듯하다.

저자는 플라스틱이 탄생하면서 생겨난 환경호르몬 문제도 다룬다. 환경호르몬이란 산업 활동으로 환경에 배출된 화학물질이 생물체에 유입돼 마치 호르몬처럼 작용하는 것을 말한다. 논란이 되는 대표적인 물질로 폴리카보네이트가 있다. 이 물질은 금속만큼 단단하고 열에도 강하며 투명성이 우수하다. 항공기 창문이나 정수기 물병, 젖병과 반찬 보관 용기로 사용된다. 독일에서 1955년 만들어져 현재까지 기존 유리 제품으로는 만들 수 없는 산업용 재료로 폭넓게 쓰이고 있다. 폴리카보네이트는 포스젠과 비스페놀A를 합성해서 만든다. 그리고 비스페놀A가 환경호르몬 물질이다.(326쪽)

저자는 책에서 이런 방식으로 식품첨가물과 글루텐, 반도체와 그래핀까지 많은 화학물질을 친절하고 알기 쉽게 알려준다. 이 책은 화학물질 중 일부만을 다루었지만 책은 우리 생활에 필요한 '거의 모든 물질'을 한 번씩 짚고 가는 것 같다. 그리고 물질이 생성되는 이중결합, 수소결합, 공유결합, 산화와 환원과 같은 기본 원리까지 챙기고 있다.

그리고 왜 인간이 비타민C 합성 능력을 잃어버리게 되었는지, 해열제로 쓰이는 아세트아미노펜(타이레놀 주성분인데 코로나19 백신을 맞을 때 엄청 많이 들은 약성분이다.) 치사량과 유효량, 탈리도마이드 사건, 음식과 약의 차이까지 숨가쁘게 달린다. 아, 너무 많이 알려주는 것 같다. 그리고 텔레비전과 관련한 제품인 QLED, LED를 설명하면서 양자점이란 용어를 알려주고, 일종의 발전기인 연료전지와 수소 에너지 시스템과 전력망과 관련된 스마트그리드까지 가서 드디어 책은 마무리된다.

우리는 매일매일을 화학물질이라는 호수에서 헤엄을 쳤는데 그걸 모르거나 일부러 사실을 회피하면서 산 것 같다. 전문가와 화학공학자들에게 맡겨놓을 수밖에 없는 전문적인 분야이기도 하다.

나는 책 끝머리에 나오는 혜안이 우리 인류문명의 미래를 말해주는 것 같다.

"변화 속도가 빨라지는 과학기술과 높아지는 인류의 눈높이에 맞춰 수많은 전자제품과 소자들이 등장하고 사라진다. 그런데 정말 그런 물질들은 사라지는 걸까? 앞서 보았듯 이런 첨단 제품들도 물질이고 대부분 화학 공정으로 만들어진다…… 인류 지식이 집적되어 탄생한 제품이 우리에게 머무는 시간은 인류의 욕구에 반비례해 욕망이 커질수록 짧아진다. 에너지를 적게 사용하는 제품이 기대 효과를 보기 위해서는 제품의 수명도 길어야 한다. 우리에게 오래 머물러 있어야 한다. 그런데 기술의 진보와 함께 우리 곁에 머무는 시간은 점점 짧아진다. 물질은 절대 사라지지 않는다. 그저 우리 눈앞에서 치워지는 것뿐이다."(535쪽)

[독서일기 2]

이슬람의 눈으로 본 세계사

타밈 안사리/ 류한원 옮김/ 뿌리와이파리

신문에서 이슬람의 최대 축제가 다가온다는 기사를 읽으면 의외로 아는 바가 없어 깜짝 놀란다. 크리스마스와 부활절 같은 기독교가 기리는 날은 내용까지 잘 아는데 말이다. 불교에서 기리는 축일도 대략 날짜와 의미는 안다. 그만큼 나 또는 우리와 이슬람의 관계가 깊지 않아서일 것이다. 십여 년 전에 이집트 카이로에 간 적이 있었다. 천 년쯤 된 모스크에 앉아서 메카를 향해 예의를 갖추니 그곳의 이맘처럼 보이는 얼굴이 밝은 장년 남자가 찾아와 이슬람에 관해 뭔가 이야기를 한다. 우리는 이슬람 신자가 아니고 여기서 예를 표하고 있을 뿐이라고 말하니 그러냐며 두 말 하지 않고 물러간다. 이슬람에서는 전도를 금한다는 말을 들었는데 그게 실제인지, 또 어디까지를 전도로 보는지 잘 모르겠으나 무척 좋은 인상이었다. 카이로에서는 여러 오래된 모스크를 들렀는데 담장을 넘어 안으로 들어서면 신기하게도 시끄러운 바깥과 달리 너무나 조용해서 놀라곤 했다.

지은이 타밈 안사리는 아프가니스탄 카불의 유서 깊은 이슬람 가문에서 자랐고 현재 미국에서 글을 쓰며 살고 있다. 타밈은 몇 천 년에 걸친 이슬람 역사 중에서 오래전의 짧은 반세기에 과도한 지면을 할애한 이유를, 그 시기가 예언자 무함마드와 최초의 계승자 네 명의 일생을, 즉 이슬람의 창시 내러티브를 아우르기 때문이라고 말한다. 저자는 무슬림들이 어떤 일이 일어났다고 생각하는지 전달하는 것이 중요하다고 강조한다. 그것이 바로 오랜 세월 무슬림을 움직여온 이야기이며, 그것을 알아야 세계사 안에서 무슬림의 역할을 이해할 수 있기 때문이라는 것이다.(34쪽)

타밈은 이슬람 이전의 중간세계에 어떤 나라들이 있었는지에서 시작한다. 수메르와 아카드, 아시리아와 페르시아가 나온다. 페르시아의 다리우스 대제는 자신의 인생 역정을 베히스툰이라는 곳의 절벽에 새겼다. 고대 페르시아어, 엘람어, 바빌로니아어 등 세 언어로 기록한 1만 5,000글자 덕분에 학자들은 고대 메소포타미아의 설형문자를 해독할 수 있었다.(47쪽) 로제타석에 버금가는 베히스툰 비문을 이 책을 통해 처음 알았으니 이렇게 고대사에 무지할 수가 있나 싶다. 그리고 이슬람 탄생 전야의 비잔티움과 사산제국, 그리고 무함마드의 생애와 신비체험으로 이어진다.

무함마드에 관해서는 세 가지가 인상 깊었다. 하나는 무함마드가 부유한 미망인 사업가 카디자의 눈에 들어 그녀와 결혼한 것이다. 무함마드는 25년간 결혼생활을 유지했고 카디자가 살아있는 동안 다른 아내를 두지 않았다. 무함마드가 동굴에서 명상을 하던 중 신비한 체험(천사 가브리엘이 찾아왔다고 한다)을 하게 되고, 집에 돌아와 카디자에게 말했다. 카디자는 무함마드가 미친 게 아니라 그를 찾아온 존재가 사실은 천사였으며 무함마드가 신의 부름을 받았다고 확신시켰다. 카디자

는 "당신을 믿습니다."고 말해 무함마드의 첫 번째 추종자, 첫 번째 무슬림이 되었다.(62쪽)

그 후 무함마드는 쿠라이시 부족의 탄압을 받아 메디나로 이주하게 된다. 히즈라로 불리는 이 사건으로 이슬람에서 '움마'라고 부르는 무슬림 공동체가 탄생했다. 이슬람은 하나의 종교지만 시작부터 이미 정치적이었다. 이슬람은 고립된 개인의 구원에 초점을 맞추기보다는 정의로운 공동체 건설이라는 프로젝트를 제시했다. 쿠라이시 부족이 무슬림과 싸우면서 승리를 얻지 못하자 아라비아 구석구석에 소문이 퍼졌다. 무슬림들은 삶을 영위하는 방식이 기존 부족민과 달랐고 그들 나름의 의식을 헌신적으로 거행하며, 지도자가 한 명 있는데 그는 어떤 문제가 생기면 무아지경에 빠져서 초자연적인 강력한 조력자에게 조언을 듣는다는 것이다.(67, 74쪽) 아라비아인들은 그 조력자가 그저 한 명의 신이 아니라 오직 하나뿐인 유일신이라는 사실을 알게 된다. 아라비아인들은 무슬림 공동체의 승승장구가 유일신 덕분이라는 소문에 점점 더 솔깃해졌을 것이다.

두 번째는 무함마드가 한 번도 자신에게 초자연적인 힘이 있다고 주장하지 않았다는 것이다. 자신이 죽은 자를 살리거나, 물 위를 걷거나, 장님의 눈을 뜨게 할 수 있다고 한 적도 없다. 신과 소통할 수 있다고는 했지만 그렇다고 해서 자기가 하는 말이 전부 신의 말이라고 주장하지도 않았다. 무함마드가 하는 말은 때때로 그저 무함마드의 말일 뿐이었다. 그러면 사람들은 어떻게 신이 전하는 말과 무함마드의 말을 구별했을까? 당시에는 명백하게 구분할 수 있었던 것이 분명하다. 오늘날 무슬림들에게는 쿠란을 독송하는 특별한 방법인 키라트가 있다. 이것은 인간이 내는 어떤 소리와도 다르다. 음악적이지만 노래는 아니다. 주문이지만 영창은 아니다. 무함마드가 쿠란을 전할 때 이처럼 꿰뚫는 듯한 감정을 담은 목소리로 낭송했음이 틀림없다.(75~76쪽)

이슬람력 10년(서기 632년) 무함마드가 죽었다. 신의 사도가 죽었다. 이제 이슬람권은 칼리프조로 넘어간다. 이슬람은 글을 읽고 쓸 줄 아는 시대로 충분히 접어든 이후에 나타났다. 그래서 초기 이슬람에 관한 자료는 저널리즘의 영역에 속한다고 볼 수도 있다. 첫 계승자 4명 아부 바크르, 우마르, 우스만, 알리의 시대에 관해 우리가 아는 바는 대부분 수십 년이 지난 뒤, 이슬람력 151년(서기 768년)까지 살았던 이븐 이스하크가 남긴 역사 기록책에서 나왔다. 그리고 이븐 자리르 알타바리가 있는데 그는 무려 39권 분량의 『예언자와 제왕의 역사』를 남겼다.

첫 칼리프(이슬람력 11~13년)인 아부 바크르는 무함마드의 오랜 친구이자 장인으로, 기존 이슬람 공동체에서 이탈하는 부족과 알라의 계시를 받고 있다고 주장하는 일부 부족 지도자들을 단호히 반대하고 배교는 반역과 같다는 원칙을 세웠다. 이슬람은 단순한 신앙 체계가 아니라 사회 프로젝트이며 오직 하나만 존재할 수 있는 특별한 공동체였다. 아부 바크르는 무슬림 공동체를 겸손과 애정, 자비심으로 대했으며 소박한 옷을 입고 검소하게 살았으며 부를 축적하지 않았다. 그는 분쟁이 일어나면 공정한 손으로 정의를 실현했으며 어떤 결정을 내릴 때는 언제나 원로회와 함께 했고 평등한 공동체의 대표자로서 통치했으며 자신을 종교적으로 승격하려는 주장을 전혀 하지 않았다.(90~91쪽)

이슬람이 무함마드 사후 크게 번성한 데는 아부 바크르를 비롯한 칼리프들의 공헌이 컸다. 그래서 이슬람의 이상은 초기 칼리프 사회와 정신으로 돌아가려는 데 있는지도 모른다. 제대로만 된다면 서양 근대문명이 주장하는 1인 1표에 따른 선거 민주주의보다 훨씬 뛰어날 수 있을 것이다.

2대 칼리프는 우마르였다.(이슬람력13~24년) 우마르는 양손잡이에다가 황소처럼 강인했으며 성미가 여간하지 않았다. 직무를 넘겨받을 때 우마르는 공동체에서 자기가 사랑의 대상이기보다는 두려움의 대상이라는 것을 안다고, 그렇지만 지금까지는 그의 한 면만 봤을 뿐이라며 안심시켰다. 우마르가 설명하기를, 예언자 무함마드와 아부 바크르는 둘 다 다정한 사람들이었지만 때로 지도자는 강하게 행동해야 하니 그래야 할 때마다 자신이 그들의 도구였다고 했다.(93쪽) 우마르는 10년 동안 움마를 지휘했으며 그 기간 동안 이슬람 신학의 진로를 정하고 이슬람을 정치적인 이념으로 정립하고 이슬람 문명에 고유한 특질을 부여했으며, 종국에는 로마 제국보다 더 큰 제국을 건설했다. 우마르는 자신의 뜻대로 지배하지 않았으며, 모든 권위를 신에게 돌렸다. 우마르는 그의 마음속에서 이슬람을 완전무결하며 공정하고 만민 평등을 실천하는 공동체로 그렸고 그 이상을 현실화하고자 했다.(94쪽)

우마르는 원래 소도시 상인이었지만 칼리프가 된 이후로 세계적인 범위의 군사 작전을 지휘하게 되었다. 우마르는 비잔티움과 사산조 페르시아를 공격하고 승리했다. 우마르의 군대는 지중해 해안을 따라 비잔티움을 거치고 이집트를 통과해 북아프리카까지 갔고 예루살렘을 정복했다.

우마르는 예루살렘에서 무슬림 정복자의 전범을 보였다. "너희는 지금까지처럼 살고 너희가 원하는 대로 신을 숭배하라. 다만 이제부터 우리 무슬림들이 너희와 살아갈 것이며 우리 방식대로 신을 숭배할 것이며 더 나은 모범을 보일 것이다. 너희가 보고 마음에 든다면 우리에게 합류하라. 마음에 들지 않는다면 그대로도 괜찮다. 알라가 우리에게 말씀하셨다. 종교를 강요해서는 안 된다." 우마르가 예루살렘에서 보여준 방식은 무슬림과 정복민의 관계에서 전범을 세웠다. 그리스도교도들은 무슬림의 통치 아래에서 지즈야라는 특별 인두세를 내야 한다는 나쁜 소식을 들었다. 좋은 소식은 지즈야가 이제껏 비잔티움 군주에게 내던 세금보다 오히려 평균적으로 더 적다는 것이었다.(102쪽)

우마르가 죽을 무렵에 이슬람의 통치력은 500만 제곱킬로미터가 훨씬 넘는 영토에 미쳤다. 어떻게 이런 일이 가능했을까? 알라에게서 초자연적인 도움을 받았다는 무슬림 신자들의 설명이 있다. 역사가들은 비잔티움과 사산 제국이 뼛속까지 썩어 무너지고 있었다고 설명한다. 초기 무슬림들은 그들이 무언가 계시적으로 중요한 것을 위해 싸운다고 믿은 점도 있다. 대의라는 거대 서사에 휩쓸려 어마어마한 역경도 극복하는 종교적 힘을 보여준 것이다. 전리품도 있었다. 무슬림 군대가 획득한 전리품의 5분의 4는 병사들에게 공평하게 분배되었다. 5분의 1은 메디나의 국고로 들어갔다. 무함마드 시대에는 그 돈은 대부분 빈민들에게 분배되었는데 우마르의 시대에는 그 정책 이행이 약해지긴 했어도 계속 이어졌다. 저자는 정복은 빠르게 이어졌지만 정복과 개종은 여전히 따로 이뤄졌다고 말한다. '칼에 의한 개종'은 없었다. 그 대신 무슬림 군대가 지나간 곳이라면 어디서든 문화 전파가 뒤따랐다. 첫 50년 동안 이슬람은 인도양 서쪽 모퉁이, 지중해의 동쪽 끝, 나일강, 카스피해, 페르시아만까지 확장했다.

많은 종교가 그 종교를 따르는 사람들에게 "세상이 부패했지만 너는 탈출할 수 있다."고 말한다. 하지만 이슬람은 이렇게 말한다. "세상이 부패했지만 네가 변화시킬 수 있다." 우마르는 이런 방향을 확고하게 다져서 궤도에 올려놓았다.(105쪽)

우마르는 쿠란 통합본을 만들었다. 글로 적힌 모든 구절을, 이슬람 공동체에서 가장 믿을만한 정보 보관자라고 여기는 전문 암송자들이 기억하는 구절과 대조 확인했다. 그다음에는 증인들이 지켜보는 앞에서 서기들이 각 구절의 공인받은 판본을 기록했으며 이를 모아서 통합된 모음집을 만들었다.(106쪽)

2대 칼리프까지 이슬람력 11~24년, 서기 632~644년은 칼리프조의 탄생과 함께 이슬람이 대성장한 시기였다. 3대 칼리프 우스만, 4대 칼리프 알리가 재임한 이슬람력 22~36년, 서기 644~656년은 분열의 씨앗이 뿌려졌다. 우스만은 부자였고 잘생긴 남자였지만 금욕적이었다. 우스만은 무함마드가 설교를 시작한 지 약 1년이 지났을 무렵, 히즈라가 일어나기 9년 전에 이슬람으로 개종했다. 그의 가족과 귀족 가문 우마이야는 우스만의 개종에 분개했다. 뛰어난 사업 능력을 지닌 우스만은 자금을 대서 동료 무슬림을 도우고, 메디나에서도 모스크를 확장하고 유용한 우물을 유대 부족에게 사서 공공의 용도로 기증했다.

우스만이 칼리프가 된 시기에 이슬람 공동체는 방대한 영토를 통치하는 하나의 정부가 되어 있었다. 무슬림 지도자들은 이제 세금을 걷고 재판을 하고 다리와 도로를 보수하고, 봉급을 정하고 다양한 직위와 임무를 결정하는 등 일상생활에 필요한 따분한 행정 사무를 수행해야 했다. 우스만은 따분한 이런 임무를 수행하면서 쿠란의 확정판을 만들었다. 우스만은 학자들을 시켜서 기존의 판본 중 중복되는 부분을 걸러내고 모순되는 내용을 해결하고 진위가 의심스러운 단락을 검토하는 작업을 벌였다. 그렇게 해서 나온 최종결과물을 한 권의 책으로 묶었는데 각 행은 거의 길이 순으로 배열했다. 다른 편집본이나 대립되는 판, 제외된 시구들은 폐기했다. 그때부터 모든 쿠란은 단어 하나까지 같아야 했으며 그것이 바로 오늘날 모든 무슬림이 갖고 있는 쿠란이다.(115쪽) 그래서 쿠란은 하나의 원본이 있다. 기독교의 성경은 원본이 없다. 신약성서만 해도 수천 개의 판본이 있으며 저자가 누구인지 논쟁이 격심한 판본들도 있었다. 이들 판본 중 300년대와 400년대에 걸친 정경화 과정을 거쳐 여러 개를 공인한 것이 신약성경이었다. 그렇다고 쿠란이 성경보다 우월하다는 것은 아니다. 모든 종교 경전은 그 자신의 역사와 특수성을 지니고 있으며 그저 서로 존중하면 될 뿐이다.

　우스만 행정부는 제국 곳곳에 5,000개가 넘는 모스크를 짓고 운하를 파고 도로를 건설하고 항구를 만들고 새로운 시장을 열고 관개시설을 개선하는 등 상업을 활성화하기 위한 개발을 명하여 사업의 천재라는 것을 증명해보였다. 그러나 우스만은 이집트 총독 교체 문제로 분개한 폭도들에게 맞아 죽었다. 그리고 4대 칼리프인 알리가 선임되었다. 다마스쿠스 총독이자 우스만의 친척인 무아위야는 조용히 군사력을 키우면서 알리에게 우스만을 살해한 자들을 체포해 벌하든지 아니면 칼리프 직에서 내려올 것을 요구했다. 무함마드의 가장 젊은 부인이었던 아이샤는 무아위야 일당에 가담했다. 알리의 군대와 아이샤의 군대가 전투를 벌여 1만 명 가까운 군사가 죽었다. 이들 군사 중에는 무함마드가 생전에 친했던 동료들이 많았다. 후에 알리의 군대는 무아위야의 군대와 전투를 치렀고 양자의 대리인들은 협상을 통해 두 지도자가 동등하며 각자의 영토를 즉 무아위야는 시리아와 이집트를, 알리는 나머지 영토 전부를 계속 통치한다는 데에 합의했다. 그리고 알리는 하라지파에게 암살당했다. 그리고 무아위야를 시조로 우마이야 제국이 시작되었다.(이슬람력 40~120년. 서기 661년~737년)

무아위야가 죽자 큰아들 야지드가 황위를 물려받았다. 야지드는 자신의 권력에 도전할 수 있는 세력, 특히 알리의 친척과 자손을 감시했다. 알리의 둘째 아들로 예언자 무함마드의 둘째 손자인 후세인은 자신을 신성한 카바에서 암살하려고 하는 음모를 듣자 격분했다. 당시 후세인은 40대였다. 후세인은 병력도 없고 군대를 지휘해본 경험도 없었다. 그런데도 후세인은 아랑곳하지 않고 이슬람력 60년(서기 680년) 야지드에게 도전하겠다고 공표하고서 72명의 군사를 이끌고 메디나를 떠났다. 그 72명 중에는 후세인의 아내와 아이들, 비틀거리는 노년의 친척들도 있었다. 야지드는 대군을 보내 그들을 추격했는데 현재 이라크 남쪽 국경 가까이에 있는 카르발라 바로 남쪽 사막에서 따라잡았다. 후세인은 적당히 합의하거나 협상하거나 흥정하지 않았고 모두 싸우거나 갈증으로 죽었다. 그렇게 후세인이 순교하면서 알리를 따르는 종교세력─시아파─들이 들불처럼 세력을 키워나갔다. 주류 교리는 무함마드가 신의 사도이며 무함마드의 순나에, 즉 무함마드가 살아가는 방식으로 보여준 모범을 따르는 세력으로 수니파라고 불리게 된다. 시아파는 그저 개인의 노력으로 천국에 걸맞는 사람이 될 수는 없다고 느꼈다. 시아파는 영혼을 구원하는 은총으로 신이 선택받은 몇 명을 통해서 세상에 직접적인 지시를 내려준다고 믿고 싶어 했다. 이처럼 위안을 주는 사람을 그들은 이맘이라고 불렀다. 세상에 이맘이 존재한다는 것은 기적이 계속될 수 있는 가능성을 보증했다.(136~138쪽)

이들 시아파들은 오스만 제국 시절에 사파비 제국에 모였고 이들은 페르시아 문화와 융합되었다. 시아파와 페르시아 민족주의의 융합은 새 제국의 사상 기반이 되었으며 후대에 근대국가 이란으로 발전해나갈 핵심을 구성했다.(304쪽) 사파비 왕조는 카르발라에서 일어났던 후세인의 순교를 국가의 의례극으로 만들었는데 이를 타지에라고 한다. 지금도 이란과 이라크의 시아파들은 후세인이 순교한 날 집단적인 의례를 치른다.

그 후로 이슬람은 십자군 전쟁을 겪고, 인도에서 무굴 제국을 세우기도 하며, 근대에 들어 서구 문명에 뒤처져 혹독한 시련을 겪기도 한다. 무슬림은 스스로를 개혁하고 사회와 정치 개혁으로 나서기도 하고, 이스라엘에 대적하기도 하며, 나세르는 수에즈운하를 국유화하기도 한다. 지하드주의자들은 반미로 나서 9.11테러를 저지르기도 한다.

저자는 이렇게 말한다. 이슬람은 종교이며 독특한 믿음과 수행으로 구성되어 있다. 또 이슬람은 사회적인 프로젝트여서 정치와 경제를 어떻게 운영해야 하는지에 대한 사상이자 민법과 형법의 체계이기도 하다. 또 이슬람은 중국 문명, 인도 문명, 서구 문명처럼 이슬람 문명이기도 하다.

그럼 우리는 어떻게 이슬람을 이해해야 할까? 대구에서 모스크를 짓는 문제로 지역주민들이 대법원 판결까지 난 건축 공사를 방해하고 공사장 앞에 썩은 돼지고기를 걸어두고 삼겹살을 먹는 파티를 벌였다. 만약에 사우디아라비아와 아랍 에미리트에서 이런 모습을 자국민들에게 보도하면 어떻게 될까? 그렇게 되어 이슬람권에서 반한 정서가 퍼지면 어떻게 될까? 사우디아라비아가 건설을 추진 중인 네옴시티에 한국 업체가 참여하는 것이 어렵게 될 가능성이 있다. 아랍 에미리트와 진행하는 여러 경제적 프로젝트도 지장을 받을 가능성이 크다. 경제적 이익 때문에 이슬람에 동조하자는 말이 아니다. 이슬람은 세계 거대 종교이고, 전 세계가 연결된 현대에 이들을 배척하고 산다는 것은 불가능하다. 공존할 수밖에 없다. 공존을 위해서는 서로를 이해해야 한다. 우리는 기독교나 천주교, 불교를 모욕하지는 않는다. 마찬가지로 우리는 무슬림을 모욕해서도 안 될 것이다. 이슬람의 역사와 신앙을 알기 위한 좋은 입문서이다.

[독서일기 3]

우연이 만든 세계

션B. 캐럴/ 장호연 옮김/ 코쿤북스

책의 첫 페이지에는 로마 시대 세네카가 한 말이 적혀 있다. "우리는 우연에 의해 살아가며, 우연의 지배를 받는 존재다." 많은 교통사고에서 단 1초 사이 상관으로 사람의 생사가 결정되는 것을 본다. 도대체 그런 우연은 어떻게 작동하는 것일까? 지금의 아내와 남편을 만나는 데 얼마나 많은 우연이 작동했는지를 생각해보자. 신기할 정도이다.

<들어가는 말>에서 '몬테카를로의 오류'라는 교과서에도 나오는 사건이 소개된다. 1913년 8월 18일, 몬테카를로 카지노의 룰렛 테이블에서 검은색 숫자가 믿기지 않게 연달아 나왔다. 유럽의 룰렛 바퀴에는 검은색 숫자가 18개, 빨간색 숫자가 18개, 녹색 숫자 '0'이 하나 있으므로 빨간색과 검은색 숫자가 나올 확률은 거의 절반이다. 검은색 숫자가 연이어 열다섯 번 나오자 도박꾼들은 빨간색에 더 많은 판돈을 걸었다. 그러나 바퀴는 계속해서 검은색 숫자에서 멈추었다. 도박꾼들은 스무 번이나 똑같은 검은색 숫자가 나올 확률은 백만분의 1도 되지 않는다는 것을 알고는 두 배, 세 배 판돈을 키웠다. 그러나 바퀴는 스물여섯 번이나 검은색이 나오고서야 행진을 멈췄다. 카지노 측은 엄청난 돈을 챙겼

다. 사람들은 어떤 사건이 기대치보다 더 자주 발생하는 일이 한참 계속되면 앞으로는 반대의 결과가 더 자주 벌어질 것이라고 믿는다. 그러나 주사위를 던지거나 룰렛 바퀴를 굴리는 것 같은 무작위적 사건의 경우에는 각각의 사건이 앞서의 사건과 독립적이므로 이런 믿음은 잘못된 것이다.(15쪽)

책 1장 '우연의 어머니'에는 이런 사건이 나온다. 세스 맥팔레인은 2001년에 아직 뜨지 못한 애니메이션 시트콤 「패밀리 가이」의 기획자이자 원작자였다. 그는 9월에 모교인 로드아일랜드 디자인 스쿨의 초청으로 연설을 하고 밤늦도록 교수들과 술을 마셨다. 다음날인 9월 11일 아침, 맥팔레인은 보스턴에서 로스엔젤레스로 가는 8시 15분 비행기를 타려고 서둘렀다. 그런데 비행기는 7시 45분 출발이었다. 여행사에서 늦은 출발 시각으로 잘못 알려준 것이다. 공항에 늦게 도착한 그는 다음 비행기를 예약했다. 자리에서 깜빡 잠이 들었다가 깨어보니 비행기가 충돌해 세계무역센터 북쪽 타워가 화염에 휩싸였다는 뉴욕발 보도로 아우성이었다. 맥팔레인이 놓친 바로 그 비행기였다.(30쪽) 우리는 사고를 당한 비행기나 열차를 간발의 차이로 놓쳐서 살아난 사람의 기사를 가끔 본다. 억울하게도 그 비행기를 탈 사람이 아니었는데도 우연으로 타서 사망한 사람도 있을 것이다. 이런 우연을 도대체 어떻게 설명해야 할까.

저자는 여기서 한 개인이 아니라 자연계 전체의 운명을 가르는 사건을 든다. 1970년대 중반에 이탈리아의 지질학자 월터 앨버레즈는 이탈리아 중부 움브리아주의 중세 도시 구비오 외곽에 있는 석회암 협곡을 돌고 있었다. 그는 도로에서 가까운 암석 기둥을 관찰하다가 흥미로운 패턴을 보았다. 회색빛이 도는 독특한 1센티 두께의 진흙층이 아래 흰색 층과 위 붉은색 층의 암석을 갈라놓은 것이 보였다. 흰색 암석층에는 크기가 큰 유공충이, 바로 위의 붉은색 암석층에는 그런 종들이 없었고 훨씬 작은 유공충들만 드물게 보였다. 그리고 1센티 두께의 얇은 진흙층에는 화석이 전혀 발견되지 않았다. 경계층 아래에 있는 것은 백악기 암석이었다. 경계층 위에 있는 것은 고제삼기 암석이다. 포유류 시대의 시작점이 된다.

백악기-고제삼기 경계층(K-pg 경계층이라고 한다)은 공룡, 익룡, 해룡, 암모나이트만이 아니라 지금으로부터 6,600만년 전에 지구에 살았던 모든 종의 4분의 3이 사라진 대멸종이었다. 앨버레즈와 동료들은 그 1센티 두께의 진흙층에서 지구에는 드물지만 특정한 종류의 소행성에 많이 분포하는 이리듐이라는 원소가 다량으로 포함되었음을 밝혀냈다. 그리고 세계 곳곳에서 이리듐이 분포된 경계층이 발견되었다. 지질학자와 물리학자는 이리듐의 양으로 지구에 충돌한 소행성 크기를 계산했다. 소행성의 지름은 10킬로미터 정도였다. 소행성은 시속 5만 마일이라는 엄청난 속도로 진입해 지구에 폭 120마일, 깊이 25마일의 구멍을 냈다. 그리고 1991년 멕시코 유카탄반도의 칙술루브 마을 아래에서 폭 100마일의 충돌구가 일부 묻혀 있는 것이 확인되었고 이는 K-pg 경계층과 같은 연대로 밝혀졌다.

소행성 충돌에다 화재로 인한 그을음과 먼지와 유황 수증기까지 더해져 수십 년 동안 광합성과 식량 생산이 끊기고 말았으며 육지의 기온은 영하 7도까지 곤두박질쳤고 최소한 수십 년 동안 그런 수준이 이어졌다. 대멸종이었다. 공룡, 해양 파충류, 암모나이트뿐만 아니라 현대의 다람쥐 크기보다 몸집이 큰 육상 동물은 하나도 살아남지 못했다. 생명의 역사는 새로 시작되었다. 그리고 대멸종 이후에 등장한 영장목은 하늘의 박쥐와 바다의 고래, 그리고 육지의 인간으로 이어졌다. 그래서 저자는 묻는다. 소행성 충돌이 없었더라도 영장류인 우리가 과연 여기에 있을까? 칙술루브 충돌은 5억 년에 한 번 일어나는 사건이라고 한다. 소행성 충돌로 생겨난 조건은 어떤 생물도 경험해보지 못한 것이었다. 승자와 패자는 소행성 충돌이라는 우연이 판가름한 것이 아닐까?(40~48쪽)

신생대 약 200만 년 동안 급격한 기후변화가 일어났다. 빙하기가 있었고 각 대륙마다 습함과 건조함이 빠르게 바뀌었다. 고기후 기록을 조사한 기후학자는 지구의 기후 체계가 자체적으로 조절되기는커녕 아주 사소한 건드림에도 과하게 반응하는 성질 고약한 짐승이라고 말한다. 열대 사막 사하라가 불과 5,000년에서 11,000년 전에는 초록으로 무성했다. '초록빛 사하라'에는 코끼리, 하마, 기린, 영양, 사냥꾼의 모습이 새겨진 암벽화가 많이 남아 있다. 이런 급격한 기후 변동에도 호모 사피엔스라는 수렵채집인들은 살아남았다. 호모 사피엔스는 불을 발견하고 빙하시대 300만 년을 거치는 동안 뇌를 세 배 이상 키우면서 환경에 적응했다. 이런 이례적으로 큰 뇌를 갖고 도구를 제작하고 서식지를 만들고 바꿀 줄 아는 종이 출현한 것은 신생대의 급격한 기후 변동과 관계가 있다.(78~79쪽) 이건 기후 변동이라는 우연에 기인한 것은 아닐까?

그럼 생물과 인간의 진화도 우연에 기대는 바가 크다고 말할 수 있다. 생물학자 자크 모노는 이미 50년 전에 주장하기를 모든 변화(돌연변이)는 우연의 문제이며, 그것이 어떤 결과로 이어지든 간에 무작위로 일어나는 우발적 사건이라고 말했다.(115쪽)

한국인 사망 원인 1위를 달리는 암도 무작위로 일어나는 세포 돌연변이 탓이 크다. 성인 종양들에서 발견되는 돌연변이 수는 돌연변이가 가차없으며 생명을 이어가고 DNA를 복제하는 과정의 불가피한 산물임을 보여준다. 일부는 생활 습관과 환경 노출로부터 영향을 받기도 하지만, 대부분의 성인 암은 대체로 나쁜 운의 문제, 그러니까 불행한 사건들이 연속된 결과이면서, 남들보다 더 오래 산 행운이 감수해야 하는 몫이기도 하다.(208쪽)

저자는 우연이 지배하는 세상이라는 것은 심오한 깨달음이라고 말한다. 동시에 우연은 절대자 신을 실직으로 내몰았다. 우리가 전통적으로 신에게 맡겼던 여러 일들에서 신은 설 자리를 잃었다. 생물의 DNA와 형질을 설계하는 일, 날씨를 정하는 일, 암을 일으키는 일, 유행병을 일으키는 일, 모두 신이 아니라 우연이 관여한다.(213쪽)

생각해보면 이는 놀라운 일이 아닐 수 없다. 제법무아(諸法無我)의 과학적, 철학적 버전이라고나 할까. 일체의 존재에 고정불변한 실체나 자아가 없다면 세상은 계획되지 않은 사건과 사건들의 연속과 충돌로 진행될 수밖에 없다. 우리는 오늘에도 심장마비로 뇌사 상태로 빠진 사람, 찰나의 교통사고로 사망한 사람, 우연한 건강진단검사로 1기 암을 발견해서 완치시켜버린 사람, 지나는 길에 들린 가게에서 산 로또가 당첨된 사람 이야기를 듣는다. 우리는 우연과 우연이 만나 폭발하는 현재라는 시공간의 장에서 감사하고 또 감사하며 살아야 할 것이다. 그런데도 이 '우연'이 믿기지 않는다. 그래도 뭔가 '우연' 뒤에 어떤 전능한 법칙이나 보이지 않는 손이 작용한다는 믿음이 사라지기는 쉽지 않다. 주위에 번성하는 일신교를 믿는 신자의 숫자가 그걸 증명하고 있지 않은가. 아니 점점 신자들이 더 늘어나는 것 같다. 우리 '뇌'는 필연을 믿고 추구하도록 설계된 '우연'의 산물이 아닐는지.

현대 중국의 이해

캐리 브라운/ 김흥규 옮김/ 명인문화사

저자는 영국 킹스칼리지런던의 중국학교수이자 리우중국연구소의 소장이다. 이전에는 호주 시드니대학 중국연구센터 소장이었다. 이 책은 서양인을 위한 중국 현대 정치 개설서다. 그래서 처음에 간략하게 중국의 지리, 중국어, 고대 역사를 언급한다. 아편 전쟁 이후의 중국 근현대사는 길게 설명한다.

책에서 가장 흥미있는 부분은 3장 '공산당과 정치'다. 중국 공산당 체제는 서구의 자유 민주주의 체제와 전혀 다르다. 저자는 개혁개방 이후 당과 정부 관계를 제도화했는데도 불구하고 중국 공산당과 중국 정부 사이의 구분선은 희미하다고 말한다. 중국 공산당이 정부보다 더 위에 있는 것이 아닐까? 중국 공산당은 세 가지 결정적인 방법을 통해서 권력을 행사한다. 우선은 정부 고위직, 입법 기관의 구성원, 그리고 핵심 국영기업 직위에 누구를 임명할 것인가를 결정하는 권리, 즉 인사권이다. 두 번째로 언론 통제다. 중국 공산당은 대부분의 미디어를 엄격하게 통제하고 정보 흐름을 관리한다. 세 번째로 이념이다. 중국 공산당은 지배적 이념을 창출하는데 이것이 중국 사회 전체를 이끌어간다. 중국 공산당은 '중국적 특색을 지닌 마르크스주의'를 반복하여 강조하고 있다. 1978년 이래 중국공산당이 전념하고 있는 것은 경제 성장이다.(105쪽)

21세기인 지금도 중국 공산당의 구조는 매우 수직적이고 권력이 고도로 중앙에 집중되어 있다. 중국 공산당은 두 개의 핵심 조직을 통해 공산당 내부를 관리하고 사무를 처리한다. 첫 번째가 중앙위원회 조직부다. 조직부에서는 승진 대상 인물, 승진 기준, 훈련 프로그램 내용 등 인사에 대한 의사결정을 한다. 두 번째는 중앙기율검사위원회(약칭 중기위)다. 중앙기율검사위원회는 부패를 근절하고 공산당 자체 내부를 감시하는 민감한 문제를 다룬다. 중기위는 성(省), 시(市) 등 행정 조직에서부터 중앙정치국에 이르기까지 모든 조직에 속한 관료들을 지위고하를 가리지 않고 조사한다. 그리고 유죄로 판단하는 관리들을 해임하고 재판에 넘길 수 있다.(110~111쪽) 우리나라 공직기강비서실에 비하면 비교도 되지 않는 엄청난 조직과 권한이다. 이걸 잘 할 수 있는가는 중장기적으로 중국 공산당의 생존을 결정짓는 중요한 요인이다. 부정부패한 절대권력은 오래 가기가 쉽지 않기 때문이다.

중국 공산당의 운영구조는 '매 5년마다 열리는 당 대회(정식명칭은 전국대표대회)' → '중앙위원회' → '중앙정치국' → '중앙정치국 상무위원회'로 구성되어 있다.

중국에서는 공산당이 다른 모든 조직에 우선하며 이 공산당의 핵심 권력기관이 바로 중앙위원회다. 중국에서 지도부를 언급할 때 항상 나오는 말이 '당 중앙'인데 이 당 중앙은 바로 중국 공산당 중앙위원회를 말한다. 당원들 가운데 중앙위원회 위원은 205명, 후보 위원은 171명으로 중국 최고 권력을 향한 출발점이다. 중앙위원의 임기는 5년이며 당 대회를 통해 선출된다. 9천만 명이 넘는 당원을 거느린 중국 공산당은 5년마다 전국 대표대회(당 대회)를 통해 주요 정책 사안을 승인한다. 이에 따라 중앙위원회가 사실상 권한을 위임받아 상시 운영하는 구조다. 공산당 중앙위원회 총서기가 바로 시진핑 중국 국가 주석이다. 중앙위원회 위원 중에 25명이 중앙 정치국원에 뽑히며 정치국원 중에 7명만이 최고 지도부인 정치국 상무위원으로 선발된다.

중앙위원회 전체회의는 장쩌민(江澤民), 후진타오(胡錦濤)를 포함해 시진핑(習近平) 국가 주석에 이르기까지 집권 1년 차에 1, 2중 전회를 통해 공산당 당헌을 수정하거나 당 최고지도부를 선출한다. 집권 2년 차에는 3중 전회를 통해 경제 개혁 조치를 결정하며 3년 차에는 4중 전회를 통해 당 집권 강화를 위한 결의안을 만든다. 4년 차에는 5중 전회를 개최해 경제개발 5개년 계획 등을 제출하고 5년 차에는 6중, 7중 전회를 연달아 열어 지도 사상과 차기 당 대회를 준비하게 된다.(공산당 중앙위 전회가 뭐길래/ 연합뉴스)

저자는 현재 7명인 중앙정치국 상무위원회는 구성에 있어 조직 간, 세력 간에 균형이 있어야 한다고 말한다. 그래야만 광범위한 대표성을 지녔다고 말할 수 있기 때문이다. 공산당의 서열 구조는 놀랍게도 수직적이고 실제로 공산당을 움직이는 자들은 겨우 몇천 명에 지나지 않는다. 이런 권력 자리로 승진하기 위해서는 맡은 모든 위치에서 성과를 내고 좋은 평가를 받아야 한다. 맡은 업무가 국영기업의 경영직이든, 지방정부나 중앙부처의 어떤 자리이든 말이다. 사회적 정치적 업무는 비교적 쉽고, 경제 성장과 세금 징수 등은 어려운 일이다. 저자는 그렇기 때문에 중국 관료들은 중국의 산업화 과정에서 야기되는 환경 오염 문제에 신경을 쓸 겨를이 없다고 말한다.(112~114쪽)

중국공산당 중앙위원회에는 중앙판공청, 중앙조직부, 중앙선전부, 중앙당교 등 많은 산하기구가 있는데 '인민일보사'가 눈에 띄었다. 나는 인민일보가 한국의 KBS와 비슷한 언론인 줄 알았는데 당 중앙위원회 직속기구였다. 중국공산당 중앙당교(中央黨校)도 특이한 기구다. 싱크 탱크 역할과 고위급 당 간부들을 당 차원에서 훈련시키는 임무를 담당한다. 중앙당교는 합숙 프로그램이 동반된 교과목과정을 운영하기도 한다. 즉 중국 공산당 고위급 인사들은 늘 학습하는 공산당에서 평생교육 과정을 밟게 되는 것이다. 저자는 중앙당교는 프랑스의 에꼴, 영국의 옥스브리지 제도와 같이 행정 엘리트를 양성하는 효과적인 수단이라고 말한다.(118쪽) 저자는 또 중국 공산당 내에도 개혁주의자, 보수주의자 등 분파가 있는데 중국적 특징이라고 한다면 좌파, 우파 모두가 중국 공산당이라고 하는 하나의 정당 내에 존재한다는 점을 들고 있다.

중국 공산당의 이념은 무엇일까? 많은 사람들은 현재의 중국을 탈(脫) 공산주의국가, 또는 류사오보의 말에 따르면 탈(脫) 전체주의 국가라고 보고 있다. 즉 중국공산당에서 '공산(共産)'은 그저 허명일 뿐이라는 것이다. 현재 중국을 지배하고 있는 것은 무자비한 시장자본주의 원리이며, 마르크스주의는 높은 곳에 위치한 정치 엘리트들 사이에만 회자되고 있을 뿐, 일상생활과 마르크스주의는 아무 연관이 없는 것처럼 보인다. 이와는 대조적으로 중국 공산당은 전국의 2,000여 개 당교를 통해 사상 교육에 엄청난 노력을 기울인다.(120쪽) 이 둘 사이의 괴리를 어떻게 이해해야 할까. 최근 중국 드라마를 보면, 언어만 한국어로 바꾸면 한국 드라마라고 해도 될 정도로 집 마련 걱정, 결혼과 자녀 양육 고민, 직장에서 승진 등 한국 상황과 비슷하다. 중국은 독특한 중국 특색의 사회주의가 아니라 독특한 중국 특색의 자본주의 국가로 변신하고 있으며 거기에 '중화주의'가 더해지고 있는 것처럼도 보인다. '중화민족의 위대한 부흥'을 부르짖는 '중국몽'은 그 상징이 아닐까.

또 하나 놀라운 점은 중국 인민해방군이 중국 공산당의 군대라는 점이다. 즉 우리나라와 같은 국군(國軍)이 아니라 당군(黨軍)이다. 중국 공산당의 홍군이 인민해방군으로 바뀐 것이다. 그래서 인민해방군은 공산당에게만 업무 보고를 한다. 인민해방군은 중국 공산당 권력의 가장 중요한 근원 중 하나다. 중국공산당은 중앙군사위원회라고 불리는 조직을 통해서 인민해방군을 통솔한다. 현재는 시진핑이 중앙군사위원회의 주석이다. 인민해방군의 모든 구성원들은 반드시 공산당원이어야 하며, 약 200만 명의 인민해방군들은 공산당원보다 더 강력한 이념 교육을 받는다. 현재 중국 인민해방군은 장비를 현대화하고 성능을 향상시키는 등 군 현대화 작업을 위해 적극적으로 노력하고 있다고 한다.

중국 공산당의 미래는 어떻게 될까? 이는 곧 중국의 미래가 어떻게 될까 묻는 것과 같다. 저자는 높은 경제성장률만 계속해서 유지된다면 중국공산당은 현재 장악하고 있는 정치 권력을 계속 유지할 수 있을 것이라고 말한다. 인민들은 대체로 정치에 무관심하기 때문이다. 하지만 경제 성장률이 떨어지거나 중산층이 일정 수준 이상으로 증가하였을 때는 어떻게 될까? 이는 중국 공산당이 고려해야 할 중요한 문제다. 그런데 과연 공산당 이외 대안이 있을까? 공산당은 10억이 넘는 인구를 가진 나라를, 40년 이상 성장을 지속시켜 중국을 강대국으로 만들었다. 어떤 세력이 공산당을 대체할 수 있을 것인가? 의문스럽다. 중국 공산당은 일대일로와 중국몽으로 새로운 활로를 찾고 있다. 그리고 세계 강대국, 부국강병 국가로 부상하면서 중국 내부의 정치 압력을 상당 기간 극복할 수 있을 것이다. 그 때문에 미국이 대만을 지키겠다고 하면 할수록, 미국이 관세와 반도체 장비와 같은 첨단 기술에서 중국을 제재하고 억누를수록 중국 내부 국정은 안정되는 역설적 상황이 벌어질 것이다.

이 책은 중국 경제와 중국 사회, 중국 문화, 세계 속의 중국 등 다양한 주제를 다루고 있다. 한국인들은 서양인과 달리 중국과 중국 체제를 잘 아는 편이다. 일단 '패왕별희'나 '토사구팽'과 같은 말을 들어도 금방 이해하고 정서에 와닿는다. 중국의 왕조와 역사도 대체로 이해한다. 우리가 로마나 신성로마제국, 30년 전쟁 등 유럽사를 잘 이해하기 어려운 것처럼 서양인도 중국 역사와 문화를 잘 이해하기 어려울 것이다. 중국 개론서로 괜찮은 책이다. 케리 브라운은 중국 외교와 시진핑 등 다양한 소재로 책을 내고 칼럼을 쓰고 있는데 참고할 만하다.

별나게 다정한 천문학

이정환/ 행성B

　젊은 천문학자가 쓴 천문학 입문서다. 최근의 깊은 연구나 복잡한 수식은 없다. 천문학에 관심있는 사람은 대략 알법한 이야기를 쉽고 그야말로 다정하게 풀어내고 있다. 그렇다고 수준이 낮지는 않다. 천문학을 공부하는 사람이 보는 관점들이 들어있어 좋다. 한국에서는 자연과학 학자들이 쓰는 대중서가 더 많이 나와야 한다. 그런 점에서 저자의 시도를 평가하고 싶다. 저자는 천문학자가 머신러닝을 익힌 프로그램으로 은하 분류나 천체 거리 측정 등 작업을 하고 있다고 말한다. 그래서 천문학자에게 파이선이나 C언어 같은 컴퓨터 언어가 필수가 될 것이라고 한다. 이런 최근 학계의 동향과 연구자의 고민 등이 더 많이 실렸으면 좋겠다.

　저자는 쉽게 말하고 있으나 그 쉬움이 상당한 무게를 가지고 있다. 예를 들면 다음과 같은 글이다.

　"밤하늘에 보이는 별과 은하들은 모두 과거의 모습입니다. 프록시마 센타우리는 4년 전의 모습을, 안드로메다 은하는 250만 년 전의 모습을, 수천만 광년 떨어진 은하들은 그만큼 과거의 모습을 비춰주지요.

그래서 천체사진을 보면 1초에 30만 km로 전달되는 빛이라는 떨림을 통해 우주와 소통하는 설렘을 느낄 수 있습니다."(45쪽)

안드로메다 은하를 보면서 우리는 지구의 현재와 안드로메다 은하의 250만 년 전 모습과 동시에 사는 독특한 경험을 하게 된다. 슬프게도 우리는 영원히 안드로메다 은하의 현재 모습을 알 수 없다. 우리의 지금과 안드로메다의 250만 년 전 모습은 동시에 존재하는데 이야말로 '비동시성의 동시성'인 것이다.

우리가 '빛'이라고 뭉뚱그려 이야기하는 파동은 여러 얼굴을 지니고 있다. 어떤 파동이 한 번 떨릴 때마다 진행하는 거리를 '파장'이라고 부르는데, 빛은 이 파장 범위가 짧게는 0.01nm부터 수m에 이르기까지 아주 넓다. 파장의 길이에 따라 빛의 성질도 다르게 나타난다. 파장이 짧은 빛은 주로 에너지가 높은 뜨거운 물질에서 나오고, 파장이 긴 빛은 에너지가 낮은 차가운 물질에서 나온다. 사람의 눈으로 볼 수 있는 빛은 파장이 약 400nm에서 700nm구간에 불과하다. 이 파장 범위의 빛을 '가시광선'이라고 부른다. 가시광선보다 더 파장이 긴 영역의 빛은 '적외선', '전파' 등으로 분류하고, 가시광선보다 더 파장이 짧은 영역의 빛은 '자외선', '엑스선', '감마선' 등으로 분류한다. 전파는 1mm보다 파장이 긴 빛이다. 전자레인지에 이용되는 전파는 음식의 물 분자를 진동시키면서 음식을 따뜻하게 데운다. 파장은 우리가 매일 들여다보는 스마트폰, 라디오, 내비게이션 등 모든 통신기기에 사용된다. 빛의 파장이 길면 장애물이 있어도 방해를 덜 받기 때문에 더 쉽게 진행할 수 있다. 그래서 전파는 멀리 떨어진 곳과 통신하기에 가장 유리한 빛이다.(46~49쪽)

생명체가 있는 지구는 어떤 조건을 만족시켰을까? 바다의 형성과 대기는 서로 뗄 수 없는 관계에 있다. 바다가 대기에 영향을 미치고, 또 대기가 바다에 영향을 미치는 구조다. 여러모로 지구는 다른 행성들보다 바다와 대기의 순환이 일어나기 쉬운 곳이었다. 화성은 지구 기압의 약 160분의 1밖에 되지 않는 낮은 기압을 지니고 있어 대기가 매우 희박하고 표면에 바다가 있더라도 금세 많은 양이 증발해 버린다. 금성은 반대로 지구 기압의 약 90배나 되는 높은 기압을 지니고 있어 표면 온도 자체가 높아 물이 액체 상태로 존재할 수가 없게 된다. 지구는 생명을 품기에 매우 안정적이고 균형 잡힌 환경을 지닌 행성이 되었지만 이 순환이란 생각보다 깨지기 쉬운 것이어서, 조그마한 환경의 변화도 이 순환 체계를 뒤흔들 수 있다.(79~81쪽)

지금 우리가 기후변화 또는 기후위기라고 부르는 대기 중 이산화탄소 증가 현상은 인간 문명이 만들어낸 것이고 지구 역사에 비추어 극히 짧은 수백 년의 역사를 통해 생성된 것이기에 앞으로 미묘한 지구 환경에 어떤 재앙을 불러올지는 아무도 모르는 것이다. 지구 역사에서 지금보다 이산화탄소 농도가 몇 배 더 높은 시기도 있었지만 이때는 최소 몇백 만년부터 몇천 만년에 걸친 기간에 걸쳐 일어난 사건으로 지구의 모든 생물과 기후와 바다가 적응할 시간이 있었다. 지금처럼 불과 몇백 년 사이에 일어나는 사건은 아니었다는 말이다.

우리는 태양 없이는 살 수 없다. 모든 종교의 기원이 태양신이라는 말도 있듯이 태양은 우리 지구 환경에 결정적 존재다. 별은 질량이 중요하다. 별이 평생 빛과 열을 얻는 과정은 질량에 따라 크게 달라진다. 대부분의 별은 1,000만 도의 온도에서 일어나는 수소 핵융합 반응을 통해 빛과 열을 발생시켜 살아가는데 이 단계에 있는 별들을 '주계열성'이라고 부른다. 사람으로 치면 청장년기에 해당하는 별이고, 별의 일생에서 약 80~90퍼센트를 차지한다. 별이 수소를 다 태우면 헬륨 핵융합 반응을 해야 하는데 이는 1억 도 가까이 되는 온도가 필요하다. 별이 태양 질량의 약 0.1배 이상의 질량을 지니면 안정적으로 수소 핵융합 반응을 유지할 수 있다. 태양 질량의 0.1배에서 0.5배 정도의 질량을 지니는 라이트급 별들을 '적색왜성'이라고 부른다. 태양 질량의 약 0.5배에서 2배가량 되는 별들은 일생의 단계별로 다양한 상태를 보여주는데 모든 단계가 '중력과 내부 압력의 싸움'으로 요약할 수 있다. 태양 질량의 0.5배 이상 되는 별들은 적색거성이 되는데 중심에서 헬륨을 다 태워버리고 나면 그 이후에는 탄소와 산소가 남는다. 하지만 태양 질량의 2배 이하인 별들은 체급이 작아 탄소나 산소 핵융합 반응을 일으키지 못한다. 그러면 별 중심의 물질이 빽빽하게 모여서 중력을 겨우 버텨내는 시점이 오는데, 이 상태에 있는 별을 '백색왜성'이라고 한다. 한때는 멋진 적색거성의 심장이었지만 이제는 작고 외로운 진화 마지막 단계의 별이다.(130~134쪽)

탄소와 산소 등의 원소는 어떻게 탄생할까? 우주를 구성하는 99%의 수소(약 75%)와 헬륨(약 24%)을 제외한 나머지 1%의 탄소, 산소, 질소 등의 중원소는 거의 모두가 별의 중심에서 핵융합 반응을 통해 생겨났다. 탄소와 산소, 질소 등의 원소들은 주로 태양과 비슷한 별의 중심부에서 만들어진다. 정확히 말하면 주계열성에서 진화한 적색거성이 중심부에서 헬륨을 태우면서 만들어낸다. 그리고 네온, 규소, 철처럼 더 무거운 원소들 역시 태양 질량의 10배가 넘는 헤비급 혹은 슈퍼헤비급 별의 중심에서 빠르게 합성된다. 철보다 더 무거운 금이나

우라늄 같은 원소들은 초신성이 폭발하는 순간 엄청난 고온의 에너지를 받아서 만들어진다. 우리가 지구에서 쓰는 물질들은 사실은 과거 우주 어딘가에 있었을 고온 고압의 중원소 합성 공장에서 온 파편인 셈이다.(141~142쪽)

저자는 전문가로서 이런 원소 합성 과정을 복잡한 수식과 논리로 풀어 전달할 수도 있겠지만 교양서의 특성상 쉽게 설명하고 있다. 그러나 그 과정은 결코 단순하거나 쉬운 것이 아니다. 과학자 중에는 과학은 결코 쉽게 배울 수 없으며 이런 스타일의 교양 과학서가 대중에게 과학의 본질을 잘못 가리키거나 혹은 커다란 바다 대신 얕은 물에서만 노는 버릇을 심는다고 비판하는 사람도 있다.

초기 우주가 아주 뜨겁고, 물질들이 한데 모여 밀도가 매우 높은 상태라면, 대폭발 이후의 빛은 빽빽한 물질들 사이를 빠져 나오지 못했을 것이다. 다시 말하면 빛이 물질과 엉겨 붙어서 제대로 직진하지 못하는 것이다. 고온 고압의 초기 우주가 점점 팽창한다면, 물질의 밀도도 점점 낮아지면서 언젠가는 빛이 물질 사이를 빠져 나와 우주 공간을 마음껏 가로지르기 시작하는 때가 오기 마련이다. 학자들은 계산 끝에 우주 탄생 이후 약 38만 년 뒤에 이런 '태초의 빛'이 빠져나왔으리라 예측했다. '우주배경복사'로 알려진 태초의 빛은 대체로 절대온도 2도에서 20도 사이 정도(섭씨 -270도에서 -250도 정도)로 계산되었고 전파 영역에서 볼 수가 있을 것이다. 과학의 놀라운 점은 이런 이론상 예측을 실제 실험이나 관측으로 검증한다는 것이다.

1964년 미국 벨 연구소에서 근무하던 두 천문학자 아노 펜지어스와 로버트 윌슨은 6m 크기의 전파망원경을 다루다가 원인을 알 수 없는 전파 잡음을 발견했다. 잡음의 세기는 방향과 관계없이 거의 일정하게 나타났다. 우주배경복사를 발견한 것이다. 우주배경복사를 더 잘 관측하기 위해 1989년 '우주배경탐사선', 줄여서 코비COBE 위성을 발사하고 정밀하게 측정했다. 코비 위성이 측정한 우주배경복사의 온도는 절대온도 2.73도(섭씨-270.4도)였다.(217~223쪽) 천문학자 조지 스무트가 말한 대로 인간은 우주 탄생 즈음의 순간 즉 신의 얼굴을 본 것이다. 더욱 중요한 사실은 코비 위성이 우주배경복사의 미세한 '온도 요동'을 처음으로 감지했다는 것이다. 우주배경복사 온도가 대체로 2.73도이긴 하지만, 측정하는 위치에 따라 약 10만 분의 1도 정도의 차이가 있었던 것이다. 우주배경복사는 우주에서 처음으로 물질 사이를 빠져나온 태초의 빛이다. 이런 빛에서 미세한 에너지 차이가 보인다는 것은 곧 빛이 탈출했던 그 물질 덩어리에 원인이 있다는 것이다. 만약 초기 우주에서 물질 밀도가 모든 곳에서 한 치의 오차도 없이 완벽하게 균일했다면 아마 은하도, 별도, 행성도 만들어질 수 없었을 것이다. 중력이 모든 방향으로 완벽하게 상쇄되다 보니 물질이 중력으로 뭉치는 현상 자체가 일어날 수 없기 때문이다. 그러면 영원히 균일한 물질만 가득 차 있는 아주 재미없는 우주가 되었을 것이다.(224쪽)

가장 최근에 나온 플랑크 위성의 우주배경복사 관측 연구에 따르면 우주 전체의 에너지는 암흑에너지가 약 69%, 암흑물질이 약 26%, 그리고 우리가 아는 일반적인 물질이 약 5% 정도를 차지하고 있다고 한다. 눈에 보이는 별, 행성, 성운, 성단, 은하 이 모든 천체를 다 합쳐봐야 우주 전체에서는 5%라는 뜻이다. 암흑에너지와 암흑물질은 아직까지 정체를 몰라서 '암흑'이라는 단어가 붙었다. 암흑에너지는 우주의 공간 자체가 지닌 에너지로 우주를 점점 더 빠르게 가속 팽창시키는 역할을 한다. 암흑물질은 중력을 가지고 다른 물질을 끌어당기지만, 빛을 전혀 내지도 않고 흡수하지도 않아서 관측할 수가 없다. 우주에 이런 미지의 에너지와 물질이 가득하다니 시공간을 요동시킨다는 중력파만큼이나 그저 놀라울 뿐이다.

우주배경복사는 놀라운 현상이지만 그보다 더 놀라운 건 우주배경복사 이론을 세우고 관측하고 검증해서 우주의 생성과 전개에 관한 방대한 그림을 그리는 인류가 아닐까. 어쩌면 우주는 자신의 존재를 알아줄 인류의 탄생을 기다렸는지도 모른다. 오랜 세월에 걸쳐 생명이 탄생하고 지적 생명체가 진화할 수 있도록 우주 스스로가 그런 조건을 원초적으로 안고 있었는지도 모른다. 그렇다면 비생명의 우주가 사실은 거대한 생명 그 자체가 아닐까. 비의식의 우주가 의식 그 자체인지도 모른다는 생각이다.

리콴유의 눈으로 본 세계

리콴유/ 유민봉 옮김/ 박영사

    리콴유는 50년 이상 국제무대에서 미국의 닉슨 대통령에서 오바마 대통령까지 그리고 중국의 덩샤오핑에서 시진핑 주석까지 많은 지도자들과 교류해왔다. 리콴유는 도시국가인 싱가포르가 어떻게 하면 번영할 수 있는가라는 관점에다 균형감을 더해 세계 주요 나라의 형세와 지도자를 분석하고 있다.

    그는 실용적으로 정세와 지도자를 평가하는데 세계를 파악하는데 무척 도움이 된다. 무엇보다 한 나라의 지도자가 지녀야 할 정세 분석력과 판단력이 어떠해야 하는지 잘 알 수 있다. 이 정도의 지적 능력이 있어야 한 나라의 지도자가 될 수 있는 것 아닐까. 청제국을 세운 누루하치와 홍타이지도 그렇고 조선의 선조와 인조, 지금의 우크라이나-러시아 전쟁을 봐도 지도자의 능력이 대단히 중요하다. 그런 지도자를 만들어내는 조직의 힘도 중요하지만 지도자 개인의 능력도 챙겨야 할 점이다. 위기의 시대에 나라 지도자의 선택은 나라와 국민의 삶을 키울 수도, 나락으로 떨어뜨릴 수도 있다.

먼저 리콴유의 중국 정치체제 해석을 보자.

"현재의 중국과 앞으로 20년 뒤의 중국을 이해하려면, 중국 사회와 중국 국민에 대해 먼저 이해할 필요가 있다. 중국인의 머릿속에는 지난 5,000년의 역사를 통해 국가 통치의 중심 권력이 강력했을 때는 나라가 안정적이었던 반면, 그렇지 못했을 때는 혼란과 혼돈의 어지러운 시기였다는 생각이 깊이 자리 잡고 있다. 모든 중국인은 국가를 이끄는 지도부가 강력해야 평화와 번영이 가능하다고 생각한다. 이것이 통치의 기본 원칙으로서, 중국인의 내면에 뿌리 깊이 새겨진 역사의 교훈이다. 중국은 앞으로도 이 원칙에서 벗어나는 일이 없을 것이고, 그것은 공산주의 이념보다도 우선되는 중국인의 신념 체제이다. 일부 서양국가는 서구식 민주주의가 중국에 도입되는 것을 보고 싶어 하겠지만, 아마도 그런 일은 일어나지 않을 것이다. 몇 년에 한 번씩 국가 지도자를 바꾸는 미국인들의 시각으로 보면, 대통령 선출이든 의원 선출이든 1인 1표제의 선거를 하지 않는 성공적인 국가를 상상할 수 없을 것이다. 그러나 그것은 세상을 보는 미국인들의 선입견일 뿐이다. 중국 사람들은 그런 전통을 경험한 적이 없다. 중국은 미국과 다른 문화와 역사, 그리고 13억 명의 인구를 가진 거대한 나라이다. 중국은 그들만의 방식이 있는 것이다."(4쪽)

청제국을 세운 누루하치와 홍타이지를 읽고 있는데 명청 교체기에 수많은 사람이 죽어나간다. 중국은 나라가 커서인지 왕조교체와 태평천국의 난, 중일전쟁과 같은 전쟁, 그리고 나라 혼란에 기인한 기아로 죽는 사람 수가 상상을 초월한다. 그러니 중국인의 유전자에 안정되고 강력한 중앙집권국가를 바라는 마음이 새겨진들 이상할 리가 없다.

중국과 전략적 경쟁을 하는 미국의 대외정책은 어떤가. 왜 미국은 '민주주의와 인권'을 들어 다른 나라의 내정에 간섭할까. 리콴유는 제국주의와 같은 단정적인 표현 대신에 참신한 '선교정신'을 들고 있다. 이 선교정신은 자신만이 옳다는 선민의식에서 비롯된 것은 아닐까.

"미국의 대외정책에 지속적으로 반영되어 나타나는 선교정신은 어떤 점에서 이런 성급함을 보여주는 것이다. 미국은 현명치 못하게 9.11테러 이후에 아프가니스탄에 병력을 투입하고 국가를 세우려고 하였는데 아프가니스탄은 9.11테러 이전 30~40년간 국가가 아니었다는 사실을 무시한 처사였다…… 미국은 사전 준비 없이 이라크에서 정부를 세우려고 했고 옛날 사람들을 민주화시키려고 했다. 전자는 거의 가능성이 없는 것이었고, 후자는 그야말로 불가능한 일이었다…… 이런 점에서 대외정책에 대한 중국의 접근은 미국보다 현명하다. 중국은 다른 나라의 시스템을 바꾸려 들지 않는다. 중국은 시스템을 있는 그대로 사용함으로써, 말려들지 않고 취할 수 있는 최대한의 이익만 취한다. 미국의 문제는 상대 국가의 시스템을 바꿀 수 있는 힘을 가졌다고 믿는 데 있다. 몇 번이고 그게 틀렸다는 것이 확인되었음에도 불구하고…… 실제로 세계를 바꾸지도 못했다."(75~77쪽)

싱가포르는 공용어로 영어를 쓴다. 리콴유는 이를 매우 잘한 결정으로 평가하고 있다. 1965년 싱가포르가 독립하자 중국상공회의소 임원들이 찾아와 중국어를 국가 공용어로 채택하도록 압력을 행사했다. 리콴유는 단호히 거부한다. 리콴유는 이렇게 말한다. 독립 50년의 역사는 영어를 말할 수 있고 영어로 다른 나라와 소통할 수 있다는 것이 싱가포르의 성공스토리에 가장 중요한 요인 중의 하나였다는 것이다.

리콴유는 미국이 장기적으로 성공할 것이라고 믿는다. 미국호는 침몰하지 않을 것이며 미국의 핵심 우위인 역동성은 잃지 않을 것이다. 미국은 중국보다 훨씬 더 창조적인 사회이기 때문이다. 리콴유가 미국의 장기적 성공성을 믿는 이유는 이렇다.

첫째가 미국사회의 "매력"이다. 유능한 인재형 이민자가 계속 미국에 들어오고 있다. 인도, 중국, 한국, 일본, 동남아시아의 인재가 미국으로 향하고 있다. 이들이 미국으로 가는 이유는 미국이 사람을 끌어당겨 정착하게 만드는 매력을 가진 사회이기 때문이다.(65쪽)

둘째는 최고가 되기 위한 다양한 형태의 "경쟁"이다. 미국에는 많은 명문 연구기관과 대학이 있다. 미래는 작은 부품이나 자동차 생산이 아니라 상상력, 예술성, 지식, 지적재산권과 같은 두뇌의 힘에 의해서 부가 창출된다는 것을 미국은 예견했다. 경쟁을 통한 미국의 역동성은 지금도 진행되고 있다.

마지막으로 "자수성가한 사람을 인정"해주는 문화이다. 미국에서 성공한 기업인은 부러움의 대상이 되고, 사회적 지위를 부여받고, 합당한 인정을 받는다. 비록 실패하더라도 자연스러운 과정으로 인정해주고 다시 기회를 준다.

미국이 쉽게 몰락하지 않는다는 리콴유의 주장에 동의한다. 그러나 역사상 모든 대제국은 언젠가 몰락했다. 몰락으로 가는 길이 느리고 다양할 수는 있으나 몰락 그 자체를 막을 수는 없다. 미국도 달러라는 기축통화가 없었다면 벌써 몰락의 길을 걸었을 것이다. 매달 재정적자가 1천억 달러가 넘는다면 정상이 아니다. 이 엄청난 재정적자를 기축통화인 달러를 찍어내서 방어하고 있는 것이다. 이런 비정상적인 시스템을 언제까지 유지할 수 있을까?

리콴유는 유럽을 비관적으로 바라본다. EU의 유로화가 안고 있는 가장 근본적인 문제로 재정통합 없는 화폐통합이 불가능하다는 점을 들고 있다. 그래서 그는 현재의 유로화 체제 회원국이 계속 남아있으리라는 확신이 없다. 그는 유럽 각국이 개별통화로 다시 돌아가는 유로존 해체 가능성이 높다고 진단한다. 리콴유는 유럽의 복지정책과 경직적인 노동법을 비판적으로 바라본다. 그는 유럽이 계속되는 무기력 상태에서 벗어나 한때 보여주었던 열정과 근면을 다시 회복하고자 한다면, 세세한 복지혜택을 축소하고 기업의 고용과 해고 규정을 완화하는 대담하면서도 고통스러운 개혁을 제안하고 있다. 리콴유는 유럽식 복지국가에는 개인의 근로의욕을 약화시키는 부작용이 있다고 말한다.

"일찍이 나는 싱가포르가 복지와 노동에 있어 유럽의 길을 가지 않도록 유념했다. 나는 1950년대에 영국의 몇몇 정책의 집행과정을 지켜보면서, 이것은 국가를 망하게 하는 길이라는 확신을 가졌… 유럽은 힘든 시간을 맞게 될 것이다. 미국과 비교하여 유럽이 보다 인간적인 사회가 되고 저소득계층을 줄이고 승자와 패자의 격차를 줄이는 결과를 낳았다. 그러나 이제 대가를 치를 때가 되었다."(96쪽) 그는 복지국가인 스칸디나비아 국가들은 인구가 작은 특수성이 있어 일반 유럽국가와는 다르다고 말한다.

리콴유는 일본은 선진국에서 평범한 국가로 서서히 빠져들고 있다고 진단한다. 2013년의 진단이다. 일본이 직면한 가장 큰 문제는 낮은 출산율에 인구가 급속히 고령화되고 있는 것이다. 일본 여성은 더이상 가정에 안주하고 싶어하지 않는다. 거기다 일본 기업은 출산 휴가를 내는 여성을 임시직으로 전환시키고 있다. 어느 여자가 아이를 낳고 싶어 하겠는가? 인구 문제를 해결하지 못한다면 일본의 미래는 매우 암울할 것이다. 이 당시 일본 출산율은 1.39였다. 그럼 지금 1에도 미치지 못하는 한국의 미래는 더 암울하지 않을까?

싱가포르도 저출생 국가다. 리콴유는 대책으로 이민을 들고 있다. 그런데 이민 정책에는 고려해야 할 몇 가지 핵심이 있다. 첫째 정치적으로 소화 가능한 속도로 받아들여야 한다는 점이다. 그렇지 않으면 국민의 상당한 반발이 있을 것이고 역효과가 클 것이다. 둘째로 싱가포르 국민도 이민에 대한 관용의 마음을 열어야 하겠지만 이민자 수가 너무 많다고 여겨지는 수준이 아직은 존재한다는 점이다. 마지막으로 이민만으로 출산율을 높이지 못한다는 사실이다. 이민자들도 싱가포르 국민과 마찬가지로 아이를 적게 가진다. 즉 이민 흐름이 단절 없이 이어져야 한다는 점이다. 이런 점들을 한국도 잘 고려해야 할 것이다. 정부에서 이민청을 만든다고 하는데 너무 늦었다고 본다. 지금부터라도 이민과 다민족 공감사회를 향한 노력을 게을리하지 말아야 할 것이다.

리콴유는 20년 후의 미일 동맹 관계를 묻는 기자 질문에 미국 경제에 달려 있다고 답한다. 미국의 경제력이 동맹을 감당할 수 없다면 전열이 흐트러지고 그 상황이 되면 일본은 중국에 따르는 의존국이 될 것이라고 예상한다.

리콴유는 북한은 새빨간 거짓말쟁이에다 모든 주민이 탄압받고 외부 세계로부터 완전히 격리되어 살고 있다고 평가한다. 중국은 전쟁이든 평화에 의해서든 한반도 통일을 원하지 않는다고 단언한다. 중국은 북한을 완충지대로 간주한다. 왜 중국이 통일된 강한 한국과 국경을 맞대려고 하겠는가? 일반적으로 나라들은 이웃들이 분열된 채로 있을 때 더 편안하다.(131쪽)

리콴유는 인도는 카스트 제도에 발목이 잡혀 있다고 평한다. 중국과 인도는 서로 비교하기 어려운 나라이다. 중국은 자연발생적으로 진화했고 하나의 민족이 되었다. 한족이 중국 인구의 90%까지 차지하고 있고 전 국민이 거의 같은 언어를 사용하고 있다. 중국은 인도가 가지지 못한 어떤 응집력을 가지고 있다. 반면 인도는 400개 이상의 원주민 고유언어가 있고, 영국의 직할 식민지 통치 이전에는 마하라자, 술탄, 또는 나와브 등의 많은 군주 내지 귀족이 통치하는 지역들의 집합체였다. 인도는 하나의 동질성을 가진 공동체 경험이 없다. 그것은 영국이 생각해낸 개념이다. 특히 카스트 제도는 인도의 발전을 저해하는 또 다른 핵심 요소이다. 카스트 제도의 규율에 따르면 신분이 아래인 사람과 결혼하면 자동적으로 본래 지위를 잃는다. 이는 유전자 풀을 각 계급 안으로 한정한다고 저자는 평가한다. 사회간접자본 인프라도 인도가 중국에 뒤쳐져 있는 영역이다.(139쪽)

리콴유는 인도는 민주주의 국가이고 중국은 독재주의 국가라서 인도를 응원하기 시작했다. 그런데 나이가 들면서 두 가지를 깨달았다. 하나는 민주주의가 만병통치약이 아니라는 것이다. 민주주의는 모든 문제를 모든 사람이 만족하는 방식으로 풀지 못한다. 중국이 민주주의 방식으로 국정을 운영하였다면 오늘날의 중국을 이루진 못했을 것이다. 또 하나는 모든 사회는, 특히 오랜 역사를 가진 경우, 그 사회 안에서 작동하는 어떤 근원적인 힘이 있다는 것이다. 인도는 거의 변할 수 없는 인구 구성과 고질적인 카스트 제도에 발목이 잡혀 있다.(143쪽)

리콴유는 전 서독 총리였던 헬무트 슈미트와 나눈 대담에서 중국의 덩샤오핑에게 개방정책을 제안했는데 덩샤오핑은 배울 준비가 되어 있었고, 고르바초프 시기 구 소련의 지도자들은 이해하지 못했다고 말한다. 제안을 거절한 것이 아니라 계획경제와 폐쇄사회에 살아서 그것이 무슨 의미인지 이해하지 못했다는 것이다.(305쪽)

리콴유의 시각을 비판적으로 봐야 할 점도 있다. 리콴유는 서울시 크기에 인구 500만의 도시국가를 다스리고 키워냈다. 그는 개방경제로 나아갈 수밖에 없었고 세계 강대국과 척을 질 수 없었다. 미국의 베트남 전쟁과 이라크 침공이 설령 잘못되었다 하더라도 비판하지 않으며 책에 싣지도 않는다. 즉 리콴유가 보는 세계는 싱가포르라는 렌즈를 통해서 본 '경세제민'인 것이다. 그럼에도 이 정도 식견을 갖춘 지도자라면 따르기가 불안하지는 않을 것 같다.

21세기 권력

제임스 볼 / 이가영 옮김 / 다른

21세기 권력은 인터넷이다. 권력인데 독특한 성격을 지니고 있다. 저자는 묻는다. "누가 인터넷을 움직이는가. 그리고 그것이 우리에게 어떤 영향을 미치는가?" 이 책은 그 질문에 답한다. 우리는 매일 인터넷을 쓰지만 인터넷이 어떻게 작동하는지 무지하다. 우리가 매일 숨을 쉬지만 공기가 어떤 원소로 구성되어 있는지, 그 원소의 성질이 무엇인지, 그 공기가 폐로 들어가서 어떤 작용을 하는지 잘 모르는 것과 같다.

사람들은 마치 인터넷에 실체가 없다는 듯이 말한다. 사실이 아니다. 인터넷은 케이블과 무선통신, 컴퓨터로 이루어진 물리적인 네트워크다. 인터넷을 이루는 모든 케이블에는 소유주가 있고, 모든 데이터센터에도 소유주가 있다. 심지어 데이터에도 모두 소유주가 있는데(괴이하게도) 어떤 사람과 관련된 데이터가 그 사람 소유인 경우는 거의 없다. 나아가 각 소유주 뒤에는 그들에게 자금을 지원해주는 투자자와 각국의 인터넷을 관할하는 정부 규제기관이 있다. 온라인 권력은 곧 오프라인 권력이다. 인터넷은 원래부터 권력과 지배력과 돈을 가지고 있던 사람들에게 더 많은 권력과 지배력과 돈을 안겼다.(21쪽)

모든 발명과 발견은 기원이 중요하다. 인터넷은 어떻게 생겨났을까. 인터넷은 1969년 경에 탄생했다. 당시 대학에 컴퓨터가 부족해서 다른 대학 컴퓨터라도 써서 연구할 필요가 있었다. 또 다른 이유도 있었다. 미국 국방부가 통신망이 망가졌을 때 핵 억지력을 유지할 방안을 찾는 연구 과정에서 예상치 못한 부산물로 탄생했다는 것이다.

인터넷은 미국 국방부에 신설된 고등연구계획국(ARPA)이 캘리포니아주립대학(UCLA)를 비롯한 미국 대학에 연구 자금을 지원하면서 시작되었다. 인터넷은 군사 기밀 프로젝트는 아니었지만 그렇다고 순수한 대학의 발명품도 아니었다. 대학의 많은 프로젝트가 그렇듯이 대학 교수들은 세세한 일들을 대학원생에게 맡겼는데 이들이 인터넷의 아버지로 불리게 되었다. 즉 인터넷에서는 기원을 차지한 서양과 남성이 중요한 발언권을 행사하게 된 것이다.

국방부 ARPA가 연구자금을 모두 지원한 덕에 연구자들은 비용을 고려하지 않아도 괜찮았다.

"비용을 산정하지 않아도 된다는 점은 텍스트, 이미지, 음성, 비디오 등 데이터의 형식과 관계없이 모든 데이터를 작은 단위(패킷)로 나누어 전송하는 데 큰 영향을 미쳤다. 인터넷은 데이터를 한꺼번에 보내는 것이 아니라, 패킷 단위로 나누어 보낸다.(패킷마다 발신지, 목적지, 총 패킷 수, 해당 패킷의 순번을 기록한다.) 도착한 패킷이 어떤 데이터의 일부인지 알아내고 합치는 일은 컴퓨터가 맡는다. 패킷 전송 방식의 장점은 네트워크에 서로 운영체가 다른 다양한 기기를 연결할 수 있다는 것이다."(47쪽)

패킷 방식을 쓰면, 수신자와 발신자 사이를 단일 회선으로 이을 필요도 없고, 모든 패킷을 같은 경로로 보내야 할 필요도 없기 때문에 네트워크를 훨씬 효율적으로 사용할 수 있다. 또 패킷을 다양한 경로로 보낼 수 있기 때문에 네트워크 연결이 일부 끊어지더라도 문제없이 데이터를 전달할 수 있다.

인터넷은 패킷 전송을 위해 전송제어프로토콜(TCP)과 함께 인터넷 프로토콜(IP)이라는 프로토콜(프로토콜은 통신을 원하는 두 개체 간에 무엇을, 어떻게, 언제 통신할 것인가를 서로 약속하여 통신상의 오류를 피하도록 하기 위한 통신 규약이다.)도 사용한다. 나중에 정식 프로토콜로 인정되어 TCP/IP라고 불리게 된 IP는 목적지를 더 쉽게 찾을 수 있도록 각 컴퓨터(또는 각 네트워크)에 고유의 숫자열을 부여한 것이다. 인터넷에는 사이트의 웹 주소에 대응하는 IP 주소가 있다. IP가 주소라면, TCP는 우리가 사이트와 정보를 주고받을 때 패킷이 제대로 배달되었는지 확인하고 관리하는 일을 한다.

인터넷은 데이터를 패킷 단위로 나누어 전 세계에 깔린 네트워크에 뿌린 뒤, 패킷을 받아 합쳐서 해석하는 일은 컴퓨터에게 맡기기 때문에, 네트워크 자체가 할 일이 많지 않다. 이러한 특징 덕분에 인터넷은 지역과 정치에 구애받지 않고 전 세계로 쉽게 확장될 수 있었다.

인터넷의 주소 시스템(DNS)은 인터넷의 가장 핵심이자 다른 모든 활동을 뒷받침하는 기능이다. 즉 우리가 브라우저에 'google.com'을 치면 다른 서버가 아닌 구글 서버에 접속하게 해주는 것이다. 사용자를 진짜와 비슷하게 생겼지만 주소는 약간 다른 가짜 웹사이트로 유인하는 것은 흔한 인터넷 사기 수법이다. DNS는 신뢰에 기초하고 있어서 공격에 취약하다. 실제로 DNS를 향해 여러 차례 공격이 행해지고 있다. 더 정확하게 말하면 DNS는 도메인 이름이라고 불리는, google.com과 같은 우리에게 익숙한 온라인 주소를 그에 해당하는 IP 주소로 바꿔주는 일을 한다. IP 주소는 인터넷이 특정한 네트워크나 컴퓨터의 위치를 찾을 때 실제로 사용하는 주소다. DNS는 1987년 이후 몇 번의 수정을 거쳐 현재의 모습을 갖췄다.

기본적으로 인터넷 주소 시스템은 사용자의 요청이 들어오면 컴퓨터들이 연쇄적으로 길을 인도해 목표 지점에 도달하게 하는 방식으로 작동한다. 하지만 국가 기관 등이 조직적으로 조작에 나서서 사용자가 요청한 사이트로 향하는 트래픽을 중간에 빼돌려 자신들이 운영하는 서버를 지나게 함으로써 로그인 정보를 빼내거나 트래픽을 감시할 가능성은 여전히 남아 있다. 놀랍게도 DNS에는 강한 통제 및 관리 책임자가 없다. 관리 주체인 ICANN이라는 미국에 있는 비영리 기구가 인터넷 DNS 시스템의 '루트'를 관리하는 역할을 맡고 있는데 일종의 합의제 논의 기구다. 미국 정부가 관리했지만 에드워드 스노든이 미국 NSA의 인터넷 사찰을 폭로하면서 오바마 정부 때 미국 정부로부터 독립했다.(110~113쪽)

인터넷 기업으로 넘어가보자. 인터넷 기업이 처음 투자를 받고 성장을 시작한다. 목표는 생존과 확장이다. 인터넷 기업은 투자자들에게 활성 사용자 수와 서비스 이용 시간이 늘고 있다는 증거를 보여야 살아남을 수 있다. 그래서 기업은 저 두 수치를 극대화하는 방향으로 서비스를 계속 수정한다.(158쪽) 즉 모든 인터넷 기업은 어떤 수단을 써서라도 소비자들이 자신들의 서비스에 오래 머물거나 중독되도록 노력한다. 저자는 인터넷이 전기와 수도 같은 공공 서비스에 가깝다고 말하지만 치열한 경쟁을 하는 인터넷 기업에는 먹히지 않는 이상론일 뿐이다.

인터넷 벤처 투자자인 웽거는 이렇게 말한다. 웽거는 누가 데이터베이스를 관리하는지가 생각보다 훨씬 중요하다고 말한다. 그 이유 중 하나는 온라인 세계의 특징으로 잘 알려진 네트워크 효과 때문이다. 네트워크 효과란 사용자 수가 늘어날수록 상품이나 서비스의 효용 가치가 점점 증가하는 현상을 말한다. 네트워크 효과를 가장 뚜렷이 보여주는 사례는 소셜 미디어다. 사용자에게도 사용자 수가 1억 명인 소셜 미디어 20개보다 사용자 수가 20억 명인 페이스북 하나가 더 낫다. 여러 곳에 가입할 필요 없이 한 곳에만 가입하면 편하게 아는 사람들과 대화를 나눌 수 있다. 네트워크 효과는 네트워크 관리자에게 권력을 집중시킨다. 인터넷이 등장하기 전에는 철도산업 등에서 네트워크 효과를 발견할 수 있었다. 웽거는 모든 데이터 산업의 기저에 네트워크 효과가 깔려 있다고 말한다. 즉 인공지능, 알고리즘, 기계학습 기술이 발전할수록 모을 수 있는 데이터의 종류가 늘어나면서 대형 인터넷 기업이 가진 데이터의 가치가 더 커지고, 그래서 네트워크 효과가 더 강해질 것이라고 말한다. 웽거는 40년 전에는 지구상의 모든 돈을 다 끌어모아도 지금 손에 들고 다니는 아이폰을 살 수가 없었으며, 아이폰은 사실상 슈퍼 컴퓨터가 되었으며 이제는 사람이 거대 인터넷 기업의 도구로 전락하고 있다고 말한다.(169~173쪽)

컬럼비아대학교의 토디지털저널리즘센터 소장 에밀리 벨은 인터넷 기업의 문제를 스탠퍼드대학교의 공학적 모형을 시카고 대학교의 경제 모형에 접목했다는 점이라고 말한다. 대형 인터넷 기업은 최대한 빨리 발전하고 보자는 공학적 사고방식과 프리드먼 학파의 신자유주의 경제

모형을 하나로 합친 존재라는 것이다.(288쪽)

　브루킹스연구소 연구원인 톰 휠러는 이렇게 말한다. "역사적으로 네트워크는 중앙집중화를 촉진했습니다… 모든 것이 중앙집중화되었습니다. 철강 산업의 중심지는 왜 피츠버그일까요? 자동차는 왜 디트로이트에서 만들까요? 농축산물은 왜 시카고에서 가공할까요? 처음에 철도가 그렇게 놓였기 때문입니다. 철도가 중앙집중화를 촉진한 거죠. 어차피 다른 곳으로 물자를 보내려면 일단 시카고를 거쳤다가 가야 하는데, 시카고에 머무는 동안 가공하면 좋지 않겠어요?"(289쪽) 인터넷은 분산적으로 설계되었지만 플랫폼 사업자들(각국의 구글과 페이스북에 해당하는 기업들)이 가상의 시카고처럼 되어버렸다. 데이터가 모이는 이들 지점이 중심지가 된 것이다. 망 사업자뿐만 아니라 플랫폼 사업자들도 독점 기업이 되었다. 이들 독점 기업을 어떻게 규제해야 하나?(289쪽)

　인터넷 규제기관의 문제는 인터넷이 너무 빠르게 변해서 규제를 만들어 실행할 때쯤이면 이미 시대에 맞지 않는 규제가 되어 있다는 것이다. 5G는 기존 무선 인터넷보다 1,000배 빠르다고 하는데 이런 무선통신 서비스는 기존 유선통신 서비스와 다른 법을 적용받는다. 이렇게 규제가 정비될 즈음이면 새로운 기술이 등장한다.

　미국은 그동안 인터넷 주도권과 구글과 페이스북 같은 대형 인터넷 기업을 여럿 보유하고 있다는 이점을 활용해 소프트 파워를 행사하고 정보 수집 활동을 하면서 규제에 소극적이었다. 그런데 중국 역시 알리바바와 바이두, 텐센트와 같은 대형 인터넷 기업들이 늘어났고 이들과 중국 정부 역시 미국 기업과 미국 정부 만큼 세계에 영향력을 행사하고 싶어한다.

미국 샌프란시스코에는 인터넷을 통제하려는 세력에 맞서 싸우려는 활동가들의 비영리 재단인 일레트로닉프런티어재단(EFF)이 있다. EFF를 만든 선지자 중의 한 명인 발로는 1994년에 인터넷 엔지니어 모임에서 이런 선지자적인 말을 했다.

"저는 한 치의 과장 없이, 진심으로, 이 자리에 모인 여러분이 하고 있는 일이 불의 발명 이래 가장 큰 변화를 세상에 몰고 올 것이라고 생각합니다. 우리는 어쩌면 정부가 우리의 시시콜콜한 일상을 다 들여다볼 수 있는 미래를 향해 돌진하고 있는지도 모릅니다. 이대로 간다면 금융 거래를 할 때마다 사이버 공간에 지문이 남는 세상이 올 것입니다. 꼭 이렇게 되란 법은 없지만, 다른 쪽으로 방향을 틀기 위해서는 커다란 의식의 변화가 필요합니다."(302쪽) EFF에서 상무이사로 일하는 신디 콘은 매일같이 정부를 고소한다고 말한다. 정보를 얻기 위해 고소할 때가 많다. 정보공개법 관련 소송은 업무의 핵심이다. 정부가 정보를 공개하지 않으면 그 정보를 활용할 수가 없기 때문이다. 인터넷 데이터 불법 수집과 감시를 이유로 NSA 관련 소송도 진행하고 있으며 특허 소송도 많이 한다. 그리고 인터넷과 관련해 정부 권력을 제한하는 것을 목표로 하는 활동도 많다.

인터넷이 인류 역사에서 불의 발명과 버금갈지도 모른다고? 불은 추위를 막아주고 음식을 익히며 그릇을 굽게 해주었다. 동시에 집과 숲을 태우고 화재로 사람을 죽게도 만들었다. 인터넷 역시 명과 암을 지닌 기술이다. 하지만 명은 옅어지고 사태는 점점 비관적으로 흐르는 것 같다. 인터넷이 처음 나왔을 때 민주주의를 확산시킬 수 있으리라는 기대를 했지만 이제 그런 기대는 사라졌다. 인간이 만드는 모든 기술은 이제 인

간과 자연을 파괴하는 데 더 도움을 주는 게 아닐까 하는 불길한 생각
이 든다. 인터넷 진화를 이즈음에서 멈추게 할 수 있을까? 그것도 어렵
다. 인간의 모든 기술은 갈 데까지 가서 벼랑 끝에 서야 겨우 멈추는 습
성이 있다. 그리고 기술과 권력은 융합하는 경향이 있다. 절대기술과
함께 하는 절대권력이 탄생하는가. 이런 염려가 더 현실로 나타나지 않
기를 바랄 뿐이다.

[독서일기 8]

시간은 흐르지 않는다

카를로 로벨리/ 이중원 옮김/ 쌤엔파커스

공기와 물과 바다와 산, 태양, 그리고 우리의 생명, 인간을 둘러싼 모든 것이 신비하다. 우리가 죽는다는 사실보다 우리가 살아있다는 것 자체가 설명하기 어려운 기적이다. 시간도 신비하며 우리가 가장 알기 어려운 존재다.

물리학자인 저자는 묻는다. "우리는 왜 과거는 떠올리면서 미래는 떠올리지 못할까? 우리가 시간 속에 존재하는 것일까. 시간이 우리 안에 존재하는 것일까? 시간이 '흐른다'는 것은 정말 어떤 의미일까. 무엇이 시간과 우리의 주관적 본성을 연결시키는 것일까?"(9쪽)

철학자와 시인들이 이런 시간의 신비를 풀려고 노력해왔지만 만족스런 답을 내놓지는 못했다. 물리학자는 우리의 질문에 대답을 줄 수 있을까? 저자는 간단한 사실에서 시작한다. 시간은 산에서 더 빨리, 평지에서는 더 느리게 흐른다. 아주 작은 차이지만, 인터넷에서 살 수 있는 정밀한 시계로 측정이 가능하다. 시간이 흐르는 속도보다 우리가 과거를 바꿀 수 없고, 미래는 아직 존재하지 않기 때문에 선택할 수 있다는 것이 더 중요하다. 미래에는 모두 가능한 것이다. 이것이 시간의 핵심이다. 그렇다면 시간의 흐름은 정확히 무엇일까? 과거와 미래가 그토록 다른 이유는 무엇일까?

기초 물리학에서 과거와 미래의 차이를 아는 유일한 방정식은 열역학 2법칙인 엔트로피 증가의 법칙이다. 열은 뜨거운 물체에서 차가운 물체 쪽으로만 이동하고, 그 반대로는 이동하지 않는다는 것이 이 법칙의 내용이다. 열 요동은 카드 한 묶음이 계속 섞이는 것과 같다. 순서대로 정리되어 있던 카드들을 뒤섞으면 무질서해진다. 이렇게 열은 (분자들의) 뒤섞음에 의해 뜨거운 쪽에서 차가운 쪽으로 이동할 뿐 반대로는 이동하지 않는다. 자연의 무질서가 증가한다는 것은 엔트로피가 증가한다는 것으로, 언제 어디서나 친숙하게 일어난다. 루트비히 볼츠만은 이것을 알아냈다. 과거와 미래의 차이는 기본적인 운동 법칙이나 심오한 자연의 문법에 있는 것이 아니다. 자연스럽게 무질서해져서 특수하거나 특별한 상황이 점점 사라지는 것에 있다. 저자는 볼츠만이 과거와 미래 사이의 차이가 어디서 발생하는지, 그 근원까지 밝혀내지는 못했다고 말한다. 그의 의문은 시간의 두 방향 중, 왜 우리가 과거라고 부르는 한쪽에서만 사물이 정리된 상태에 있었는가였다. 우주라는 거대한 카드 뭉치는 어째서 과거에는 정리되어 있었을까? 과거에는 왜 엔트로피가 낮았을까?(40쪽) 또 미시 상태에서는 과거와 미래의 차이가 사라진다. 미시적인 관점에서 보면 과거와 미래의 구분은 무의미하다. 양성자와 전자의 세계에서 무슨 과거가 있고 미래가 있겠는가? 더군다나 양성자는 속성이 영원에 가깝게 변하지 않는데 말이다. 사물의 기본 문법에서는 '원인'과 '결과'의 구분이 없다. 대신 서로 다른 시간에서의 사건들을 연결하는, 물리 법칙들에 의해 표현되는 규칙성이 있는데, 여기서

미래와 과거는 서로 대칭적이다.(42쪽)

저자는 논점을 계속 전개 시켜 나간다. 아인슈타인은 속도가 시간을 늦춘다는 사실을 깨달았다. 여동생이 얼마 전에 발견한 행성 프록시마 b에 갔다고 상상해보자. 이 행성은 지구에서 약 4광년 떨어져 있다. 그렇다면 '지금' 여동생은 프록시마b에서 무엇을 하고 있을까? 내가 망원경으로 보거나 여동생이 보내는 무선통신을 받는다면, 내가 아는 건 여동생이 4년 전에 하던 일이지 지금 하는 일이 아니다. 물론 내가 망원경으로 보는 모습이나 통신기기에서 나오는 여동생의 목소리도 '프록시마 b의 지금'이 아니다. 현재로서 그 '지금'을 따지기는 불가능하다. 프록시마b에는 지구에서 현재와 지금이라 여기는 것에 대응되는 특별한 순간은 없다.(51쪽)

즉 '현재'의 개념은 우리에게 가까이 있는 것을 대상으로 해야지, 멀리 있는 무언가를 대상으로 하면 안 된다. 우리의 '현재'는 우주 전체에 적용되지는 않는다. 현재는 우리와 가까이에 있는 거품이라고 생각하면 된다. 그렇다면 이 거품의 적용 범위는 얼마나 될까? 이는 우리가 시간을 얼마나 정확하게 규정하느냐에 따라 달라진다. 예를 들어 나노세컨드 단위를 사용한다면 현재는 몇 미터 간격으로만 정의될 것이고, 밀리세컨드를 사용한다면 킬로미터 간격으로 정의될 것이다. 인간은 고작해야 10분의 1초 정도를 구분할 수 있으므로 지구라는 행성 전체를 하나의 거품에 비유하고, 그 속에서의 현재는 우리 모두가 공유하는 순간이라고 말할 수 있다. 이것이 우리가 적용할 수 있는 가장 먼 거리의 범위다. 그곳엔 과거(우리가 볼 수 있는 사건 이전에 일어난 일)가 있다. 그리고 미래(지금 여기서 볼 수 있는 순간 이후에 일어나게 될 일들)

도 있다. 과거와 미래 사이에는 과거도, 미래도 아닌 시간의 간격이 존재한다. 이 간격은 화성은 15분, 프록시마b는 8년, 안드로메다 은하는 수백만 년에 이른다. 이 간격은 현재의 확장이다. 우주 곳곳에 잘 정의된 '지금'이 존재한다는 생각은 환상이자 우리 경험의 부적절한 외삽이다.(53쪽)

양자역학에서 다루는 시간으로 들어가 보자. 모든 현상에는 최소 규모가 존재하는데 중력장에서 이 규모를 '플랑크 규모'라고 부른다. 최소 시간은 '플랑크 시간'이라 한다. 이 상수들이 규정하는 값은 10의 -44초다. 10억 분의 10억 분의 10억 분의 10억 분의 1억 분의 1초다. 이것이 플랑크 시간인데 이 엄청나게 짧은 시간 속에서 시간의 양자 효과가 나타난다. 시간의 '양자화'에서 측정된 시간은 오직 몇몇의 분리된 특정한 값만을 취할 수 있다는 얘기다. 간격은 연속적이라 생각할 수 없다. 균일하게 흐르는 것이 아니라 캥거루처럼 한 값에서 다른 값으로 껑충 뛰어넘는, 불연속적인 것으로 생각해야 한다.(91쪽) 아무리 미시 세계라지만 이런 시간이 존재할 수 있을까? 툭툭 건너뛰는 시간이라니. 그런데 현대과학은 그 존재를 확인한다고 한다. '플랑크 시간'의 공간적 자매는 '플랑크 길이'이다. 이 최소한계 이하의 길이는 의미가 없다. 플랑크 길이는 약 10의 -33센티미터, 즉 10억 분의 10억 분의 10억 분의 1백만 분의 1센티미터다.

저자는 세계의 본질에 관해 묻는다. 이건 시간과 어떤 관계가 있을까? 저자는 세상이 '사건'으로 이루어져 있다고 보는 편을 선호한다. 저자의 주장을 들어보자.

"세상은 '사물'로 이루어진 것으로 생각할 수 있다. 물질로 '실체'로,

'현재에 있는' 무엇인가로 이루어져있다고 말이다. 혹은 '사건'으로 이루어진 세상이라고 생각할 수 있다. 우연적 발생으로, 과정으로 '발생하는' 그 무엇인가로 이루어진 세상으로 보는 것이다. 그 무엇은 지속되지 않고 계속 변화하며 영속적이지 않다. 세상을 사건과 과정의 총체라고 생각하는 것이 세상을 가장 잘 포착하고 이해하고 설명할 수 있는 방법이다. 상대성이론과 양립할 수 있는 방법은 이것뿐이다. 세상은 사물들이 아닌 사건들의 총체이다. 실제로 잘 살펴보면 매우 '사물다운' 사물들은 장기간의 사건일 수밖에 없다. 예를 들어 아주 단단한 돌의 경우, 우리가 화학과 물리학, 광물학, 지질학, 심리학에서 배운 바로는 양자장의 복잡한 진동이고, 힘들의 순간적인 상호 작용이다. 돌은 짧은 순간 동안 자신의 형상을 유지하고, 다시 먼지로 분해되기 전 자체적으로 균형상태를 유지하는 과정이다. 세상이 사건의 네트워크라고 생각하면 아주 간단한 사건이든 아주 복잡한 사건이든 더 단순한 사건들의 조합으로 분해할 수 있다. 폭풍우도 사물이 아니라 돌발적인 사건들의 집합이다. 산 위의 구름도 사물이 아니다. 공기 중의 습기가 응결된 것을 바람이 산으로 이동시킨 것이다. 파도도 사물이 아니라 물이 움직이는 것이고, 이 물은 언제나 다른 모양을 만든다. 그렇다면 인간은 어떨까? 당연히 사물이 아니다. 산 위에 걸린 구름처럼 음식, 정보, 빛, 언어를 비롯한 수많은 것들이 들어가고 나오는 복잡한 프로세스다. 사회적 관계의 네트워크 속에, 화학적 프로세스의 네트워크 속에, 자신과 비슷한 타인들과 교환한 감정의 네트워크 속에 있는 수많은 매듭들이 인간 안에 존재한다.(106~108쪽)

입자들은 시간 속에 살지 않는다. 끊임없이 서로 상호 작용하며 그러한 상호 작용에 의거해서만 입자들은 진실로 존재한다. 이 상호 작용이 세상의 사건이고, 방향도 없고 선형적이지도 않은 시간의 최소 기본 형태다. 이러한 상호 작용의 동역학은 확률적이다. 세상에서 일어나는 사건들과 시간의 경과는 언제나 상호 작용하는 그리고 상호 작용과 관련된 물리적 체계에 의해 이루어지기 때문에, 우리가 모든 사건들에 대한 완벽한 지도를 그릴 수도, 완벽한 기하학을 만들어낼 수도 없다.(131~132쪽) 끊임없이 상호 작용하는 세상의 사건이라는 것은 어딘지 불교의 연기법을 닮았다. 이것이 있으므로 저것이 있고, 이것이 사라지면 저것도 사라진다.

저자는 이제까지 읽은 독자가 떨어져 나가지 않았기를 바라면서 계속 논의를 이어간다.

이 광활한 우주에는 무수히 많은 작은 계s들이 존재한다. 그 가운데 열적 시간이 흐르는 '양 끝 지점 중 하나'에서 엔트로피가 낮아지는 변동이 발생하는 소수의 특별한 작은 계들이 있을 수 있다. '이러한' 계들에서 변동은 대칭적이지 않기에 엔트로피는 점점 증가하게 되는데, 이러한 엔트로피의 증가가 우리가 경험하는 시간의 흐름이다. 우주의 초기 상태가 아니라 우리가 속해 있는 이 작은 계s가 특별한 것이다. 이런 이야기에 믿음이 가지 않는다면 우주의 탄생 초기에는 엔트로피가 낮았다는 사실을 그냥 관측 자료로 받아들이고 말면 된다.(165쪽)

의문이다. 왜 과거에는 엔트로피가 낮았을까? 엔트로피가 낮은 어떤 절대적인 조건이 있었을까? 아니면 그것은 우주 초기의 기본 속성일까?

과거의 낮은 엔트로피는 이후 매우 중요한 결과로 이어졌다. 이 결과는 언제 어디에서나 찾아볼 수 있고 또한 과거와 미래의 차이에 상당한 영향을 끼친다. 그것은 과거가 현재에 자신의 흔적을 남긴다는 것이다. 미래가 아닌 '과거의 흔적'만 있는 이유는 과거에 엔트로피가 낮았기 때문이다. 다른 이유는 전혀 없다. 과거와 미래의 차이를 만드는 근본적인 원인은 과거의 엔트로피가 낮았다는 것뿐이다.(173쪽)

시간은 과거와 현재와 미래로 우리 뇌가 인식하는 그 무엇이다. 넓은 의미에서 뇌는 과거의 기억을 수집해 지속적으로 미래를 예측하는 데 사용하는 메커니즘이다. 이 메커니즘은 아주 짧은 시간 간격부터 아주 긴 시간 간격에 이르기까지 방대한 시간 간격의 스펙트럼에 적용된다. 미래에 대한 예측 가능성은 생존의 기회를 늘리는데, 진화는 이를 가능하게 하는 뇌 구조를 선택해왔다. 우리가 바로 그 선택의 결과물이다. 과거의 사건과 미래의 사건 사이에 존재하는 이 선택이 우리 정신 구조의 핵심이다. 이 선택이 우리에게는 시간의 '흐름'인 것이다.(186쪽)

소설을 한 편 들어보자.

프루스트의 『잃어버린 시간을 찾아서』는 세상의 사건들에 대한 이야기가 아니다, 기억 속에만 있는 이야기다. 『잃어버린 시간을 찾아서』는 마들렌 향기부터 마지막 편인 「되찾은 시간」의 마지막 단어(시간)에 이르기까지 마르셀의 뇌 시냅시스들에 들어 있는 무질서하고 미세한 풍경들만 가득한 책이다. 즉 이것이 우리가 경험하는 시간의 흐름이다. 우리 내면의 뇌신경에 남아 있는 그토록 중요한 과거의 흔적이 있는 곳에 시간의 흐름이 자리 잡고 있다. 즉 앞날을 예측하려는 우리의 연속적인 과정과 결합된 기억이 시간을 시간으로, 우리를 우리로 느끼게 하는 원천이다. 또한 이 예측은 사소하지만 귀중한 시간에 대한 관점을 갖게 해준다. 시간은 우리를 세상의 일부와 접하게 해준다. 그러니까 시간은 본질적으로 기억과 예측으로 만들어진 뇌를 가진 인간이 세상과 상호작용을 하는 형식이며, 우리 정체성의 원천이다. 그리고 우리의 고통의 원천이기도 하다.(194~196쪽)

부상을 당해 하이에나에게 공격당하는 사자가 있다. 사자에게는 하이에나와 싸우는 현재라는 시간만 있다. 내가 하이에나에게 뜯겨서 죽는 미래는 없거나 약하다. 인간은 늘 미래라는 시간을 예측하며 살기에 온갖 괴로움을 만들어낸다. 전두엽이 발달한 인간 두뇌는 미래를 예측하면서 행동하는데 이는 문명을 만드는 기본이 되기도 하지만 인간은 끊임없이 두려움과 공포, 괴로움에 시달리게 되는 점도 있다. 즉 인간에게 '여기 그리고 지금'은 순간적으로 원시의 시간, 동물의 시간으로 돌아가는 것으로 볼 수도 있다.

저자는 우리에게 익숙한 시간 개념을 말하고 물리학의 관점에서 보는 시간도 말한다. 우리가 보통 생각하는 시간은 이렇다. "우리는 온 우주에서 균일하고 동등하게 흐르고, 그 흐름 속에서 모든 일이 일어나는 익숙한 시간의 이미지에서 출발했다. 온 우주에 하나의 현재, 하나의 '지금'이 실재한다. 모든 사람에게 과거는 고정돼 있고, 이미 도래했으며 지나갔다. 미래는 열려 있고 아직 결정되지 않았다. 현실은 과거로부터 현재를 지나 미래를 향해 흐르고, 사물의 진화는 과거와 미래 사이에서 비대칭적으로 이루어진다. 우리는 이것이 세상의 기본구조라고 생각했다."(199쪽)

이 익숙한 믿음은 산산조각이 났다. 온 우주에 공통의 현재는 존재하지 않는다. 우리 주위에는 현재가 있지만 멀리 있는 은하에서는 그것이

'현재'가 아니다. 세상의 사건을 지배하는 기본 방정식에는 과거와 미래의 차이가 없다. 지역적으로 시간은 우리가 어디에 있는지, 우리가 어떤 속도로 움직이는지에 따라 다른 속도로 흐른다. 세상은 양자적이다. 세상의 기본 문법에는 공간도, 시간도 없고, 오직 물리량을 변화시키는 과정만 있을 뿐이며, 이로부터 우리는 확률과 관계를 산출할 수 있다. 우리는 세상을 설명하는 방정식을 쓸 줄 안다. 이 방정식에서 변수들은 서로에 상대적으로 변화한다. 세상은 '정적'이지도 않고 그렇다고 변화가 그저 환상에 지나지 않는 '꽉 막힌 우주'도 아니다. 오히려 사물들이 아니라 사건들로 가득한 세상이다.(200~201쪽)

그런데 이런 사고는 물리학적으로 맞을 수는 있으나, 우리의 인식을 지배하기는 어렵다. 우리는 지구라는 특정한 공간과 시간에서 너무나 오래 살아왔고, 우리의 몸과 두뇌는 그 시스템에 완벽하게 적응해 있기 때문이다. 우리는 지구가 태양을 돈다고 과학적으로 알지만 여전히 우리는 노을과 일출을 볼 때마다 태양이 지구를 따라 움직이는 것으로 착각하거나 또는 그 아름다움에 취해 과학적 사실을 멀리 치워버리거나 잊어먹곤 한다.

우리의 일상생활은 빛에 비해 매우 낮은 속도로 움직이기 때문에, 우리는 시계마다 서로 다른 고유 시간이 있음을 인지하지 못하며, 또한 어떤 물질로부터 떨어진 거리에 따라 다르게 흐르는 시간의 속도 차이도 너무 작아 식별하지 못한다. 그래서 결국 우리는 세상에 존재하는 수많은 시간들이 아닌, 우리가 경험한 균등하고 범세계적이고 순서가 있는 시간, 이 단일한 시간에 대해서만 말할 수 있다.(203쪽) 우리가 갖고 있는 시간 이미지는 우리의 일상 생활에는 적응되어 있지만, 미세한 굴곡

속의 세상이나 광대한 세상을 파악하기에는 적합하지 않다. 모든 가능성을 다 동원해도 우리 본성을 파악하기에는 충분치 않다. 왜냐하면 시간의 신비가 우리 개인의 자아의 신비, 의식의 신비와 교차하기 때문이다.(205쪽)

그러니까 우리의 시선은 근시다. 우리는 물질의 원자 구조도, 공간이 굴곡을 이루고 있는 것도 보지 못한다. 우리는 황폐한 우리의 어리석은 뇌가 할 수 있는 범위 내에서 구성한, 우주와의 상호 작용에서 이끌어 낸 일관된 세상을 본다. 우리는 돌이나 산, 구름, 사람을 기준으로 세상을 생각하고, 그것이 '우리를 위한 세상'이라 여긴다. 세상에는 우리가 아는 바와 아주 거리가 먼 것들이 많은데, 우리는 그런 것들이 얼마나 많은지조차도 모른다.(214쪽)

짧은 책인데도 생각할 거리가 많다. 인간은 미시와 거시 세계는 제대로 인식하지 못한다. 미시의 시간과 거시의 시간 역시 제대로 알지 못한다. 이런 부분은 우리가 생활하는 '현실의' 세계와 동떨어져있기 때문에 우리는 어쩌면 장님에 가까운 약시로 세상을 살아가는 것 같다. 오랜 징역을 살다 나온 죄수는 교도소 문을 나서자 말자 지난 감옥살이가 꼭 하루처럼 느껴진다고 한다. 10년을 살았지만 하루인 것이다. 교도소에 갇혀 늘 비슷비슷한 활동을 했기 때문일까? 아니면 극한의 경험을 하면서 나름 시간의 본질을 꿰뚫어 본 것일까?

[독서일기 9]

누르하치

천제선/ 홍순도 옮김/ 돌베개

만주족(여진족)이 청나라를 세워 중국을 통일한 사건은 역사에서 일어나기 어려운 사건이었다. 만주족 인구가 대략 200만 명, 명나라가 1억 5천만 명 이상이었다고 하니 한쪽은 새우, 다른 한쪽은 고래였고 아무리 명나라 황제와 조정이 무능했다 하더라도 객관적인 수치로 따져서 거의 불가능한 사건이었다. 그런데 대청제국이 들어섰고 후에 강희제와 옹정제, 건륭제로 이어지는 강건성세를 거쳐 명나라의 국토 면적보다 거의 두 배 가까이 영토를 늘리고 인구도 두 배 이상 늘렸다고 하니 놀라지 않을 수 없다. 만주족이 중심이 된 청나라의 첫 출발은 누르하치에서 시작되었다. 이 책은 청나라의 건국 군주인 누르하치와 만주족의 실체를 밝힌 책이다.

누르하치는 명 세종 가정 38년(1559년)에 태어났다. 부친은 탑극세이고 모친은 액목제이며 3남 1녀의 장남이었다. 누르하치가 열 살 때 모친이 세상을 떠났다. 누르하치의 부친과 조부는 명나라 만력 11년(1583년)의 전쟁에서 명나라 군사에게 적으로 오인당해 사망했다. 명나라 장군 이성량의 포로가 된 누르하치는 사면을 받고 병졸로 명나라 군대에서 복무했다고 한다. 이성량은 용맹한 누르하치를 아껴서 여러모로 보살펴주었다고 한다. 그래서 누르하치는 한족의 문화도 알고 관료 사회와 경제 문제도 이해했으며 쟈연스럽게 정치적 포부와 시야를 키우게 되었다.

누르하치가 태어났을 때 여진 각 부족은 서로 싸우고 분열되어 있었다. 그리고 성년이 된 누르하치의 세력도 크지 않았다. 여진 각 부족에서 그를 지지하는 사람은 겨우 100명에 불과하고 부친도 그에게 고작 '갑옷 13벌'의 미미한 유산만 물려줬다. 그럼에도 누르하치는 25세인 만력 11년에 아버지를 죽게 한 원인을 제공한 여진족 이감외란을 치기 위해 이감외란의 주둔지 도륜성으로 진공을 한다. 누르하치는 도륜성과 살이호성을 얻게 되는데 그야말로 소년 장수의 탄생이었다. 누르하치는 용감하고 전투에 능했으며 직접 전장의 앞에서 싸웠다. 화살을 맞고 크고 작은 부상을 당한 적도 여러 번이었다. 그는 주위 부족들을 정벌해 세력을 넓혀나갔고 마침내 아버지의 원수인 이감외란을 죽이고 건주 여진족을 통일하게 된다. 누르하치는 구로성(비아랍성)을 세웠고 당시 그가 거느리는 병력이 1만 5,000명 가량 되었다.

누르하치는 뛰어난 전략가였다. 그는 명나라에 공손하고 온순했다. 만력 16년(1588년)에 여진족의 도둑 수괴인 극오십을 죽여 명나라에 헌납했고, 명나라 조정이 실시한 오랑캐 정책인 '합달 지지 정책'에도 일관되게 찬성했다. 만력 18년과 21년에는 스스로 두 차례나 북경으로 들어가 조공하는 성의를 보였다. 명나라로서는 무력으로 누르하치의 버릇을 고쳐줄 아무런 이유가 없었다. 본래 여진족의 부족들은 오래전부터 통일되지 못한 채 각자의 방식으로 정치를 하고 전쟁과 약탈을 하기도 했으며 사회질서라는 것이 없었다. 그러나 누르하치가 구로성에서 왕으로 자처하며 등장한 이후로는 난을 일으키는 악폐를 법으로 금지하고, 도적질도 못하게 만들었다. 즉 새로운 전제정권이 등장한 것이다.(71쪽)

누르하치는 몽고족을 포섭하는데에도 힘을 쏟았다. 명나라가 건국된 후 원나라의 몽고족은 소멸되지 않았다. 단지 몽고의 초원으로 되돌아갔을 뿐이었다. 명나라 말기에 여진족 거주지 부근에서 유목 생활을 하던 몽고족 중 찰합이, 내객이객, 과이심 등의 부족이 강한 세력이었다. 그 중 찰합이 부족이 칭기즈 칸 직계의 정통 후예로 세력과 영향력이 가장 컸다. 과이심 부족은 찰합이 부족에게 병합당하지 않기 위해 누르하치의 건주여진과 연대하기 시작했다. 누르하치 역시 장기적인 정치적 이익을 볼 수 있다는 생각에서 과이심과 우호적으로 지냈다. 누르하치 부족은 과이심 부족과 통혼 관계를 맺었고 그후로도 청나라 황제들은 과이심 부족에서 황후와 비빈을 많이 데려왔다. 청 조정의 공주 역시 과이심의 패륵과 귀족에게 빈번하게 시집을 갔다. 청 왕조 초기의 황후와 비빈 중에도 과이심에서 시집온 뛰어난 인물이 많았고 대표적인 인물이 태종 황태극의 효장문황후다. 그녀는 과이심 출신 중 가장 뛰어난 황후로, 누르하치와 황태극만이 아니라 북경으로 들어온 뒤의 첫 황제인 순치제(효장문황후의 친아들)와 강희제를 도와 청나라 건국과 흥성에 상당한 공헌을 했다.(114쪽)

이를 보건대 누르하치의 전략은 분명했다. 명나라에는 겉으로 복종하는 척 하면서 힘을 키우고, 몽고족과 연대를 통해 유목민족의 단합과 함께 명나라에 대항할 세력을 키웠다. 다민족국가인 청나라의 기틀이 잡히기 시작한 것이다. 덩샤오핑이 말했다는 숨어서 실력을 키운다는 도광양회가 생각난다.

이렇게 누르하치는 과이심 부족을 포섭하고 객이객 부족과는 한편으로는 회유, 한편으로는 정벌을 하면서 몽고족 최강 부족인 찰합이의 임단 칸과 결전을 준비해나간 것이다. 도요토미 히데요시가 1592년, 임진왜란을 일으켜 조선을 침공하자 명나라는 조선에 군사를 파병하고 만주에 관심을 두기가 어려워졌다. 누르하치는 그 기회를 이용해 더욱 강성한 길로 나서게 되었다. 누르하치는 자신이 군사를 이끌고 조선을 구하겠다는 입장을 명나라 조정의 병부상서 석성에게 밝히기도 했다. 그는 그러면서 왜구를 정벌해 명 조정에 충성을 다하겠다는 다짐도 잊지 않았다.

누르하치의 만주족이 떠오르는 해였다면 명나라는 지는 해였다. 특히 누르하치가 부상하는 동안 명나라의 황제였던 만력제는 한심하고도 무능했다. 그는 20여 년 동안 조정에서 전혀 업무를 보지 않았다. 오로지 깊은 궁궐에 틀어박혀 있었고 조정의 대신 사이에는 당쟁이 벌어졌다. 만력제 신종은 극도의 사치를 일삼았고 돈을 물 쓰듯 했다. 게다가 일본의 침략을 받던 조선을 여러 해 동안 원조하느라 적지 않은 경비를 쓰면서 국고가 비어 갔다. 이런 상황은 여러 명목의 세금 부과로 이어졌고 백성의 원성이 하늘을 찔렀다. 요동에서도 마찬가지여서 요동의 한족은 병사들에게 줄 식량도 충당할 수가 없었고 세금 또한 감당할 수 없어 수천 명의 남녀를 모아 북으로 가서 건주여진에 투항하기도 했다.(132~133쪽)

누르하치는 만력 43년(1615)에 팔기 제도를 정식으로 만든다. 정황기, 정홍기, 정람기, 정백기에 양황기, 양홍기, 양람기, 양백기가 더해진 팔기의 각 소유자는 누르하치의 가족 중에서도 공로가 있는 귀족 인사였다. 건륭제 때 편찬된 『청회전』의 「팔기도통」조에 따르면 "기의 색에 따라 호적을 정하고 관직을 설치해 직위를 나눈다. 또 그들을 키우고 가르친다. 병사 역시 그 안에서 거주했다."고 기록되어 있다. 이렇듯 팔기 제도는 군정 합일, 군민 일체의 사회조직 형식으로 군사 정벌, 행정 관리 및 생산 조직의 세 가지 기능이 있었다.(151쪽)

누르하치는 여진 대부분의 부족을 통일한 다음 만주문자를 창제하고 팔기 제도를 구축해 대칸국 건국 조건을 갖췄다. 그러나 권력 분쟁이 생겨 동생 슈르하치를 죽이고 정무를 맡긴 큰아들 저영도 다른 형제와 대신들과 분쟁이 생기는 바람에 제거해야 됐다. 가족 관계가 순탄치 않은 것이다. 만력 44년(1616년) 누르하치는 후금을 세우고 칸으로 등극했다. 그리고 3년이 지난 1619년 누르하치는 대명 정책을 근본적으로 전환해 명나라가 조부와 아버지를 죽인 죄 등 '7대 원한'을 하늘에 고하고 명 정벌에 나서기 시작한다.

그 후 누르하치는 명나라의 무순과 청하를 점령해 수많은 군마와 식량을 확보한다. 더이상 참을 수 없는 명나라는 양호를 요동경략으로 임명하고 명장 두송과 유정 등을 기용하고 산동을 비롯한 산서, 섬서, 감숙, 사천, 복건, 절강 등지에서 군사를 모집해 병사를 네 갈래로 나눠 직접 후금의 수도 혁도아랍으로 진격하기로 한다. 그러나 명군은 살이호에서 후금의 군대에게 대패를 당해 장군 300여 명을 포함해 최소 4만 5,000명 이상이 전사했다. 살이호 대전은 명나라의 국력을 쇠퇴하게 만들었고 이후의 판세에 큰 영향을 미쳤다. 요동이 누르하치의 손에 넘어간 것이다. 1621년 2월 누르하치는 심양의 전방 기지인 봉집보와 호피역을 공격하고 바로 심양을 공격했다. 명군이 용감히 싸워 누르하치의 후금 군대도 막대한 피해를 입었지만 마침내 크고 견고한 심양성을 정복했다. 1621년 3월 누르하치는 요양성을 공격했다. 명나라 군대도 용감하게 싸웠으나 요양성 소서문에 쌓아놓은 화약에 불이 붙는 사고가 발생하면서 급격히 전세가 기울었다. 팔기 군사의 용맹과 누르하치의 지략에 눌린 것이기도 하며 요양성의 민심이 이미 명나라를 떠난 것도 이유일 것이다. 후금은 심양과 요양을 겨우 10일 만에 함락한 것이다. 그러나 누르하치의 후금은 여기까지였다.

요동 각지의 성이 후금 군대에게 계속 함락되면서 수많은 한족이 포로가 되고 노예 상태로 전락했다. 누르하치는 갖가지 고압적인 정치 수단을 동원해 한족을 억눌렀다. 도주하거나 폭정에 저항하는 한족 역시 날이 갈수록 많아졌다. 특히 한족을 강제 이주시키고 학살하면서 한족의 분노가 극심했다. 후금을 도와주던 한족 문필가가 후일 홍타이지에게 하늘이 선대 칸인 누르하치에게 요동만을 허락한 것은 덕을 쌓지 못했기 때문이라고 말할 정도였다.

1626년 누르하치는 대군을 일으켜 영원성을 공격한다. 그러나 명장 원숭환이 지키는 영원성은 강력했다. 영원성에는 병력 2만 명이 있었고 후금의 포로가 되었다가 탈출한 병사들이 있었다. 후금에 대한 이들의 원한은 사무쳐 모두가 일당백의 용사였다. 거기다 홍이포로 불리는 대포가 있었다. 원숭환이 택한 전략은 성문을 걸어 잠그고 결사전을 벌이는 것이었다. 누르하치는 영원성에서 많은 희생자를 내고 후퇴한다. 전장에서 살아온 누르하치로서는 첫 패배이기도 하다(321~333쪽).

1626년 8월, 누르하치는 68세에 병으로 사망한다. 그의 자손들은 청나라가 건국된 후로 그를 태조로 높여 부름으로써 그가 대청 제국의 기틀을 닦은 '창업주'임을 분명히 했다. 누르하치는 귀신 같은 용병술로 68세의 일생 중 무려 44년을 전장에서 보내며 수십 차례의 크고 작은 전쟁을 치렀다. 마지막으로 단행한 영원성 대전에서 패배한 것을 제외하면 다른 전투에서 백전백승했다. 그는 시세와 형세를 잘 살펴 자신이 없는 전쟁은 하지 않았으며 적을 깊숙이 유인하고 첩자나 스파이를 잘 이용했으며 기발한 전략을 자주 썼다.(351쪽) 또 그는 여덟 가문에게 국정을 맡기는 팔왕통치로 그가 죽은 이후에 벌어질 자식들간의 권력투쟁을 잘 막았다. 여덟째 아들 황태극(홍타이지)이 누르하치 다음의 칸 자리를 물려받았고 즉위 처음에는 다른 형제와 같이 공동통치를 하면서 후금 정권은 안정되었다. 유목민족은 왕이 죽은 후에 권력 승계를 둘러싸고 분열과 전쟁이 자주 벌어졌다는 점을 감안하면 안정되게 후계 구도가 자리잡은 것도 누르하치의 원려가 통했기 때문이었다.

누르하치는 대청제국의 기틀을 세운 인물이었다. 창업주로서 그는 용맹했지만 신중했고 기회를 잘 탔으며 결단할 때는 주저하지 않았다. 만주족은 떠오르는 해였고 명나라는 지는 해였다. 조선은 이 두 나라의 역량과 국제 정세를 냉철하게 파악하지 못했다. 오직 '재조지은'이라는 명나라에 대한 맹목적인 충성과 청을 향한 오랑캐라는 멸시가 외교전략의 기본으로 자리잡았다. 명말청초의 급변기와 오늘의 미중 전략적 경쟁기가 겹쳐보인다.

지극히 사적인 러시아

벨라코프 일리야/ 틈새책방

나라와 나라, 민족과 민족의 풍습은 차이가 많다. 다른 나라의 풍습이 도저히 납득되지 않는 경우도 많다. 문화적 상대주의를 지켜야 할 이유다. 다른 민족이나 종교의 풍습을 너그럽게 받아들이고 관대해야 할 이유이기도 하다.

러시아인이었다가 한국인으로 귀화한 벨라코프 일리야가 한국에 와서 가장 놀란 건 결혼식의 부조였다. "처음에 한국 예식장에 갔을 때 결혼식장 입구에 책상을 놓고 앉아 있는 사람들이 뭘 하는 것인지 전혀 짐작조차 할 수 없었다. 방문객이 신랑과 신부의 이름이 각각 적혀 있는 곳에 가서 봉투를 주면 종이 쪼가리로 바꿔 줬다. 이게 뭐냐고 한국 친구에게 물었더니 돈 봉투라고 했다. 처음에는 귀를 의심했다. 돈이라고? 결혼하는 사람에게 돈을 준다고?" 러시아에서 돈은 아주 나쁜 선물이다. 특히 결혼식이나 장례식 같이 중요한 예식에서는 더욱 그렇다. 돈에는 주는 사람의 마음을 담을 수 없다고 생각하기 때문이다.(233쪽)

일리야의 책을 읽으면 사람은 자기 자신과 자기 나라를 아는 것은 어려우며, 다른 나라를 아는 것은 더욱 어렵다는 것을 절감한다. 한국인들이 일리야에게 자주 묻는 질문은 이런 것이다.

"러시아는 항상 춥죠?"

러시아에 대해 전혀 모르기 때문에 던지는 질문이다. 그럴 때마다 일리야는 이렇게 되묻는다고 한다.

"음… 러시아의 어느 동네를 말하는 거죠?"

한국에서 러시아에 대한 이야기를 할 때면 일리야는 태어난 나라에 따라 지리적인 인식이 얼마나 달라지는지 깨닫게 된다고 한다.

러시아는 북극 가까이에서 아열대 기후까지 있는 아주아주 커다란 나라다. 러시아 국토 면적은 1,713만 제곱킬로미터다. 약 10만 제곱킬로미터인 남한 면적의 171배다. 지구 육지 면적의 약 6분의 1이 러시아 땅이며 위도로는 북위 41도에서 81도까지 펼쳐져 있고, 최남단과 최북단까지의 거리는 4,000킬로미터 이상이며 동서 거리는 1만 킬로미터가 넘는다. 그래서 러시아 뉴스를 보면 시작 전에 항상 지역별 시각을 알려준다고 한다. 러시아 동쪽 끝과 서쪽 끝의 시차는 무려 11시간이다.(24쪽) 더욱이 러시아는 다민족 국가에다 22개 공화국으로 구성된 다연방 국가다.

당연히 러시아인의 지리적 감각과 세계 인식은 한국인과 같을 수 없다. 시공간 감각은 민족성과 인간 개인에게 영향을 미친다. 한국에서는 지평선을 보기 쉽지 않지만 러시아의 시베리아 횡단열차를 타면 끝없이 펼쳐진 평야 지대를 며칠씩 가곤 한다. 한국인 시야가 좁고 옹졸하다는 말은 아니다. 하지만 남북분단이 되어 한국이 사실상 섬이 된 지 75여 년이 지나면서 대륙적인 시각을 잃어버리고 있는 것이 아닐까 걱정스럽다.

한국에서는 고르바초프가 개혁 개방을 주도한 지도자로 인상이 좋은 편이지만(한국인의 시각은 대체로 미국의 시각을 따라가는 경향이 있다) 일리야의 평은 그렇지 않다. 그는 러시아의 1990년대는 사회주의에서 급작스레 전환한 야생(야만으로 불러도 좋으리라) 자본주의 시대로 경제 규모는 4분의 1, 국민 소득은 3분의 1 이하로 쪼그라들고 산업과 생산은 거의 박살났다고 해도 무방할 정도였으며 러시아 국민은 극도로 고통스런 시절을 보냈다고 말한다. 어머니가 우체국 직원이었는데 그 당시 몇 달씩 봉급을 받지 못했다고 한다. 그래서 일리야는 러시아에서 민주주의란 부패와 무능력과 상통하는 개념이고 자유란 무질서와 비슷한 느낌으로 러시아 국민들에게 자리잡았다고 한다.

신기한 게 러시아같이 큰 나라에서 사투리가 거의 없다는 점이다. 사투리는 보통 지리적 장애 때문에 생기는데 러시아는 인구의 대다수가 도시에서 살다가 모험가와 탐험가가 러시아 동쪽을 개척하면서 언어도 새롭게 개척한 곳에 그대로 옮겨졌다고 한다. 그리고 소련 시절에 나라 전역에 같은 언어 기준을 적용하고 강요했다. 일리야가 보기에 러시아 국민들은 남녀의 성역할에 대해서도 보수적인 기준을 적용하고 푸틴과 같은 대통령에 대해서도 일종의 절대 권력을 가진 '아버지'로 보는 경향이 강하다. 아버지가 설령 잘못해도 함부로 대들 수 없듯이 러시아 국민들은 푸틴도 그렇게 본다는 뜻이다. 즉 푸틴은 전통적인 러시아 지도자상에 가깝다는 것이다. 러시아의 황제 '차르' 전통이 아직도 많이 남아있는 것 같다.

지금 벌어지는 우크라이나 전쟁 원인에 관한 내용도 있다.

"2013년 러시아의 이웃국가인 우크라이나에서 반정부 시위가 일어났다. 우크라이나 대통령 빅토르 야뉴코비치가 민간인 대량 학살 혐의로 형사 입건 위기에 처하자 해외로 도피했고 새로운 정부가 들어섰다. 문제는 이 정부가 반(反)러시아 성향을 보였다는 것이다.(페트로 포로셴코 대통령으로 2014년 6월부터 2019년 5월까지 재임했다. 다음 선거로 당선된 대통령이 볼로디미르 젤렌스키 대통령이다. 임기는 2024년 5월까지다. 우크라이나 대통령은 5년 중임제다.)

포로셴코 대통령은 유럽 연합 및 나토 가입, 미국과의 친선 등을 발표했다. 소련 시절부터 크림반도에 주둔하던 러시아 해군 기지의 철수를 명령했고, 그 자리에 나토의 군사 기지를 설립하겠다고 선언했다. 또한 방송이나 학교 등에서 러시아어 사용을 금지했다. 상황은 매우 빨리 악화됐고, 두 나라는 단교 단계에까지 갈 뻔했다.(148쪽) 그런데 러시아도 2014년 3월에 크림반도에 군대를 보내 합병을 했으니 포로셴코 대통령이 이런 극단적인 조치를 취할 만도 했다.

2019년 5월 집권한 젤렌스키 대통령은 포로셴코 대통령보다 더 강력하게 친 서방, 반 러시아 노선을 걸었다. 그리고 2022년 2월 우크라이나 전쟁이 터진 것이다. 여기서 한 가지 한국에 잘 알려지지 않은 사실을 든다면 젤렌스키가 '민족 영웅'으로 치켜세운 아조프연대는 네오나치 대원을 공공연하게 받아들이는 우크라이나의 극우 민족주의 민병대라는 것이다. 이해영 교수에 따르면 2019년 10월 미국 하원 의원들은 폼페이오 국무장관에게 연서명한 서한을 보내 네오나치를 표방하는 아조프연대에게 어떤 지원도 하지 말 것을 촉구했다. 우크라이나는 무장한 네오나치가 거리의 정치뿐만 아니라 의회와 언론에도 막강한 영향력을 행사하며 전 세계 네오나치의 허브로 자리잡았다는 것이다. 그런데 우크라이나 전쟁이 터지자 미영 등 서방 언론에서는 아조프연대 등 네오나치 문제가 거의 삭제되어버렸다. 전쟁이 터지면 제일 먼저 희생되는 것은 진실이라고 한다. 우크라이나 전쟁은 복잡한 변수와 동기가 얽혀있는데 그중 하나가 우크라이나의 네오나치 문제다. 이해영 교수는 우크라이나 무장 나치들은 지리멸렬한 우크라이나 군경을 대신해서 사실상 미국이 조직한 국립 경찰을 장악했고 국방군에도 정식 편입된 상태라고 말한다.

일리야는 한국인들이 러시아에서 잘 적응한다고 말한다. 미국인과 같이 법과 절차를 중시하는 사람은 적응하기 어려운데 인맥을 중시하는 한국인들은 인간관계와 정서적인 면에서 러시아 사람과 잘 맞다는 것이다. 러시아는 나이를 따지는 문화가 없으며 사람 사이의 관계를 친근감의 수위로 구분짓는다. 크게는 네 가지로 분류할 수 있다.

첫 번째가 '드룩'이다. 죽마고우 같은 개념으로 가족보다 더 가까운 사람이란 의미로, 한 사람에게 한 명 내지는 두세 명만 있다고 볼 수 있다. 드룩에는 남녀가 따로 없다.

드룩보다 약간 아래 단계로 볼 수 있는 관계는 '쁘리야뗄'이다. 드룩까지는 아니지만 같이 있으면 편하고 내가 굳이 마음에 방어벽을 세우지 않아도 믿을 수 있는 관계다. 그다음이 '다바리쉬'로 같은 업무나 같은 일을 하는 사람이다. 같은 반 아이나 같은 직장 동료, 같은 단체에서 활동 중인 사람을 가리키기도 한다. 마지막인 '즈나꼬믜이'는 말 그대로 '지인' 또는 '아는 사람'이라는 뜻이다. 지속적인 관계를 유지하면서 필요할 때 내게 도움이 될 수 있는 사회적 친분이 있다는 말이다.

마지막으로 러시아인의 가장 큰 명절은 새해고 그다음이 '대조국전쟁 승전일'인 5월 9일이다. 소련군이 2차 세계대전 때 독일 베를린에 진군해 나치독일의 국회 건물을 장악한 후 소련 국기를 올린 날이다. 소련은 독일과 싸우면서 약 3,000만 명의 희생자를 냈다. 지금도 대조국 전쟁과 연관이 없는 집은 찾아보기 힘들다. 일리야의 집도 외가의 증조할아버지와 증조할머니 들께서 그 전쟁에서 독일과 싸우다가 돌아가셨다고 한다. 중학교 때 사회 선생님이 소련에서 살다 오신 한국인이었는데 2차대전 후에 성인 남자가 너무 모자라 자기도 러시아 여자에게 결혼하자는 제안을 많이 받았다는 얘기를 한 기억이 난다.

지극히 사적인 이야기이면서 러시아를 이해하기에 좋은 책이다. 옛날에 모스크바 유학을 다녀온 사람에게 '모스크바는 음침한 도시' 느낌이 난다고 말하자 잔소리를 들었다. 모스크바는 전혀 음침하지 않고 밝고 화사하며 좋은 도시라고 말이다. 모스크바뿐만 아니라 러시아 전체도 그랬으면 좋겠다. 참고로 처음에 저자가 여자인 줄 알았다. 인터넷에 검색해보고서야 저자가 잘생긴 청년인 줄 알았다. 왜 그런 선입견을 가졌을까? 내 지극히 '사적인' 선입견은 어디서 형성된 것일까.

잠자는 숲속의 소녀들

수잰 오설리번/ 서진희 옮김/ 한겨레출판

저자는 영국의 의사다. 현재는 영국 국립신경외과병원에서 신경학과 임상신경 생리학과 전문의로 재직하고 있다. 서문에서 저자는 스웨덴에 망명 신청한 러시아 출신 아홉 살 소녀 이야기를 말한다. 소피는 1년 넘게 죽은 듯한 무반응 상태에 빠져 있다. 뇌 영상을 분석해보면 소피는 아무런 문제가 없어 집으로 돌아갔지만 여전히 계속 누워만 있다. 저자는 말한다. "신경과 전문의인 나는 정신이 몸에 얼마나 큰 영향을 미치는지 알고 있다. 신경학적 증상을 호소하는 환자의 3분의 1에게 나타나는 것은 사실 심인성 증상이다. 즉 '실제로' 장애가 있는 신체적 증상은 보이지만, 질병이 아닌 심리적 혹은 행동주의적 원인에서 증상이 기인했다는 것이다. 마비, 시력 상실, 두통, 현기증, 혼수상태, 떨림, 혹은 흔히 떠올리는 다른 증상이나 장애 역시 심인성 질환일 수 있다."(12쪽) 혼수상태와 시력 상실이 심인성 질환일 수도 있다니 놀랍다.

소피가 처한 병은 체념증후군으로 불린다. 스웨덴에서 이런 병에 걸린 망명이나 난민 관련 소녀는 많다. 그런데 가족들이 당국에 낸 심사 허가가 통과되어 스웨덴 거주 허가를 받게 되면 아이들이 보통 깨어난다고 했다. 회복되는 과정은 완만하고 더뎌 몇 달 혹은 그보다 더 오래 걸릴 수도 있는데 이는 아이가 그동안 얼마나 오랫동안 아팠는가에 달려 있었다. 그럼 소녀들이 꾀병을 부린 것인가? 전혀 그렇지 않다. 실제로 소녀들의 체념증후군은 실존하는 병이다. 망명 신청자들은 신청자들의 주장이 거짓이 아닐까 봐 위협적인 분위기에서 꼬치꼬치 따지며 신문하는 망명 관련 공무원들을 만나게 된다. 어린 자녀들도 대개는 이 자리에 함께 참석해야 한다. 체념증후군은 기대와 실망이 반복되는 절망적인 상황 때문에 생기는 병인 것이다.

니카라과공화국에 사는 미시키토인은 그리지시크니스로 알려진 병에 걸린다. 세 군데 공동체에서 43명이 몸을 떨고 호흡 곤란을 일으키며 실신한 듯한 상태에서 경련을 일으킨다. 이 질환의 가장 주요한 증상은 환시다. 환자들은 섬뜩한 낯선이가 찾아와 자신을 데려가려 한다고 했다. 악마로도 말해지는 이 모습은 환자마다 다르게 나타난다. 개인에 따라 환시가 다르게 나타나는 것이다. 신체화는 심인성 장애의 발달에서 핵심이라 할 수 있다. 질병과 건강에 대한 생각 역시 우리 뇌에 내재화된다. 사람들은 때로 생각이 주로 우리 머릿속에 존재하며 몸은 거의 또는 아예 어떤 기능도 하지 않는다고 오해한다. 그러나 사실 몸은 인식에 깊이 관여한다. 만약 어떤 감정을 끄집어내라는 요청을 받는다면 나는 곧 바로 가슴과 팔다리, 피부의 신체적인 경험을 느끼려 할 것이다. 추억을 떠올리면 심장박동수와 근육 긴장도, 모낭에 변화가 생긴다. 몸과 마음은 서로가 상호작용한다.(89쪽)

2010년, 카자흐스탄의 작은 마을에 거주하는 사람들 약 130명이 오랜 시간 잠에서 깨어나지 못하는 질병에 걸렸다. 사람들은 오랜 시간 입원과 퇴원을 반복했다. 이 수면증은 체념증후군과 마찬가지로 발병하는 지역이 제한되어 있어 이웃한 두 도시 크라스노고르스크와 칼라치에서만 발병했다. 이 곳의 작은 도시 두 곳에서만 발병하게 된 구체적인 이유는 무엇일까? 수면증은 사람이 많이 모인 곳에서 시작됐는데 증상이 다양했다. 아이들은 수면 이상 대신 여기저기 미친 듯이 뛰어다니고 환각 상태에 빠졌으며 바닥에 쓰러지고 경기를 일으켰다. 그런데 그들은 시간이 지나면서 자연스럽게 회복했다. 이런 이상한 병도 있다는 말인가. 크라스노고르스크는 1975년 경 구소련에서 만든 광산도시였다. 크라스노고르스크는 특별한 목적으로 만들어진 식민지로 우라늄을 구하고 필요했던 시절 광산에 도움이 되어야 한다는 오직 한 가지 기능을 위해 만들어진 곳이었다. 러시아에서 노동자들이 이송되었고 노동자들에게 모든 편의시설과 학교와 의약품과 병원, 문화센터, 음악 학교, 소방서, 사탕, 비스킷 등 6,500명의 주민들은 당시로서는 상상할 수 없는 혜택을 누렸다. 세월이 흘러 우라늄 광산은 폐쇄되었고 마을 주민들은 다른 곳으로 이주해야만 했다. 그들이 생각하기에 낙원에서 평범한 곳으로 쫓겨나는 것이었다. 마을 주민들은 정부가 이주를 독려하기 위해 마을에 독을 뿌렸다고 생각하고 있었다. 의사부터 마을 주민 모두가 그렇게 생각하고 있었다. 그런데 정부 조사단이 조사한 결과 독은 없었다. 그래도 주민들은 독으로 인한 질병 발생설을 믿었다. 크라스노고르스크는 지금은 낡아빠진 도시지만 예전에 그리고 마을 주민의 추억속에는 낙원으로 기억되어 있었다. 도시를 떠나야 한다는 그리고 한 때 낙원이었던 도시에서 일종의 추방당한다는 느낌 같은 것이 발병 원인이 아니었을까. 발병 원인은 정확하게 밝혀지지 않은 채로 질병은 사라졌다.

　이상하다면 이상한 일이다. 그러나 마음과 몸은 연결되어 있어 이상하지 않을 수도 있다. 아우슈비츠에서 살아남은 프리모 레비는 우리 일상에서도 강제수용소에서나 있을 법한 희망의 상실과 비슷한 일이 일어난다고 믿었다. 레비는 자신을 포기하고 죽음에 이른 자들은 죽기 오래전부터 표정이 죽은 사람 같았다고 말했다. '뮈슬맨Muselmann'은 살아갈 의지를 잃어버린 사람을 뜻하는 말이다. 그런데 강제수용소만큼 극단적인 상황에 놓이지 않아도 그런 현상은 일어난다. 미국에 거주하는 라오스 난민인 몽족 집단에서 1970년대와 1980년대에 일어났다. 몽족은 원래 중국 출신의 소수 민족이다. 베트남 전쟁 중에는 미국의 편을 들었고 미국이 베트남 전쟁에서 지자 많은 몽족이 난민 자격으로 미국에 갔다. 그런데 1년 안에 그들 중 수십 명이 알 수 없는 이유로, 기존의 어떤 병이나 전조 증상도 없이 수면 중에 사망하는 일이 발생했다. 당시 질병관리본부에서는 심부정맥으로 인한 사망으로 추정했으나 그래도 정확한 원인을 밝혀내지 못했다. 몽족에게 유전적으로 심장 문제가 있을 수는 있지만 다른 나라에 있는 몽족에게서는 비슷한 일이 일어나지 않았다.

　이들의 죽음이 미국 문화에 동화하려 한 스트레스와 관련된 것은 아닌지 의심하는 사람이 많았다. 1970년대에 미국으로 간 몽족은 문맹이었고 영어도 하지 못했다. 그들은 산에서 사는 데 익숙했으며 일부다처제였다. 미국에서는 대가족이 비좁은 공간에 살아야 했고, 현대식 기기를 사용할 줄도 몰랐으며, 일자리를 구할 가능성도 희박했다. 이들이 그저 포기하고 죽기로 한 것이란 추측이 널리 퍼졌다. 몽족은 이들 죽음에 대한 그들만의 생각이 있었다. 몽족은 악마가 이들을 죽였다고 믿었으며 이들이 악몽으로 인한 공포로 죽었다고 말했다. 누구도 제대로 된 설명을 내놓지 못했다. 정말로 불가사의한 일이다.(166~167쪽)

스트레스가 심각한 심장기능 상실을 일으키는 타코츠보 심근증이라는 병이 있다. 이 병에 걸리면 심장 근육이 갑자기 약해지고 심실의 모양이 바뀌기도 한다. 타코츠보 심근증은 잘 알려지지 않은 병으로, 보통 갑자기 정서적, 신체적 충격을 받거나 심각한 만성 스트레스를 겪을 때 나타난다. 이 병의 전형적인 원인은 가족의 사망이나 중병, 사고, 심한 말다툼, 극심한 공포, 재정 손실을 들 수 있다. 과학자들은 스트레스 호르몬(특히 아드레날린) 수치가 급격히 올라가 심장에 무리가 오면서 심장이 수축을 효과적으로 하지 못하게 되는 것으로 보고 있다.(172쪽) 예전 어느 책에서 사람이 작은 원숭이를 손으로 쥐거나 만지면 원숭이가 공포나 스트레스로 심장이 멈춰 죽는다는 이야기를 읽었다.

수잰은 스트레스로 심장이 변형되는 타코츠보 심근증으로 죽을 뻔한 캐린의 사례와 기능성 신경장애로 휠체어를 타고 다니는 타라의 예를 든다. 이들은 모두 건강했지만 마음의 문제로 중병에 걸린 케이스다. 이쯤되면 갑자기 이기이원론이나 사단칠정설 또는 음양오행설이 떠오르기도 한다.

2017년 8월, 미국 CBS 뉴스는 쿠바에 있는 미국 국무부 직원들 여러 명이 원인이 규명되지 않은 심각한 의료 문제를 겪고 있다는 내용의 기사를 내보냈다. 쿠바에 있는 미국 외교관들이 일련의 유사한 증상, 즉 두통, 귀통증, 청각장애, 현기증, 이명, 휘청거림, 시각장애, 기억력 저하, 집중력 저하, 피로 등을 보이는 병에 걸린 것은 2016년 12월 부터였다. 여섯 달 동안 17명의 사례가 있었다. 대사관의 의학 부서에서는 병의 원인을 설명하지 못했고, 이 병에 걸린 많은 환자가 미국으로 돌아갔다. 아바나증후군으로 불리는 이 병의 원인으로 가상적국의 음파무기가 거론되었다. 이런 음파무기는 실체가 있는 것일까? 이 사건 초반부터 무기전문가들은 공격에 사용되었다고 의심한 그런 종류의 무기는 존재하지 않는다고 아주 분명하게 이야기했다. 의료 전문가들 역시 소리가 뇌 손상을 가져오진 않는다는 점을 확실히 했다. 그런데도 이 사건은 왜 그렇게 언론의 관심을 끌었을까? 소리로 공격하는 무기가 존재하지 않으며 소리가 뇌에 해를 끼치지 않는다는 불편한 진실을 공동체가 외면할 수 있다는 것 역시 인지부조화 경험에 대한 흔한 반응이라 할 수 있다.(198쪽)

음파무기가 확실히 존재한다는 것과 같은 잘못된 믿음은 많은 기능성 장애 발달의 핵심이라 할 수 있다. 아바나증후군을 경험한 외교관들은 마치 공격이 이미 입증된 사실인 것처럼 아주 빠르게 폭발 상해 전문가인 호퍼 박사에게 보내졌다. 이어서 뇌진탕 전문가인 스미스 박사에게 보내져 진찰을 받았다. 의료적인 노력을 거꾸로 된 접근 방식으로 진행해, 에너지 무기의 존재를 상정하고 그에 따라 그 시각에서 증상을 설명하려 한 것이다. 아바나증후군은 강력한 사회 정치적 파동이었다. 미국 대사관 직원들과 정치인, 의사 등 많은 사람이 이 사건에 휘말렸다.(223쪽) 의사들 역시 집단 히스테리 파동에 휩싸인 것이다. 의사들도 병에 걸린 그 어떤 환자 못지않게 선입견에 사로잡힌 것은 아닐까.

저자 수잰은 한국의 심인성 질병도 언급한다. 화병이다. 한국에는 '불의 질병'이라는 뜻의 '화병hwa-byung'이 있다. 이는 문화의존증후군 또는 민족질병이라 일컬어지는 병 중 하나다. 증상은 가슴 통증이나 호흡 곤란 등 다양한 신체적 이상이다. 서구 의학 체계에서 누군가 이런 증상이 있으면 안심해도 좋다는 말을 듣거나 아니면 다양한 피검사를 제안할 것이다. 화병은 한국인들에게 문화적인 의미가 있으며, 서구 의사들이 이를 이해하기는 쉽지 않다. 이 병은 특히 중년 여성들이 걸리며, 부부간의 갈등과 불신으로 인한 스트레스와 관련 있다. 구체적인 증상들은 문자 그대로가 아닌 특별한 종류의 심리적 고통에 대한 비유라 할 수 있다. 화병은 지지를 구하는 방법이다.(328쪽)

서구의학은 외과 수술과 마취 등에서 뛰어난 성과를 얻었다. 그런데 나는 늘 서구의학이 사람을 일률적으로 취급하는 것이 이상했다. 예를 들어 어떤 사람은 한겨울에도 반팔만 입고 다니고 어떤 사람은 한여름에도 긴옷을 입고 다닌다. 체질이 다르고 몸의 대사도 다르다. 그런데 이런 사람에게 똑같은 양과 똑같은 종류의 항생제 등을 처방한다. 아마도 약이 몸 안에 들어가서 작용하는 양과 방법도 다를 것 같은데 말이다.

저자는 서구 의학의 문제점을 지적하는데, 불필요한 검사를 과도하게 하는 것도 그 중 하나다. 검사들이 화학 작용을 일으키지 않는다고 할 수도 없으므로 이로움보다 해로운 면이 더 클 수도 있다. 검사를 많이 하면 의사는 늘 무언가 정상에서 벗어난 점을 찾아낼 것이고 이를 과도하게 해석하기 쉬워지며 환자들에게는 불안만 가중시킬 것이다. 검사를 많이 하는 게 좋은 치료는 아니다. 적절한 의료 검사를 하고 충분히 경험 있는 사람들이 그 결과를 제대로 해석하는 게 좋은 치료다. (361쪽)

한국에서는 이미 의료가 상업화되어 환자와 의사 사이에 불신이 자리잡고 있다. 의사가 MRI나 CT를 찍자고 하면 환자는 따르지만 속으로는 X레이로도 충분하지 않을까 생각한다. 의사와 병원이 수입을 올리기 위해 검사를 남발하는 것이 아닐까 하는 생각이 모든 환자들의 머리에 자리잡고 있다. 나는 얼마전 발뒤꿈치가 아파서 정형외과병원에 갔더니 아킬레스건염이라면서 비보험치료인 체외충격파치료를 처방했다. 한 번에 8만원씩 8회로 64만원이 들었다. 두 번 받고 나서 아무래도 이상해 운동요법으로 치료했고 괜찮아졌다. 아는 의사에게 물어보니 체외충격파치료가 왜 필요한지 자신도 납득되지 않는다고 말했다. 의료가 상업화되고 의사들의 고소득을 보장하는 수단이 아닐까 의심이 드는 순간부터 제대로 된 치료는 멀어진다. 의술이 인술이라는 말은 교과서에만 나오는 말이 되는 것이다.

또 저자는 서구 의학이 사람들의 작은 차이점과 사소한 신체변화에 진단명을 부여하곤 하는 경향도 지적한다. 미국에서 벌어진 마약성 진통제 처방과 항생제 남용도 문제다. 이제 우리는 자신의 몸은 자신이 진단해서 지켜야 할 시대가 된 것이다. 의사들은 환자가 인터넷 등을 검색해서 나름의 진단과 처방을 생각해서 병원에 오면 화를 내지만 그것도 의사가 일부 자초한 점이 있다.

몸과 마음은 연결되어 있다. 이 책에서 나오는 다양한 사례만큼 그 사실을 명쾌하게 보여주기 쉽지 않을 것이다. 날로 건강하지 않게 변하는 우리 사회의 앞날만큼이나 시민의 건강도 걱정된다.

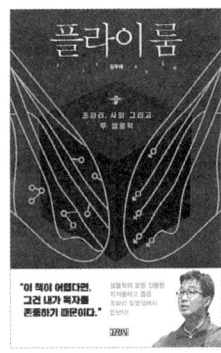

플라이룸

김우재/ 김영사

플라이룸은 '파리방'이다. 생물학실험에 쓰는 초파리를 키우고 실험하는 곳이다. 초파리는 생물 실험에 널리 쓰인다. 마틴 브룩스가 쓴 책 『초파리』는 이렇게 설명한다.

"작은 크기와 까다롭지 않은 습성 때문에 초파리는 기르고 먹이는 데 비용이 얼마 들지 않는다. 500㎖크기의 우유병에 썩어가는 바나나 한 조각만 넣어 두면 초파리 200마리가 2주일 동안 행복하게 살 수 있고, 초파리는 암컷 한 마리가 알을 수백 개나 낳기 때문에 번식시키기도 쉽다. 게다가 초파리는 한 세대가 사는 시간도 짧다. 태어나서 생식하고 죽기까지 불과 몇 주일 밖에 걸리지 않는다."

저자 김우재는 초파리유전학자다. 저자는 책에서 초파리로 뭘 실험하고 생물학과 유전학에 어떤 성과를 거뒀는지 바로 들어가지 않는다. 책의 앞부분은 한 기초과학 연구소 이야기로 채워져 있다. 미국 워싱턴 DC의 하워드휴스의학연구소HHMID에서 설립한 자넬리아 연구소다.

자넬리아에 처음 도착한 과학자는 우선 그 건물의 위용에 압도당한다. 호수를 마주한 1층과 2층은 모두 자넬리아의 방문객을 위한 객실로, 호수의 곡면을 따라 마치 비싼 휴양지의 호텔처럼 지어졌다. 자넬리아는 한 지붕 아래서 생물학자, 물리학자, 엔지니어, 화학자가 함께 일할 수 있는 구조로 연구소를 구성했다. 자넬리아는 공동연구를 촉진하는 구조를 핵심으로 하여 과학자들에게 최대한의 휴식과 여유를 보장한다. 연구소 1층엔 커다란 술집이 밤늦게까지 영업하고 있다. 그 술집에서 과학자들은 밤늦게까지 술도 마시고, 스포츠 중계도 함께 관람하고, 공동연구 주제를 토론하고, 격렬한 논쟁을 벌이기도 한다.(23~24쪽) 이런 구조와 행동을 정부에서 출연하는 관료적인 연구소가 할 수 있을까? 이익과 성과를 최우선으로 삼는 민간기업 연구소가 할 수 있을까? 불가능하다. 자넬리아 연구소의 운영을 보자. 첫째 자넬리아 연구소는 수십 개의 소그룹으로 나뉘어 있고, 한 그룹의 숫자는 다섯 명을 넘지 않는다. 둘째 종신직을 제한하되 연구비는 모두 연구소 내부에서 충족된다. 연구비 수주를 위한 시간을 아껴 연구에만 집중하게 하기 위해서다. 셋째 연구비 이외에도 자넬리아는 최첨단 연구를 수행하는 데 필요한 대부분의 기자재와 실질적인 학제 간 연구가 가능한 환경을 제공한다. 생물학자와 물리학자가 엔지니어와 한 지붕 아래에서 협업한다는 것이다. 넷째 이런 환경을 제공하는 대가로 연구자들은 반드시 모험적이고 진취적이며 기존의 전통적인 연구환경에서는 불가능한 연구에 도전해야만 한다.(30쪽) 놀랍다. 미국의 기초과학 수준이 압도적인 데에는 다 이유가 있다. 한국에서 이런 연구환경이 가능할까?

이미 과학은 관료화, 산업화, 거대화되었다. 그리고 기술과학으로 변화되었다. 기초과학의 위기는 이런 현대과학의 변질 속에서 이해해야 한다. 과학계가 처해 있는 현실은 암담하다. 우리는 더 이상 교과서에서 배웠던 과학자의 모델을 찾을 수 없다. 그런 과학자가 되고자 하는 학생도 보이지 않는다. 과학기술 분야 박사학위 소지자는 급증하고 있고 과학기술의 선도자 역할을 자처하는 미국에서조차 과학기술 분야 박사학위 소지자들의 실업문제가 심각하다. 한국의 사정은 더 심각할 것이다.(52쪽)

기초과학은 말 그대로 기초적 성격을 지닌다. 국가의 기초에 헌법이 존재하듯이, 기초과학은 한 국가의 산업기술이 장기적으로 튼튼한 체력을 지닐 수 있는 자양분을 제공한다. 당장은 돈이 되지 않는 것처럼 보이는 기초과학 투자는 긴 안목과 호흡의 철학을 지니고 추진되어야 한다. 그런데 시장도 정부도 이런 장기적인 투자를 하기 어려운 사정이라면 제3의 방식을 디자인해야 한다. 저자는 정부도 시장도 아닌 제3의 방식을 권하며 이는 제3섹터의 과학, 자넬리아 같은 비영리민간재단의 방식이다.(56쪽) 역시 한국에서 잘 가동될 수 있을까 하는 의문이 든다. 한국에서 거액을 내는 자산가들은 대부분 재벌기업들이고 이들 재벌이 운영하는 문화재단이 투명한지, 독자적으로 운영되고 있는지 믿기 어렵기 때문이다. 더욱이 과학 분야 비영리 민간재단은 드물다. 한국은 이래저래 기초과학 분야 발전이 어려운 사정이다.

플라이룸이나 초파리 연구에 관한 얘기는 미루고 책 앞부분이 자넬리아와 비영리 민간재단 얘기로 채워진 이유는 한국에서 이런 연구가 어렵기 때문이다. 한국의 기업이나 정부가 초파리 연구에 거액을 내놓을 수 있을까? 그런데 생명과학 분야에서 획기적인 연구가 초파리 연구에서 탄생한 것도 사실이다. 딜레마인 셈이다.

생물학 실험의 주요 대상이 초파리와 생쥐다. 그런데 저자는 초파리를 연구하는 학자답게 초파리는 신경경로가 행동을 조절하는 기작의 연구에서 가장 효과적인 모델생물이라고 주장한다. 공격성의 신경생물학적 원리는 무엇인가, 감정은 어떻게 조절되고, 기억은 어떤 방식으로 저장되는가. 이런 대부분의 질문이 초파리 행동유전학을 통해 풀리고 있다. 초파리 수컷을 암컷과 놔두면 곧바로 수컷은 암컷을 향해 구애행동을 한다. 1970년대 초파리 유전학은 행동유전학이라는 분야로 탈바꿈하게 되는데 그 혁명적인 변화를 이끈 과학자는 시모어 벤저다. 벤저는 1970년대 초파리를 이용해 유전자와 행동의 직접적인 인과관계를 밝힌 과학자로, 자넬라의 행동유전학 연구 대부분은 벤저를 기원으로 한다고 해도 과언이 아니다.(89쪽)

벤저는 분자생물학자였다. 저자의 샌프란시스코 실험실 선배 연구원이었던 레베카는 초파리 암컷도 아마 최선의 행동을 통해 알 낳는 장소를 선택할 것이라는 가설을 세웠다. 레베카는 먼저 초파리 암컷을 작은 직사각형 모양의 상자에 넣고, 상자 양 끝에 서로 다른 설탕 농도를 지닌 산란 장소를 만들었다. 놀랍게도 초파리 암컷은 거의 항상 설탕 농도가 더 낮은 곳에 알을 낳았다. 암컷 초파리가 상황을 비교하고 의사결정을 한다는 결정적인 증거였다.(92쪽) 초파리 연구실 신입이 가장 먼저 배우는 일이 암컷과 수컷을 구분하는 일이고 그다음에 배우는 일이 처녀를 구분하는 일이다. 처녀를 잘 구분해야만 원하는 유전형을 지닌 초파리를 만들 수 있다.

저자는 캐나다에서 초파리의 교미시간을 연구했다. 초파리의 교미시간은 겨우 20여 분, 경쟁자의 존재는 교미시간을 약 5분 길게 만들고, 교미 경험은 교미시간을 5분 짧게 만든다. 5분, 초파리의 뇌는 이 5분을 어떻게 계산하는가. 그보다 앞서, 인간의 뇌는 도대체 어떻게 짧은 시간을 인지하고 계산하는가. 인간의 몸엔 시간만을 지각하기 위해 존재하는 기관이 없다. 실험 결과, 눈과 귀 등 모든 감각기관을 차단해도 인간이 시간의 흐름을 느낀다는 사실이 밝혀졌다. 인간의 몸 안에, 혹은 뇌 속에 내부시계가 존재하는 것이다. 그 시계는 우리의 의지와는 상관없이 계속 시간을 측정하고 있으며, 가끔씩 외부 세계의 자극을 받아들여 시간을 다시 조정하는 방식으로 시간지각을 조절한다. 그런데 시간지각은 외부자극에 따라 주관적이기도 하다. 독서나 게임에 완전히 몰입해 집중했을 때, 우리는 평소와는 다르게 시간이 얼마나 지났는지 가늠하지 못하곤 한다. 청소년들이 게임방에서 하루 종일 게임을 하면서도 불과 몇 시간이 지나지 않았다고 여기는 이유가 여기에 있다. 초파리의 교미시간은 몇 분을 더 혹은 덜 지속해야 하는, 초파리 수컷의 시간지각과 관련된 문제이다. 그리고 초파리를 연구해서 분자적 작동 원리가 알려지지 않은 간격 시간 조절의 유전학적 비밀을 연구할 수 있다. 그렇게 실험실은 초파리 수컷의 교미시간의 비밀을 풀며, 인간의 시간지각 능력을 유전학적으로 연구하게 되는 것이다.(152~153쪽)

생물학에는 두 분야가 있다. 진화생물학과 분자생물학이다. 예를 들어 "저 나무의 잎은 왜 초록색인가?"라는 질문에 대한 진화론적 설명은 기나긴 진화의 과정에서 엽록체를 지닌 식물이 살아남아 더 많은 자손을 만들었다는 것이 될 수 있다. 하지만 기능적 설명은 엽록체의 기능과 왜 초록색이 지구에서 태양빛을 받아 전자전달계를 통해 에너지를 만드는 데 가장 유리한지에 대해 말할 것이다.(264쪽) 두 생물학을 지탱하는 연구 프로그램과 지침서, 문화와 스타일은 모두 다르다. 하지만 둘 다 생물학이다. 진화생물학의 이론이 분자생물학의 모든 발견을 정당화하지 못한다. 분자생물학의 발견이 진화생물학의 이론을 모두 정당화하지 못하는 것과 마찬가지다. 하지만 그 둘의 이론과 발견은 마치 이중나선의 양 가닥처럼 상호보완적이다.(266쪽)

만약에 기초과학과 응용과학 양 분야가 있다고 치면 진화생물학과 분자생물학처럼 상호보완적일까? 그래야 하겠지만 그렇지 않다. 기초과학에 대한 연구비와 지원은 점점 줄어든다. 미국이나, 미국에서 모든 걸 영향받은 한국처럼 기초과학에 대한 이해가 경제와 국가발전이라는 패러다임에 갇힌 국가에선 더욱 그렇다. 그런 국가에선 경제가 어려워지면 기초과학 지원이 가장 먼저 끊기게 마련이고, 권력을 쥐는 쪽의 취향에 따라 기초과학 연구비는 풍전등화의 위기를 맞게 마련이다. 초파리 유전학자들은 살아남기 위해 발버둥을 치고 있다. 인문학이나 사회과학만 살아남으려 노력하는 게 아니었다. 기초과학계의 현실도 비정하다. 그래서 초파리 연구자들은 빠르게 인간질병 연구 분야로 뛰어들어 점점 더 질병을 중심으로 치우치고 있는 연구비 전쟁에서 살아남으려고 한다. 그렇게 젊고 총명한(저자는 '약삭빠른'이란 말을 덧붙이고 있다.) 과학자들이 모두 초파리를 응용과학의 도구로만 사용하게 된다면, 자넬리아처럼 부유한 일부 영역들을 제외하곤 초파리 연구자들을 볼 수 있는 기회는 이제 사라지게 될 것이다.(284쪽)

저자는 그것이 운명이라면 그 운명 또한 받아들여야 할지 모른다고 말한다. 그리고 미래의 과학자들을 향해 기초과학이라는 이 험난한 피라미드에 들어서지 말 것을 권한다. 책의 마지막은 이렇게 끝난다. 그런데 저자는 역설적으로 피라미드를 건설하는 일에, 즉 기초과학을 세우는 일에 사회와 과학자와 국가가 더 많은 노력을 기울일 것을 촉구하는 것처럼 보인다.

초파리 유전학을 통해 과학자들은 혹스(Hox) 유전자를 발견했다. 이 유전자는 동물 배아에서 발생이 진행될 위치 정보를 알려준다. 우리가 팔과 다리를 가지는 것과 절지동물이 마디를 지니는 것이 모두 유사한 유전자 시스템이 작동한다. 이 유전자 염기 서열과 작동방식은 초파리와 사람이 모두 비슷하다. 이 혹스 유전자는 생명 역사의 초기에 진화했고 수억 년에 걸친 진화 역사에서 동물에서 그대로 보존될 만큼 생명 역사에서 중요한 역할을 했다.

그런 성과를 얻어내게 한 초파리 실험실과 초파리 연구자들이 사라질 위기에 처했다는 말이다. 자동차가 발명되었다고 자전거가 사라지지 않듯이 초파리 기초 과학실이 계속 살아남으면 좋겠다. 저자를 위해서가 아니라 그야말로 '기초'를 위해서다. 건물 기초가 튼튼하지 않으면 건물에 금이 가고 물이 새기 쉽듯이 말이다.

오랑캐 홍타이지 천하를 얻다

장한식/ 산수야

청 태종 홍타이지는 영웅이다. 그가 적장을 대한 태도를 보자. 홍타이지는 1631년 8월부터 대릉하성을 포위 공격했다. 홍타이지는 홍이포의 사정거리에서 벗어난 3리(1.2킬로미터) 바깥에 참호를 파고 참호의 바깥에는 담을 쌓았다. 대릉하성의 명군 장수는 조대수였다. 홍타이지가 장기전으로 포위 공격을 하자 식량과 마초가 떨어진 조대수는 견디지 못하고 항복했다. 홍타이지는 부하들을 1리 밖까지 보내 조대수를 환영했다. 조대수가 무릎을 꿇고 신하의 예를 올리겠다고 말하자 홍타이지는 그를 만류하면서 끌어안았다. '거물'의 투항에 기쁜 홍타이지는 항복의식 대신 만주식 포견례를 행한 것이다.(261쪽)

그후 조대수는 다시 명나라에 귀순해 1641년 장수로 금주성을 지키고 있었다. 영원성을 지키던 계요총독 홍승주가 항복하고 금주성의 식량이 떨어지자 조대수는 1642년 2월 다시 홍타이지에게 항복했다. 1631년에 이어 두 번째 투항이었다. 홍타이지의 장수들은 하나같이 조대수를 죽여야 한다고 목청을 높였다. 그런데 배포가 컸던 홍타이지는 조대수의 두 번째 항복을 받아주었다. 이때부터 조대수는 진심으로 홍타이지를 따르며 자신의 모든 역량을 명나라 공격에 쏟아붓게 된다.(268쪽) 두 번째 항복을 받아준 건 쉽지 않은 결정이었다. 동시에 홍타이지가 명나라 공격에 얼마나 진심이었는지를 알게 한다.

청나라와 만주족에 관심이 많다. 청나라 태조인『누르하치』를 읽고, 태종인 홍타이지를 찾아보니 책이 별로 없다. 병자호란에서 인조가 무릎을 꿇은 삼전도 항복의 주인공이니 한국인에게 별로 인기가 없을 것 같다. 그럴수록 홍타이지를 연구해야 한다. 그는 어떻게 불과 200만의 만주족으로 당시 1억 5000만 명에 달하는 명나라를 정복할 생각을 하고 청나라의 토대를 튼튼히 했는가. 홍타이지가 볼 때 조선은 오랑캐이면서 오랑캐임을 잊고 명나라에 외골수의 충성을 바치는 어리석은 나라였다. 만주족과 한민족은 예전 고구려 시절에 만주를 차지한 고구려의 후계로 가까웠다. 함경도 일대에서 무장으로 활약한 이성계의 가계가 여진족과 밀접한 관계였다는 것은 잘 알려져 있다. 홍타이지가 볼 때 '성리학'과 '사대주의'로 똘똘 뭉친 조선이 얼마나 답답했을까. 조선은 만주족과 연합해 명나라를 정복해 청나라의 지분을 챙길 수도 있었지만 그런 반역의 정신은 꿈도 꾸지 못했다.

저자는 베이징 특파원을 지낸 기자 출신인데도 분명한 역사의식을 지니고 있다. 그는 만주족의 '오랑캐 정신'은 소국이 대국을 어떻게 대할 지에 대한 좋은 교훈이 된다고 생각한다. 저자는 이렇게 말한다. 나라의 크기로 상하(上下)가 정해지는 것은 아니며 작은 나라도 꿋꿋한 의지와 실력이 있다면 능히 큰 나라에 맞설 수 있다. 그 대표적인 사례가 바로 만주족의 청나라이다.

근대 국가 이전의 신생국의 성패는 대부분 2세 때 결정된다. 수나라는 양제, 진나라는 2세 호해 때문에 망했다. 반면 '태종(太宗)'이라는 묘호가 붙은 탁월한 2세들이 등장한 왕조는 수명을 오래 누렸다. 당 태종 이세민, 조선 태종 이방원 등은 창업주를 능가하는 탁월한 경영능력으로 어린 국가를 반석 위에 올려놓았다. 동양역사에서 태종들의 집권 과정은 대체로 순탄하지 못했다. 권력승계의 제도화가 확립되지 않은 상황에서 태조(창업주)의 여러 아들들은 후계를 놓고 골육상쟁을 벌이기가 일쑤였고 최종 승자가 2세(태종)가 되었던 것이다. 당 태종은 형과 동생을 죽이고 황제가 되었고, 조선 태종은 두 차례 왕자의 난을 치르면서 여러 형제를 해쳤다. 그들은 실력으로 권좌를 차지한 만큼 정치 성과가 뛰어났다.(107쪽)

홍타이지는 1592년에 태어나 1643년에 죽었다. 1626년에 누르하치의 후계자로 후금의 칸에 등극했고(연호는 천총 1년이 1627년), 1636년에 나라 이름을 청나라로 바꾸고 황제가 되었다. 홍타이지가 등극한 1626년(1620년대의 소빙하기)에는 가뭄과 이상저온으로 농사가 부실했고 경제가 극히 좋지 않았다.

홍타이지는 한인을 포용해 요동 농사를 재개했다. 홍타이지는 1627년, 이괄의 난으로 자중지란에 빠지고 북방의 정예병력을 잃은 조선을 공격해 조선을 아우로 삼는 '형제지맹'을 체결하고 목면 등 조선의 물자를 챙긴다. 그리고 1629년, 만주국에선 처음으로 유학실력으로 합격자를 가리는 과거를 실시했고, 1634년에는 228명의 한족 출신을 급제자로 선발했다. 한족 지식인 그룹에게 과거 합격은 인생의 최우선 목표였다. 이들에게 과거 시행은 삶의 의미를 찾게 해주는 반가운 정책이었고 급제자 그룹은 자신들을 우대하는 홍타이지의 확실한 지지층이 되었다.

과거 실시는 중원의 한족들로 하여금 후금을 다시 보게 하는 효과도 거뒀다. 홍타이지가 얼마나 한인을 우대하였던지 만주인들이 불만이었다고 한다.(145쪽)

홍타이지는 1636년 대청제국을 선포하고 황제의 자리에 올랐다. 홍타이지는 중국식 관료제를 도입하고 운용했다. 탁월한 한인 책사, 범문정을 발탁해 측근으로 삼았다. 홍타이지는 '만주족 독립국'이 아니라 한족과 몽골족을 포용하는 다민족국가를 건설하고자 했고 범문정으로 대표되는 한인 지식층이 이에 적극 호응함으로써 청은 중원을 정복해 다수 한족을 지배하는 대제국으로 성장할 수 있었던 것이다.(149쪽)

그런데 1936년 4월 11일 홍타이지의 청 황제 즉위식에 축하사절로 참석한 조선의 사신 나덕헌과 이확 등은 만, 몽, 한의 귀족들이 일제히 존호를 올릴 때 함께 절하기를 거부했다. 조선은 명을 종주국으로 삼는 만큼 또 다른 황제는 인정할 수 없다는 논리에서였다. 그보다 앞서 누르하치 집권 후반기인 1623년 3월 12일, 조선에서 인조반정이 일어나 광해군이 쫓겨나고 조카뻘인 능양군 이종이 왕이 되었다. 서인정권은 조선을 중화(中華)로 간주하는 한편 오랑캐는 배척하는 '중화 원리주의'에 매몰됐다. 그 결과 광해군의 중립외교를 내던지고 친명 정책을 분명히 했다.(332쪽)

당시 조선에서 대(對) 만주 강경론자, 결전론자는 거의 모두가 문신들이었다. 겨울이 되어 강이 얼면 적이 올 것인데 척화파 문신들은 철기의 창칼을 붓대로 막을 것처럼 개전론을 서슴없이 내뱉고 있었다. 문장으로 호통치고 질타하면 놀란 오랑캐가 반성이라도 할 것처럼 경쟁적으로 자극적인 언사를 내뱉어 '이름'만 높였던 것이다. 반면 장수들

대다수는 강화론에 무게를 싣고 있었다. 장수들은 조선의 군사력으로는 만주군을 막을 수 없다는 것을 본능적으로 알고 있었다.(337쪽)

1636년 10월, 홍타이지는 심양을 찾은 역관 박인범 등에게 최후통첩을 날렸다. "11월 25일 이전에 대신과 왕자를 보내서 화친을 결정하지 않으면 내가 군사를 일으켜 동쪽을 칠 것이다." 이때가 협상의 마지막 기회였다. 청나라도 가능하다면 전쟁 없이 조선의 '양보'를 얻어내길 바랐기 때문이다. 홍타이지가 박인범 등에게 보낸 국서에 이런 구절도 있다.

"너희 나라가 산성을 많이 쌓는다는데 만약 내가 큰길로 곧바로 한양으로 향해도 산성으로 나를 막을 것인가? 너희가 믿는 것은 강화도인데 만약 내가 팔도를 다 유린해도 조그마한 섬 하나로 나라를 이룰 수 있겠는가? 척화를 주장하는 자들은 유신(儒臣)인데 그들의 붓대로 우리 군대를 물리칠 것인가?"(353쪽)

그러나 척화론자들은 강경했다. 전쟁을 불과 두달 여 앞둔 시기에도 '부모인 명을 돕기 위해서는 조선이 망하는 한이 있더라도 오랑캐와 한판 붙어야 한다.'는 것이 척화의 중론이었다. 그러나 결전론을 주도했던 언관들은 막상 전란이 발발하자 국가에 도움 되는 역할을 거의 하지 못했다. 1636년 12월 2일, 마푸타이가 이끄는 선봉대 6천 명을 필두로 조선을 칠 대군이 남하했다. 특히 조선 왕의 강화도행 저지를 위해 300기의 기병을 상인으로 변장해 밤낮으로 달리게 했다. 마푸타이가 이끈 선봉군은 임경업이 지키던 백마산성을 비롯해 행군로의 성읍은 하나도 건드리지 않고 바람같이 한양으로 직공했다. 보기드문 속도전이었다.(358쪽) 하루에 약 60킬로를 내려왔다고 하는데 2차대전 당시 히틀러가 전

격전을 한 속도가 하루 70킬로 정도였다고 한다. 청군의 속도전에 밀린 인조가 강화도로 들어가지 못하고 남한산성에 들어가면서 전쟁의 승패는 결정난 것이었다. 조선에 들어온 청군은 대략 12만 8천 명이었다. 남한산성의 병력은 1만 2천~1만 8천 명으로 추산되고 1637년 1월 8일 기준으로 군량은 2,800석이 남아 있었다. 평균 하루 130석을 소비한다고 보면 12월 15일부터 계산할 때 남한산성에서 버틸 수 있는 시간은 대략 45일이다. 인조가 항복한 날이 1637년 1월 30일이니 산성에 들어간지 45일, 군량이 바닥나 더 이상 버틸 수 없었던 시점이었다.(365쪽) 포위된 남한산성의 추위와 물자부족으로 병사들은 동상에 걸리고 얼어죽어 갔다. 1637년 1월 22일 청군이 강화도를 함락하고 세자빈을 비롯해 왕실과 고관들의 가족을 생포하면서 전쟁은 사실상 끝이 났다.

남한산성을 포위한 중에 청과 조선이 국서를 서로 주고 받았는데 내용이 무척 흥미롭다.

1637년 1월 17일, 청이 보낸 2차 국서의 일부다. 황제가 조선국왕에게 보낸 형식으로 '조유'란 표현을 쓰고 있다.

"네가 살고 싶으냐? 그러면 성에서 빨리 나와 항복하라. 네가 싸우고자 하느냐? 그러면 성에서 속히 나와 일전을 벌여보자. 두 나라 군사가 싸우다 보면 자연 하늘의 처분이 있을 것이다."

1637년 1월 20일, 청이 보낸 3차 국서의 일부다.

"이 성이야 공격만 하면 물론 얻을 수 있다. 그렇게 하지 않아도 너의 마초와 군량이 다 떨어지면 저절로 곤궁해질 것이니 역시 함락시킬 수 있다. 이처럼 보잘것없는 성을 취할 수 없다면 장차 어떻게 깊숙이 있는 연경을 함락시키겠는가? 너에게 출성하여 짐을 만나라 명하는 것은 첫째는 네가 성심으로 기뻐하며 복종하는지를 보려 함이며, 둘째로는 너에게 은혜를 베풀어 다시 나라를 보전하게 함으로써 천하에 짐의 인자함과 신의를 보이려 함이다. 너를 꾀로 유인하려는 짓은 하지 않는다.(살려주겠다고 해서 성 밖으로 나오게 한 뒤 죽이거나 심양으로 잡아가는 일은 없을 것이라고 약속한다.)

1637년 1월 27일 조선은 출성에 동의하는 6차 국서를 청에 전달한다. 국서의 첫 문장은 "조선국왕 신(臣) 이종은 삼가 대청국 관온인성황제 폐하게 글을 올립니다."이다.

"다만 생각하건대 신이 바야흐로 3백년 종사와 수천 리의 생령을 폐하에게 우러러 의탁하게 되었으니 정리상 실로 애처로운 점이 있습니다. 만약 혹시라도 일이 어긋난다면 차라리 칼로 자결하는 것이 나을 것입니다. 삼가 원하건대 성자(聖慈)께서는 진심에서 나오는 정성을 굽어 살피시어 뜻을 분명하게 내려 신이 안심하고 귀순할 수 있는 길을 열어주소서."(산성에서 나가겠으니 자신의 안전을 보장해달라는 요청이다.)

이후 역사는 우리가 안다. 청은 중원을 정복하고 천자(天子)가 되었고 조선은 청의 속국이 되었다. 그런데 저자는 '삼전도의 굴욕'이라고 불리는 항복 조건은 관대하고 온건한 편이라고 말한다. 삼전도의 항복 의식은 만주국이 입관 이전에 만주 몽골의 다른 부족들을 포섭할 때 삼궤구고두와 활쏘기를 했던 전통과 다를 바 없다. 조선 왕의 항복을 받았지만 왕위를 보전해 주었고 지나치게 치욕적으로 대하지 않았다. 항복식에서 검은 담비 가죽으로 만든 방한복 초구를 왕과 대신들에게 준 것은 일가(一家)가 되었다는 상징이자 나름의 성의 표현이었다. 홍타이지는 지나치게 가혹한 항복조건을 요구하면 '죽기를 각오하고 싸우자'

는 옥쇄론이 조선의 중론이 될 수 있다고 보았다. 홍타이지가 조선 왕을 죽이거나 인질로 잡아가지 않은 사실, 조선을 직할령으로 삼지 않고 '외국'으로 남겨둔 점, 변발을 강요하지 않았고 군신관계를 형성하는 수준에서 멈춘 것은 이런 점이 작용했다는 것이다.(405~407쪽)

조선이 엄청난 피해를 입은 병자호란은 막을 수 있었던 전쟁이었다. 우크라이나 전쟁이 막을 수 있었던 전쟁과 같다. 조선은 전쟁 대비책도 없었다. 전쟁은 조선의 사대부와 관료, 왕까지 철저한 화이론(華夷論)의 세계에 매몰되었기에 일어났다. 동아시아 무대에서 명나라를 맹종하고 중국의 적인 만주족은 배척하는 정책이었다.(409쪽) 그리고 조선은 그후에도 화이론에서 벗어난 적이 없었다. 박지원이 중국을 1780년에 순방하고 쓴『열하일기』에서 청 건륭제의 연호를 쓰고 청 문물을 배워야 한다고 주장했다고 정조가 내린 문체반정에 시달린 것을 생각해보자. 그때는 병자호란이 일어난 지 근 150여 년이 지났고 명나라가 망한 지도 오래전이었다. 조선의 지배층인 양반은 무능하고 아집에 사로잡힌 독선 세력이었다. 조선이 일본의 식민지로 침략당하는 망국의 길은 필연이었다.

지속 불가능 자본주의

사이토 고헤이/ 김영현 옮김/ 다다서재

　부제가 '기후 위기 시대의 자본론'이다. 쉽고 설득력있게 기후위기와 현대 자본주의의 관계와 극복방법을 논하고 있다. 2023년 6월 현재 대기 중의 이산화탄소 농도는 419ppm이다. 백만 년 동안 200~280ppm 사이에서 등락하던 이산화탄소 농도가 불과 200년 사이에 폭주하고 있는 것이다. 특히 2차세계대전이 끝난 1950년 대 이후로 에너지 소비가 폭증하고 있다. 저자는 선진국의 '제국적 생활양식'을 1차적인 주범으로 보고 있다. 제국적 생활양식이란 간단히 말해 글로벌 노스global north의 '대량 생산─대량 소비' 사회를 가리키는 것이다. 저자는 '제국적 생활방식'의 이면에는 글로벌 사우스의 사회집단과 지역에서 벌어지는 수탈, 나아가 선진국이 누리는 풍요로운 대가를 글로벌 사우스에 떠넘기는 구조가 존재한다고 말한다.(27쪽) 그리고 지금 같은 사회 시스템이 무한한 경제 성장을 목표하면 지구환경은 위기 상황에 빠질 수밖에 없다. 그 위기는 곧 기후 위기이다.

　저자는 마르크스주의 경제학자로서 자본주의는 이런 위기에 해결책을 제시하지 못하고 수탈화 부하의 외부화 ─ 전가를 한다고 말한다. 저자는 마르크스를 참조하여 전가를 기술적, 공간적, 시간적으로 나눈다.

기술적 전가 방법은 환경 위기를 기술 발전으로 뛰어넘겠다는 것이다. 부하를 떠넘기는 두 번째 방법은 공간적 전가다. 중심부에만 유리한 방식으로 모순을 해소하려 하는 '생태제국주의'를 통해 선진국은 주변부를 약탈하는 데 의존하는 동시에 모순을 주변부로 떠넘긴다. 세 번째 방법은 시간적 전가다. 부하를 미래로 전가하여 외부성을 만들어낸다. 현재 번영하기 위해 미래를 희생시키는 것이다.(47쪽)

저자는 시장의 힘으로는 기후 변화를 멈출 수 없다고 주장한다. 저자는 석유 생산 정점을 가리키는 '피크 오일pick oil' 사례를 들어 시장근본주의자들의 주장을 반박한다. 시장근본주의자들의 주장은 이렇다. 석유 가격이 급등하면 재생에너지 같은 신기술은 상대적으로 저렴해진다. 저렴하기에 재생에너지 개발이 더욱더 빠르게 진행된다. 그 결과 자연스레 석유 소비량이 줄어들 것이다. 현실은 그런 예상과 달랐다. 원유 가격이 오르자 자본주의는 지금껏 채산이 맞지 않았던 오일샌드와 오일셰일에서 원유를 제조하려고 들었다. 즉 온실가스를 줄이려면 시장 바깥에 강한 강제력이 있어야 한다는 것이다. '유복한 생활양식'을 줄여야 하는 것이다.

'유복한 생활양식'을 누리며 이산화탄소를 많이 배출하는 사람들은 선진국의 부유층이다. 전 세계 상위 10퍼센트 부유층이 전체 이산화탄소 배출량 중 절반을 차지한다는 놀라운 데이터도 있다. 그에 비해 소득 하위 50퍼센트의 사람들은 전체 이산화탄소 배출량 중 불과 10퍼센트만 차지한다. 그럼에도 불구하고 하위 소득 계층이 기후 변화의 영향에 가장 많이 노출되고 있다. 실제로 상위 10퍼센트 부유층이 유럽인의 평균적인 수준으로 이산화탄소 배출량을 줄이기만 해도 전 세계 이산화탄소 배출량 중 3분의 1 정도가 줄어든다고 한다. 그만큼 배출량이 감소된다면 지속 가능한 사회 인프라로 전환하기까지 많은 시간을 벌 수 있을 것이다 (81~82쪽)

기후위기 시대의 미래는 어떻게 진행될까? 저자는 미래의 선택지로 네 가지를 든다.

첫째는 기후 파시즘이다. 현 상황이 유지되길 강하게 바라며 아무것도 하지 않은 채 자본주의와 경제성장에 매달린 결과 막대한 피해를 피하지 못한다. 그래도 초부유층은 예외다.

둘째는 야만 상태다. 계속해서 기후가 변화해 환경 난민이 늘어나면 식량 생산조차 어려워진다. 그 결과 기아와 빈곤에 시달린 사람들이 반란을 일으킨다. 만인의 만인에 대한 투쟁이 벌어진다.

셋째는 자유시장과 자유민주주의 같은 이념을 버리고 중앙집권적인 독재 국가를 만들어 더욱 '효율적'이며 '평등주의적'인 기후 변화 대책을 실행할 가능성도 있다. 이런 방식이 '기후 마오쩌둥주의'이다.

넷째는 X다. 사람들이 강한 국가에 의지하지 않고 자발적으로 민주주의적인 상호부조를 실천하여 기후위기에 맞설 가능성은 절대 0이 아니다. 그 가능성이 실현된 미래 사회를 X라고 일단 불러본다.(115쪽) 이는 새로운 탈성장 사회일 것이다.

저자는 여기서 마르크스의 새로운 전집 출간본 '메가'를 중심으로 마르크스 재해석을 시도한다. 즉 '커먼'이라는 제3의 길이다. 제3의 길인 '커먼'은 수도, 전력, 주택, 의료, 교육 등을 공공재로 삼아서 사람들이 스스로 민주주의적으로 관리하는 것을 목표한다. 저자는 『자본』 1권을 간행한 전후로 마르크스는 생산력 상승을 일방적으로 칭송하길 그만두고 여러 분야의 문헌을 섭렵하면서 사회주의에서 지속 가능한 경제 발전으로 향하는 길을 모색했다고 말한다. 즉 지속 가능한 경제 발전을 목표하는 '생태사회주의'로 나아갔고 유럽중심주의 사관도 버렸다는 것이다. 마르크스는 죽기 2년 전인 1881년 러시아 혁명가 자술리치에게 보낸 편지의 답장에서 러시아 공동체 '미르'를 칭송하며 러시아의 공동체는 자본주의에 저항할 중요한 거점이 될 것이다라고 밝혔다.(175쪽)

여기서 의문이 든다. 꼭 마르크스가 자술리치에게 보낸 '편지' 등을 통해 마르크스가 새로운 주장을 했다는 사실에 집착할 필요가 있을까? 저자가 마르크스주의자라면 얼마든지 새로운 해석과 새로운 저서를 내서 기후위기 시대의 길을 개척해나가면 되지 않을까?

저자는 '지구공학' 등 기후위기를 막아낼 기술에 대해 부정적이다. 생태근대주의에 기초한 지구공학과 역배출 기술 등 화려해 보이는 기술이 약속하는 미래란, 화석연료를 불태우며 했던 지금까지의 생활을 계속 유지하는 것이며 기술 자체가 현재 시스템의 부조리를 감추는 이데올로기가 되고 있는 것이다.(229쪽)

저자는 마르크스의『자본』을 '탈성장 코뮤니즘'이라는 입장에서 다시 읽으며『자본』에 숨어 있던 진정한 구상을 말한다. 그 구상은 크게 다섯 가지로 정리할 수 있다. '사용가치경제로 전환', '노동시간 단축', '획일적인 분업 폐지', '생산 과정 민주화', '필수 노동 중시'다. 하나하나가 거대한 주제이며 달성하기 쉽지 않은 과제로 보인다.

첫째 사용가치경제로 전환을 보자. '사용가치'를 중시하는 경제로 전환하여 대량 생산, 대량 소비에서 벗어난다. 둘째 노동시간 단축을 하되 생활의 질은 높인다. 셋째 획일적인 분업 폐지는 노동을 획일하게 하는 분업을 폐지하여 노동의 창조성을 회복시킨다. 넷째 생산 과정 민주화는 생산과정에서 민주화를 진행하여 경제를 감속시킨다이다. 생산 과정의 민주화란 '어소시에이션'에 의한 생산 수단의 공동 관리를 뜻한다. 이렇게 되면 자연히 경제 활동의 속도가 느려진다. 다섯째 필수 노동 중시는 사용가치경제로 전환하여 노동집약적인 필수 노동을 중시하자는 주장이다. 돌봄 노동이 필수 노동의 전형적인 예다. 돌봄 노동은 사용가치를 중시하는 생산이며 자동화를 하기 어려운 일이다. 예컨대 사회복지사의 일이란 단순히 매뉴얼에 따라 식사와 목욕과 옷 갈아입기 등을 도와주는 것이 아니다. 매일매일 상대의 고민을 들어주면서 신뢰관계를 쌓는 동시에 사소한 변화로부터 상대의 몸과 마음을 살피고 그때그때 유연하게 상대의 성격과 배경에 맞춰 대응해야 한다. 보육사나 교사의 일도 마찬가지다. 그래서 돌봄 노동은 '감정 노동'이기도 하다.

이런 새로운 사회는 '부엔 비비르buen vivir'라는 개념과 같다. 직역하면 '좋은 삶'인데 에콰도르 선주민이 쓰던 말을 스페인어로 옮긴 것이다. 2008년 에콰도르에서 헌법을 개정하며 이 말을 사용했다. 국민의 '부엔 비비르'를 실현하는 것이 국가의 의무로 명기된 것이다. 이 말은 남아메리카로 퍼져 나갔고, 지금은 유럽과 미국의 좌파들도 쓰고 있다. 널리 알려진 부탄의 '국민 총행복'도 비슷한 사례다.(318쪽)

저자는 이런 새로운 삶을 시도하는 도시로 바르셀로나의 기후비상사태선언과 구체적인 240개 이상의 행동계획을 들고 있다. 도시 공공 공간의 녹지화, 전력과 식량의 자급자족, 공공 교통기관의 확충 등이다.

즉 기후위기는 인간의 욕망과의 대결인 것이다. 스스로, 시민 또는 도시 또는 국가가 자발적으로 자신의 삶의 질을 한 단계 내릴 수 있는가에 달려있는 것이다. 여기서 삶의 질이란 '대량 생산‐ 대량 소비' 시스템에 따라 익숙해진 것이다. 얼마든지 사는 방식을 바꿀 수 있다. 문제는 자발적으로 포기하는 것이 가능할까 이다. 그렇지 않으면 강제적인 전환이 뒤따라올 것이다.

지구표층환경의 진화

가와하타 호다까/ 현상민 외 역/ 씨아이알

우리는 지구에서 살고 있다. 정확하게는 지구의 표층이다. 인간은 자신의 경험에 매몰되는 경향이 있다. 그래서 일상에 매몰되고 기껏해야 오천 년 정도에 불과한 역사시대 틀에 갇혀 지낸다. 지질시대는 백만 년 단위가 예사다. 찬찬히 인류가 존재한 지구 표층의 삶과 뿌리를 돌아보는 것도 인류라는 존재의 기원과 성향을 연구하기에 좋을 것이다.

책은 이렇게 시작한다. "지구표층환경 시스템은 다양한 영향력과 시간 스케일을 가진 네 개의 하위 시스템(대기권, 수권, 생물권, 암석권)으로 구성되며 이들 각각의 하위 시스템은 지구가 탄생한 시점부터 다양한 경험을 하면서 현재에 이르렀다." 육지라는 단어가 없고 대신 쓰인 암석권이란 표현이 눈에 띈다. 네 개의 시스템은 행성 지구에서 서로 상호작용을 하면서 진화해왔다.

전문가용과 교양서적의 중간 정도의 난이도다. 일본학자들은 과학에서도 대학교재 급의 저서를 곧잘 낸다고 한다. 그것은 개인의 능력뿐만이 아니라 학계 전반의 수준이 높아야 가능한 일이다. 이 책은 기본적으로 내용을 이해하는 것이 중요하다. 지구과학에 관심이 없으면 상당히 지겨울 수도 있다. 하지만 인간이 살고 있는 바탕을 이해한다는 점에서 필독서라고도 할 수 있다.

현대 지구 시스템 환경에서 핵심은 무엇일까? 저자는 '속도'라고 말한다. 지구가 탄생해서 현재에 이르기까지의 기간(46억 년)을 1년이라고 한다면, 인류의 조상인 호모사피엔스가 출현한 20만 년 전은 12월 31일 23시 38분경이며, 인류의 영향으로 지구환경이 큰 영향을 받았던 20세기는 1년이라는 시간이 종료되는 12월 31일 23시 59분 59초가 지나가는 시점에 해당한다. 그런데 현대에 인류가 환경에 영향을 미치는 변화 속도가 10~1000배에 달할 정도로 빠르다는 것이 문제다.

네 개의 시스템을 살펴보자. 먼저 암석권이다.

지구 내부 구조는 지각과 맨틀, 핵으로 구분된다. 지각은 해양과 대륙으로 구성되는데 각각 성질이 아주 다르다. 해양지각은 현무암질이며 밀도가 높다. 대륙지각은 현무암질로 추정되는 하부지각과 밀도가 다소 낮은 화강암질의 상부지각으로 구성되어 있다. 지각은 상부 맨틀 위에 떠 있는 상태이고 지각의 두께는 해양이 약 6킬로, 대륙은 약 30~60킬로가 된다. 육지의 평균표고가 841미터이고 해저의 평균수심은 3865미터이다.(6쪽)

다음은 수권이다. 지구는 물의 혹성이다. 물은 수권(해양, 빙상, 지하수, 호수, 하천)에 존재한다. 지구 전체에서 물의 양은 14.1x(10의 17 성)㎥이다. 해수는 그중 약 97%를 차지하고, 담수는 전체의 약 3%에 지나지 않는다. 해양은 질량으로 볼 때 대기의 약 270배, 열용량으로 볼 때 약 1100배, 탄소 축적량으로 볼 때 약 50배 규모다. 수권은 지구표층 환경 시스템의 중심이다.

대기권은 지표에서 고도 500킬로미터를 넘는 범위까지로 넓혀져 있다. 일상적인 기상현상은 대부분 대류권(고도 0부터 평균 11㎞까지다.) 지구 대기의 주요성분은 질소(78.08%)와 산소(20.95%)이다. 금성과 화성의 대기는 이산화탄소가 95% 이상이다.

생물권은 생물이 존재하는 범위다. 우리 주변의 생태계는 태양에너지를 이용하는 광합성으로 형성된 각종 유기물이 기원이다. 화학합성세균 등의 화학반응 에너지에 기원을 두는 생태계도 지구 물질순환에 매우 중요하다.

지구 역사에서 36억 년 전의 시생대와 25억 년 전의 원생대도 중요하지만 생명이 대폭발한 캄브리아기부터 시작하는 게 좋을 것 같다. 캄브리아는 영국 웨일즈의 라틴어식 이름이며 5억 4,000만년 전부터 시작하는 고생대의 시작점이다. 이 시기에는 현재의 분류군에는 속하지 않고 그 이후 전멸해 버린 생물도 많이 출현했다. 캐나다의 로키산에 있는 버제스셰일 안에서 다양한 생물군이 발굴되었다. 버제스 동물군은 약 507Ma경에 퇴적된 층으로, 두께가 310미터에 달하는 스테판 누층 중에서 2미터의 셰일 내에서 집중적으로 나타난다. 버제스셰일 생물군 집에는 86%가 딱딱한 골격을 가지고 있지 않다. 딱딱한 골격을 지니고 있어 화석이 되기 쉬운 삼엽충은 버제스셰일층에서는 4.5%밖에 없다. 삼엽충은 고생대에만 살았던 대표적인 절족동물로서 캄브리아기 초기(512Ma)에 출현하여 페름기에 멸종했고 5,000종 이상이 존재했다. 삼엽충은 겹눈이 있으며 이것으로 먹잇감을 찾았을 것으로 보인다. 겹눈은 광물인 방해석으로 구성되었고 아마도 눈을 지닌 최초의 동물로 추측되고 있다.(89쪽)

식물은 언제부터 육상으로 진출했을까? 식물의 성장을 위한 본질적인 기관인 '줄기나 뿌리' 등이 확립된 것은 실루리아기 중기였다. 식물은 실루리아기에 들어와서 균류와 조류의 공생적 관계와 함께 이끼류와 같은 원시적인 뿌리를 지니는 식물이 계속해서 상륙했다. 이런 과정을 통해 광물과 유기물이 혼합된 토양이 처음으로 형성되었다. 최초 식물의 높이는 수 센티였지만 데본기 중기에는 다양화되고 '나무'라고 불릴 정도로 크기도 충분히 커졌다. 그리고 뿌리의 혁신이 일어났다. 즉 뿌리가 토양에 깊게 침투하여 지면보다 위에 있는 식물체를 안정적으로 지탱하는 것이 가능해졌다. 식물이 범람원이나 토양의 침식으로부터 보호받게 되어 새로운 식생이 생겨났다.(110쪽)

백악기는 온난했는데 연구에 따르면 표층수온이 32도, 남아프리카해의 수심 1,000미터 정도인 저층수의 수온은 13~24도이며 대기 중의 이산화탄소가 대략 2,000~3,000ppm라고 한다.(153쪽)

히말라야산맥과 티베트고원, 아시아 몬순은 언제 형성되었을까? 남극대륙과 오스트레일리아대륙에서 분리되어 중생대에 북쪽으로 이동한 인도대륙이 약 50Ma에 유라시아대륙과 충돌하기 시작한 후 충돌지대의 앞쪽에 생긴 대규모 습곡 단층대가 히말라야산맥이다. 충돌은 인도대륙 서쪽 즉, 현재의 파키스탄과 가까운 방향으로 거의 적도부근을 통과한 부근에서 에오세 초기에 시작되었다. 30Ma에 이르러 히말라야산맥의 평균 높이는 3,000미터가 되었다. 히말라야 북쪽에 넓게 펼쳐져 있는 티베트고원은 인도대륙이 유라시아판 아래로 충돌하여 섭입되면서 지각이 두꺼워져 표고 5,000미터에 이르는 광대한 고원으로 만들어진 것이다. 인도몬순은 10~8Ma에 강해졌는데 이것은 히말라야산맥

이나 티베트고원의 발달과 관계된다는 것이 일반적인 견해이다.(198쪽)

신생대의 특징으로는 초본식물이 중심인 생태계의 발달을 들 수 있다. 대표적인 작물로는 옥수수나 잡곡류 같은 C4식물과 벼나 밀과 같은 C3식물이다. C4식물은 고온이나 건조, 낮은 이산화탄소, 질소가 부족한 토양이라는 악조건에 적응하기 위해 진화한 것으로 이산화탄소를 고정하는 데 많은 에너지를 사용하기 때문에 C3식물보다 효율적으로 이산화탄소를 고정할 수 있다. 초본식물은 에오세 후기에 발전하기 시작해서 마이오세를 거쳐 플라이오세 전기와 중기 사이에 중요한 위치를 확립했다는 것을 알 수 있다. 초본식물은 기본적으로 건조한 기후에 적응해갔다.(207쪽) 파나마해협, 즉 대서양이 태평양과 연결되는 중앙아메리카 수로가 약 3.0~2.5Ma경에 닫히게 됨에 따라 대서양 적도지역은 온난한 표층수인 멕시코 만류가 북상하게 되었다. 파나마해협이 닫히면서 적도지역뿐만 아니라 전 지구적으로 기후와 환경이 변동했다. 고염분인 해수가 북대서양 북부로 유입되었고 멕시코만류가 북상하면서 북미대륙의 북부에 많은 양의 수분을 공급하게 되어 빙상 발달을 촉진시켰다. 그리고 약 5~4Ma에는 아프리카 동부는 건조한 기후가 되고 인류 진화에도 영향을 주었을 것으로 추측된다.(210쪽)

현생 인류의 조상은 아프리카에서 20만 년 전에 탄생하여 약 6만 년 전인 빙기에 여러 곳으로 흩어진 것으로 생각된다. 인류가 여러 아종이 있는 다른 동물과 달리 한 종밖에 없는 이유는 인류가 모든 동물을 능가하는 이동력과 적응력을 가진 역사상 가장 강한 생물이기 때문이다. 인류는 직립 이족보행, 거대한 뇌, 한랭지까지 분포한다는 점 등에서 다른 영장류와 근본적으로 다르다. 인간의 거대한 뇌는 매우 특수해 단위중량으로 비교하면 안정을 취하고 있을 때마저도 근육조직의 16배에 달하는 에너지를 소비한다. 성인 뇌의 기초대사량은 총에너지 소비의 20~25%에 달하며 보통 영장류의 8~10%를 크게 웃돌고 포유류 일반의 3~5%를 훨씬 넘어서는 것이다.(294쪽)

인류 활동의 발전과 함께 인간의 에너지 소비는 급격하게 증가해왔다. 식료만을 소비하는 가장 원시적인 생활을 했던 원시인은 2,000kcal(1일)을 소비했다. 수렵인은 5,000kcal(1일), 18세기에 등장한 산업인은 77,000kcal(1일), 1970년대 미국인이 중심이 된 기술인은 합계가 23만 kcal(1일)로 원시인보다 100배 이상 늘어났고 그 후에도 현대인은 아주 높은 에너지 소비 증가를 나타내고 있다. 특히 산업혁명 이후에 에너지 소비 증가율은 매우 높았고 18세기 이후에 석탄과 석유를 연소시켜 대량의 이산화탄소를 배출해왔다.(307쪽)

지구는 인간을 위한 지구로 변하고 있다. 육지동물의 중량을 비교하면 동물 전체 중에서 야생동물은 고작 10% 정도에 불과하고, 인간이 20%, 나머지 70%가 가축이다. 금세기 말에는 더이상 지구가 인간 활동을 지탱하지 못하는 용량 한계에 다다를 것이다.(317쪽)

지구 표층의 탄소저장소는 대기권, 육지(생물권 및 토양), 수권, 암석권 네 개의 영역으로 분류하는 경우가 많다. 탄소 저장량을 비율로 표시하면 대기권 : 육지 : 해양 : 암석권이 1 : 3 : 50 : 9,000이 된다. 암석권에는 막대한 양의 탄소가 저장되어 있지만 단시간에는 지구표층환경과 상호작용이 적다. 대기권에 비해 해양에 탄소가 압도적으로 많이 저장되어 있는데 그 중 1%만 대기로 이동한다 해도 대기의 이산화탄소 양이 150%로 되어버린다. 또한 물은 대기와 비교해서 열용량이 크기 때문에 전 지구의 온도변화에도 큰 역할을 하고 있다.

결론적으로 지구표층환경 시스템에서 물질순환은 선캄브리아시대부터 탄생한 미생물(고세균, 전정세균, 진핵생물)에 의해 현재까지 지탱되어왔다. 그리고 지구표층환경 시스템의 진화는 두뇌가 발달한 인간이라는 동물을 탄생시켰다. 그리고 인간은 기후위기를 촉발시켰다. 자, 앞으로는 어떻게 될까?

다시 한번 속도로 돌아가보자. 인간은 시속 4킬로의 속도로 걷는다. 그래서 중세 시대까지 사람과 사람이 충돌해도 크게 다치는 사고는 거의 일어나지 않았다. 기껏해야 말과 마차가 위협적인 수준의 이동수단이었을 뿐이었다. 그런데 자동차와 기차와 비행기, 고속열차가 발명되면서 상황은 달라졌다. 이런 교통수단은 부딪치면 사람이 죽거나 중상을 입을 가능성이 높다.

인류문명은 이처럼 엄청난 속도로 질주하고 있어 기후위기를 비롯한 심각한 문제를 일으킨다. 인류의 이산화탄소 배출도 몇 만 년에 걸쳐서 일어난다면 그렇게까지 위협적이지 않을 수 있다. 하지만 불과 200년 사이에 이산화탄소 배출이 폭주하고 있고 아직도 화석연료 사용은 줄어들 기미가 없다. 이런 속도로 질주하면 어떤 일이 일어날지 과학자들은 대략적으로 예측하고 있다. 그러나 실제 상황이 더 비극적으로 전개될 지는 아무도 모른다. 인류는 지구 표층에서 살면서 자신의 생존 기반인 지구 표층의 상태를 극한적으로 몰아붙이는 모순되고 유일한 동물인 것이다.

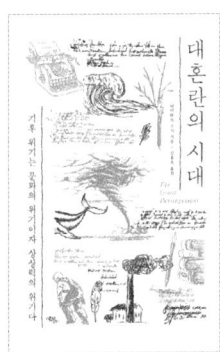

대혼란의 시대

아미타브 고시/ 김홍옥 옮김/ 에코리브르

아미타브 고시의 핵심 질문은 이것이다. 왜 주류문학은 기후위기를 문학으로 다루지 않는가? 어떤 구조적인 문제가 있는가?

저자는 근대성이 태동할 무렵 문학과 과학의 관계는 대단히 밀접했다고 말한다. 자연주의자와 과학자 역시 19세기가 낳은 가장 의미심장한 문학 작품 가운데 일부를 읽었을 뿐 아니라 직접 집필하기도 했다. 찰스 다윈의『비글호 항해기』나 앨프리드 러셀 월리스의『말레이군도』가 대표적인 예다. 그들의 작품은 다시 테니슨을 비롯한 수많은 시인 및 작가에게 영감을 불어넣었다.

메리 셸리가 1818년에 출판한『프랑켄슈타인』은 곧바로 센세이션을 불러일으켰다. 당대의 가장 저명한 작가들 가운데 일부가 유명 잡지에 그 책에 대한 서평을 실었다. 월터 스콧 경은 열정적인 비평을 썼으며 훗날 그 책을 자신이 쓴 소설들보다 더 좋아한다고 밝히기도 했다. 그 때만 해도『프랑켄슈타인』이 주류 문학에 속하지 않는다는 그 어떤 낌새조차 없었던 것 같다. 그 책이 최초의 훌륭한 공상과학 소설로 여겨진 것은 나중에서야 이루어진 일이다.(94쪽) 그렇다면 문학 창작과 과학은 어쩌다 그토록 심각하게 서로 갈라서는 지경에 이르렀을까? 저자는 최근의 근대성이 지닌 시대정신은 자연-문화 혼성체를 결코 용납할수 없기 때문이라고 말한다.(99쪽) 저자는 앞으로도 순수 소설이라는 대저택은 자신을 향해 들이닥치는 파도를 막기 위해 훨씬 더 높은 방어벽을 쌓음으로써 스스로에 대한 현재 감각을 전보다 더욱 견고하게 유지하려 들것이라고 예상한다. 그로 인해 장르 작가라는 지위로 밀려난 수많은 이들에게 오랫동안 고통을 안겨주었다. 이에 대해서는 주류문학이 분할하기 프로젝트에 철저히 투항했다는 게 정확한 표현일 것이다. 그로 인해 입지가 좁아진 것은 다름 아닌 문학 소설 그 자체이기 때문이다.(100쪽)

저자는 정치와 현대 소설이 사회와의 접점을 놓친 또 하나의 사례로 석유 문제를 든다. 저자의 주장은 이렇다. 석유의 흐름은 석탄 이동과는 판이하다. 물질의 속성 때문에 석탄 수송은 여러 요충지를 만들어내고, 그런 곳에서는 조직화된 노동자들이 기업과 국가에 압박을 가할 수 있다. 조지 오웰이 쓴 탄광 지대 르포『위건 부두로 가는 길』이 떠오른다. 하지만 이는 노동력 집중을 필요로 하지 않고 송유관을 통해 흐르는 석유에는 해당되지 않는다. 석유는 무력화 도구로서 놀랄 만큼 효과적으로 대중의 힘이 권력이라는 수단에 닿지 못하도록 막아주었다. 로이 스크랜턴이 적었다시피 수많은 사람이 거리로 뛰쳐나와 대규모로 행진함에도 불구하고 그들은 권력을 생산하는데 도움이 되지 않으므로 진정한 권력의 흐름에 하등 영향을 끼칠 수 없다. 그들은 그저 권력을 소비할 따름이다.(172~173쪽) 그 결과 공적 영역은 교착 상태에 빠지고 실제적인 권력 행사는 서로 맞물린 기업과 통치 기관의 복합체 - 결국

'딥 스테이트'라고 알려지게 되는 것 - 로 이관된다.(174쪽)

여기서 저자는 정치와 경제 체제를 검토한다. 도덕성과 진지함에 호소하는 기후 활동가들은 성공할 수 있을까? 기후위기를 중요 주제로 다루지 않는 현대 문학은 성공할 수 있을까?

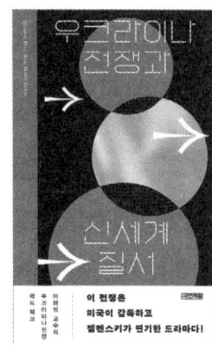

우크라이나 전쟁과 신세계질서

이해영 / 사계절

사람이 자신의 시대를 알기란 어렵다. 단순히 인생이 짧기 때문만은 아니다. 100년도 못 되는 삶에 끼어드는 잡음이 너무 많기 때문이다. 잡음은 대체로 생계와 오락과 건강과 같은, '시대의 흐름'과 거리가 먼 요소들로 구성되어 있다. 우리의 시야는 잡음에 갇혀 본질을 놓치기 일쑤다. 1880년대 조선을 사는 백성들은 일본의 강성과 곧 다가올 한일합병을 예상치 못했다. 백성뿐 아니라 사대부들도 그랬을 것이다. 그러나 당시 지배층이 일본의 내부 사정과 정한론 등을 비롯한 일본 지배층의 움직임을 세밀하게 파악하고 있었다면 역사의 흐름이 일본의 조선 침략으로 이어질 것임을 알고 대비할 수 있었을 것이다.

훗날 역사가들은 우크라이나 전쟁이 미국의 단극 질서가 깨진 결정적 사건으로 기록할지 모른다. 푸틴은 노골적으로 미국 중심의 단극 질서를 비판하고 G7으로 구성된 서방 중심의 국제질서를 거부한다. 푸틴의 논리에 따르면 누가 서방에게 국제질서를 결정할 권한을 주었냐는 것이다.

반소련 냉전의 설계자였던 조지 케넌은 1997년 2월 5일 ≪뉴욕타임

즈≫에 아래와 같은 칼럼을 쓴다.

"나토 확장은 탈냉전 시기 전체를 통틀어서 미국 외교정책의 가장 치명적인 실책이 될 것이다. 그 결정은 러시아에서 민족주의, 반서구주의, 군사주의 경향에 불을 붙이고 민주정치 발전에 부정적 영향을 미칠 것이다. 또한 동서 신냉전 분위기를 조장하여 러시아의 외교정책을 결단코 우리가 원치 않는 방향으로 몰고 갈 것이다."(56쪽)

조지 케넌이 1997년에 2023년에 벌어질 상황을 예견했다는 것이 놀랍다. 칼럼에서도 말했듯이 우크라이나 전쟁의 1차 원인은 나토의 동진이다. 특히 나토에 우크라이나를 넣겠다는 미국과 서방의 과욕이 전쟁의 도화선이 됐다. 우크라이나의 변경에서 모스크바까지 불과 500킬로다. 단거리 미사일로도 공격이 가능하다. 2023년 8월 현재 우크라이나의 드론이 모스크바 공항을 공격하는 뉴스가 자주 뜬다. 그만큼 가깝다는 뜻이다.

더욱이 우크라이나는 구소련의 영토였다. 2차 세계대전에서 승리한 구소련은 폴란드의 땅을 떼서 우크라이나에 주기도 한다. 소련 공산당 서기장 흐루시초프는 1954년 크림반도를 당시 소련의 영토였던 우크라이나 공화국에 양도하기도 한다. 우크라이나는 즉 구소련의 세력권에 속했다. 동네 조폭도 자신의 영역을 침범당하면 사시미칼 들고 아우성을 치는데 구소련만큼은 아니라도 지역강국인 러시아가 우크라이나가 나토에 가입하고 서방의 영역으로 넘어가는 것을 가만히 보고 있을 수는 없다. 특히 돈바스 지역은 러시아인이 다수고 구소련 당시 러시아가 공업지역으로 개발한 곳이다.

돈바스 지역의 러시아인을 우크라이나 정권이 탄압하고 공격한 것은 그야말로 전쟁의 방아쇠를 당긴 것과 마찬가지다. 분쟁이 격화하자 2015년 러시아와 우크라이나는 민스크 협정을 맺어 돈바스 지역의 자치권을 보장하기로 약속한다. 러시아는 민스크 협정 약속을 지키라고 8년 동안 우크라이나에게 요구했으나 우크라이나는 테러리스트 진압 작전이라면서 돈바스에 대한 군사작전을 강행했다. 즉 서방과 우크라이나는 민스크 협정을 우크라이나의 무장 강화를 위한 시간 벌기용으로 이용한 점도 있다.

우크라이나 전쟁을 보면서 한국 언론이 서방 언론에 종속되어 있다는 것을 느낀다. 우크라이나 전쟁 뉴스는 서방의 시각에서만 보도된다. 일본만 해도 신문에 시진핑의 연설 전문을 싣고 해설하는 등 외교와 세계 정세에 관심이 크고 국익에 맞는 취재와 보도를 한다. 우리나라는 러시아 타스 통신과 중국 신화사에서 내는 우크라이나 전쟁 기사는 거의 보도하지 않는다. 우리의 국익을 위해서는 국민들이 공평하게 사건을 전해 들어야 하지만 말이다.

미국에서 유일하게 반전을 말하며 우크라이나에서 전쟁을 하면 안 된다고 보도하는 매체는 놀랍게도 공화당 우파인 폭스뉴스이다. 오직 이 채널만 러시아가 세상을 보는 시각을 제대로 알려주고 있다. 미국인은 사태를 미국인의 관점으로 볼 것인지 아니면 제대로 볼 것인지 정해야 한다. 지금 이 순간 미국에서 우크라이나 전쟁에 반대하는 세력은 공화당과 우파이다. 좌파는 찬성 일색이다. 이 전쟁은 정확히 리버럴 혹은 진보네오콘의 대리전쟁이다.(196쪽)

미국 외교에는 자유주의적 패권 정책과 현실주의 정책 두 흐름이 있다고 한다. 우크라이나 전쟁은 자유주의적 패권 정책에 속한다. 목적은 러시아를 약화시키고 나토를 강화하는 것이다.

미국 외교의 귀재 키신저는 대 러시아 정책을 어떻게 이해할까. 김선명이 쓴 『헨리 키신저 우크라이나 사태를 말하다』에 따르면 미러 관계의 목표는 러시아를 협력의 여지가 있는 세계질서로 통합시키도록 하는 외교를 찾는 것이다.(위 책 28쪽) 키신저가 러시아를 무작정 좋아해서일까. 아니다. 키신저는 국익을 최고로 생각하는 레알폴리틱, 즉 현실주의 정치학의 철저한 실천자일 뿐이다. 소련은 냉전 시대에 미국의 최대 적국이었지만, 소련 해체 이후 더이상 러시아를 적국으로 보아서는 안 된다는 것이다. 러시아는 미국의 입장에서 중국을 견제할 수 있는 최대의 파트너인 것이다.(위 책 31쪽)

키신저는 1972년 미국과 중국을 화해시켜 닉슨의 베이징 방문을 이끌어내고 <상해공동성명>을 발표하게 한 일등공신이었다. 키신저는 중국과 연합하여 당시 최대 적국이었던 구소련을 포위하려고 했고 약 20년 후 구소련은 망하고 만다. 키신저는 '합종-연횡'책의 대가인 셈이다.

키신저는 오랫동안 우크라이나의 나토 가입에 반대해 왔다. 키신저는 나토의 동진에 대해서 우려를 표명해 왔으며, 러시아와 나토 사이에 비군사적 중립지역, 즉 완충지대가 필요함을 언급해 왔다. 그렇기에 키신저의 입장에서 우크라이나는 완충지대가 되어야 하며, 중립국이 되어야 하는 것이다. 키신저는 나토가 러시아의 정체성에 도전한 것은 큰 실수며 베스트팔렌의 본질과 사뭇 다르다고 말했다.(위 책 46쪽) 키신저는 강대국 간의 세력 균형에 따른 평화를 추구하는 것이다. 물론 이는 키신저가 보기에 미국의 국익에 가장 합치하기 때문이다.

우크라이나 전쟁에서 가장 큰 이익을 보는 나라는 어디일까? 중국이다. 중국은 취약점이던 석유와 가스 등 에너지 문제를 러시아와 협력해서 해결할 수 있게 되었다. 국제무대에서도 미국에 대항할 수 있는 든든한 우방국을 확보했으며 중국 상품의 러시아 판로도 크게 열렸다. 러시아와 협력해 위안화 국제화에도 노력하고 있다.

한국은 어떨까? 윤석열 정부는 전쟁에서 우크라이나와 미국의 입장을 지지하고 있다. 피해가 크다. 러시아에서 자동차를 잘 팔고 있던 현대자동차는 연 23만대를 생산하는 상트페테르부르크의 공장 문을 닫을 지경이다. 러시아에서 일등 전자제품으로 명성이 높던 LG와 삼성의 물건은 점유율이 급격히 떨어지고 있다. 우리나라가 잃은 러시아 시장은 중국 제품이 차지하고 있다. 시장은 잃기는 쉽지만 개척하기는 어렵다. 수출로 먹고 사는 우리나라로서는 큰 타격이 아닐 수 없다.

우크라이나 전쟁은 막을 수 있었다. 복잡하게 얽힌 전쟁이지만 얼마든지 피할 수 있는 전쟁이었다. 수많은 군인과 민간인이 죽고 엄청난 기반시설이 파괴되는 전쟁을 보노라면 인간의 지혜가 이정도밖에 되지 않는가 생각 든다. 2023년 올해 미국의 국방비는 1천 2백조 원이라고 한다. 국방비 중 상당액이 우크라이나 전쟁에 쓰이고 있다. 그 10%만 기후위기에 써도 기후문제는 나아질 것이다.

이제 우크라이나 전쟁은 전선이 고착되어 한국전쟁의 고지전과 같은 소모전과 장기전으로 가고 있다. 수많은 사람이 목숨을 잃고 우크라이나와 러시아뿐 아니라 유럽의 경제도 타격이 크다. 하루빨리 평화회담이 성사되어 비극을 끝내기를 바란다.

지리의 힘

팀 마셜/ 김미선 옮김/ 사이

  각 나라가 처한 '지리 조건'과 나라의 흥망성쇠를 논한 책이다. 4대 강국이 관여하고 대륙의 끝에 있는 한반도를 봐서도 그렇지만 한 나라가 처한 지리 상태는 어떻게 할 수 없는 운명이다. 그 운명은 고정불변한 것은 아니고 바꿀 수 있지만 힘들고 무척 어렵다. 부잣집에서 태어나서 경제적 지원을 듬뿍 받고 여차하면 외국에 유학도 갈 수 있고 정안 되면 가게도 하나 지원해주는 사람과 달세방에 태어나서 알바를 하면서 겨우 학교를 다니고 대학을 졸업하자마자 학자금대출 상환에 시달리는 사람을 동일선에서 비교할 수는 없다.

  태평양과 대서양에 면하고 위로는 캐나다, 아래로는 멕시코와 국경을 접해 외국에서 침략당할 가능성이 거의 없는 미국의 안보 환경은 행복하다. 그럼에도 미국이 입만 열면 '국가 안보'를 외치는 건 다른 목적이 있어 보인다. 동서 1만 킬로, 남북으로 4천 킬로에 달하는 국토를 지닌 러시아를 침략하기는 쉽지 않아 보인다. 나폴레옹과 히틀러가 침략에 실패한 건 지도를 보면 이해가 된다. 유목민에 끊임없이 공격당했던 중국의 역사에 유목민과의 갈등과 타협이 짙게 새겨진 것은 필연적이다. 현대의 세계와 각 나라의 정세를 논할 때에도 '지리의 힘'을 무시할 수는 없다. 원서가 2015년에 나왔는데 책에서 말하는 기본 구도와 내용은 앞으로도 계속 적용될 것 같다.

신장과 티베트는 중국 안보에 무척 중요하다. 산악과 사막이 대부분인 신장 지역은 카자흐스탄 등 8개국과 국경을 접하고 있고 넓이가 166만 제곱킬로미터로 텍사스 주의 약 세 배에 달한다. 대한민국의 16배를 넘는다. 깜짝 놀랄 크기다. 6년 전에 신장 수도 우루무치를 갔는데 그곳 사람이 말하기를 우루무치는 이미 한족이 절반을 넘었다고 말했다. 책에서는 신장 전체로 보면 한족의 비중이 40퍼센트에 달한다고 말한다. 티베트는 천연의 만리장성인 히말라야 산맥을 끼고 있으며 인도와 국경을 나누고 있다. 또 중국의 주요 강인 황허, 양쯔, 메콩 강의 수원이 있는 티베트의 통제권을 중국이 놓칠 수는 없다. 중국으로서는 이 두 지역을 인권 등의 이유로 분쟁에 휩싸이게 할 수 없다. 중국인들은 티베트 문제를 인권이라는 프리즘을 통해서 보기보다는 '지정학적 안보'의 틀에서 본다.

러시아는 국토 면적이 크지만 항구가 많지 않은 등 지리로부터 일격을 당했다고 저자는 평가한다. 러시아의 면적은 미국이나 중국의 2배, 인도의 5배, 영국의 25배에 달하는데 인구는 1억 4,000만 명으로 상대적으로 적다. 대양으로 바로 접근할 수 있는 <부동항의 부재>는 러시아에게 늘 아킬레스건이었다. 북유럽평원만큼이나 부동항이 전략적으로 중요한 의미를 가진다는 점에서 더욱 그렇다. 러시아는 지리적 약점을 지녔지만 그나마 석유와 천연가스 덕분에 더 약한 나라로의 추락만은 모면했다.(134쪽)

원서가 2015년에 출간된 점을 고려하면 우크라이나 전쟁이 계속되는 2024년 2월 현재, 이 책에서 말하는 충고가 더욱 가슴에 와닿는다. 우크라이나 전쟁은 2022년 2월, 러시아가 시작했다.

"러시아는 우크라이나가 유럽연합이나 나토에 가입하지 않을 것이며 부동항인 크림반도의 세바스토폴항의 임대차 계약을 지키겠다는 약속을 하는 등 신중한 중립국의 행보만 보인다면 우크라이나를 용인할 수 있다."

"크림반도는 흐루시초프 소련 공산당 서기장이 1954년에 우크라이나 소비에트 사회주의 공화국에 양도하기 전까지는 2백 년 동안 러시아의 지배 아래 있었다. 당시 소련은 소련 국민이 크림 반도에 항구적으로 거주하는 한 두고두고 그곳을 모스크바의 통제권 밑에 둘 수 있을 거라 생각했을 것이다. 그러나 이제 우크라이나는 더 이상 소비에트의 일부가 아니며 러시아와 친하지도 않다."

"실재하는 위협으로 간주되는 것과 맞닥뜨릴 때 강대국은 힘을 사용한다. 이 점을 숙지하고 있다면 그들은(서방) 푸틴의 크림반도 합병은 서구가 우크라이나를 근대 유럽과 서구 영향권으로 끌어넣은 행위의 대가로 봐야 한다."

"당장의 승리에 우쭐해진 우크라이나 과도정부(2015년 당시)는 경솔하게도 미련한 성명들을 발표했다. 그중에는 여러 지역에서 제2의 공용어로 사용하고 있는 러시아어의 지위를 폐지하겠다는 사항이 들어 있었다. 이는 푸틴 대통령에게 우크라이나 내의 러시아계 주민들을 보호할 필요성을 공공연히 떠들어대는 격이었다."(140~141쪽)

현재의 우크라이나 전쟁의 시작과 경과를 예언하는 듯한 통찰이다.

멕시코 편을 보자. 예전에 듣기로 멕시코 어느 대통령이 "신은 멀고 미국은 가깝다."라고 했다고 한다. 미국과 3,100킬로미터의 북쪽 국경을 맞대고 있는 멕시코로서는 미국과 친하게 지내는 길 말고는 다른 방법이 없다. 국경 지대는 사막 지역이고 미국이 밀입국을 막는 장벽을 설치했다. 1846년경 멕시코는 미국과 전쟁을 해서 캘리포니아, 텍사스, 뉴멕시코, 애리조나 등 엄청난 땅을 미국에게 빼앗겼다. 멕시코 국민들이 미국을 좋아할 리가 없다. 그러나 멕시코의 어떤 대통령도(좌우를 막론하고) 미국과 싸우지는 않는다. 강대국을 옆에 둔 중소국가의 숙명이다. 이는 우크라이나의 어리석은 도발과 대비되는 현명함이다. 21세기 중반에 이르면 미국 내 히스패닉계 주민들이 미국에서 가장 거대한 민족 집단이 될 걸로 예상된다. 그 가운데 다수는 멕시코계 주민들이 차지할 전망이다. 이 집단은 결국 미국 국민이며 멕시코 편에 붙을 가능성은 거의 없다. 미국은 멕시코의 육로를 통한 마약 공급이 골치다. 미국은 멕시코에게 마약 단속을 요구하나 마약이 없다면 멕시코는 대량의 외화 유입이 막혀 지금보다 훨씬 가난해질 것으로 저자는 전망한다. 이래저래 멕시코는 미국의 그늘과 영향이 짙게 드리워진 삶을 살아야 할 형편이다.

지리의 힘이 강력하게 작동하는 나라로 브라질을 들 수 있다.

브라질의 면적은 미국 전체에 버금가며 27개 연방주들의 면적은 28개 유럽연합 회원국들을 합친 것보다 넓다. 하지만 유럽연합들과 다른 점이 있다면 브라질을 그들만큼 부유하게 할 수 있는 인프라가 부족하다는 것이다. 브라질 국토의 3분의 1은 정글 지대고, 아마존강은 부분적으로 항해가 가능하지만 유역들은 지나치게 무른 진창이어서 주위에 무언가를 건설하는 것은 어렵다. 브라질 인구의 대다수는 여전히 해안 근처에 거주하고 있다. 정부가 내륙을 개발하려는 시도로 1950년대에 브라질리아라는 행정 수도를 건설해서 내륙 몇 백 킬로미터 안으로 옮기는 것 같은 특단의 조처를 취했음에도 불구하고 말이다.(208~209쪽)

아프리카 편을 보자.

저자는 먼저 아프리카가 얼마나 큰 대륙인지 사람들이 정확히 모른다는 점을 지적한다. 미국, 중국, 인도, 그린란드, 스페인, 프랑스, 독일, 그리고 영국까지 다 합쳐도 아프리카 대륙에 모두 집어넣을 수 있을 뿐 아니라 덤으로 동유럽 대부분을 집어넣을 만큼의 공간도 남는다. 그런데 역설적으로 지리가 아프리카의 최대 장애물이다. 세계 최대의 건조 사막인 사하라 사막이 있고 그 아래로는 반건조지대인 사헬이 펼쳐진다. 아프리카 대륙의 강들 또한 문제다. 대개 고지대에서 발원한 강들이 가파르게 꺾여 내려오기 때문에 배를 띄우는 것조차 쉽지 않다. 아프리카에서 네 번째로 긴 잠베지 강을 보자. 길이만도 2,735킬로미터에 달하는 이 강은 교역로로서는 아무짝에도 쓸모가 없다. 잠베지 강은 여섯 개 나라를 지나는데 모잠비크에서 인도양과 합쳐질 때는 무려 해발 1천 4백여 미터의 높이에서 흘러내린다. 또 니제르 강, 콩고 강, 잠베지 강, 나일 강을 비롯한 대규모 하천들은 서로 연결되어 있지 않다.(223~226쪽)

유럽인들이 제멋대로 아프리카에 그려 넣은 국경선 때문에 많은 부족들이 갑작스레 한 나라 안에서 살게 되었고 이들은 국가 안에서 서로 싸우면서 내전이 벌어진다. 콩고민주공화국은 아프리카에서 두 번째로 넓고 인구 또한 7천 5백만 명에 이른다. 이 나라 국민들은 적어도 2백

개가 넘는 부족으로 나뉘는데 그 가운데 가장 세력이 큰 부족은 반투족이다. 언어도 수백 개가 넘는다. 영국을 비롯한 식민세력들이 자기들 이해관계에 따라 특정 부족을 지배층으로 등용하면서 사정은 더 복잡해진다. 콩고민주공화국 내전은 20여 개가 넘는 파벌이 싸우는 거대한 전장이며 줄잡아 10만 명의 인명을 앗아갔고 질병과 굶주림으로 6백만 명을 죽음으로 내몬 결과를 낳았다.(232~234쪽)

중국은 아프리카에서 터를 넓게 잡고 있다. 중국은 케냐의 몸바사 항만 개발 사업을 지원했다. 중국 국영 기업인 중국도로교량집단은 몸바사와 수도인 나이로비를 잇는 140억 달러짜리 철도 공사를 진행하고 있다. 중국의 관심은 니제르에도 뻗어나가는데 중국석유천연집단을 통해 나라 중심부에 있는 테네레 유전지대의 소규모 유전들에 투자하고 있다. 지난 10년간 중국은 앙골라에도 80억 달러가 넘는 액수를 투자했으며 그 규모는 해마다 늘고 있다. 중국철로공정총공사는 콩고민주공화국과 대서양에 면한 앙골라의 로비토 항을 연결하는 총 1,287킬로미터 길이의 벵겔라 철도를 현대화하는 공사에 이미 20억 달러를 썼다. 또한 중국철로공정총공사는 앙골라의 수도 루안다에 새 국제공항을 짓고 있으며, 수도 외곽에는 15만 명 내외의 중국 근로자를 수용할 수 있는 거대한 아파트 단지가 들어서기도 했다.(원서가 2015년에 나왔으니 이들 공사는 모두 완공되었을 것이다.)

아프리카 국가는 중국 정부의 접근을 환영한다. 왜 그럴까? 베이징 정부나 중국의 대형 기업들은 인권이라는 미묘한 문제에는 입도 뻥긋하지 않을 뿐 아니라 경제 개혁을 요구하지도 않는다. 일부 아프리카 지도자들에게 국부를 착복하는 행위를 멈추라는 요구도 하지 않는다. 서구는 아프리카 국가의 인권과 부패를 비판하지만 이들이 그간 아프리카 국가를 식민지로 삼아서 저지른 수탈을 감안하면 아프리카 국가들은 서구를 극도로 위선적이라고 비판할 만하다. 아프리카 지도자들을 훈계하는 것은 치열한 경쟁이 벌어지는 세계 경제의 가혹한 현실과 이슬람주의의 위협으로 인해 시대에 뒤떨어진 행동이 돼버린 것이다.(246쪽)

중국은 마오쩌둥이 국공내전에서 농촌을 장악해 도시를 포위하는 전술을 쓴 것처럼 아프리카 등의 제3세계를 장악해 서구와 미국을 포위하는 작전을 쓰는 것 같기도 하다. 중국이 의도적으로 이런 전략을 취하는 것일 수도, 아닐 수도 있겠지만 중국이 주장하는 일대일로는 결과적으로 그런 방향으로 가고 있다. 미국이 자신을 추격하고 넘어설 수 있는 유일한 국가로 중국을 지목하는 것은 이상할 것 없다. 미국은 뛰어난 기업과 문화자산을 갖고 있지만 이스라엘을 지원하는 중동 전쟁과 우크라이나 전쟁 등으로 그 자산을 까먹고 있다. 반면에 중국은 세계의 어느 분쟁에도 개입하지 않아 그런 위험으로부터 자유롭다.

책에 아프가니스탄의 탈레반과 파키스탄은 언젠가 미국이 아프가니스탄에서 물러날 것이라는 사실을 알고 있다는 말이 나온다.(327쪽) 그렇다. 마오쩌둥이 말했듯이 '장기전은 승리한다.' 지정학으로, 지리의 힘으로 볼 때 미국과 나토가 머나먼 아프가니스탄에서 영구 주둔한다는 것은 불가능하다. 책이 나온지 6년이 지난 2021년 8월, 미국은 아프가니스탄 전쟁에서 패배해 철군한다.

책의 마지막은 북극이다. 북극의 최강자는 러시아고 미국은 북극 전략이 없다고 저자는 평한다. 당연한 말 아닌가. 지도를 놓고 보라. 시베리아를 쥔 러시아가 북극에서 최강자가 아니면 누가 강자이겠는가.

한반도의 남쪽을 차지한 대한민국은 섬으로 전락한 지 80년이 다 되어간다. 그래서인지 전세계를 둘러싼 '지리의 힘'에 무심하고 '세계 전략'에도 관심 없다. 개방형 강소국인 우리가 그래서야 되겠는가.

전세계 나라를 훑어보며 지리와 역사와 현재 지위의 연관성을 설파하는 이 책은 대한민국 국민의 필독서로 적격이다.

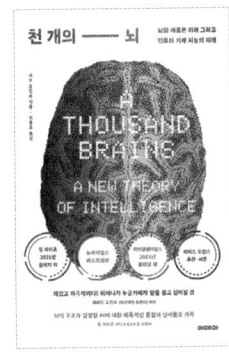

천 개의 뇌

제프 호킨스/ 이충호 옮김/ 이데아

우리가 세계를 인식하고 언어를 사용하는 것은 생각할수록 신비로운 일이다. 신비의 중심에는 뇌가 있고 뇌가 어떻게 이런 일을 해내는지 신경과학자들의 오랜 연구와 이론이 이어져왔다.

리처드 도킨스는 서문에서 15만 개나 되는 피질 기둥들이 세계 모형을 만드는 활동을 하면서 준자율적으로 작동한다는 저자의 주장을 흥미롭게 소개한다. 신경과학자인 저자는 우리가 지각하는 실재가 구성된 실재, 즉 감각에서 쏟아져 들어오는 뉴스 속보들로 갱신되고 추가 정보를 얻는 모형이라고 주장한다. 리처드 도킨스는 이 주장에 동의하면서 특히 저자의 '기준틀' 주장에 감명을 받은 것 같다.

저자는 본격적인 논의에 앞서 자신에게 영감을 준 신경과학자 버넌 마운트캐슬의 책(1978년 출판)을 언급한다. 마운트캐슬은 사람의 신피질이 커지긴 했지만 이것들은 모두 동일한 기본 요소로 이루어져 있다고 주장했다. 신피질은 기본 회로라는 동일한 부분을 수많이 복제한 것이다.(49쪽) 신피질의 모든 영역이 똑같아 보이는 이유가 모두 똑같은 일을 하기 때문이라는 것이다. 각각의 영역은 각자의 고유한 기능이 아니라 무엇에 연결되어 있느냐에 따라 달라진다. 어떤 피질 영역을 눈에 연결시키면 우리는 사물을 보게 된다. 같은 영역을 귀에 연결시키면 우리는 소리를 듣는다. 피질 영역들을 다른 영역들과 연결시키면, 언어 같은 더 높은 차원의 사고 능력을 얻게 된다. 마운트캐슬은 만약 우리가 신피질 중 어느 부분의 기본 기능을 발견한다면, 신피질 전체의 작용 방식을 이해할 것이라고 지적했다.(50~51쪽)

마운트캐슬의 주장을 다시 정리해보자. 신피질은 큰 냅킨 만한 크기의 종이처럼 생긴 조직이다. 신피질은 제각각 다른 일을 하는 수십 개 영역으로 나뉘어 있다. 각 영역은 수천 개의 피질 기둥으로 이루어져 있다. 각각의 피질 기둥은 더 가느다란 수백 개의 소기둥으로 이루어져 있다. 마운트캐슬은 신피질 전체에서 피질 기둥과 소기둥은 동일한 기능을 수행한다고 주장했다. 즉, 지각과 지능의 모든 측면을 나타내는 기본 알고리듬을 실행한다. 중요한 것은 우리 뇌는 컴퓨터를 프로그래밍하거나 아이스크림을 만들도록 진화하지 않았다는 것이다. 이 둘은 최근에 발명된 것이다. 우리가 이런 일을 할 수 있다는 것은 뇌가 범용 학습 방법에 의존한다는 것을 말해준다. 사실상 어떤 것이라도 학습할 수 있는 능력은 뇌가 보편 원리에 따라 작용해야 가능하다.(53~54쪽)

저자의 연구는 마운트캐슬의 이론을 검증하고 확장하는 것이라 할 수 있다. 저자는 신피질 모든 곳에서 일어나는 중요한 기능으로 예측을 꼽는다. 뇌는 예측 모형을 만든다. 뇌의 예측이 입증되면 그것은 뇌의 세계 모형이 옳다는 것을 의미한다. 예측이 빗나가면 우리는 오류에 주목해 모형을 수정한다. 신피질은 태어날 때부터 보고 듣고 심지어 언어를 배우도록 조직되어 있다. 하지만 신피질이 무엇을 볼지, 무엇을 들을지, 어떤 언어를 배울지 모른다는 것 역시 사실이다. 신피질은 경험을 통해서 풍부하고 복잡한 세계 모형을 배운다. 우리가 알고자 하는 핵심이다. 도대체 신피질은 이 세상에 존재하는 어마어마한 도구와 물건과 실재를 어떻게 학습하는 것일까?

먼저 움직임을 통해 학습한다. 뇌에 입력되는 정보는 첫째 세계가 변할 수 있고 둘째 우리가 움직일 수 있기에 늘 변한다. 뇌는 시간이 지나면서 입력이 어떻게 변하는지 관찰함으로써 세계 모형을 배운다. 즉 '감각-운동 학습'이다. 우리가 그 답을 알아낼 수 있다면 신피질을 역설계해서 궁극적으로는 동일한 방식으로 작용하는 기계, 즉 인공지능(AI)를 만들 수 있을 것이다. 챗GPT와 같은 인공지능은 이런 학습이 없다. 빅데이터를 학습하고 언어모델에 따라 작동하기 때문에 엉뚱한 대답, 즉 환각 증상을 일으킨다.

뇌의 학습 모델을 탐구하기 전에 몇 가지 기본 개념을 정리하자. 뇌는 세포로 이루어져 있다. 신경세포라고 부르는데 다른 세포와 다른 독특한 속성이 몇 개 있다. 첫째 신경세포가 나무처럼 생겼다는 점이다. 축삭과 가지돌기라는 구조가 세포막에서 나뭇가지처럼 뻗어 나와 있다. 가지돌기는 세포 가까이에 모여 있으며 입력을 수신한다. 축삭은 출력 부분이다. 두 번째 특징은 신경세포에서 활동 전위라고도 부르는 극파 spike(뇌파에 나타나는 첨예한 파형)가 발생한다는 점이다. 세 번째 특징은 한 신경세포의 축삭이 다른 신경세포의 가지돌기에 연결된다는 점이다. 이런 특징을 고려해 두 가지 기본 원리가 나온다. 기본 원리 첫째는 생각과 개념과 지각은 신경세포의 활동이라는 것이다. 둘째는 우리가 아는 모든 것은 신경세포들 사이의 연결에 저장된다는 것이다. 즉 시냅스를 사용해 저장된다. 만약 두 신경세포가 동시에 극파를 발화하면, 두 신경세포 사이의 연결이 강화된다. 우리가 뭔가를 배울 때에는 이 연결이 강화되며, 뭔가를 잊을 때에는 이 연결이 약해진다.(69~70쪽)

놀랍지 않은가. 인류가 만든 지식의 보고가 신경세포들 사이의 연결과 전기신호 파형에 의존해 있다는 것이. 인류는 이런 신경세포들 사이의 저장을 넘어서 문자와 책, 컴퓨터를 이용한 저장과 이용을 개발하고 이용해왔다. 책과 컴퓨터와 반도체 칩은 인간 바깥에 있는 또 다른 두 뇌라고 할 수도 있겠다.

저자는 인간의 생각을 만드는 신경세포들, 특히 신피질을 이해하는 중요한 발견을 소개한다. 첫 번째 발견은 신피질은 세계 예측 모형을 배운다이다. 두 번째 발견은 예측은 신경세포 내부에서 일어난다이다. 예측은 두 가지 이유로 바뀌는데 하나는 주변 세계가 변하기 때문에 일어나고 또 하나는 내가 움직이기 때문에 일어난다. 그런데 신경세포의 내부 어디에서 예측을 하는 것일까. 저자는 이렇게 말한다. 가지돌기 극파가 바로 예측이다. 예기치 못한 입력이 도착하면, 여러 신경세포가 동시에 극파를 발화한다. 만약 예측된 입력이 도착하면, 오직 예측 상태에 있는 신경세포들만 활성화된다. 세 번째 발견은 피질 기둥의 비밀은 기준틀에 있다는 것이다. 뇌는 감각 입력을 기준틀의 위치와 연관지음으로써 세계 모형을 만든다. 우리가 커피 잔을 손에 쥐고 있을 때 뇌는 잔 모양과 상대적 위치에 맞는 모형을 인식한다. 왜 이런 기준틀이 필요할까? 첫째 기준틀은 뇌에게 어떤 대상의 구조를 배우게 한다. 공간 속에서 상대적으로 배치된 특질과 표면을 익혀야 하기 때문이다. 예컨대 얼굴은 코와 눈과 입이 상대적 위치에 배열되어 있다. 둘째 뇌는 기준틀을 사용하는 대상을 정의함으로써 대상 전체를 동시에 조작할 수 있다. 셋째 움직임을 계획하고 만들어내는 데 기준틀이 필요하다. 로봇 공학자들은 기준틀에 의존해 로봇 팔이나 몸통의 움직임을 계획한다. 저자가 이 기준틀의 의미를 발견한 것이다.(88~90쪽)

저자는 기준틀이 놀랍고 유용한 틀이라고 생각하며 자신이 그 사실을 발견했다는 것을 자랑스럽게 말한다. 기준틀에 관한 저자의 가설을 더 들어보자.

뇌는 모든 지식을 기준틀에 저장한다. 구체적으로 들어가면 이렇다.

1. 기준틀은 신피질의 모든 곳에 존재한다.

2. 기준틀은 단지 물리적 대상뿐만 아니라 우리가 아는 모든 것의 모형을 만드는 데 쓰인다.

3. 모든 지식은 기준틀에 대해 상대적 위치에 저장된다.

4. 생각은 움직임의 한 형태이다.(112~116쪽)

특히 4번은 우리가 '생각' '의식'이라고 부르는 것이 '운동'에서 나왔음을 시사한다. 우리는 생존과 번식을 위해 잘 움직여야 했고 더 잘 움직이기 위해서 정교한 의식이 필요하게 되었다.

저자의 일반인공지능 이론도 흥미롭다. 사람과 같은 지능을 보여주는 인공지능기계를 '인공 일반 지능', 줄여서 AGI라고 부른다. 오늘날 AI 산업이 직면한 본질적인 질문은 이것이다. 우리는 지금 진정한 지능이 있는 AGI 기계를 만드는 길로 나아가고 있는가이다. 저자는 딥 러닝 기술은 우리를 진정한 지능기계를 만드는 길로 데려가지 않는다고 확신한다. 바둑을 잘 두었던 알파고는 사실 바둑이 뭔지도 모른다. 바둑 말고 다른 일은 하지도 못한다. 자율 주행차는 바둑을 두거나 펑크 난타이어를 갈아끼우지는 못한다.

그렇다면 지금 유행인 챗GPT도 뛰어난 언어모델이지만 AGI와는 너무가 거리가 멀다. 챗GPT에게 너는 누구인가 물으면 자신은 대규모 인공언어모델이라고 대답한다. 챗GPT 역시 빅 데이터를 잘 처리해서 인간의 답변과 유사한 대화를 하지만 흔히 말하는 '환각' 증상은 없애지 못했고 자신이 뭘 하는지도 잘 모른다. 단지 기계적인 처리를 잘 할 따름이다.

저자는 뇌와 동일한 방식으로 세계 모형을 만들지 않는 한, 어떤 종류의 딥 러닝 네트워크도 AGI의 목표를 달성할 수 있을 거라고 믿지 않는다. 딥 러닝 네트워크가 잘 작동하는 것처럼 보이는 이유는 통계와 많은 데이터에 의존하기 때문이고 결국 다섯 살 아이의 능력에 이르는 길로도 가지 못한다고 지적한다.(181쪽)

저자는 지능 기계에 센서와 그것을 움직이는 능력이 필요하다고 말한다. 이를 체화라고 부른다. 센서의 종류는 박쥐의 음파 탐지기나 적외선이나 자외선을 볼 수 있는 눈 등 다양하다. 요점은 지능 기계가 세계 모형을 배우려면 움직일 수 있는 감각 입력이 필요하고, 각각의 센서를 세계 속의 대상들에 대한 센서의 상대적 위치를 추적하는 기준틀과 연관 지을 필요가 있다.(217쪽)

저자는 〈틀린 신념〉이란 장에서 인간의 뇌가 파악하는 것이 무엇인가 묻는다. 그것은 실제 세계의 부분집합에 불과하며 우리가 지각하는 것은 실제 세계 자체가 아니라 우리가 만든 세계 모형이라는 것이다. 즉 우리가 지각하는 세계는 실제 세계의 시뮬레이션이다는 것이다. 이것은 우리의 직관과 너무나도 어긋나는 개념이어서 저자는 여러 가지 예를 살펴본다. 그런데 우리는 시뮬레이션 속에서 살아가고 있다는 느낌이 전혀 없다. 우리는 세계를 직접 바라보고 만지고 냄새 맡는다고 느낀다. 팔이나 다리가 절단된 사람에게 나타나는 환상지를 보자. 팔이 없지만 환자는 자신의 팔 감각을 느낀다. 뇌의 모형에는 그 팔다리도 포함되어 있고, 그래서 옳건 그르건 당사자는 그렇게 지각하는 것이다. 이 시뮬레이션 이론은 곰곰이 생각할 필요가 있다. 우리가 세계를 바라보는 방식과 깊은 관련이 있기 때문이다. 우리는 플라톤이 말한 동굴 속의 죄수일 수도 있고, 영화 <매트릭스>가 보여준 가상 현실에서 살고 있을 수도 있는 것이다.

뇌가 지각하는 것이 실제 세계의 시뮬레이션이라면 뇌는 틀린 신념을 가질 수도 있다. 저자는 뇌가 형성한 신념이 틀렸는데도 불구하고 계속 지속된다면 다음 세 가지와 관련있다고 말한다. 그 세 가지는 다음과 같다.

첫째 직접 경험할 수 없다. 틀린 신념은 거의 항상 우리가 직접 경험할 수 없는 것에 관한 신념이다. 둘째 반대 증거를 무시한다. 셋째 틀린 바이러스성 신념은 그 신념을 다른 사람들에게 퍼뜨리는 행동을 권장한다. 저자는 위의 틀린 신념의 규정에 맞는 예로 백신은 자폐증을 낳는다, 기후 변화는 위험이 아니다, 사후 세계가 있다 등을 들고 있다. (283쪽)

저자는 인간의 뇌는 생존을 위해 작동하는 오래된 뇌와 신피질이 있는데 이로 인해 실존적 위험에 직면한다고 주장한다. 첫 번째 문제는 우리의 오래된 뇌가 여전히 지배력을 행사하면서 우리가 장기적 생존에 도움이 되는 선택(예컨대 인구 감축과 핵무기 폐기 같은)을 하지 못하도록 방해하는 것이다. 두 번째 문제는 우리가 만들어낸 기술들을 틀린 신념을 가진 사람들이 남용할 위험이다.(286쪽) 섬뜩하지만 가능성이 충분한 이야기다.

길고 긴 논의를 거쳐 저자는 인류의 장기적 생존을 위해 지능을 가진 로봇이 화성에 이주하는 등의 대안을 말한다. 언젠가 성간여행을 하기 위해서도 기계지능로봇이 필요하다. 이들은 다양한 의미로 인류의 유전자와 지식을 확산 보존하는 역할을 하게 된다. 지능 기계는 우리가 사라지고 나서 한참 뒤까지도 계속 지식을 보존할 수 있고 다른 별처럼 우리가 갈 수 없는 장소들에 지식을 확산시킬 수 있기 때문이다. 사람과 달리 지능기계는 천천히 은하 전체로 퍼져갈 수 있다. 잘하면 우주의 다른 곳에 사는 지능 생명체와 지식을 나눌 수도 있을 것이다.(340쪽)

저자가 지능 기계를 개발하고 확산시키고자 함은 인류의 미래를 비관적으로 보기 때문이 아닐까. 단백질 기반인 인간 몸으로는 앞으로 닥칠 기후위기와 다른 행성 이주가 쉽지 않기 때문이 아닐까.

저자의 신피질 기준틀 주장이 신경과학계에서 공인된 주장은 아닌 것 같다. 유력한 주장이고 여러 통찰력을 던지는 것은 분명하다. 신피질 기둥이 범용 제품으로 시각을 연결하면 시각 기능을, 청각을 연결하면 청각 기능을, 후각을 연결하면 후각 기능을 실현한다는 것이 놀랍다. 기준틀 주장도 신피질 기둥이 일종의 3차원 작동을 한다는 것이니 그것도 놀랍다.

이상한 성공

윤홍식/ 한겨레출판

한국사회는 1960년대에 시작된 국가 중심의 개발 경제를 통해 엄청난 성공을 거뒀다. 1960년대 초반 1인당 100달러에 불과한 국민소득이 2023년 현재 3만 5천달러에 가깝다. 350배나 오른 셈이다. 자동차와 조선, 석유화학공업을 비롯한 중화학공업에다 반도체와 IT기업도 막강하고 드라마 그리고 하이브와 에스엠을 비롯한 엔터테인먼트 사업도 뛰어나다. 산업화에 민주화도 얻었다. 1960년대에 경제개발을 시작한 후 이런 성공을 거둔 나라는 한국이 대표적이다.

그런데 한국의 저출산율은 0.78명으로 세계 최고이며, 자살율에 노인빈곤율도 세계 최고다. 청년들은 미래 희망이 보이지 않는다고 낙담하고 부가 세습되는 새로운 계급사회로 들어섰다는 인식도 확산하고 있다. 한국 국민의 행복지수는 극히 낮고 어려울 때 의지하는 친구나 친척이 있냐는 질문에도 없다는 대답이 세계 여러 나라와 비교해 매우 높다.

한국은 상반신은 꽃미남에 하반신은 거대한 파충류인 사람과 비슷하다. 어떤 사람은 상반신만 보고 한국의 미래를 낙관하고 어떤 사람은 하반신을 보고 미래를 비관한다. 객관적으로 보면 상반신과 하반신 모두 한국을 보여주고 있다. 확실한 것은 그런 몸으로 오래 살 수는 없다는 것이다. 더욱이 그렇게 생긴 이상한 생명체는 이제 어디로 가야할 지를 몰라 방황하고 있다. 동쪽으로 가야 하나, 서쪽으로 가야 하나. 방향 자체를 몰라 계속 같은 자리를 맴돌면서 탈출할 수 있는 에너지를 갉아먹고 있다.

한마디로 오늘 한국의 위험한 사회지표는 한국이 성공했기 때문에 빚어진 것이다. 그야말로 '이상한 성공'인 것이다. 이 책은 그런 이상한 성공의 원인과 해결 방안을 찾는데 집중하고 있다.

책은 성공의 원인 분석이 탁월하다. 저자는 이승만 정권이 시행한 농지개혁과 지가증권 발행으로 지주가 몰락해서 국가 중심의 개발정책에 대한 강력한 정치적 반대 세력이 없다는 점을 주목한다. 남미는 대지주가 정치 세력으로 국가의 방향에 미친 영향이 컸지만 한국은 없었다. 그래서 국가가 강력한 개발 드라이브를 걸 수 있었던 것이다. 한국의 본원적 자본 축적은 적산 불하와 원조 물자 배분과 같은 방식으로 기형적으로 진행되었는데 이 또한 국가가 강력하게 개입했기에 가능한 방식이었다.

국민들도 '잘 살아보세'의 기치 아래 진행된 개발 국가의 경제 운영방식을 묵시적으로 동조했다. 경제개발을 통해 한국의 중산층은 급속도로 늘어났지만 동시에 국가의 복지나 사회 통합 능력은 떨어져 한국은 내 가족만 책임지면 되는 '가족 중심', '각자 도생'의 사회로 변하게 된다. 나와 가족이 축적한 재산이 미래를 보장해주는 것이다. 한국에서 부동산 재테크가 유달스레 극성인 것도 이런 현상과 관계가 있을 것이다. 한국인은 모두가 열심히 살고 있는데 누구도 행복하지 않은 이상한 사회에서 살고 있는 것이다.

한국의 경제개발은 재벌 대기업이 주도한 제조업 중심에 수출성장형 모델이었고 그 기조가 현재까지도 이어지고 있다. 한국에서 정권 교체는 일어났지만 경제개발방식 교체는 일어나지 않았던 것이다.

저자는 그 결과로 현대 한국은 4개 등급으로 나뉜 신 신분사회가 되었다고 말한다. 1등 국민은 안정적 고용과 높은 소득을 보장받는 최상층 계층으로 축적된 사적 자산이 사회적 위험에 대응하는 가장 중요한 수단인 계층이다. 2등 국민은 상대적으로 안정적 고용과 소득을 보장받지만 사적 자산만으로는 사회적 위험에 대응하기에 충분치 않은 집단으로 사회보험이 사적으로 축적된 자산을 보완하는 계층이다. 3등 국민은 비정규직, 특수고용직, 영세자영업자 등으로 구성된 집단으로 절대다수가 사회보험에서 배제되어 있고 사적자산도 축적하지 못한 계층이다. 4등 국민은 '자격 있는 빈자'로 공공부조의 수급자가 된 3% 정도의 극소수 계층이다.(241쪽)

한국이 이상한 성공을 거둬 이상한 사회가 된 원인 분석은 뛰어나지만 저자가 말하는 해결책은 성에 차지 않는다. 저자는 실패해도 괜찮은 사회, 창의성 혁신과 20년 동안 4단계로 증세 방안, 시민은 누구나 기본적인 복지를 누릴 수 있는 보편적 사회권 강화 등을 말한다. 사실 뾰족한 해결이 있기 쉽지 않다. 개발 국가에 반공개발주의로 60년을 살았는데 쌓인 문제를 단번에 풀 마법이 존재하지 않는 것이 당연하다.

한국 사회 문제를 해결하기 위해서는 재정이 중요하고 증세가 필요하다. 한국인들에게는 조선 시대 이래의 '가렴주구'라는 역사적 유산이 있다. 한국인에게 세금은 오랜 시간 지배층이 잘 먹고 잘 살기 위해 백성들을 쥐어 짜서 거둬가는 것이었다. 그래서인지 한국인은 증세에 본능적인 거부감을 보인다. 정부가 부동산 부자에게 거두는 종합부동산세를 올리면 월 수입이 최저임금 수준인 서민들도 '세금폭탄'이라며 격분한다. 종부세로 거둔 돈이 서민들에게 재정지출로 돌아오는 혜택을 확신못하는 것이다. 증세와 복지 지출은 그야말로 사회적 대타협이 필요한 분야인데 동시에 대타협이 쉽지 않다.

대타협을 말하기 전에 한국은 '조직된 개인'이 적다는 점이 문제이다. 대타협이든 개혁이든 '집단으로 조직된 경우'가 적어서 모든 조치가 결국 강자와 부자와 상류층 중심으로 흘러가게 된다. 저자는 이 점을 강조한다.

"정치개혁을 통해 만들어진 정치제도에서 나의 이해를 대표하는 정치가 만들어지기 위해서는 우리는 비판적인 개인을 넘어 조직된 개인이 되어야 합니다. 그런데 한국 사회는 이 부분이 대단히 취약합니다. 개인이 자신의 이해를 대변하는 집단으로 조직된 경우가 거의 없기 때문입니다. 각자가 시장에서 열심히 경쟁하는 방식으로 삶을 살아왔던 경험만 있는 사회에서 다른 사람과 함께 문제를 풀어가는 방식에 익숙하지 않은 거죠. 대부분은 대통령선거, 국회의원선거, 지방선거에서 일회적으로 표를 행사하는 개인화된 유권자일 뿐입니다. 우리는 정치인과 정당이 내건 공약과 비전을 믿고 그 정치인과 정당을 지지했지만, 당선 후에는 그 공약과 비전이 불가피한 사정 때문이라는 이유로 흔적도 없이 사라진 경우를 셀 수 없이 목격했습니다. 개인화된 우리에게는 그 공약과 비전을 실현시킬 강제력이 없는 것이죠."(336~337쪽)

우리나라에서 '응징 선거'가 자주 일어나는 것도 그런 이유 때문이 아닐까. 공약이나 대표 정치인에 혹해 집단적으로 투표한다. 집권한 정당은 자신의 공약을 지키지 않는다. 정치와 경제는 오히려 공약과 반대로 가고 희안하게도 집권 정치인들은 점점 오만해진다. 불만과 염증이 쌓일 대로 쌓인 유권자들은 다음 선거에서 집권 정당을 응징한다. 그리고 그 과정은 비슷한 양상으로 다시 되풀이된다.

교사의 교육지도활동을 아동학대로 처벌하는 법 개정 작업을 '교사노조'가 주도하고 있다. 이는 조직 세력의 자기 권익 보호 정치 활동이다. 건설노조의 활동도 마찬가지다. 그런데 이런 의문이 들 수 있다. 모든 개인이 각자의 이익이나 신념으로 조직화되어 권익을 주장한다면 권익의 충돌과 과잉을 어떻게 처리할 것인가. 그것이 정치와 시민사회가 할 일이다. 우리나라에서는 한국경제인협회(구 전경련)를 비롯한 가진 자와 기업가, 기득권층의 조직은 많고 강한 반면에 반대 세력의 조직화는 약하다. 한국의 노조 조직률은 12% 남짓하고 그나마도 대기업 산업체 중심이고 중소기업의 약한 노조는 제대로 힘을 쓰지 못하고 있다. 이는 한국 사회에 독특한 원청-하청, 정규직-비정규직, 대기업-중소기업의 이중구조 때문일 것이다. 어떤 나라도 문제 없는 나라와 사회는 없다. 핵심은 약점을 어떻게 극복하고 장점으로 바꾸느냐일 것이다. 한국 사회와 정치가 그 능력을 잃어버리고 있는 것이 아닐까 우려가 큰 시대다.

저자는 마지막으로 우리가 추구하는 복지국가를 여섯 가지로 추려 말한다.

첫째 재벌 대기업 중심의 성장체제에 의존하는 복지국가가 아니라 대기업과 중소기업이 동반성장 하는 경제에 기초한 복지국가다. 둘째 최첨단 자동화 설비에 의존해 생산성을 높이는 성장체제에 의존하는 복지국가가 아니라 노동자의 숙련이 자동화와 함께 공존할 수 있는 복지국가이다. 셋째 수출과 내수가 균형 잡힌 경제에 기초하는 복지국가이다. 넷째 탄소를 배출하면서 지구 생태를 위협하는 경제가 아니라 지구 생태계를 지키는 경제에 기초한 복지국가다. 다섯째 인종, 종교, 성적 지향, 학벌, 국적 등과 관계없이 모든 인간이 존엄한 개인으로서 동등한 권리를 누리는 복지국가다. 여섯째 끊임없이 더 좋은 사회를 위해 변화하는 복지국가다.

  적고 보니 이는 복지국가론이 아니라 프랑스대혁명선언 또는 미국독립선언문 같기도 하다. 지나친 이상주의이고 거대담론이기도 하다. 우리가 당면한 저출산과 빈곤, 비정규직 문제 등은 복잡한 원인이 얽혀있다. 쉽고 간단하며 시간이 걸리지 않는 해법은 없는 셈이다. 대화와 타협, 미래를 향한 정치와 사회의 역할이 중요하다. 문화의 선진화, 기술의 선진화, 금융의 선진화는 그렇게 만들어져야 할 것이다.

AI전쟁

하정우 외/ 한빛비즈

챗GPT와 같은 AI(인공지능)개발은 투자에 따라 승패가 결정 난다. 1,000억 원을 투자받는 회사와 1조 원을 투자받는 회사의 결과가 같을 수 없다. 한국은 AI 분야 등에서 스타트업이 성공하기가 어려운 나라다. 저자 하정우는 말하기를 "실수를 용서해주지 않는다는 개념이라기보다는 실패했을 때 그다음 단계로 나가는 게 쉽지 않다는 뜻"이라고 말한다. 즉 재도전하기 무척 어려운 사회라는 것이다. 투자 자본뿐 아니라 전반적인 사회 분위기가 그렇다는 것이다.(34쪽)

이 점은 중요하다. 미국은 벤처투자 시스템이 잘 되어 있다. 스타트업 투자를 전문으로 하는 개인이나 회사도 많다. 미국 월가가 쫓는 이익에는 당연히 스타트업 성공 관련 이익도 포함된다. 미국 몰락을 점치는 사람은 많지만 미국이 쉽사리 무너지지 않는 것도 이런 '자본 투자'의 효율성이 돌아가기 때문이다. 중국 역시 벤처투자가 왕성한 나라다. 중국 정부도 창업을 적극 밀어준다. 2015년부터 창업을 활성화하고 만인의 창의성을 발휘토록 한다는 뜻의 "대중창업 만중창신(大衆創業 萬衆創新)."이라는 구호가 널리 퍼졌다.

중국에서는 각 성(省)별로 칭화대와 베이징대를 들어갈 수 있는 입학 인원이 정해져 있다. 마을에서 수재가 칭화대나 베이징대 전자공학과에 입학하면 마을 사람들이 모두 경축한다. 그 학생은 언젠가는 창업을 해서 마을사람의 일자리를 만들어줄 공산이 크다. 한국은 우수한 학생이 모두 의대로 몰린다. 산업 경쟁력이 뚝뚝 떨어지는 소리가 들린다.

저자 하정우는 챗GPT는 일반인공지능(AGI)이 아니라고 말한다. AGI는 의제설정능력이 있어야 하는데 챗GPT는 그렇게 하지 못하는 대형언어모델에 불과해 뛰어나지만 한계가 있다는 것이다. 그리고 하정우는 인공지능이 앞으로 10년 동안 엄청나게 발전하는 데 관건이 될 분야는 하드웨어, 그중에서도 반도체라고 말한다. 중요한 점이 또 있다. 초거대 인공지능을 운영하는 데 에너지, 즉 전기 사용량이 엄청나다는 것이다. 그래서 반도체를 최적화하고 경량화해서 에너지 비용을 획기적으로 절감해야 한다는 것이다. 사람은 에너지를 매우 효율적으로 쓰면서 일을 하는 데 비해 현존 초거대 인공지능은 에너지를 엄청나게 쓰면서 일을 하기 때문에 얼마나 지속 가능하고 여러 분야로 퍼져 나갈지 물음표가 생긴다.(50쪽)

AI의 힘은 막강하다. 신약 개발에서도 AI를 이용하면 성과를 높이고 비용을 줄일 수 있다. 구글의 자회사인 딥마인드가 개발한 단백질 구조 예측 AI인 알파폴드를 공개했을 때 학계에서 경악했다고 한다.(131쪽) 네이버는 AI 하이퍼클로버 서비스로 자영업자의 스트레스인 사용 후기 별점을 다 걷어내고 키워드 리뷰로 대체할 예정이라고 한다. 이용 후기가 많으면 전체 리뷰를 세 줄로 요약해주는 서비스도 제공한다.(146쪽) 기존의 전통적인 백화점이나 마트는 새로운 이커머스 관련 대응을

잘못하고 있다. 대표적으로 롯데 그룹이 그렇다. IT에서 출발한 회사에
선 당연한 조치들이 아직도 전통 백화점 업체 등에서는 뿌리를 내리지
못하고 있다. 쿠팡 등이 앞서는 이유도 그럴 것이다. (153쪽)

인공지능은 드론과 같은 살상무기에서도 많이 쓰이고 있다. 인공지
능 전문가들은 군사분야로 나가는 것을 꺼린다고 한다. 첫째 AI 전문가
들은 자신의 연구가 학술적으로도 가치를 인정받고 싶어하는데 국방 분
야는 대외비가 많아 연구 결과의 외부 공개가 어렵다. 둘째 자기가 만
든 기술이 살상무기로 쓰이는 걸 굉장히 부담스럽게 여긴다.(166쪽)

우리나라가 AI를 발전시키려면 인적자원이 중요하다. 한국이 미국
의 구글이나 마이크로소프트, 오픈AI처럼 전세계의 인재를 모을 수 없
다면 한국에 유학 오는 외국 유학생이나 기업 인턴의 활용이 중요할
것이다. 하정우는 2년 전부터 과기부에 비자 문제 해결을 요청했다고
한다. 인공지능 연구 분야는 국내 인력 풀이 크지 않고 한 명 한 명이
소중하다. 영국이나 캐나다도 마찬가지고 인공지능에서 경쟁하는 나
라들은 전 세계에서 인재를 끌어들이려고 난리다. 그런데 우리나라는
법무부가 아직까지 긴급성을 인식하지 못하고 있는 상태다. 법무부가
앞으로 과학기술 전공으로 유학 와 있는 외국인 학생들에게 영주권을
부여해 국내에 기여할 수 있도록 하는 제도를 준비하고 있다고 한다.
(271쪽)

중국의 인공지능 실력은 어떨까. 하정우는 중국의 인공지능 기술 수
준은 미국과 투 톱이라고 말한다. 특히 안면인식, 행동인식, 경량화 기
술 등의 컴퓨터 비전 분야는 미국보다 앞서 있다. 논문 발표량은 중국
이 많지만 질적으로는 아직은 미국이 앞서 있다고 본다. 중국에는 바이

두, 텐센트, 알리바바, 화웨이같이 실리콘밸리 글로벌 테크 기업에 준하는 강력한 초거대 인공지능 기술을 보유한 기업들이 많다. 중국은 정부에서 강력하게 기업들을 지원하고 있으며 규제와 지원 양면책을 사용하고 있는 것으로 보인다.(281쪽)

현재 LLM(대형언어모델)은 글쓰기와 그림 그리기를 어지간한 사람 이상으로 잘한다. 그런데 LLM이 생성한 콘텐츠는 왜곡된 정보가 포함될 가능성이 굉장히 높다. 콘텐츠 생산이 늘어나면서 사실과 사실이 아닌 것이 뒤엉키게 되었을 때, 초래할 사회적 영향이 예측되지 않는다. 저자 한상기는 초거대 인공지능이 각종 소프트웨어나 시스템과 연동되면서 실제 제어권을 갖게 되고, 자동으로 뭔가 만들어내기도 하고 스스로 코딩을 하면서 사회 전체 인프라의 파국을 가져올 수 있다는 우려를 말한다. 인공지능은 그런 짓을 저지르면서도 자기가 잘못하고 있음을 전혀 모를 것이다.(298쪽)

그런데 어떻게 챗GPT와 같은 LLM은 이렇게 뛰어난 성능을 가지게 되었는지 개발자들도 그 이유를 모른다는 것이다. 한상기는 인공지능에 대해 잘 모르는 사람한테 이 얘기를 하면 다들 깜짝 놀란다고 한다. 우리가 만든 건데 우리가 이해를 못 해요?라는 반응이다. 박태웅이 한 유튜브 강의를 보면 챗GPT와 같은 경우 매개변수가 1,500억개 정도 되는데 그 매개변수를 일일이 열어서 이런 능력비약이 일어났는지 점검한다는 것은 불가능하다고 한다. 앞으로 중요한 연구 주제가 바로 이 크고 복잡한 모델이 어떻게 학습하고 추론하는지를 해석할 수 있는 방법을 찾아내는 것이다.(303쪽)

인공지능이 어떤 위험한 상황에서 어떤 사람은 살리고 어떤 사람은 죽이는 결정을 할 수 있을까? 두 저자는 모두 인공지능이 결정 자체를 내릴 수 없어야 한다고 말한다. 인간에게 맡기거나 아니면 인공지능이 오류인 채로 둬야 한다는 뜻이다. 독일에서는 자율주행차와 관련한 논쟁이 있을 때 소프트웨어가 '어떤 사람을 희생시키는 선택이라는 것' 자체를 해서는 안 된다고 결론내렸다. 옳다는 것을 인공지능이 판단하도록 구현하는 게 위험한 것이다. 그런 기능은 아예 구현하지 않아야 한다는 것이다.(309쪽)

한국은 미국의 구글 등이 검색 시장을 장악하지 못한 극히 드문 나라 중의 하나다. 유럽은 독자 포털을 가지지 못하고 구글 등을 쓴다고 한다. 1997년 12월에 집권한 김대중 정권 때 IT와 벤처산업 등에 집중투자한 덕이 아닐까 한다. 하정우는 현시점부터 길게는 3년, 짧게는 1년이 향후 10년 이상의 대한민국 국가 경쟁력의 미래가 결정될 중요한 시기라고 말한다. 미국, 중국과 함께 세계 2~3위권의 글로벌 인공지능 기술, 산업, 사회리더십을 갖는 국가가 될 것이냐, 데이터-인공지능 기술 종속국으로서 살아갈 것이냐를 결정하는 기간이 된다는 뜻이다.

그는 인공지능은 거스를 수 없는 시대의 흐름으로 흐름을 거스르면 결국 종속으로 가는 길만 남는다고 강조한다. 그의 말을 들어보자. 개인들도 인공지능의 능력과 한계를 제대로 알고 써서 경쟁력이 될 수 있도록 하는 것이 중요하다. 국가의 역할도 정말 중요하다. 기업들은 글로벌 경쟁에 생존이 달려 있기 때문에 어떻게든 망하지 않기 위해, 더 나아가 성장하기 위해 노력한다. 국회와 정부의 역할은 기업들이 생존을 위한 전략적 의사결정을 함에 있어 국내의 자체 초거대 인공지능을 포기하지 않도록 지원하는 것이 중요하다.

AI전쟁에서 미국과 중국 등 G2국가, 특히 미국이 압도적으로 유리한 건 어쩔 수 없다. 그러나 한국이라는 나라와 한국어의 특수성을 살려 틈새시장을 개척하고 역으로 세계와 동남아로 나갈 수도 있다. 한국은 독자적인 포털과 검색 시스템을 갖고 있는 독특한 나라다. AI전선에서 뛰는 사람들의 건투를 빈다. 또 하나 AI가 발전하면서 생겨나는 개인정보와 윤리와 미래 비전에도 노력해주기 바란다.

트럼프, 강한 미국을 꿈꾸다

도널드 트럼프/ 이은주 외 옮김/ 미래의 창

도널드 트럼프가 미국 대통령이 되기 전인 2015년에 낸 책이다. 2024년 2월 현재 트럼프가 올해 11월 대선에서 유력한 대통령 후보라고 한다. 지난 대통령 시절의 트럼프의 행동과 정책을 봐서 대략 알지만 정리된 생각을 알고자 책을 잡았다.

한국에 가장 큰 영향을 미치는 나라가 미국이다. 그러니 미국 대통령 후보의 책은 필독서가 아닐까. 한국인들은 미국과 중국 지도자를 다룬 책에 관심을 가져야만 한다. 정치인의 책은 내용 그대로 받아들이기는 어렵지만 그래도 충분한 지식을 얻을 수 있다.

트럼프답게 그는 직설적으로 할 말을 하고 있다. 정치인이 이렇게 책을 써도 되나 놀라울 뿐이다. 그 놀라움을 넘어 트럼프가 미국 대통령이 되었으니 더 놀랍다. 이번 재선에서도 인기가 드높다. 그만큼 트럼프의 주장이 미국 국민, 즉 유권자에게 호소력 있다는 말이다.

첫 번째 장 제목이 '강경하게 가자'이다. 이 장의 핵심 주장은 '우리는 지나치게 오랫동안 다른 국가에 이용당해왔고 괴롭힘을 당해왔다.'이다. 한마디로 미국은 세계에서 호구 취급받았다는 것이다. CIA에게 온

갓 쿠데타 공작을 당했거나 미사일 공격을 맞은 제3세계 국가로서는 기절초풍할 주장이다. 그는 이라크와 오펙, 중국의 예를 드는데 시작부터가 심상찮다. 이들 나라뿐 아니라 세계의 많은 나라와 국민들이 동의하지 않을 주장이다. 벌써 어디선가 '그래 좋다. 달러 패권을 내려놓고 얘기해보자'라는 비아냥이 들리는 것 같다. 미국 중서부 백인 중하층들이 이런 주장에 환호하는 것도 이해하기 힘들다.

두 번째 장 제목은 '석유를 확보하라'이다. 미국은 석유 중독 국가다. 대중교통이 발달되지 않아 한 집에 두세대 차는 기본이다. 미국에서 석유는 생활필수품으로 석유 가격은 대표적인 민생 지표다. 트럼프는 OPEC를 석유 마피아로 부르면서 강경하게, 현명하게 대처할 것을 주문한다. 그의 주장 핵심은 미국 내 석유 채굴을 허락하고 지원하라는 데 있다. 일자리도 만들 수 있으니 환경 보호 운운은 쓰레기통에 버리라고 역설한다.

세 번째 장은 '중국에 세금을 물려라'이다. 트럼프는 중국이 환율 조작을 하고, 산업 스파이 짓을 한다고 비난한 다음 이렇게 말한다.

"해법은 간단하고 명확하다. 강경하게 나가라! 중국이 시장 시세에 맞게 자국의 통화 가치를 조정하지 않는다면 중국산 제품에 25퍼센트의 관세를 부과하라. 중국이 건설적으로 반응하지 않으리라 생각하는가? 그런 염려는 붙들어 매라. 내가 아는 한 기업하는 사람 중에 광대한 미국 시장에 등 돌릴 사람은 거의 없다."

"제조업 부문 일자리를 다시 국내로 가져와야 한다. 온쇼어링은 중국이 빼앗아간 일자리를 우리가 다시 가져오는 한 방법이다."

트럼프가 재임 기간에 중국 상품에 25퍼센트는 아니지만 10퍼센트의 관세를 부과한 것은 사실이다. 최근 트럼프가 2024년 선거에서 당선되면 중국에 60퍼센트의 관세 부과를 검토 중이라는 뉴스도 떴다. 그런데 이렇게 관세를 부과하면 미국 인플레에 기름을 붓는 것 아닌가. 그리고 국민소득 8만 달러가 넘는 미국이 과연 제조업 경쟁력이 있을까? 기업에 부과하는 막대한 사회보장금과 건강보험금은 기업이 감당할 수 있을까?

네 번째 장은 감세 주장을 담고 있다. 트럼프는 광범위한 감세를 주장한다. 그의 주장을 들어보자.

"레이건과 케네디의 견해는 현명한 세금 정책은 초당파적인 문제라는 사실을 입증한다. 이는 일반 상식이어야 한다. 무언가에 과세하면 여러분이 얻을 수 있는 것이 적어진다. 단순한 원리다. 근로소득에 더 많이 과세할수록 일하려는 의욕은 줄어든다. 투자에 더 많이 과세할수록 투자는 줄어든다." 세금 줄여준다고 해서 싫어할 사람은 없지만 날로 늘어나는 빈부격차와 재정손실은 어떻게 한다는 것일까.

다섯 번째 장은 사회보장제도다.

"예산에서 가장 큰 비중을 차지하는 항목은 사회보장제도와 메디케어, 그리고 메디케이드이다. 사회보장제도는 총 예산의 20퍼센트(7,070억 달러)를 차지하며 메디케어와 메디케이드가 22퍼센트(7,240억 달러)를 차지한다. 누구나 아는 것처럼 건강보험 비용은 급증했고, 건강보험제도 안에서 메디케이드의 역할도 크게 늘어났다. 1965년 메디케이드 제도가 생겼을 때 이를 이용하는 사람은 50명 가운데 1명에 불과했지만 현재는 6명 가운데 1명이 이 제도를 이용하고 있다."(98쪽)

선거를 생각해야 하는 트럼프는(책은 2016년 미국 대선 전에 나왔다.) 이런 사회보장제도 등을 줄여야 한다고는 말하지 않는다. 엉뚱하게 화살을 돌려 "앞으로 10년 동안 중국과의 관계에서 균형을 맞추기만 해도 국가 빚의 5분의 1정도와 맞먹는 금액을 아낄 수 있다."고 주장한다. 그 돈으로 사회보장제도와 메디케어 등에 드는 비용을 충당할 수 있다는 뜻이다. 이치에 맞지 않지만 전혀 틀린 말은 아니며 투표에는 썩 도움 된다.

여섯 번째 장은 외교와 국방에서 미국의 입지를 강하게 하자고 주장한다. 트럼프는 오바마 대통령의 대이란 교섭을 비난한다. "교섭 초기 단계부터 이란에 대해 제재를 완화할 것이 아니라 두 배로 강화해야 한다."고 주장한다. 트럼프는 대통령이 되자 이란이 오바마 대통령과 맺은 핵무기 개발 관련 합의를 깨고 다시 이란을 제재한다. 그는 책에서 말한 대로 실천한 것이다.

리비아에 관해서는 이렇게 말한다. 미국은 카다피를 제거하는 리비아 작전을 수행하는 데 1조 원 이상의 비용을 들였다. 우리가 되돌려 받은 것은 무엇인가? 엄청난 비용, 그뿐이다. 트럼프는 반란군에게 이렇게 말했어야 한다고 주장한다. "카다피를 물리칠 수 있도록 도와드리죠. 하지만 그 대신 미군을 지원하는 비용 등으로 향후 25년간 리비아 석유 매장량의 50퍼센트를 대가로 지불하십시오." 리비아 반군은 이 제안을 덥석 받아들여 좋다고 대답했을 것이다. 오바마는 이런 거래를 협상하지 못한다고 비난한다. 트럼프 대통령 시절에 주한미군 분담금을 대폭 올려달라고 요구한 것이 생각난다. 트럼프의 주장대로라면 미군이 한국을 지켜주고 있으니 부자나라인 한국이 고액의 비용을 내는 게 당연한 것이다. 트럼프는 '거래의 달인'으로 자신을 평가하는데 과대평가인지는 차치하고, 대통령 시절에 그 '거래의 기술'을 세계 곳곳에 실제로 써먹은 것이다.

일곱 번째 장은 사회적 안전망 관련이다.

트럼프는 오바마 대통령 시절에 확대된 푸드스탬프 제도를 맹비난한다. 푸드스탬프 제도는 원래 일시적으로 금전적 도움이 필요한 시기의 가정을 지원하기 위해 도입되었는데 수급자의 절반이 거의 10년째 이를 수령하고 있다면 무엇인가 잘못되었으며 일부는 부정수급과 관련있다고 짐작할 수 있다는 것이다. 트럼프는 언론 보도를 인용해 푸드스탬프 수급자들이 복지 카드를 페이스북에서 팔고 마약을 사며, 푸드스탬프를 교도소 동료에게 보내는 등 부정수급이 넘쳐난다는 것이다. 납세자의 돈을 이렇게 낭비하다니 될 법한 말인가! 공공 지원 주택 정책에서도 오바마 대통령이 비슷한 형태로 정책을 남발하고 몸 건강하고 아이도 없으며 나이도 많지 않은 사람들이 혜택을 보는 일이 많다고 비난한다.

한국에서도 윤석열 정부가 들어선 이후에 실업급여 부정 수급에 관해 추적과 언론 보도가 많았다. 한국 실업급여 혜택이 그다지 크지 않은데도 말이다.

여덟 번째 장은 오바마케어 법안 폐지다.

트럼프는 오바마케어는 중소기업에 중대한 위협이고, 오바마케어 법안의 도입 후에 보험료가 치솟았다고 주장한다. 미국 의료보험제도를 깊게 알지 못해 오바마케어에 어떤 장단점이 있는지를 평가하기는 어렵다. 미국의 한국동포가 한국을 방문하면 미뤘던 치과와 의료 치료를 한꺼번에 해치우고 미국으로 돌아간다는 이야기는 많다. 미국 의료보험제도에 심각한 문제가 있다는 다큐멘터리도 나왔고 의료보험 비용이 상상을 초월한다는 기사도 많지만 현실에서 어떻게 작동하는지를 알기는 어렵다. 트럼프는 보험 회사들 간의 경쟁을 심화시키고 잦은 의료 소송이 발생하는 현 상황을 정비해야 한다고 말한다. 오바마케어 부분은 넘어가자.

아홉 번째 장은 불법 이민이다. 트럼프가 대통령 시절 세운 멕시코 국경 장벽으로 잘 알려진, 일종의 트럼프 상표다. 그는 단호하게 말한다.

"불법 이민은 미국 납세자들에게 철퇴를 가했다. 미국 대통령은 불법 이민에 단호하게 대처해야 한다. 단지 저렴한 노동력을 얻거나 소수자들의 표심을 잡으려는 특수 집단의 이익을 위해서가 아니라 '우리 국민'을 위해서 싸워야 한다."(189쪽)

트럼프는 불법 이민자들이 저지르는 범죄는 대부분의 사람들이 알고 있는 것보다 훨씬 더 심각하고 위협적이라고 말한다. 불법 이민자들의 자녀를 교육시키기 위해 막대한 국고가 들어간다. 미국에서 태어나면 미국 시민권을 주는 수정헌법 14조도 고쳐야 한다. 출생지에 따라 시민권을 부여하는 나라는 캐나다와 미국뿐이다. 미국 시민권을 얻기 위해 미국에서 출산하는 '앵커베이비'가 400만 명에 달하는데 이도 그만 받아야 한다. 미국에 유학온 뛰어난 유학생 등 고급인력은 미국에 머무르도록 제도를 개혁해야 한다. 그럴 듯 하지 않은가. 그런데 앵커베이비는 외국의 고소득층이 쓰는 수법으로 그들의 재력과 능력이 미국에도 도움이 되지 않을까? 한국에서도 최근 '출입국 이민관리청'을 만들어 이민 제도를 만들려는 시도가 있다. 극단적인 저출생에 시달리는 한국이야말로 이민 제도를 깊이 고민해야 하며 여야와 국민 모두를 합한 토론과 대화와 타협과 설계가 필요하지만 그냥 미루고 미루고 미뤄지고 있다.

트럼프는 대통령으로 재직하면서 멕시코 국경을 따라 튼튼한 장벽을 쌓았다. 공약을 실천한 것이다. 2024년 대선에 즈음하여 트럼프의 인기가 높은 이유도 이런 앞뒤 가리지 않는 실천력 때문이 아닐까 싶다.

마지막 열 번째 장은 '우리의 자녀가 물려받아야 할 미국'이다. 트럼프는 이 장에서 앞에서 주장한 내용을 종합해서 소신을 말하고 있다.

"나는 미국을 사랑한다. 그래서 지금 이 나라에서 일어나는 일을 보면 슬퍼진다. 우리는 모욕당하고 있으며, 존중받지 못하고, 심하게 학대받고 있다. 오바마 대통령은 좌파적 실험을 하다가 실패했으며, 끔찍하게 그릇된 방향으로 나라를 이끌었다."(212쪽)

트럼프는 OPEC에 맞서야 하고, 중국에도 맞서 싸워야 한다고 말한다. 그는 미국은 세계에서 가장 위대한 자유 지킴이로 자유시장 자본주의 제도를 통해 막대한 부를 창출했다고 미국을 격찬한다.

"우리에게 필요한 지도자는 맞서 싸울 줄 알고, 현명하며, 미국을 다시 움직일 수 있는 사람이다."(215쪽)

그는 미국은 특별한 나라임을 강조하고 또 강조한다. '미국을 다시 위대하게'란 그의 구호는 결코 빈 말이 아닌 것이다.

내가 보기에 트럼프는 1차세계대전 이전의 미국으로, 즉 고립주의로 돌아가려는 것 같다. 트럼프의 생각은 이런 것 같다. 미국은 자체 내수만으로 얼마든지 잘 살 수 있는 나라다. 전 세계에 경찰국가로 행세할 필요가 없으며, 더욱이 이익도 챙기지 못하고 대접도 받지 못하면서 그렇게 할 이유는 더더욱 없다. 미국은 전 세계에 특히 중국을 중심으로 높은 관세를 물려서라도 자국의 산업과 노동자를 보호할 필요가 있다.

그런데 만약 트럼프의 생각대로라면 고관세와 보호무역으로 인한 인플레는 어떻게 감당할 수 있을까?

트럼프의 등장은 하나의 제국이 서서히 몰락할 때 - 거대한 항공모함이 방향을 전환한다고 표현해도 괜찮을 것 같다 - 나타나는 현상이 아닐까 한다. 미국은 스스로 고립하면서 자신을 지키려고 한다. 아쉬운 나라가 미국에 군사력 등을 요청하면 상당한 댓가를 받고 개입한다. 리비아 카다피 제거 작전에 리비아 석유 절반을 받고서 개입해야 했다는 트럼프의 주장을 보라. 무차별적인 개입은 없다. 미국 국민 절반이 지지하는 트럼프 현상. 2024년 11월 미국 대선이 기다려진다. 과연 미국 국민은 어떤 선택을 할까. 트럼프나 바이든 누가 되더라도 미국의 점진적인 몰락 - 점진적인 국내 중심 정책의 귀환 - 은 계속 진행될 것이다. 우리는 어쩌면 당나라와 로마 제국이 몰락하기 시작할 때 나타난 현상을 천 년이 지나 새롭게 감상하고 있는지도 모른다.

주주환원 시대 숨어있는 명품 우량주로 승부하라

김기백/ SAY KOREA

한국주식시장에서 주주환원이 대세가 될 수 있을까? 그러면 한국은 정경유착 자본주의, 재벌 중심 자본주의에서 벗어나 일반 주주의 이익이 보호되는 선진국형 증시로 나아갈 수 있을까? 혹시 그렇게 된다면 자본 이익이 노동 이익보다 커져 결국 한국사회의 양극화가 더 심화되는 것 아닐까? 철저하게 주주의 이익을 보호하는 미국식 자본주의가 한국이 나아가야 할 길일까? 미국식 주주 모델에서는 문제가 없는가? 주주환원만큼이나 한국 기업들은 하청기업이나 비정규직 노동자 등 자신과 직접 관련있는 노동자들에게 기업 이익을 더 환원해야 하는 것 아닐까?

이 책은 이런 의문에 답하지는 않는다. 주식 투자 관점에서 주주환원과 개별종목을 분석하고 있을 따름이다. 그럼에도 이 책을 읽으면서 '투자'의 관점뿐만 아니라 이런 근본적 의문이 떠오르는 것은 어쩔 수 없었다.

저자는 한국투자신탁운용의 펀드매니저다. 한국의 펀드매니저 중에서 가장 많이 기업탐방을 다니며 1,000여 개 가까운 기업 데이터베이스를 구축하고 있다고 한다. 2020년에는 '올해의 펀드매니저'상을 받기도 했다.

저자는 2024년 초 현재를 '주주환원 시대'로 부른다. 그는 한국증권업계의 정설로 굳어진 '코리아 디스카운트'가 드디어 줄어들거나 사라질 시대에 왔다고 말한다. 코리아 디스카운트의 경제적 측면은 이렇다. 한국 기업은 경기에 민감한 구조며, 지정학적 리스크에 노출되어 있고, 정부에서 시장개입을 자주 하며, 노동시장도 경직돼있고, 삼성전자가 한국 시가총액의 21%를 차지하는 것 등이다.

이보다 더 큰 문제는 불투명한 기업 지배구조와 낮은 주주환원이다. 저자는 이 점을 더 강조한다. 즉 지배주주와 일반주주의 이해관계가 일치하지 않는 것이다. 미국의 애플은 끝없는 자사주 매입 소각과 배당으로 기업 이익을 주주에게 돌려주는 정책을 쓰고 있다. 애플이 엄청난 시가총액을 자랑하는 것은 단지 아이폰이 잘 팔리기 때문만은 아니다. 한국에서는 애플 같은 회사가 드물다. 오히려 한국에서는 지배주주가 일반주주에게 피해를 주는 경우가 많다. 저자는 다섯 가지 근거와 방식을 든다. 1. 일감 몰아주기 2. 핵심 자회사 물적 분할 후 상장 3. 저평가 자회사 합병 4. 기업 간 인수합병 시 지배주주만 배불리는 경영권 프리미엄 5. 나쁜 자사주 매입. 다섯 가지 근거를 살피면 한국 주가가 오른다는 것이 오히려 이상하게 보일 정도다.

그런데 저자는 왜 주주환원 시대가 온다고 말하는 것일까?

대기업은 대체로 지주회사 등으로 승계작업이 마무리된 데 반해, 중견 중소기업은 아직도 자식에게 기업 승계 절차를 밟는 곳이 많다. 즉 1세대에서 2세대로 경영권이 넘어가는 중이다. 이제는 예전처럼 편법으로 기업을 승계하기가 어렵다. 전통적으로 쓰던 일감 몰아주기와 분리형 BW, 전환사채 등 방법은 주주행동주의 펀드와 회사에 공격받기 쉽고, 금융당국도 조사에 들어갈 확률이 높다. 그래서 지배주주는 배당을 확대하거나 사모펀드(PEF)에 기업을 매각하는 외에는 방법이 없다는 것이다.

즉 주주환원에 관한 대변혁을 가져올 주주행동주의와 같은 사회적 변화, 배당확대와 자사주 매입 소각 등 주주 권익을 위한 제도 변화, 본격화된 기업의 세대교체 등 내부적 변화가 맞물려 돌아가면서 한국 자본시장은 질적인 변화를 겪게 된다는 것이다.

글로벌 평균 수준으로 배당성향이 증가하면 기업의 막대한 현금흐름을 모든 주주가 누리게 될 것이며, 기업의 자사주 매입이 소각을 동반하게 되면 주주가 가진 주식의 가치가 일시에 제고될 것이다. 또한 이 사회가 견제 기능을 발휘하게 되면 지배주주의 독단성이 사라지고 기업의 합리적인 자본 배분이 가능하게 되며 자기자본이익률(ROE)을 높이는 효율적인 의사결정이 이루어질 수 있다. 즉 코리아 디스카운트가 해소될 단초가 만들어지게 된다.(93쪽)

저자는 본론으로 들어가 자신이 잘 알고 강점이라고 할 중소형 우량주에 투자할 것을 권유한다. 저자 주장은 이렇다. 첫 번째 초과 수익을 내기 용이하다. 두 번째, 목표 수익률을 더 높게 잡을 수 있다. 세 번째 더 큰 배당수익을 얻을 수 있다. 네 번째, 매크로 변수에 대한 민감도가 낮다. 그 후에 저자는 자신의 기업 분석 방법 Q_quantity_수량, P-price_가격, C-cost_비용을 이용해 중소형 우량주를 확인한다. 저자가 분석한 기업은 다음과 같다. 리노공업, 유니드, 더존비즈온, 쿠쿠홀딩스, 포스코퓨처엠, 세아제강지주, 에스엠, 이엔에프, 티씨케이, F&F, 골프존, 케어젠, 영원무역홀딩스, 한일시멘트, 아세아시멘트이다. 기업을 분석하고 탐방을 다닌 경험이 무척 재미있다.

저자는 한국의 가치투자는 반드시 장기투자는 아니라고 말한다. 워렌 버핏으로 대표되는 미국의 가치투자는 소비재기업이라 하더라도 미국 시장이 워낙 크고 외국으로 뻗어 나갈 가능성이 크기 때문에 한국기업과는 다르다고 말한다.

저자는 15년에 걸친 펀드매니저 경험을 통해 주식투자자들에게 다양한 충고를 한다. 그중 레버리지 투자에 관한 의견은 이렇다.

"레버리지 투자는 초보 투자자가 빠지기 쉬운 함정이다. 그들이 레버리지를 일으키는 경우는 크게 두 가지다. 하나는 '초심자의 행운'이 너무 강하게 온 나머지, 실력과 경험에 맞지 않게 투자금을 크게 키운 경우다. 다른 하나는 투자 경험을 충분히 쌓지 못한 상태에서 손실 상태를 빠르게 만회하고자 무리하는 경우다."(345쪽) 저자는 레버리지를 절대 사용하면 안 된다고 생각하지는 않는다. 선택에 매우 신중해야 하고, 평소에는 사용하지 않는 것이 상책이라고 한다.

저자는 초보자는 증시 조정기 즉 하락장에서 투자를 배우는 것이 좋다고 말한다. 겸손해지고 리스크 관리의 중요성을 깨달을 수 있기 때문이다. 초보 투자자에게 또 상당 기간 투자원금을 늘리지 않기를 권한다. 자신의 투자 스타일이 보수적인지, 과감한지 등등 알아보고 점검하는 시간으로 삼기 위해서다. 저자가 추천하는 기업 종목 조건은 이렇다. 경쟁우위가 뚜렷한 기업, 이익의 질이 좋은 기업, 마진의 변동성이 적은 기업. 말은 쉽지만 찾기는 쉽지 않다. 주식 투자자라면 모름지기

기업에서 내는 사업보고서를 반드시 읽어보고, 분할 매매를 하며, 운이 좋아 수익을 낸 것을 실력이 좋은 것으로 착각하지 말 것 등이다.

정부가 한국 증시의 재평가, 즉 코리아 디스카운트를 해소하기 위해 기업의 자사주 매입 소각 등 다양한 정책을 내놓고 있다. 기업들도 예전과 달리 배당을 높이고 자사주를 매입 소각하는 등의 조치를 취하고 있다. 이는 기업들이 2세, 3세 승계를 위해 어쩔 수 없이 하는 측면도 있지만 주주행동주의 투자가들의 압박도 큰 몫을 차지하고 있다.

어쨌든 한국 기업들에서 지배주주와 일반주주의 이해가 일치하는 때가 드디어 올 것인가. 때가 된 것일까. 이는 한국 중산층과 상류층이 그전의 부동산 투자 중심에서 주식 투자로 상당히 비중을 옮겨가고 있다는 것을 뜻한다. 미국 투자 열풍도 그렇다. 이는 노후 준비를 위해서이기도 하지만 한국 자본주의와 한국 사회가 질적으로 변하고 있다는 증거일 수도 있다.

한류외전

김윤지/ 어크로스

부제가 '설계되지 않은 성공, K컬쳐산업의 운명을 바꾼 9가지 결정적 장면'이다. 9가지는 이렇다.

1. 시장개방이 만든 위기와 기회 2. 새로운 산업 동력 찾기 3. 자유로운 드라마 산업이 만든 글로벌 공동체 4. 낭만의 시대에서 투자의 시대로, 벤처 투자 대상이 된 영화 5. K팝 제조 시스템의 역동적인 시장 개척 6. 엔터테인먼트도 안정적 산업이 될 수 있다 7. 팬덤이라는 세계화 전진 기지 8. OTT와 함께 언제 어디서나 K콘텐츠를 9. 여전히 남은 금지와 개방의 정치

책에는 각각의 장면을 상징하는 사건들이 붙어있다. 2000년 2월 1일 베이징 공인체육관을 꽉 채운 H.O.T 공연 장면이 인상적이었다. 상당히 비싼 티켓값에도 불구하고 예매 시작 일주일 만에 표가 매진되었다. 공연 다음날 중국 주요 일간지들은 "H.O.T. 공인 체육관을 불사르다"라는 헤드라인으로 넘쳐났다. H.O.T의 역사적 첫 해외 진출이자 K팝 해외 전파의 첫 단추를 채우는 날이었다.(133쪽)

에스엠의 이수만 대표는 중국이 미국을 훨씬 뛰어넘는 K팝의 시장

이 될 것이라고 예측했고 그렇게 되도록 노력했다. 사드 사태와 그에 뒤이은 한한령으로 그런 예측은 물거품이 되었다.

책은 한한령의 배후에 대해 여러 관측을 제기하고 있다. 본격적으로 한류의 인기가 높아지고 중국 내 영향력도 커지면서 중국 정부의 심기가 불편해졌다. 때마침 '사드 배치'라는 정치적 사건이 터지자 한한령으로 맞서게 되었다는 것이 많은 중국 전문가들의 분석이다. 한류는 중국 문화산업 발전에 도움을 주는 선까지 허용되었지만 이를 넘어서 중국 문화산업을 침범한다고 판단되었을 때 제재를 가하기 시작했다는 이야기다. 사드 배치 사건은 이를 촉발시키는 방아쇠 역할을 했을 뿐이다.(294쪽)

한국 엔터기업은 대체시장을 찾았다. K팝의 경우 BTS, 블랙핑크 같은 아이돌 그룹들이 미주, 유럽 시장으로 진출 지역을 확대하면서 시장 기반은 더 넓어졌다. 글로벌 OTT 시장이 커지면서 K드라마는 중남미, 미국, 유럽 등지까지 소비층을 확대했다. 중국에는 2023년 현재 글로벌 OTT가 허용되지 않고 있다. 중국 내 방송이나 현지 OTT에서는 공식적으로 한국 드라마와 영화 등이 방송될 수 없다. 그럼에도 한국 드라마를 좋아하는 한류 팬들은 우회적인 방법을 통하여 한국 드라마들을 즐기고 있고 <오징어 게임> 열풍이 불자 드라마에 나오는 달고나 가게가 등장했을 정도다. 동시에 작용과 반작용의 법칙에 따라 한한령에 대응해 한국에서는 반중 정서가 높아졌다. 반중 정서에는 여러 가지 요인이 작용했지만 그를 완충할 수 있는 문화 교류가 끊긴 것이 컸다.

K팝의 아이돌은 4세대로 구분된다. 1세대는 1997~2004년까지로 H.O.T와 핑클 등이며 K팝의 원형을 마련한 세대다. 2세대는 2004~2011년으로 동방신기, 소녀시대 등이며 아시아 중심으로 한류를 견인했다.

3세대는 2012~2018년으로 BTS, 블랙핑크 등으로 북미, 유럽 등 서구 지역으로까지 확대된 세대다. 4세대는 2019년부터 현재까지로 스트레이 키즈, 뉴진스 등으로 데뷔부터 글로벌 팬덤이 형성되고 있다.(204쪽)

뉴진스를 보더라도 데뷔 초부터 열광적인 세계적 반응을 일으키고 시카고 페스티벌에 참석하고 아이폰 모델로 뜨는 등 지명도가 데뷔 시작부터 급격하게 높아지고 있다. 다른 아이돌도 비슷하며 제대로 뜨기만 하면 세계적인 패션 또는 명품 기업의 모델 내지는 협업을 하는 경우도 많다.

BTS를 참고해서 저자는 K팝도 변했고 미국 시장도 변한 것이 북미 시장에서 K팝이 성공한 중요한 이유라고 말한다. 미국 시장의 가장 큰 변화는 과거에 비해 보다 다양한 음악을 받아들일 준비를 갖추게 되었다는 점이다. 인구구성이 변화해서 젊은 인구가 늘어나고 사회 분위기도 변화가 일면서 음악 취향도 다양화되었다는 것이다.(214쪽) 그전과 달리 BTS부터 북미, 유럽의 대규모 해외 공연장을 꽉꽉 채우면서 K팝 회사의 수입 구조도 다변화되었다. BTS부터 시작해서 우리나라 팬덤 문화가 해외에서 정착했다. 세계에서 유례없는 팬덤 문화를 보여준 BTS 팬클럽 아미의 활동은 대부분 국내 아이돌 팬클럽이 하던 활동들에 기반한다. 대표적인 것이 음반을 비롯한 다양한 굿즈 구매 문화다. 또 팬들은 단순히 기획사들이 제작한 굿즈나 콘텐츠의 구매에서 한발 나아가 자발적으로 팬아트, 창작 영상물, 굿즈, 트위터나 SNS 글, 이미지(짤) 등 다양한 콘텐츠를 생산하면서 팬덤 자체를 풍성하게 하고 성장시키는 역할을 한다.(218~220쪽) 이제 팬덤은 K팝 기업들의 매출 기반을 스스로 늘리는 역할을 하는 '무형자산'으로 변화한 것이다.

K드라마의 성공은 넷플릭스와 같은 글로벌 OTT의 영향이 컸다. 과거 한국에서는 <오징어 게임> 등, 방송사를 통해 방영하기 힘든 소재나 주제는 제작하기가 어려웠다. 글로벌 OTT는 전세계의 다양한 시청자 집단을 대상으로 콘텐츠를 만들기 때문에 방송사에 비해 소재나 표현의 제약이 적다. 국내 제작사들은 글로벌 OTT의 투자를 받아 평소 국내에서 시도하지 못한 작품을 만들 수 있었다.(243쪽) 글로벌 OTT가 K드라마를 선호하는 데는 상대적으로 저렴한 제작비 덕분도 있다. 일부 스타 배우나 작가를 제외한 드라마 제작 스태프들의 인건비는 매우 낮다. 이는 지금까지는 한국 영상콘텐츠 제작의 강점이었지만 앞으로는 약점으로 전환될 수도 있다. 어떤 산업에서든 낮은 인건비를 기반으로 최고 수준의 품질을 유지하는 경우는 드물다. 세계 문화 시장은 과거와 비교하기 어려울 정도로 산업 규모가 성장했기 때문에 산업의 정상적인 발전을 위해서도 인건비 정상화는 시급하다. 그래야 어렵게 잡은 세계 최고 제작 수준도 유지할 수 있다.(250쪽)

저자는 지난 30년간 성장한 한류가 잃지 말아야 할 원동력으로 '역동성'을 든다. 한류산업은 대중들 마음을 움직이는 산업답게 뻔함과 지루함에 맞서, 비판에는 빠르게 대응하면서 늘 새로움을 제공하며 성장을 거듭했다. 변덕스런 대중들 눈높이에 맞춰 계속 변신했고, 그 힘으로 지금도 세계인들의 기대치를 계속 뛰어넘는 중이다. 이런 역동성이 있었기에 개방이라는 환경의 변화, 기술의 변화, 제도의 변화 속에서도 생존할 수 있었고, 이런 역동성을 밑천 삼아 훌륭한 작품들도 만들어냈다.(305쪽)

JYP엔터와 하이브는 한국인 없이 세계인을 상대로 한 그룹도 만들어내고 있다. 한마디로 K없는 K팝에 도전하고 있는 것이다. 하이브는 팬덤 플랫폼인 위버스를 만들어 성공했다. 전세계 어디서나 인터넷으로 자기가 좋아하는 그룹과 연결되어 음반과 굿즈를 사고, 팬덤활동을 할 수 있는 것이다. 수익도 수익이지만 유튜브 등 다른 매체에만 의존하지 않고 자신만의 플랫폼을 가진다는 것은 대단하다. 아티스트에게 직접 DM을 보낼 수도 있고, 그룹 별 전용 코너도 마련되어 있다. 덕질의 끝판왕인 셈이다.

한류의 '역동성'은 '산업화'와도 연계되어 있다. 하이브의 매출 총액과 영업이익은 즉각 주가에 영향을 미친다. 엔터 산업은 많은 사람을 고용하는 신성장 산업으로 주식 시장을 통해 주주들에게도 영향을 미치고 있다. 현대가 포니 자동차를 만들 때 현대자동차 그룹이 세계 3위의 자동차 회사로 도약하리라고 아무도 예상치 못했을 것이다. 한국인의 흥이 담긴 한류가 그렇게 하지 못하란 법 없다. 한류가 앞으로 세계로 더 강하게 도약하기를 바란다.

유럽문화사 2_부르주아 문화 1830~1880

도널드 서순/ 오숙은 외 옮김/ 뿌리와이파리

도널드 서순은 런던대학교 유럽 비교사 교수다. 원서는 2006년에 나왔다. 유럽문화사는 총 5권이다. 1권은 부제가 '서막'으로 1800~1830년, 2권은 '부르주아 문화'로 1830~1880년, 3권은 '혁명'으로 1860~1920년, 4권은 '국가'로 1920~1960년, 5권은 '대중매체'로 1960~2000년까지다. 1800년에서 2000년까지 200년의 유럽문화사를 포괄적으로 다룬다.

도널드 서순의 유럽문화사 특징은 철저하게 '시장주의적' 관점으로 문화 현상을 분석하고 있는 점이다. 책이 몇 권이 팔렸으며 작가는 인세로 얼마를 벌었고 어떤 오페라가 얼마나 많이 공연을 했고 인기 높았던 음악과 신문과 영화를 자세하게 분석한다. 책에서 대표적인 작가로 뽑아 상세하게 분석한 영국의 디킨스와 프랑스의 위고는 당대의 베스트셀러 작가이기도 하다. 저자는 평론가적 관점에서 누구의 작품이 더 뛰어난지를 논하지 않는다. 그것은 역량 밖이거나 관심사가 아니라는 듯 일관해서 '시장주의적' 관점을 밀고 나간다. 그래서 서순의 책에서 발자크와 스탕달이 푸대접을 받는 것은 이상하지 않다.

서순은 유럽문화사에서 미술을 빼놓고 있는데 이는 당대의 '시장주의적' 관점을 적용하기가 어렵기 때문이다. 반 고흐는 살아 생전에 작품을 거의 팔지 못한 비주류 화가였다. 죽고난 후에 그림값이 대폭 뛴 화가가 많고, 그림과 조각의 판매수와 판매가격이 달라지는 경우가 많아 공정하게 문화사적 시장주의로 평가하기가 어렵기 때문일 것이다.

이 책의 장점으로는 무시무시한 자료다. 2권만 하더라도 신문 등 다양한 1차 자료를 워낙 많이 제시해서 어떻게 이런 자료를 다 수집했을까 싶기도 하다. 고성능 AI라도 쉽게 할 수 없는 작업이다. 그점에서 오픈 AI의 박학다식한 활약에 주눅이 드는 현대인에게 위로가 된다.

이 책 2권은 '부르주아 문화' 1830~1880년을 다루고 있다. 책은 앞부분에서 19세기 중반 낡은 귀족적 질서가 힘을 잃어가며 '귀족'의 세계가 '부르주아'의 세계로 바뀌는 현상을 분석한다. 부르주아는 중세로부터 내려오던 모든 계급을 뒷전으로 밀어낸다.

부르주아 질서의 승리를 뒷받침한 것은 처음에는 유럽 전역과 북아메리카를, 이어서 전 세계를 휩쓴 제조와 교역과 운송의 혁명이었다. 이 혁명에는 정치적 변화가 뒤따랐다. 어떤 나라도 피할 수 없었다. 역사가 가속도를 내는 것 같았고 그전에는 몇십 년, 몇백 년 걸렸던 일이 몇 년만에 압축되어 벌어졌다.(11쪽)

19세기 중반에는 책은 사서 보는 것이 아니라 빌려서 보는 것이었다. 아직 책값이 비쌌기 때문이기도 했다. 도서대여점이 주류였고 대표적인 업체 영국의 뮤디스는 1년 회원권에 1기니를 받고 원하는 대로 몇 권이든 빌릴 수 있는 저가전략으로 그보다 두 배를 받던 경쟁 도서 대여점을 공격했다. 뮤디스가 1853년부터 62년까지 불과 9년 동안에 사들인 거의 100만 권 가운데 절반이 소설이었다. 뮤디스는 또 중간계급의

도덕성을 대변하는 검열관이 되어, 빅토리아 시대 취향에 불쾌하게 느껴질 만한 책은 모두 서가에서 빼버렸다. 뮤디스는 새로운 '대출도서'목록을 광고해서 결과적으로 어떤 작가는 밀어주고, 어떤 작가는 망각의 늪에 빠뜨렸다. 뮤디스 도서대여점은 1859년 11월에 다윈의『종의 기원』 초판 500부를 구입하는 등 과학책의 성공에도 결정적인 역할을 했다.(18~19쪽)

『종의 기원』을 읽을 때 이렇게 어려운 책의 초판이 금방 매진되었다는 내용을 읽고 영국 시민의 독서 수준에 감탄했었다. 알고 보니 이런 사정이 있었다. 도서대여점은 20세기에 공공도서관이 생겨나고 책값이 큰 폭으로 떨어진 뒤에야 비로소 사라졌다. 19세기 말까지도 부유하고 권세 있는 이들조차 책을 사기보다 빌리는 것이 일반적인 관행이었다.

19세기 중반에는 다양한 여성잡지가 나와서 높은 판매부수를 올렸다. 여성잡지는 수십 년 동안 가사와 양재, 양육과 요리 등 전통적 가치의 보루로 남아있다가 점차 여성적인 주제에서 벗어나기 시작했다.

19세기는 신문의 시대였다. 처음에는 가판만 팔리다가 집으로 배달하는 신문이 나왔고 어디서나 같은 가격으로 파는 전략이 등장했다. 선거권이 확산되면서 일간지는 정치 프로파간다의 중요한 도구가 되었다. 사회주의 신문과 급진주의 신문은 늘 좀처럼 뛰어넘을 수 없는 핸디캡을 안고 있었다. 아직 정향이 명확하지 않은 이들에게 호소하기엔 정치적인 성향이 너무 확고했고, 무관심한 이들의 관심을 끌기엔 관심 폭이 너무 좁았고, 부유층의 후원을 얻기엔 노선이 너무 전복적이었고, 광고주를 유인하기엔 독자 수가 너무 적었다. 1860년대 대영제국에서『레이널즈 위클리』가 매주 30만부씩 발행될 때,『비하이브』와『커먼웰스』같은 주요 노동계급 주간지 5종 가운데 단 한종도 1만 부를 팔지 못했다. 19세기 후반에 영국과 프랑스에서 등장한 대중신문 대부분은 사회주의자들이 끌어가고 싶어하는 바로 그 사회집단들에 팔리면서도, 사회주의에 적대적이었다.(65쪽)

레닌이 『무엇을 할 것인가』에서 노동자 선동 선전을 위한 신문 발간을 강력하게 주장한 심정이 이해가 된다. 이런 점을 보면 인간의 기본 성향은 긍정적인 의미에서 '보수'로 세팅되어 있지 않은가 싶다. 기본적인 질서를 유지하면서 조금씩 개선하는 것이다. 가만히 살펴보면 선거민주주의(자유민주주의는 곧 선거민주주의다)를 시행하는 대부분의 나라에서 집권을 하는 정당은 정당명을 뭐라고 붙이든 '기본적인 사회질서'를 벗어나지 않는 경향이 있다.

신문에 삽화가 실리면서 이미지의 전쟁이 시작되었다. 이미지는 사회악을 고발하는 강력한 도구로도 쓰일 수 있었다. 특히 풍자화는 단연코 정치적이었다. 풍자화의 다수는 기성체제가 아니라 약자와 소수를 조롱했다. 『펀치』는 아일랜드 이민자들을 웃음거리로 만들었고, 미국판 펀치인 『퍽』은 유대계 이민자들을 조롱했다. 삽화에는 별다른 제약이 없었지만 판화는 풍경과 가정풍속 같은 대중적인 주제를 그려야 했다. 역사나 종교적인 주제들은 바뀌기가 더 어렵다. 예술가들은 버릇처럼 순응했다. 예술가들은 몇 세기 동안이나 귀족의 변덕에 맞추어왔다. 이제는 부르주아지의 변덕에 맞추어야 했다. 피할 수 없이 "그림은 이제는 집안 가구의 일부에 불과하다"는 불평들이 터져나왔지만, 미술평론가들은 1830년에 벌써 예술의 상업화를 통탄한 바 있었다. 마치 티치아노나 미켈란젤로는 아무 대가도 바라지 않고 그렸다는 듯이.(85쪽)

대부분의 소설에는 주요 등장인물, 나아가 주요 장면까지 묘사하는 삽화가 들어갔다. 글로 묘사하는 것보다 강력할 수밖에 없는 이런 그림들은 이미지를 글로만 재현하던 작가들의 영역을 침범했다. 플로베르는 이 점을 뚜렷하게 의식하고 있었다. 『보바리 부인』이 표지에 여주인공 삽화를 넣은 판본으로 출간되자 플로베르는 불같이 화를 냈다. 그리고는 출판담당자에게 앞으로 자기 책에는 절대로 삽화를 넣지 말라고 지시했다. "내가 살아 있는 한 절대로 안 됩니다. 삽화를 넣으면 변변찮은 그림 하나가 가장 뛰어난 문학적 묘사마저 파괴할 수 있기 때문입니다. 여인을 그린 그림은 단지 여인을 그린 그림일 뿐입니다. 개념은 닫혀버리고, 완결되어버리고, 모든 단어가 쓸모없게 됩니다. 그러나 글로 묘사한 여인은 그 자체로 천 명의 여인을 꿈꾸게 해줍니다."(86쪽)

'일물일어(一物一語)'를 주장한 플로베르답다. 플로베르는 사진과 삽화와 동영상의 이미지가 넘쳐나는 현대를 예견한 셈이다. 문자가 불러내는 이미지와 삽화와 동영상이 불러내는 이미지는 다르다. 문자가 불러내는 이미지는 구멍이 숭숭 뚫려 있어 독자는 자신의 상상력으로 그 구멍을 메운다. 그러나 삽화와 동영상은 보는 이의 이미지를 고정시켜버리고 고정된 이미지를 바꾸기란 여간 어렵지 않다. 플로베르는 신문도 혐오했다고 하는데 현대 세계의 대량 생산되는 대중적인 물건들의 값싼 미학을 예견한 것으로 봐도 되지 않을까.

책은 신문 소설의 기원과 전개를 이야기한다. 이 책의 장점은 우리가 겪었던 문화 장르의 시작과 발전과 쇠락을 잘 보여준다는 것이다. 풍자 소설 『출세주의자 제롬 파튀로』(1842)에서 주인공 파튀로가 자기가 쓴 소설을 들고 출판업자를 찾아간다. 출판업자는 파튀로에게, 그리고 독자에게 세상살이의 진실을 설명해준다. 중요한 것은 구독자 수를 최대한 늘리는 것이다.

"선생, 지금 우리는 허섭스레기만 좋아하는 나라 한복판에서 부르주아의 시대를 살고 있어요. 뭘 바라십니까? 저항? 그런 생각을 하는 사람은 틀림없이 애송이지요. 선생은 그런 생각을 넘어설 거라 봅니다. 오늘날 우리에게 필요한 것은 가족용 연재물이에요. 첫 번째 한입은 부모들 몫입니다. 다음은 자녀들 몫이고요. 그것이 가족용 신문입니다. 그래서 가장이 경제적인 이유로 정기구독을 갱신하지 않으려고 하면, 가족 모두에게 원성을 듣게 됩니다."(143쪽)

고딕 소설이자 연재 소설가인 외젠 쉬는 『파리의 비밀』로 대성공을 거둔다. 쉬는 매주 2회 『파리의 비밀』을 연재하면서, 파리의 뒷골목 생활 묘사로 독자를 사로잡았다. 파리의 뒷골목은 거의 무궁무진한 테마라는 것이 입증되었다. 그 뒤를 이어 영국의 작가들은 '안개 낀' 런던을 배경으로, 그리고 베를린의 풍경이 이어지고 영화와 텔레비전의 힘을 빌어, 시카고, 뉴욕, 로스엔젤레스, 샌프란시스코와 마이애미 같은 미국 대도시의 암흑가가 문화적 배경이 되었다.

『파리의 비밀』에서 사회악을 척결하는 주인공 로돌프는 파리의 '밑바닥'에서 일하는 노동자로 변장하고 있지만, 사실은 제롤스타인 대공이다. 그는 로빈 후드 등의, 불의를 보다 못해 어둠의 세계에 뛰어드는 귀족 또는 숭고한 정신의 소유자라는 오랜 계보에 속하는 인물이다. 고귀한 마음을 지닌 매춘부 플뢰르 드 마리는 신약성서의 마리아 막달레나를 떠올리게 한다.

악을 바로잡는 고독한 낭만주의자 주인공은 대중적 내러티브의 대표적인 주인공으로 현대의 서부영화와 할리우드 영화에서도 인기를 얻고 있다. '서부'영화에서는 외로운 총잡이가 중세의 기사처럼 말을 타고 나타난다. 저 멀리 보이는 변방 마을은 내분과 야만적인 무법자들에게 갈가리 찢긴 채 신음하고, 가난한 자와 온순한 자들은 부유한 권력자인 대목장주와 그 졸개들의 잔인한 횡포에 억압받고 모욕당하고 있다. 우리는 이 총잡이가 어디서 왔는지 모른다. 그의 과거는 신비에 싸여 있다. 다만 그가 억압받는 이들의 편에서 싸울 것이고, 마을을 휘감고 있는 공포를 쓸어내버릴 거라고만 짐작할 뿐이다. 할 일을 마친 총잡이에게 마을사람들이 감사의 마음을 담아 평화롭고 명예로운 부르주아 생활을 제공하지만, 그는 그것을 받지 아니한다. 그리고 자신이 바로잡아야 할 또 다른 악을 찾아 석양 속으로 말을 타고 떠난다. 총잡이는 특정한 악을 근절할지는 모르지만, 악 일반은 계속 살아남아 영원한 투쟁이라는 오랜 이야기에 새로운 소재를 대준다.(155~157쪽)

저자는 엄청난 자료와 예시를 통해 여러 통찰을 보여준다. 문화적 지위를 결정하는 것은 작가의 질이라기보다는 독자의 사회적 지위라는 점도 그 하나다. 덴마크인들은 동화를 쓴 안데르센을 진지하게 받아들이지 않았다. 그의 이야기가 이른바 '훌륭한 덴마크어'로 여겨지는 언어로 쓰이지도 않았고 그가 계속해서 어른을 위한 저급한 소설과 희곡을 쓰고 있었기 때문이다. 결국 문화적 지위를 결정하는 것은 작가의 질이라기보다는 독자의 사회적 지위다. 확립된 장르로 글을 쓰는 것, 또는 어린이나 사회의 하층민을 대상으로 글을 쓰는 것은 경쟁이 매우 치열한 시장에서 성공한 극소수에게 제법 많은 부를 안겨줄 수는 있을지언정 그만큼의 명망을 가져다주지 못한다.(270쪽) 무척 논쟁적인 주제다.

신문과 언론이 대중화되면서 어떤 현상이 나타났을까? 여러 현상이 나타났지만 그 중의 하나가 유명인사 탄생이다. 대중매체가 등장하기 전에는 살아서 유명해지기 어려웠다. 이야기와 신화가 전파되는 데에 시간이 걸렸기 때문이다. 따라서 유명인사는 근대의 산물이다. 비교적 '평범한' 직업(노래, 피아노 연주 따위)에 종사하는 매우 '평범한' 사람도 누군가 그에 관해 글을 써주기만 하면 유명해질 수 있다는 사실에서도 그 근대성을 엿볼 수 있다. 가수와 연주자들은 19세기에 대중적인 영웅이 되었다. 20세기 스타시스템의 기초가 다져지고 있었던 것이다.(430쪽)

이 시기 오페라는 서구의 장르가 되었다. 이탈리아 오페라는 세계화되었다. 통신과 교통이 발달하면서 그들은 어디서나 작품을 공연할 수 있게 되었다. 이탈리아 극단들은 부에노스아이레스, 리우데자네이루, 리마, 산티아고, 멕시코, 쿠바, 뉴욕, 샌프란시스코처럼 먼 데까지 공연을 다녔다. 오페라는 세련된 서구의 상징이 되었고, 서구를 따르려는 이들은 모두 오페라를 문명의 표지로 이용했다. 러시아의 차르와 오스만 제국도 오페라 하우스를 지었다.(452쪽) 지금 한국도 그렇다. 부산의 북항 문화단지에서도 오페라 하우스를 만들고 있다. K팝 공연을 위한 돔 공연장이 더 필요해 보이는데 말이다. 또 특이한 것은 1950년대에는 비교적 적은 120개쯤의 레퍼토리가 전 세계 주요 오페라하우스들의 시즌을 지배했다. 지금까지도 새로운 작품은 들어갈 수 없었다. 그때쯤이면 닫힌 장르가 되어 있었던 오페라에 진입하기를 소망할 수 있는 작곡가는 거의 없었다.

책은 소설의 각색과 멜로드라마의 등장 등 19세기 말에 진행될 문화사조에 대해서도 언급한다. 책 뒤에 첨부된 참고 자료를 보면 그저 입이 딱 벌어질 뿐이다. 책을 읽으면 한국의 여러 문화 현상은 이미 유럽에서 거쳤던 현상의 반복과 재현이 아닐까 하는 생각조차 든다. 문화는 고립이 아니라 교류와 배움을 통해서만 성장할 수 있다는 깨달음도 얻게 된다.

태양을 먹다

올리버 몰턴/ 김홍표 옮김/ 동아시아

그렇다. 책 제목처럼 우리는 태양을 먹고 산다. 태양신을 믿었던 우리의 옛 조상들은 틀리지 않았다. 우리는 태양의 자손이다. 지구의 식물은 햇빛으로 광합성을 하고 광합성으로 생명의 고리가 이어지고 식물에서 동물에게로 영양소가 전달된다. 동물이 죽으면 흙으로 돌아가 다시 식물을 자라게 한다. 태양은 지구 좋으라고 핵융합 반응을 하는 것은 아니다. 태양은 별이고 별이란 존재는 질량이 뭉치면 온도가 올라가고 자신의 성질에 맞게 수소를 헬륨으로 바꾸면서 빛과 에너지를 내는 것이다. 태양은 스스로 존재함으로써 다른 생명을 존재하게 하는 것이다. 신의 정의가 그런 것이니 태양을 태양신으로 불러도 전혀 이상하지 않다.

태양의 빛을 받아 광합성을 한다는 것은 곰곰이 따져보면 엄청난 사건이다. 처음 지구가 만들어질 때 지구는 펄펄 끓었고 뜨거운 비가 하늘에서 쏟아졌다. 생명은 없었다. 38억 년 전쯤에 원시세포가 탄생했다고 한다. 거기서 엄청난 세월을 지나 지구에서 광합성을 하는 존재가 나타났다. 이산화탄소와 물에 햇빛을 더해 탄수화물과 산소를 만드는 기적이 일어난 것이다.

이십몇억 년 전의 남세균이 지구에서 진행된 광합성에 큰 역할을 했다. 시아노 박테리아로 불리기도 하는 남세균은 광합성을 하면서 의도치 않게 지구의 대기를 바꿔놓았다. 광합성을 통해 산소가 배출되었고 산소는 바다의 철을 녹슬게 해서 가라앉히고 그 작업이 끝나자 마침내 대기로 배출되기에 이르렀다. 산소가 없던 지구 대기에 산소가 출현하게 된 것이다. 오늘 호주의 필바라 지역 등에 있는 거대한 노천 철광은 과거 바다에 있었는데 지각 변동으로 지상으로 올라오게 된 것이다. 처음 산소가 출현할 때는 기존 생물체에게 독으로 작용해 멸종을 불러 일으켰다. 그 후 산소에 적응한 생물체는 점점 진화의 속도를 빠르게 돌리기 시작했고 지구를 온갖 생물들의 잔치판으로 만들기에 이르렀다.

광합성을 하는 엽록소는 포르피린이라고 부르는 분자 상자에 원자가 끼어든 모양새다. 포르피린은 평평하고 네모지며 중간에 빈 곳을 가진 분자이다. 포르피린 상자 안에 철이 있으면 헴 구조로 헤모글로빈이 된다. 헤모글로빈은 우리 몸을 돌아다니는 혈액에서 산소를 날라 세포에 공급한다. 피가 붉은 이유다. 엽록소는 포르피린 상자 안에 마그네슘 원자가 있다. 사실상 헤모글로빈과 엽록소는 유사한 구조이다. 자연은 모방과 재활용에 능하다. 식물의 엽록소를 응용해 동물의 헤모글로빈으로 재탄생시킨 것이다. 이 점 하나만 보더라도 인간과 식물은 형제지간인 것이다.

광합성이 일어나는 과정을 책에서 따라가보면 이렇다.

태양에서 핵융합 결과 만들어진 광자는 흡수되고 다시 방출되기를 수십억 차례 반복하면서 몇천만 년이 걸려 반지름이 70만 킬로미터인 태양 중심에서 표면으로 나온다. 우주 공간으로 나온 광자는 약 8분 후 지구의 엽록체에 든 엽록소 분자를 때린다. 엽록소는 광자에 담긴 높은 에너지를 흡수하고 원자들이 결부된 화학 결합을 튕긴다. 이웃이 진동을 감지하고 합창하듯 진동한다. 튀어나온 전자는 광계를 따라 이동해서 엽록소의 틸라코이드 막을 수놓은 전자전달 사슬을 따라 내려가고 에너지를 방출한다. 시토크롬 분자가 에너지를 사용해 막 너머로 수소 이온을 움직이고 막의 물레방아인 수소 채널을 회전시키면서 ATP를 생산한다. ATP에 포획된 에너지는 캘빈 회로를 가동하는 데 쓰이고 새로운 화학 결합이 형성되면서 이산화탄소를 탄수화물로 변화시킨다.

뭐가 일어났는지 정확하게 이해하면 좋겠지만 그렇지 않아도 괜찮다. 확실한 것은 처음에 남세균이 햇빛(광자)에 이산화탄소와 물을 더해 탄수화물을 만드는 과정을 발명했다는 것이다. 자연은 어떻게 복잡한 화학식으로 가득 찬 과정을 발명할 수 있었을까. 오랜 시간의 덕을 보았다. 십억 년, 이십억 년의 시간은 고작 백 년을 사는 인간에게는 무한에 가깝게 보인다. 우리가 역사 시대로 부르는 기간은 고작 오천 년에 불과하다. 1억 년이 넘는 과거에 식물은 씨앗을 만들고 꽃을 만들었고 그후 한해살이 풀인 벼와 밀이 탄생되었다. 인간의 생명은 벼와 밀과 옥수수에 기대고 있다.

그리고 인간은 석기 시대 이래로 정착해서 살게 되었으며 농업 혁명을 일구었다. 당연한 말이지만 현대 문명은 아니 인간 자체가 광합성에 기대고 있다.

태양 빛을 직접 포획하는 두 가지 모델이 있다. 태양광 전지와 잎이다. 둘은 상당히 다르다. 태양광 전지는 가공된 인공 금속으로 정교하지만 복잡하지는 않다. 잎과 광합성은 엄청나게 복잡하다. 공장에서 만든 태양광 전지는 약 15퍼센트의 효율로 태양 에너지를 전기 에너지로 바꾼다. 식물의 잎은 최대 효율이 10퍼센트가 되지 않는다. 하지만 식물은 인간이 손대지 않아도 그냥 자라며 번성한다. 눈을 들어 주변을 살피면 곳곳이 푸른색으로 넘쳐난다. 식물은 위대하게 지구를 바꿔놓았고 동물을 키워내었으며 깔끔하게 분해된다. 우리의 생명은 식물과 광합성에 빚지고 있다. 광합성 만세다.

거의 모든 것의 역사

빌 브라이슨/ 이덕환 옮김/ 까치

빌 브라이슨은 유머 넘치는 여행기 작가로 알고 있었다. 『나를 부르는 숲』, 『빌 브라이슨 발칙한 미국 횡단기』와 같은 여행기를 재미있게 읽었다. 그런데 이런 방대한 과학 교양서를 쓰다니, 깜짝 놀랐다. 여행의 공간을 우주까지 넓히고 시간을 지구 탄생 시간까지 늘리면 이것도 일종의 '발칙한 여행기'일 수도 있겠다. 그런데 이런 시도는 과연 합당한 것일까? 아무리 대중서라 하더라도 과학을 체계적으로 공부하지 않은 사람이 과학책을 쓰는 것이 바람직한 것일까? 이 문제 답변은 사람마다 갈릴 것이다.

그래서인지 책은 과학자 소개와 그를 둘러싼 얘기와 과학자의 성격, 기이한 에피소드를 많이 소개하고 있다. 그 덕분에 책이 흥미로워진 점도 있고 뭔가 통속적으로 된 점도 있을 것이다.

저자는 이 책을 쓰게 된 개인적인 동기는 초등학교 4~5학년 때에 배웠던 그림이 있는 과학 교과서 때문이라고 말한다. 첫 부분에 저자를 사로잡았던 그림이 있었는데 큰 칼로 지구의 4분의 1을 잘라낸 단면을 그린 그림이었다. 저자는 그 책을 집으로 가지고 가서 읽어보았다. 그런데 그 책은 전혀 흥미롭지 않았던 것이다. 사실은 이해할 수도 없었다. 어떻게 지구 속에 뜨거운 태양이 존재하게 되었을까? 땅 속에서 태양과 같은 것이 불타고 있다면 왜 발 밑의 땅이 뜨겁지 않을까? 내부의 다른 물질들은 왜 녹아버리지 않을까? 왜 과학 교과서는 초등학생이 과학에 흥미를 가지도록 유도하기는커녕 과학에서 멀리 떨어지도록 하는 역할을 하는 걸까?

과학 공부를 하려는 한국인은 서양인에 비해 약점이 있다. 모든 학문은 언어학이라고도 말하는데 과학용어가 모두 영어와 프랑스, 독일어 등 서양 언어다. 라틴어에 기원을 둔 용어도 많다. 어찌하랴. 우리 선조가 자연을 열심히 관찰 연구하지 않은 탓이니. 지질학의 용어를 살펴보면 압도적으로 영어가 많다. "데본기는 영국의 데본이라는 지역에서 유래되었다. 캄브리아기는 웨일스의 로마 이름에서 유래되었고, 오르도비스기와 실루리아기는 고대 웨일스 부족이었던 오르도비스족과 실루리아족의 이름과 관계가 있다. 다른 지역에서도 지질학 연구가 활발하게 되면서 다양한 이름이 쓰이게 되었다. 쥐라기는 프랑스와 스위스 사이에 있는 쥐라 산맥을 뜻한다. 페름기는 옛날 러시아의 우랄 산맥에 있던 페름이라는 지역과 관계가 있다. 라틴어로 분필에서 유래된 백악기(Cretaceous)는 벨기에의 지질학자가 붙인 것이다."(85쪽)

과학 발전은 인간의 호기심과 지식욕에서 출발한 것도 많지만 돈을 벌자고 하는 욕심에서 시작된 것도 많다. 대표적인 것이 연금술이었다. 화학이 정식 과학 분야로 정립되기 시작한 것은 옥스퍼드의 로버트 보일이 화학자와 연금술사를 처음으로 구별했던 『회의적 화학자』를 발간했던 1661년부터였지만 그 뒤로도 화학자와 연금술사는 잘 지냈다. 초기 화학은 우연한 발견으로 정립되기 시작했다. 1675년 독일의 헤니히 브란트는 사람의 소변을 증류하면 금을 발견할 수 있었다고 믿었다. 그는 지하창고에 50톤의 소변을 모아서 난해한 과정을 거쳐서 고약한 반죽으로 만들고 다시 반투명한 왁스로 변환시켰다. 금을 얻지는 못했지만 이상하고 흥미로운 일이 일어났다. 시간이 지나면서 그 물질이 빛을 내기 시작했던 것이다. 공기 중에 놓아두면 불이 붙기도 했다. "불을 담고 있는"이라는 뜻의 그리스어와 라틴어 어원으로부터 유래된 인(燐, Phosphorus)의 발견이었다. 상업적 가치는 높았지만 제조비용이 너무 비싸서 쓸모가 없었다. 1750년대에 카를 셀레라는 스웨덴의 화학자가 소변을 사용하지 않고도 인을 생산하는 방법을 알아냈다.(111쪽)

양자역학의 발전에 따라 물리학은 골치 아픈 문제를 안게 되었다. 두 세트의 법칙이 필요하게 된 것이다. 미시세계를 설명하는 양자론과 더 큰 우주를 위한 상대론이 그것이다. 결국 물리학은 매우 작은 세상을 위한 법칙과 아주 큰 우주를 위한 법칙의 둘로 나누어져서 거의 독립적으로 발전하게 되었다.(162쪽) 아인슈타인은 양쪽을 함께 설명할 수 있는 대통일 이론을 정립하려고 노력했지만 실패했다.

최근의 증거에 따르면 우주의 은하들은 우리에게서 멀어져가고 있을 뿐만 아니라, 그 속도도 점점 빨라지고 있다. 그런 결과는 모든 예상을 벗어나는 것이다. 우주는 암흑 물질뿐만 아니라 암흑 에너지로도 채워져 있는 것처럼 보인다. 과학자들은 그것을 진공 에너지로 부르기도 한다. 그런 이론에 따르면 빈 공간은 전혀 비어 있는 것이 아니고 물질과 반(反) 물질이 갑자기 튀어나왔다가 다시 사라지는 일이 끊임없이 이어진다.(188쪽) 저자는 이를 코믹하게 우리는 확인도 할 수 없는 물질로 가득 채워진 채로, 우리가 제대로 이해할 수도 없는 물리 법칙에 따라서 움직이는 우주에 살고 있다는 셈이라고 말한다. 이는 저자의 문학적 표현에 불과할 뿐이다. 우리는 계속 우주를 이해하려고 노력하고 있고 그 노력은 성과를 내고 있다고 말하는 것이 진실에 맞을 것이다.

지구 이야기로 넘어가서 지구 자기장의 세기와 방향은 변한다고 한다. 지구 자기장은 공룡이 살던 때는 지금보다 세 배나 더 강했다. 변화가 심하기는 하지만 대략 평균적으로 50만 년마다 지자기의 방향이 바뀌는 것도 알려져 있다. 마지막 반전은 75만 년 전에 일어났다. 때로는 수백만 년 동안 같은 방향으로 유지되기도 한다. 그 이유는 알 수 없다. 자기장은 우리 생존에 필수적인 역할을 한다. 자기장 보호막이 없으면 우주에 가득한 우주선(線)이 우리 몸속으로 쏟아져 들어와서 DNA를 못 쓰게 만들어버릴 것이기 때문이다. 자기장이 존재하면, 지구 표면으로 향하던 우주선들은 지구자기장이 작동하는 밴앨런 대(帶)라는 영역으로 들어가게 된다.(236쪽)

책에는 대기 중 이산화탄소 증가로 고통받는 우리를 위로해주는 내용이 있다. 지구 기후는 대단히 안정적인데 생명이 그렇게 만든 것이다. 유공충류, 인편모충류, 석회해면류 등 사람들이 들어본 적도 없는 수없이 많은 작은 해양생물들이, 대기 중에 이산화탄소로 존재하던 탄소가 빗물에 섞여서 떨어지는 것을 흡수한 후에 다른 것들과 합쳐서 작은 껍질을 만드는 데에 사용된다. 결국 그런 해양생물들은 껍질에 탄소를 가두어둠으로써 탄소가 대기 중으로 다시 증발해서 위험한 온실기체로 축적되는 것을 막아준다. 작은 유공충류나 인편모충류들이 죽어서 바다 밑으로 가라앉으면 압력에 의해서 석회석이 된다. 전체적으로 대기 중에 있는 것보다 2만 배나 되는 탄소가 지구의 바위 속에 갇혀 있는 것으로 추정된다.(283쪽) 그러니 이산화탄소는 석회석에서 시멘트로 변해 우리의 집과 건물에 들어와있는 셈이다. 이들 집과 건물의 석회석이 기화되어 이산화탄소를 대기 중에 방출하면 대재앙이 발생할 것이다. 우리의 삶은 미묘한 생명과 지질학과 바다의 상호작용에 기대서 번성하고 있는 것이다.

여럿 인상적인 내용 수십을 더 기술한 다음 저자는 이렇게 말한다. 우리가 이곳에 존재한다는 것이 엄청난 행운이라는 것이다. 생명을 얻는다는 것 자체가 엄청난 성과다. 인간은 존재라는 특권뿐만 아니라 그 가치를 인식할 수 있고 다양한 방법으로 삶을 개선할 수 있는 유일한 능력을 가지게 되었다. 더욱이 인간은 놀라울 정도로 짧은 시간에 이렇게 훌륭한 위치에 도달했다.

그러니 저자가 종말이 찾아오지 않도록 하는 비결을 찾아내야만 한다고 강조하는 것이 충분히 이해된다. 저자는 그러기 위해서는 행운 이상의 노력이 필요하다고 강조한다. 인간이라는 존재는 정말로 행운 덕분이다. 그런 행운이 언제까지 지속될지 알 수 없다. 그리고 저자는 우리의 존재와 행운에 대해 감탄하지만 그다지 그 중요성과 희귀성을 모르는 사람들도 많다. 저자가 놀랍도록 박식하게 펼쳐놓은 '거의 모든 것의 역사'는 속을 들여다보면 '거의 모든 것의 행운'이기도 하다. 우리의 푸른 행성 자체가 행운이며 물과 대기가 있다는 것도 행운이다. 그 사실 하나만을 깊이 인식하는 것만 해도 이 책을 읽은 가치는 충분하다.

제정신이라는 착각

필리프 슈테르처/ 유영미 옮김/ 김영사

저자는 세계적인 신경과학자이자 정신의학자이다. 저자가 이 책을 쓴 이유는 이렇다. 분명히 말도 안 되는 이야기인데 사람들이 그것을 굳게 믿는 현상을 주변에서 쉽게 볼 수 있다. 어떻게 그럴 수가 있지? 멀리 갈 것 없이 한국인 주위에는 그런 사람이 넘쳐난다. 어린 시절에 기독교 집안에서 자란 저자는 성서 속 이야기와 과학 교과서의 괴리에 의아해 했다. 저자가 부모님에게 물어보면 빙그레 웃으면서 성서는 비유적으로 이해해야 한다고 말씀했다. 그런데 저자가 20대가 되었을 때 많은 사람이 신이 7일 동안 세상을 창조했다는 등의 성서 텍스트를 그냥 곧이곧대로 받아들인다는 사실에 어안이 벙벙해졌다.

저자는 어떤 이유에서든 사람들이 주어진 사실과 확률을 무시하고, 흔들림 없이 자신의 확신을 고수하는 현상에 대해 매력과 우려를 동시에 느껴왔다. 저자는 신경과학자로서 우리 머릿속 세계상은 어떻게 형성되는지 따져보았다.

저자의 질문은 이렇다. 감각기관이 제공하는 데이터를 이용해 세계에 대해 개인적인 상을 만드는 것은 개인의 뇌이다. 인간 지각은 극히 주관적인데 그런 주관성은 뇌에서 어떻게 만들어지는 것일까. 이 책은 그 질문의 답이다.

앞부분의 몇 가지 사례가 흥미롭다. 49세의 뉴욕 미생물학 교수인 헬렌은 유방암에 걸려 수술을 하고 항암치료를 받기 전 구토 억제 효과를 내는 약물 덱사메타손 주사를 맞는다. 지하철을 타고 집으로 돌아가는데 지하철 소음이 갑자기 커지고 뚜렷한 리듬이 생기며 차량 흔들림도 매우 과격하다. 동시에 너무나 불길한 예감이 격하게 밀려와 경악할 만한 재앙이 온다는 확신이 든다. 그런데 너무 불안해 다음 정거장에서 내려보니 지하철 승객들은 모두 멀쩡하게 통로를 잘 다니고 있다. 거리로 올라가니 행인들도 가을을 만끽하며 산책을 즐기고 있다. 이럴 수는 없는데 이건 뭐지? 어째서 내게 이런 현상이 나타난 것일까? 집에 돌아온 헬렌은 컬럼비아대학교 신경정신과 의사인 친구에게 전화를 건다. 친구는 덱사메타손을 투여한 뒤 정신병 증세를 보인 사례가 많다고 설명한다. 뇌가 극도로 예민해지기에 지각이 있지도 않은 위험을 감지하고, 편집증 증세를 보일 수 있으며 환각까지 나타날 수 있다고 한다.(35쪽) 헬렌은 자신을 120퍼센트 이성적인 인간으로 여기고 있었다. 그런데 스트레스 호르몬 과다로 잠깐 돌아버릴 수 있다는 게 믿기지 않는다.

또다른 사례는 73세의 마르가레트 노부인이다. 아직은 빠릿빠릿하다. 경미한 인지 장애 진단을 받았지만 생활을 하는데 전혀 지장이 없다. 노부인은 자신이 다니는 신경외과 의사에게 사위 미하엘이 최근 자신의 집을 자주 방문해서 자신의 물건을 반복적으로 훔친다고 말한다. 딸은 말도 안된다며 엄마가 초기 치매나 편집증에 걸린 것이 틀림없다고 확신한다. 두 달 뒤에 노부인이 서랍장에 둔 돈이 없어졌다. 노부인은 경찰에 가서 절도 혐의로 사위를 신고한다. 딸은 분개해서 엄마가 완전히 돌았다며 병원에 입원하라고 다그친다. 딸은 마침내 후견인 권리를 활용해 엄마를 신경정신과 병동에 입원시킨다. 의사는 노부인이 사위 이름만 나와도 화를 내는 것으로 보아 편집증적 망상이 의심되며 저용량 신경 이완제를 투여할 계획을 잡는다. 그런데 경찰에서 사위를 심문한 결과 사위가 도박 빚을 갚기 위해 노부인의 돈과 은 제품을 훔쳤다고 자백한다.(38쪽) 이 두 사례는 저자가 신경정신과 의사로 활동하면서 경험한 예다.

즉 신경정신과 의사들조차 진료하면서 환자의 생각이 망상인지 실제인지 구별하는 것이 힘들거나 불가능하다는 것이다. 저자는 '정상'과 '비정상' 상태는 한 끗 차이라고 말한다. 두뇌 신경세포인 뉴런이 1,000억 개 이상이고 이들의 결합개수는 10조 개 이상이라고 한다. 그렇게 복잡한 구조가, 특히 두개골속에 갇힌 암흑 속에서 세계상을 만들어낸다는 것은 기적이며, 그 과정에서 오류가 발생해도 전혀 이상할 것이 없다.

뇌가 하는 일이 얼마나 어려운지를 호주의 신경과학자 제이컵 호위는 문도 창문도 없는 집 안에 갇힌 사람의 상황에 비유했다. 바깥세상에서 주어지는 유일한 신호는 벽을 두드리는 소리뿐인 상황에서 소리의 원인이 무엇인지 어떤 식으로든 알아내야 한다. 깜깜한 집에 갇힌 사람처럼 두개골 블랙박스에 갇힌 뇌는 자신에게 주어진 감각 데이터가밖에서 일어나는 어떤 일을 반영하는지 확실히 알지 못한다. 데이터가곧 세상이 아니며, 세상을 보여주는 것도 아니기 때문이다. 뇌는 신뢰할 수 없는 감각 데이터(인풋)에서 가능한 원인을 유추해 전 유기체의생존 가능성을 최대화하는 행동(아웃풋)으로 반응해야 한다.(182쪽)

그래서 뇌는 일종의 예측 기계이다. 첫째 학습된 지식으로 뇌가 '내적 세계 모델'을 가지고 있다는 것이다. 뇌는 이런 모델을 도구로 가설을 만들어, 들어오는 감각 데이터를 예측한다. 둘째, 뇌는 예측에서 벗어나는 것, 소위 예측 오류를 활용해 '내적 세계 모델'을 지속적으로 최적화하고 업데이트, 즉 학습한다.(190쪽) 그래서 영국의 뇌과학자 크리스 프리스는 지각은 '현실과 조화를 이루는 환상'이라고 말했다. 충분히 그렇게 말할 수 있을 것이다.

그렇다면 우리가 채택하는 확신은 무엇일까? 저자는 확신은 우리 뇌가 예측을 위해 활용하는 내적 세계 모델의 일부라고 말한다.(205쪽) 예측 처리 이론은 뇌 속 내적 세계 모델의 위계질서적 구조를 바탕으로 하는데, 이런 구조는 다시금 바깥세상의 위계질서적 구조를 반영한다고 본다. 그리하여 우리가 얼굴로 인식하는 대상은 선과 색깔이 있는 면으로 이루어진다. 이런 단순한 구성 요소가 특별하게 결합해 비로소 얼굴이 된다. 얼굴은 다시금 커다란 구조, 즉 인체의 일부이며, 인체는 더 커다란 맥락, 즉 어느 도시의 거리 풍경 같은 특정 환경에 포함된다. 이런 환경은 더 커다란 사회적 배경을 구성하고, 세계에 내재된 이런 위계질서적 구조에서 직접적으로 세상에 대한 예측의 위계질서가 나온다.(205쪽)

정신병에 걸린 사람은 주위에 보이는 현상을 이상한 것으로 지각하고 그로 인한 불안과 긴장은 망상적 설명으로 해결한다. 모순적으로 들리지만 망상은 혼란스러워 보이는 세상에 다시금 질서를 만들어낸다.(246쪽)

망상의 기능을 조금 더 살펴보자. 예측 처리 이론에 비추어볼 때도 망상적 확신은 '전단 볼트 절단'으로 이해할 수 있다. 예측과 감각 데이터 사이의 불균형으로 말미암아 예측 위계질서의 낮은 수준에서 예측 오류가 지나치게 많이 생겨나면, 주관적으로 견딜 수 없는 불안이 찾아온다. 그러면 이제 전단 볼트가 절단됨으로써 내적 세계 모델의 가장 높은 수준의 예측이 변해 설명할 수 없는 것 - 예측 오류가 계속 나타나는 것 - 을 설명할 수 있게 된다. 그러니 편집증적 망상이 정신 질환자의 불안을 줄여주는 메커니즘으로 볼 수 있듯 건강한 사람들의 편집증적 사고도 그들의 불안을 줄여주는 것으로 볼 수 있는 것이다. 우리의 내적 세계 모델은 대부분 유용하지만, 결코 완벽하지 않으며, 모든 사건을 올바로 예측할 수 없다. 따라서 예측과 부합하지 않거나 모순적으로 보이는 사건이 늘 등장한다. 그러면 뇌는 예측 오류 신호를 만들어내고, 우리는 약간 혼란스럽고 불안하고 불확실한 상태에 직면한다.(277쪽) 그래서 불안은 기본적인 두뇌 작동 시스템과 연결되어 있다고 봐야 할 것이다. 즉 편집증적 사고는 건강한 사람들에게도 짐을 덜어주는 역할을 할 수 있을 것으로 보인다. 대뇌에게 불안을 줄여주는 것은 중요하다. 이런 시각에서 볼 때 망상적 확신은 '정상적' 확신과 같은 기능을 한다. 오늘날 학계는 음모론에 대한 믿음을 판단력이 병적으로 제한됐음을 보여주는 표시라기보다는 굉장히 '정상적인' 현상이라는 데 의견을 같이 한다.(280쪽)

이런 식으로 살펴보면 음모론에 대한 믿음의 효과도 이해된다. 음모론은 많은 경우 모순적으로 보이거나 이해할 수 없는 일에 대해 단순한 설명을 제공해준다. 즉 당신이 모르는 세상보다는 당신이 아는 악마가 더 나은 것이다. 삶의 진행이 그저 우연에 내맡겨 있다고 생각하는 것보다 더 낮게 느껴진다. 그러므로 정신 질환자가 자신들의 망상을 확고히 믿는 것만큼이나 음모론을 믿는 사람들이 불안한 세상을 그럴듯하게 설명해주는 확신을 확고히 믿는 것은 충분히 이해할만한 일이다.(283쪽) 망상과 음모론의 근본적 차이는 정신증적 망상은 늘 개인의 망상이라는 것이고, 음모론은 다른 사람들과 확신을 공유한다는 것이다.(285쪽) 나와 비슷한 생각을 함께 나눈다는 것이 수많은 뉴스가 범람하는 이 복잡한 세계에서 얼마나 힘이 되는 행동일까 충분히 짐작된다.

저자는 우리 뇌가 하는 일을 이렇게 요약한다. 길지만 음미할 가치가 충분하다.

우리가 안다고 믿는 것, 확실하다고 생각하는 것, 확신하는 것, 바깥 세상을 지각하고, 이 세상에서 우리 자신을 인식하는 것, 이 모든 것은 뇌가 하는 일이다. 뇌는 깜깜한 뼛속 방에서 감각기관이 보내는 신경 자극을 수신해 그로부터 세계의 상을 만들어낸다. 이런 세계상은 순수한 환상도, 현실과 완전히 동떨어진 것도 아니며, 감각기관에서 신경 임펄스를 유발하는 사건에 의해 수정된다. 그렇게 해서 탄생하는 것은 '현실과 부합하는 환상'이다. 그러나 이런 환상은 장기적으로 생존과 번식에 유익한 정도로만 현실과 일치한다. 진화의 명령은 '현실과 일치하는 세계를 구성하라!'는 것이 아니라, '생존과 번식 가능성이 극대화되도록 세계를 구성하라!'는 것이다.(296쪽) 물론 우리가 밖에서 일어나는 일을 되도록 정확히 아는 것은 적응에 도움이 된다. 저자는 계속 강조한다. 그것이 뇌가 세상을 만들어내는 유일한 기준이 아니라는 이야기다. 그래서 인식적 비합리성이 생겨난다. 그러니 우리가 비합리적 확신을 갖는 경향은 시스템상의 결함도, 맹장처럼 쓸모없는 것도, 부수현상도 아니다. 이것은 뇌의 아주 '정상적인' 기능 방식의 결과다. 그러므로 저자의 말처럼 버그가 아니라 특성이다.

그러니 저자가 긴 논증 끝에 생각이 다른 사람과 대화하는 것이 불가능하지 않다고 강조하는 것은 대단히 합리적이다. 저자도 많이 겪어보았는지 포퓰리즘적 여론 선동은 합리적 논증의 원칙에서 벗어난다고 강조한다. 그럼에도 열린 태도와 진정한 관심을 가지고, 분별심과 인내심을 가지고 대화해나가라고 권한다. 저자는 건설적 대화를 시도하는 것은 언제나 가치 있는 일이라고 말한다.

한국의 정치 사회 상황을 염두에 두고 책을 쓴 것이 아닐까 싶을 만큼 오늘날 한국 정치인과 시민에게 꼭 맞는 조언이다. 한국의 극단적인 정치 분열 상황과 그에 열렬하게 동조하는 움직임은 심각한 문제다. 인터넷 댓글을 쓱 훑어보기만 해도 문제 상황을 금방 알 수 있다. 여기에 꼭 맞는 해독약은 없다. 역지사지의 정신으로 건설적 대화를 이어나가는 것이 유일한 해법일 것이다.

잠자는 죽음을 깨워 길을 물었다

닐 올리버 지음/ 이진옥 옮김/ 윌북

　들어가며에 나오는 구절이 인상깊다. "인류의 진정한 문제는 이것이다. 우리가 구석기시대의 감정과 중세의 제도, 그리고 신과 같은 기술을 가지고 있다는 것." 월슨이라는 사람이 2009년에 하버드 매거진에 쓴 글이라고 한다. 그런가? 구석기시대의 감정을 우리는 전혀 모른다. 그 감정이 유물로 남았다면 좋았겠지만 아쉽게도 우리는 구석기시대의 인골 몇 개와 돌도끼와 화살촉만 물려받았다. 그러니 구석기시대의 감정을 우리는 도통 알 수 없다. 구석기인들은 우리보다 더 이성적이었을까? 더 관용적이며 더 협동적이었을까? 모를 일이다.

　저자는 우리 종에게는 이야기에 대한 욕구가 있다고 말한다. 한 올한 올 실처럼 엮인 이야기는 신화와 전설, 종교로 직조되었다. 저자는 양자론도 물리학자에게 이야기로 들으면 이해하기 쉽다고 말한다. 즉 고전적 뉴턴물리학에서는 큰 것은 작은 것들로 이루어지고 작은 것은 더 작은 것들로 이루어져 있다. 반면 양자물리학에서 우주란 '가능성과 확률로 이루어진 무정형의 구름'에 가까우며 그 안의 개체들은 우리가 관찰할 때와 그렇지 않을 때 다르게 움직인다.

영국의 고고학자이자 역사가인 저자는 가족과 죽음과 사랑 같은 12 가지 주제로 고고학 유물을 재해석한다. 그가 만든 이야기는 고대의 인간 마음에 들어갈 수 있는 길을 튼다. 마음이란 유물은 남지 않았지만 오늘날 우리는 그 마음을 유물을 통해 새롭게 건축한다.

책에 세 번째로 나오는 스카라 브레는 스코틀랜드 오크니제도에 있는 신석기시대의 마을 유적지다. 주제는 집이다. 기원전 3100년부터 약 600년간 사용되었다. 가옥들의 구조는 거의 비슷한데 중앙에는 화덕이 있고 양쪽 벽에 침대가 있으며 뒤쪽에는 돌로 된 장식장이 있다. 옛날에는 더 많았겠지만 지금은 8집이 남아있다. 우리가 늘 그리움의 대상으로 말하는 '집' 즉 '마이 스윗 홈'인 것이다. 집들은 지붕 있는 통로와 길로 서로 연결되어 있는데, 입구를 통과할 때는 허리를 굽혀 손과 무릎으로 기어가야 했다. 돌로 된 침대 아래에서는 나란히 놓인 두 구의 여성 유골이 발견되었다. 차마 그들을 떠나보낼 수 없었던 가족들이 그들의 유해를 가장 가까운 곳에 간직했던 것이다.(102쪽)

조지아의 드마니시 마을 동굴에서 1991년경 다섯 구의 유골이 발견되었다. 거의 200만 년전의 호모 에렉투스 유골로 고양잇과의 포식자들이 동굴로 끌고 들어온 것으로 보인다. 호모 에렉투스의 뇌용량은 550씨씨 정도로 현생인류의 삼분의 일에 불과하다. 호모 에렉투스는 남아프리카에서 출발해서 에티오피아를 넘어 아라비아반도와 구대륙 구석구석으로 퍼져나갔다. 그들은 멸종했다. 이 장의 주제는 세입자다.

저자는 이렇게 말한다. "우리가 살고, 이름을 부여하고, 목숨 걸고 지키며 이방인을 내쫓으려 하는 이곳에 우리는 아주 잠시 머물 뿐이다. 이곳에 대해 악착같이 소유권을 주장하는 이들을 볼 때마다 나는 대단히 안

타깝다. 그것은 마치 말을 귀찮게 하는 파리들이 말이 누구의 것인지를 두고 싸우는 꼴과 같다. 우리가 속한 종, 호모 사피엔스는 지구의 주인이 아니다. 호모 에렉투스나 오스트랄로피테쿠스가 지구의 주인이 아니었던 것처럼 말이다. 우리는 집문서도 없는 세입자에 불과하다."(121쪽)

다섯 번째 주제는 기억이다. 저자는 1985년, 열여덟살이었을 때, 처음 발굴에 참여했다. 스코틀랜드 에이셔주 댈멜링턴에 있는 둔 호숫가였다. 몇 해 전에 이 부근에서 석기시대인들이 돌로 도구를 만들 때 생긴 부스러기들이 발굴되었다. 호기롭게 시작했지만 비가 와서 발굴 작업은 제대로 진행되지 못했다. 발굴 책임자 토머스가 2년 전 유적이 잠시 노출되었을 때 그린 평면도를 저자에게 보여준다. 흩어진 석기 파편들이 그려진 그 그림은 추상화처럼 보인다.

토머스가 묻는다. "어떤 패턴이 보이나?" 저자가 아무리 보아도 소행성 군단을 찍은 사진처럼 보일 뿐이었다. 토머스는 평면도의 중심에 있는 두 쌍의 빈 공간을 가리켰다. 맥주잔 받침 크기 정도 되는 한 쌍의 원형 아래로 그보다 작은 두 개의 원형이 보였다. 저자는 이게 뭘 뜻하는지 알 수가 없었다. 토머스가 말했다.

"바로 여기가 부싯돌로 석기를 만든 사람이 무릎을 꿇고 앉았던 자리라네. 위쪽에 있는 두 개의 원은 두 무릎이 닿은 공간이고, 그 뒤의 작은 원 두 개는 발끝이 놓였던 자리지."

저자는 충격과 전율을 느낀다. 수천 년 전 바로 그곳에서 누군가 얼마간 무릎을 꿇고 앉아서 자신에게 필요한 석기를 만들었다. 작업이 끝나자 그는 자리에서 일어나 그가 가야 할 곳으로 영원히, 완전히 사라졌다.(167쪽) 수천년 전의 사람이나 현대인이나 비슷하다. 우리는 어떤 생명 활동을 하고 사라지는 운명에 처해 있는 것이다.

공존이라는 제목이 붙은 장의 〈옛것과 새것〉 내용도 인상적이다. 과거의 장소와 유적을 막대한 유지보수 비용을 쏟아서라도 보존하겠다는 욕망은 최근에 생겨난 것이라고 한다. 에이브버리 스톤 서클은 영국에서 가장 유명한 거석기념물인 스톤헨지 바로 근처에 있다. 15톤 이상 나가는 거대한 100개의 사르센 암석이 카다란 원을 그리면 서 있고, 그 원의 안쪽으로는 크기가 똑같은 두 개의 커다란 암석이 서 있다. 1720년대 초반에 영국에 살던 호고주의자(好古主義者) 윌리엄 스터클리는 이 에이브버리의 바위에 깊은 관심을 품었다. 그러나 그곳 주민들은 거석 유적을 치워버리지 못해서 안달이었다. 뭔가 악한 기운이 서려있기 때문이고, 둥글게 늘어선 바위들이 거인이 변한 것이라거나 이교도들이 마법을 벌이기 위해 만든 것이라고 여겼다. 그래서 어서 바위를 무너뜨리고 근사한 교회를 짓고 싶어했다. 영국제도의 곳곳에서 이와 비슷한 일들이 종종 벌어졌다. 이 교회의 신도들과 저 회당의 교인들이 고대 유적들에 '의로운' 분노를 퍼부었다. 얼마나 많은 유적이 이런 식으로 파괴되었는지 모른다.(191쪽) 책에는 프랑스 북서부의 카르나크 열석의 훼손 과정이 기록되어 있다. 저자는 우주 전체를 통틀어 기억에 몰두하는 존재는 인간뿐이라고 말한다. 과거의 유적과 현재의 이익이 싸우면 현재 이익이 이긴다. 한국에서도 수많은 문화재와 유적이 사라졌고 지금도 근대건축물들은 사라지고 있는 중이다.

<영웅>이라는 장에서 '해야 할 일을 할 용기' 편을 보자. 와이라카는 마오리족의 전설 속 인물이다. 3000년 전, 선장의 딸이던 와이라카는 여성과 아이들만 타고 있던 카누가 전복될 위험에 처하자 여자는 노

를 저어서는 안 된다는 금기를 깨고 앞장서 노를 저어 배에 탄 사람들을 구했다고 한다. 뉴질랜드 북섬 베어오브플렌티 해안에서는 와이라카의 용기를 기리는 청동 동상이 서 있다. 폴리네시아인들은 약 3000년 전부터 태평양의 섬들을 개척했다. 그들은 북쪽의 하와이, 동쪽의 이스터섬, 서쪽의 뉴질랜드를 잇는 삼각 항로를 따라 항해했다. 그 여행은 운에 의지해 정처없이 떠도는 편도 여행이 아니라 언제든 자신의 위치를 분별할 수 있고 그 능력에 확신을 가진 뱃사람들의 계획적인 왕복여행이었다. 마오리족에게는 위대한 여행의 기억들이 오랫동안 전승되어왔다. 그 중 가장 흥미로운 이야기는 마오리족의 전설 속 고향인 하와이키에서 길고 흰 구름의 땅, 아오테아로아(뉴질랜드)로 가는 길을 개척한 쿠페의 여행이다. 전설에 따르면 쿠페는 해마다 같은 시기에 남쪽 하늘로 날아가는 쿠아카(큰뒷부리도요)라는 새를 유심히 지켜보았다고 한다. 그는 하와이키섬 안에서는 한 번도 새들의 둥지를 본 적이 없다는 사실을 의아하게 여겼다. 저 멀리 남쪽 어딘가에 육지(쿠아카가 향하는 곳)가 있다는 것을 확신한 쿠페는 작은 무리를 이끌고 새들이 날아간 방향을 향해 항해를 개척했다. 쿠페는 기원전 1200년에 마침내 아오테아로아에 도착했다.(242쪽) 역사상 가장 위대한 모험가와 탐험가를 들라면 태평양 제도 섬들에 사는 폴리네시아인들일 것이다. 작은 카누를 타고 별빛과 새와 파도의 움직임에 의지해 수천 킬로의 바다를 항해한다는 열망은 어떻게 자라난 것일까.

책에서 가장 놀라운 이야기는 범고래와 인간의 협동을 다룬 <에덴의 고래 사냥꾼들>일 것이다. 호주의 타와족들은 1840년 경 포경을 하는 유럽인들에게 범고래가 인간의 사냥 동료이며 사람들을 도와 사냥을 하고 그 대가로 혹등고래의 거대한 혀와 입술을 차지한다고 알려주었다. 범고래는 배 쪽으로 혹등고래를 몰아주고 도망치지 못하도록 막아주는 대가로 자신의 몫을 얻었다. 타와족은 그 거래를 혀의 법칙이라고 불렀다. '올드 톰'으로 불렸던 수컷 범고래는 자신의 무리가 수염고래들을 몰고 만 근처로 올 때면 포경 가문인 데이비드슨 가족이 바다로 나올 때까지 밤이든 낮이든 수면을 철썩철썩 때리곤 했다. 때로 톰은 선두 포경선에 달린 밧줄을 이빨 사이로 물고 사냥할 고래 떼가 있는 곳까지 배를 끌고 가기도 했다. 혀의 법칙은 어김없이 지켜졌다. 사람들은 작살로 고래를 잡은 다음 올드 톰과 그의 가족들이 배를 채울 때까지 기다려주었다. 올드 톰의 사체는 투폴드베이 해안에서 발견되었다. 그의 뼈는 에덴 마을 범고래박물관에 전시되어 있는데 오랜 시간 밧줄을 물고 끌었던 올드 톰의 이빨이 밧줄 걸이 모양으로 닳아 있는 모습을 볼 수 있다. 세계 곳곳에는 타와족처럼 범고래와 유대 관계를 맺은 원주민 집단들이 있다.(266~267쪽) 타와족의 말에 따르면 먼저 협동을 제안하며 다가온 것은 범고래였다고 한다. 범고래는 1,000년 동안 인간들이 날카로운 창으로 고래를 잡는 모습을 지켜보면서 인간이 자신들에게 없는 재주를 가지고 있으며 동료 사냥꾼으로 삼을 만하다는 것을 알게 되었다고 한다. 믿을 수 없는 이야기이지만 고래가 포유류로 5000만 년 전에 육지에서 바다로 들어간 동물이라는 점을 감안하면 가능성이 충분하기도 하다.

앨리스 로버츠 생물인류학자는 표사에서 저자는 "수십만 년 전 유적에 새겨진 감정을 읽어내며, 세상은 변해도 인간의 감정만은 변하지 않았다는 걸 보여준다'고 말한다. 인간과 침팬지는 대략 600만 년 전에 갈라졌다고 한다. 우리의 선조는 그야말로 고난과 죽음을 겪으며 지금까지 생존해왔고 마침내 지구의 정복자로 군림하고 있다. 동시에 발생하지 않아도 될 우크라이나 전쟁과 가자 지구 전쟁을 겪으며 서로를 죽이지 못해 안달하고 있다. 유물의 따뜻한 속삭임에 귀를 기울이면서도 한편으로 답답한 마음을 금할 수 없다. 인류는 멸종을 겪고 더 진화해야 할 동물이 아닐까 싶다.

[독서일기 30]

유럽 최후의 대국, 우크라이나의 역사

구로카와 유지/ 안선주 옮김/ 글항아리

한국과 우크라이나는 그다지 교류가 없었다. 러시아와는 여러 관계가 깊다. 러시아에서는 현대차가 자동차 판매 1등을 차지하기도 했고 오리온 초코파이와 팔도 도시락도 잘 팔린다. 삼성전자와 LG전자 제품도 인기다. 최근에는 화장품도 잘 나간다. 러시아 사람은 한국인을 좋아하고 매력적이면서도 위협적이지 않은 존재로 인식한다고 한다. 고종의 아관파천을 비롯해 근현대사와 관련해 한국과 얽힌 사건도 많다.

우크라이나가 한국의 시야에 들어온 건 우크라이나 전쟁 때문이다. 우크라이나에게 155밀리 포탄을 공급하는 것과 같은 이슈가 터지면 러시아 외교부와 한국 외교부가 공방을 벌이기도 한다. 나는 우크라이나 전쟁이 미국이 일극 체제에서 다극 체제로 넘어가게 되는 결정적인 전쟁이 아닌가 생각한다. 미국은 우크라이나 전쟁에 깊이 관여했고 전쟁 발발과 경과에 큰 이해 관계가 걸려 있다. 그런 점에서 우크라이나에 관해 기초적인 역사를 알아보는 것도 필요하다. 일본인인 저자는 우크라이나 대사를 역임했고 일본에서 우크라이나 연구회를 이끌고 있다. 원서는 2002년 출간되었다.

우크라이나의 전신인 키에프 루스 공국은 대략 9세기경 창건되었다. 키에프 루스 공국은 흥망성쇠를 겪는데 이에 대해 러시아의 논리는 다음과 같다. 키에프 공국이 멸망한 후, 우크라이나의 땅은 리투아니아와 폴란드 영토가 됐고 나라 자체가 소멸해서 계승하고 싶어도 계승자가 없었다. 이에 반해 키에프 루스 공국을 구성하던 모스크바 공국은 단절되지 않고 존속하여 키에프 루스 공국의 제도와 문화를 계승했으며 훗날 러시아 제국으로 발전했다. 그러니 러시아가 키에프 루스 공국의 정통 계승자라고 볼 여지가 충분하다.

그러나 우크라이나 입장에서는 키에프 루스 공국의 정통 계승자 여부에 따라 자기 나라가 1000년 전부터 이어온 영광의 역사를 가진 나라인지, 아니면 지금까지 러시아의 한 지방에 불과했던 단순한 신흥국인지를 가늠하는 국격에 관련한 중요한 문제가 된다.(44쪽)

그 후 몽골이 키에프 루스 공국을 멸망시키고 기나긴 몽골 지배의 시대로 접어들었다. 할리치나—볼린 공국은 키에프 루스 공국의 서남부에 있는 할리치나 공국과 볼린 공국이 병합하여 형성된 공국으로 1240년 키예프 함락 후에도 한 세기 가까이 존속했다. 우크라이나가 키에프 루스 공국을 승계했다는 논리를 받쳐주는 중요하지만 논란 많은 사실이다.

14세기 중반 할리치나—볼린 공국이 멸망한 후 17세기 중반 코사크가 우크라이나의 중심 세력이 되기까지 약 300년 동안 우크라이나 땅에는 우크라이나를 대표하는 정치 권력이 존재하지 않았다. 이 기간에는 리투아니아와 폴란드가 우크라이나를 지배했다.

한때 우크라이나는 유대인의 천국이라고 불릴 정도로 유대인이 많이 살았고 차별도 적었다. 17세기에 대귀족들이 장원 관리인으로 유대인을 많이 써 유대인의 대규모 이주가 시작되었고 우크라이나에서는 17세기 전반 50년 동안 유대인 인구가 4만 5000명에서 15만 명으로 증가했다. 유대인의 정주 구역은 우크라이나와 벨라루스로 트로츠키, 지노비예프, 카가노비치, 샤갈, 에렌부르크와 같은 유대인이 이 두 지역 태생인 까닭이다.(92쪽)

16세기 초에 우크라이나인들 중 일부가 집단을 만들어 타타르인과 튀르크인, 그리고 오스만튀르크 제국 내 도시와 촌락을 습격했다. 이들은 노예가 된 정교도 루스인을 해방하는 데도 힘을 쏟았다. 이들이 '코사크'라고 불리게 됐다. 도망 농민과 모험심으로 합류한 귀족과 도시 주민도 있었고 몰다비아, 유대, 튀르크, 타타르 등 슬라브계 이외의 사람들도 합류했다. 16세기 말까지 코사크 마을은 왕으로 임명된 '헤트만'이 이끌었다.

17세기 우크라이나의 최고 영웅은 보흐단 흐멜니츠키를 꼽을 수 있다. 그는 1595년 우크라이나의 드네프르강 중류 마을에서 태어났고 그의 아버지는 등록 코사크이자 소영주였다. 코샤크였던 흐멜니츠키는 인생 후반기인 1648년 1월 헤트만으로 선출되어 폴란드와 전쟁을 벌여 승리한다. 등록 코샤크의 수를 4만 명으로 늘리고 우크라이나(당시의 영토 기준)를 코사크령으로 하는 등의 즈보리우 휴전 협정을 폴란드와 체결한다. 이때부터 '코샤크 국가' 또는 '헤트만 국가'가 형성됐다. 흐멜니츠키는 헤트만 국가를 지키기 위해 자력만으로는 폴란드와 대항할 수 없어 모스크바 국가와의 보호 조약을 체결한다. 이 조약의 원본은 분실되고 불완전한 번역본만 남아 있다. 남아 있는 번역문에 따르면 이 조약에서 코사크와 우크라이나인은 모스크바의 차르에게 충성을 맹세할 것, 차르는 우크라이나에 군사 원조를 할 것, 코사크는 스스로 헤트만을 선출하고 모스크바에 사후 통보할 것 등의 내용이 담겨 있다. 러시아와 우크라이나 사이에서 이 조약만큼 평가가 엇갈리는 사안도 없다고 한다.(126쪽)

러시아 예카테리나 2세 치하인 1772년부터 1795년까지 세 차례에 걸쳐 폴란드는 러시아, 프로이센, 오스트리아 3국 소유로 분할되어 소멸한다. 그리고 우크라이나 역시 대부분은 러시아로, 서우크라이나의 일부는 오스트리아의 지배 아래 들어가게 되어 우크라이나는 지도에서 사라진다. 예카테리나 2세가 창설한 '신러시아(노보로시아)'의 포템킨 총독은 농업을 발전시켜 흑해 연안에 곡물 수출항인 오데사, 미콜라이우, 헤르손 등의 도시를 발전시킨다.(147쪽) 최근 우크라이나 전쟁 관련 뉴스에서 자주 보이는 도시들이다.

또 주목할 것은 우크라이나의 유대인이다. 19세기 말에 러시아 제국 내에 520만 명의 유대인이 거주하고 있었는데 이 중 우크라이나에 200만 명이 거주했다. 유대인은 도시민이었고 우크라이나의 도시에서는 도시 인구의 53퍼센트 이상이 유대인이었다. 유대인 중에는 부자도 있었지만 대부분은 가난한 소상인이나 기술자, 공장 노동자였다. 가난한 우크라이나인 농민들에게 유대인은 고리대금업자나 장원 관리인 등의 직업을 가진, 자신을 착취하는 인종으로 보였다. 이런 배경에서 '포그롬'이라 불리는 유대인에 대한 집단 폭행과 약탈이 1881년과 1903년에 일어났다. 심각한 타격을 입은 구 러시아 제국의 유대인들은 19세기 말 많은 수가 신대륙으로 이주했다. 그들의 자손은 현재의 유대계 미국인의

핵심이 됐다.(180쪽)

우크라이나 동남부는 석탄과 철의 보고로 알려졌다. 돈바스 지방에서 석탄이 발견되어 채굴 산업이 급속도로 발전했다. 돈바스의 철광산에서 채굴한 철광석을 이용하여 드네프르–돈바스 지방에 대규모 제철업 지대가 출현했다. 1890년부터 1900년 사이의 철광석 생산을 보면 우랄 지방이 4배 증가했던 반면, 우크라이나는 158배 증가했다. 이처럼 러시아 제국 말기에 우크라이나 동남부는 제국 최대의 공업지대로 발전했는데 이 과정은 당시 유럽 전체로 봤을 때도 가장 급속한 공업화였다. 다만 완성품을 만드는 산업은 발전하지 못했다. 1913년에는 우크라이나의 채굴 산업이 제국 전체의 70퍼센트를 차지했지만 완성품은 15퍼센트밖에 되지 않았다.(181쪽) 공업화 과정에서 러시아인들이 우크라이나 동남부로 대규모로 들어오게 된다. 1897년 러시아 제국 하의 우크라이나에 거주하게 된 러시아인 인구는 300만 명으로 그 비율은 12.4퍼센트까지 치솟았다. 이처럼 러시아인으로 관료, 지주, 지식인, 예술가, 실업가 등 지도계층과 공장과 광산의 노동자가 채워졌다. 남부 중공업 지대의 숙련 노동자 가운데 석탄산업의 경우 25퍼센트, 제철 등 금속 산업의 경우 30퍼센트만이 우크라이나인이었다. 도시의 러시아인 비율도 증가하여 19세기 말 드네프르강 지역은 34퍼센트, 특히 미콜라이우, 하르키우, 키예프 각 도시에서는 러시아인의 인구 비율이 절반을 넘었고 오데사, 카테리노슬라우 각 시에서도 절반 가까이 증가했다.(182쪽)

1차 세계대전과 볼세비키 혁명 사이에 우크라이나 중앙 라다(라다는 회의, 평의회를 의미하는 우크라이나어다.)는 1917년 11월 '우크라이나

국민공화국'의 창설을 선언한다. 페트로그라드의 소비에트 정부는 국민
공화국을 인정하지 않고 무력으로 우크라이나를 점령하기로 하고 1918
년 1월 키예프에서는 라다 측과 볼셰비키 측 사이에서 치열한 시가전이
벌어진다. 중앙 라다는 독일–오스트리아에 식량 100만 톤을 공급하기
로 하고 그들 나라의 지원을 받기로 한다. 독일–오스트리아군은 45만
명의 군대를 모아 우크라이나에 진주하고 볼셰비키 군은 키예프에서 후
퇴한다. 1918년 4월에 독일군은 중앙 라다 회의장에 난입하여 중앙 라
다를 해산시키고 정부를 폐지한다. 이로써 14개월 동안 우크라이나의
민족주의를 주도했던 중앙 라다는 소멸한다.(202쪽) 비록 짧았지만 우
크라이나가 국민공화국으로 독립한 경험은 후대에 남겨지게 된다.

1985년 소련공산당의 서기장으로 취임한 고르바초프는 글라스노스
트(정보 공개)와 페레스트로이카(재건) 정책을 개시했다. 글라스노스트
는 소련 연방 각 나라의 민족주의에 불을 지폈다. 특히 우크라이나 체
르노빌에서 1986년 4월 26일 발생한 원자력발전소 폭발 사건은 충격이
컸다. 우크라이나에서는 그동안 억눌렸던 불만이 터져나와 1932년부터
1933년까지 일어난 대기근이 공공연하게 논의됐고 우크라이나어 복권
움직임도 고조되어 1989년에는 '우크라이나 언어법'이 제정됐고 우크라
이나어가 국어로 채택됐다. 오랫동안 금지되었던 파란색과 노란색으로
구성된 우크라이나 민족 국기가 사용되었고 우크라이나 국가를 불렀으
며 볼로디미르 1세의 삼지창을 상징하는 문장을 가슴에 달았다.

우크라이나 독립은 급속도로 진행되었다. 1990년 3월 우크라이나 소
비에트 공화국의 의회인 '최고회의' 선거를 했다. 그해 7월 16일 우크라
이나 최고회의는 주권을 선언했고 소련에서 군사 쿠데타가 실패한 후

인 1991년 8월 24일 우크라이나 최고회의는 독립선언을 채택했다. 훗날 이날은 독립기념일이 된다. 1991년 12월 1일, 우크라이나의 완전 독립 여부를 가리는 국민 투표와 초대 대통령을 결정하는 선거가 실시됐다. 국민 투표에서는 90.2퍼센트가 독립을 찬성했다. 1991년 12월 25일 고르바초프가 대통령직에서 물러나면서 70년 동안 이어온 소련은 명실공히 소멸했다.(276쪽)

저자는 우크라이나 독립은 평화적으로 진행되었지만 동시에 소련이 붕괴하는 과정에 무임승차한 점도 크다고 말한다. 즉 국가가 어디로 나아가야 할지 방향도 명확하지 않았고 정체성도 뚜렷하지 않았다. 저자는 우크라이나 면적은 러시아 다음으로 넓고 인구는 5,000만 명으로 대국이 될 수 있는 잠재력을 지녔으며 지정학적인 중요성도 크다고 말한다. 우크라이나의 향방에 따라 동서의 힘 균형이 달라졌다는 것이다. 원서가 2002년에 나와 그 후 지금의 우크라이나 전쟁에 이르기까지 일어난 우크라이나의 복잡한 정치 상황은 나오지 않는다.

저자는 훗날의 우크라이나 전쟁을 예견이라도 한 것처럼 이 지역은 안정된 국제관계가 제대로 형성되어 있지 않다고 평하고, 그런 의미에서 우크라이나가 독립을 유지하고 안정되는 것은 유럽과 세계의 평화에 있어 중요하다고 말하고 있다. 특히 중·동유럽 국가 입장에서는 사활이 걸린 문제라고 평한다.(280쪽)

나는 소련 공산당의 무능을 지적하지 않을 수 없다. 우크라이나와 벨라루스와 러시아는 같은 슬라브 민족이고 역사도 공유하고 있다. 얼마든지 연방국가로 존속할 수 있었던 나라다. 소련이 연방 해체 과정에서 전략적 후퇴를 통해 우크라이나에 연방 대통령을 양보하는 방식 등을 통해서라도 국가를 유지하는 방책을 찾을 수 있었을 것이다. 소련 공산당과 고르바초프는 경제 문제를 먼저 푼 다음에 정치 문제를 풀지 않고 섣불리 정치 개혁을 우선함으로써 민족주의의 흥성과 같은 재앙을 불러들였다. 우크라이나 역시 러시아라는 지역 강대국을 옆에 두고 나토에 가입한다는 악수를 두면서 전쟁의 참화 속으로 나라를 던지고 말았다. 유연하고 냉정하게 정세를 판단한다는 것은 그만큼 어려운 것이다.

물질의 세계

에드 콘웨이/ 이종인 옮김/ 인플루엔셜

　어렸을 때 온천장 동성극장에 영화 관람 경품으로 '다라이'가 걸렸다. 붉은색 플라스틱 제품이었다. 그때는 플라스틱 제품이 귀했고 다라이에 김치를 치대어 김장을 하는 시절이었다. 이제 우리 주위는 신소재로 만든 물건들이 넘쳐난다. 자본주의의 장점인 생산력 폭발을 제대로 경험하고 있다. 우리는 그런 물건의 바탕이 되는 물질에 대해서 잘 알지 못한다. 반도체의 원재료인 모래부터 시작해서 흔히 보는 철도 그렇다. 이런 물질이 어디서 생산되어 어떻게 가공되어 우리에게 오는지 그 여정을 살펴보는 것은 곧 현대 문명을 체험하는 것이다.

　부제가 '6가지 물질이 그려내는 인류 문명의 대서사시'이다. 6가지 물질은 모래, 소금, 철, 구리, 석유, 리튬이다. 저자는 이들 물질의 생산과 성질과 유통을 취재하기 위해 칠레의 아타카마 사막에서 네바다의 기가팩토리까지 종횡무진한다. 서구에서 주로 나오는 이런 유의 다큐 책을 읽으면 문제의식과 방대한 취재에 놀란다. 독자층이 넓어서 그런지, 아니면 저널리스트의 사명감이 강한 건지는 모르겠지만 치밀하고 정교한 서술에 감탄할 뿐이다.

저자는 에필로그에서 미국에서 쓰는 연필을 예로 들어 물질세계의 복잡함을 설명한다. 연필에 쓰이는 나무는 미국 서부에서 자라는 삼나무다. 연필심은 스리랑카에서 채광한 흑연에 미시시피주의 흙, 동물성 지방과 황산으로 만든 화합물을 섞어서 만든다. 피마자유로 만든 액체로 연필의 나무와 심을 코팅하고, 수지를 써서 라벨을 붙인다. 연필 끝에는 지구 반대편에서 채광한 구리와 아연으로 만든 놋쇠를 붙인다. 지우개는 인도네시아의 유채씨유, 염화황부터 황화카드뮴에 이르는 수많은 화학물을 사용해서 만든다. 연필처럼 간단한 물건도 이처럼 복잡한 과정을 거친다. 저자는 연필을 예로 들어 첫 번째 우리는 일상용품을 만드는 과정을 알지 못한다. 두 번째 복잡한 제조 과정을 단 한 사람이 맡거나 통제한다는 것은 불가능하다고 말한다.(21쪽)

첫 번째 물질은 모래다. 모래는 간단한 것 같지만 간단하지 않다. 이집트 투탕카멘 석관에서 발견된 보물 중에는 태양신 라를 형상화한 목걸이가 있다. 목걸이는 금, 은, 청금석, 터키석 등 귀중한 보석으로 덮여 있고 가운데는 풍뎅이를 조각한 담황색의 반투명 돌이 박혀 있다. 이 노란 돌은 아무도 본 적이 없었다. 왜일까? 대체 이 돌은 무엇이며 어디서 가져온 것일까. 1932년 12월 사하라 사막, 세이프 사구의 가장자리를 지나던 아일랜드 탐험가 클레이턴은 자동차 바퀴 밑에서 쿵 하는 소리를 들었다. 차에서 내린 클레이턴은 그 일대의 사막이 거대한 노란색의 유리판으로 덮여 있다는 사실을 발견했다. 투탕카멘 왕의 목걸이에 박힌 노란색 유리는 클레이턴이 거대한 모래바다로 약 800킬로 들어간 지점에서 발견한 노란색의 유리에서 나온 것이엇다. 약 2,900만년 전에 사하라 사막에 유성 하나가 떨어져 폭발했다. 이 돌은 지구로 추락한 유성에서 순식간에 탄생한 것이다. 모래를 일종의 유리(리비아사막 유리)로 만든 주인공은 바로 2,900만 년 전의 유성이었다.(47쪽) 이 노란색 유리는 믿을 수 없을 정도로 완벽한 순도를 자랑한다.

모래알의 주성분은 실리카이다. 이산화규소나 석영으로 알려져 있다. 유리는 녹인 모래라고 할 수 있다. 반도체 원재료로 쓰이는 원판은 순수한 실리카로 만들어진다. 스페인의 석영 광산 세라발은 야구공 크기로 석영을 채취한다. 실리카 함량은 조금 낮지만 용광로에 넣기에 형태가 좋다. 세라발에서 가져온 암석들은 코크스용 석탄과 나뭇조각과 뒤섞인 채 용광로에 들어가서 1,800도 이상에서 가열된다. 이 과정에서 어떤 화학 반응이 일어나는지는 아직도 모른다. 석영, 석탄, 우드칩 등의 원료를 6톤 넣을 때마다 1톤의 실리콘메탈이 생긴다. 이는 폴리실리콘으로 변환된다. 매우 순수한 물질이다. 반도체 등급의 폴리실리콘은 순도가 실리콘 원자 1,000억 개 중 불순물 원자가 하나인 수준이다.

이 폴리실리콘은 일본의 웨이퍼 제조사인 산에츠 같은 회사로 넘어간다. 산에츠 엔지니어들은 초크랄스키법으로 완벽한 고체 잉곳을 만든다. 이것을 다이아몬드칼로 잘게 썰면 반도체 웨이퍼가 된다. 여기서 산화막, 포토, 식각, 증착, 패키징 공정 등을 거쳐 우리가 아는 반도체가 탄생한다. 모래에서 시작해서 오늘의 세상을 움직이는 하나의 반도체 칩이 완성되기까지 참여사 수백 개가 관여한다. 이들의 도움이 없으면 반도체 공급망에서 가장 눈에 띄는 회사들조차 제 기능을 발휘하지 못한다.(147쪽) TSMC의 반도체 공장들은 네덜란드와 일본의 공작 기계, 독일의 화학물질, 전 세계에서 수입한 각종 부품이 없으면 가동되지 못한다. 완벽한 실리콘 웨이퍼를 만들 수 있는 소수의 회사는 미국이나 중국에 본사를 두지 않는다. 웨이퍼가 결정화되는 도가니에 들어갈 규사를 생산하는 국가는 전 세계에 딱 한 군데밖에 없다. 저자는 이렇게 말한다. 정치가들은 한가하게 리쇼어링을 운운하지만, 그것은 물질의 세계에서 실제로 어떤 일이 벌어지는지 모른다는 반증일 뿐이다.(148쪽)

두 번째는 생명의 물질인 소금이다. 이 책에서 염화나트륨을 6대 물질로 부르는 이유는 소금이 오늘날 화학 산업과 제약 산업의 기반을 이루고 있기 때문이다. 영국 체셔의 지하 광산에서 퍼올린 소금물 중 일부만이 식염으로 사용되고, 나머지는 파이프를 타고 공장으로 운반되어 우리의 생존을 돕는 제품들로 변신한다. 소금을 분해하는 클로르알칼리 공정은 거대한 전력을 사용한다. 한쪽 전극에서는 염소 가스와 소금물이 뒤섞인 노란색 혼합물이, 다른 전극에서는 수소 가스와 수산화나트륨(가성소다)이 나왔다. 현대 사회에서 매우 중요한 화학물질이다. 수산화나트륨은 종이와 알루미늄 생산을 비롯해 무수한 산업 공정에서 활용되고 있으며, 특히 비누와 세정제를 만들 때 반드시 필요하다. 염화수소가 없으면 태양광 패널도 실리콘 칩도 없다. 염소는 우리가 사용하는 물을 정화한다.

세 번째는 강철이다. 철이 없으면 나라가 없다는 말이 부제로 붙어 있다. 강철은 일반적으로 2퍼센트 미만의 탄소함량을 보인다. 선철은 탄소 함량이 3~4퍼센트, 연철은 극소량의 탄소를 함유한 매우 순수한 금속이다. 그런데 어떻게 하면 강철이 2퍼센트의 탄소를 함유하도록 만들 수 있을까. 쉽지 않은 일이다.

석탄과 철은 산업혁명의 탄생을 도왔다. 석탄은 기계에 연료를 제공했고, 철은 기계를 만드는 연료가 되었다. 제임스 와트의 증기엔진은 제철 전문가 존 윌킨슨을 만나면서 비로소 빛을 보았다. 윌킨슨의 도움을 받아 완벽에 가까운 철 실린더와 피스톤을 만들고 나서야 비로서 엔진을 제대로 작동시킬 수 있었다.(271쪽) 증기엔진은 물질 혁명이면서 에너지 혁명이었다. 무엇이 강철을 물질 세계의 주축으로 만들었는가? 그 이유는 강철의 기능이 뛰어날 뿐만 아니라 동시에 가격이 저렴하기 때문이다.(274쪽) 가격만이 전부가 아니었다. 헨리 포드가 미국에서 대량생산으로 만든 자동차 모델T는 바나듐강으로 만들었다. 이 가볍고 강력한 합금이 없었더라면 모델T는 만들어지지 못했을 것이다. 모델T는 다른 차들보다 가볍고 운전도 쉽고 중량 대비 출력도 좋은 편이었다. 다른 차들이 종래의 무거운 강철로 만들어진 탓이었다.(277쪽)

책에는 철광석 산지인 호주의 서부 필바라 지역이 소개되어 있다. 몇억 년 전에 바다였던 그곳은 철강석이 침전해서 거대한 광상을 만들었고 지각변동으로 땅으로 노출되었다. 주변 흙은 붉은색이며 길가의 돌을 주우면 철이 들어 있어 묵직하다. 여기서 화약으로 땅을 폭파해서 철광석을 캐서 중국과 한국의 포스코 등에 공급한다. 호주산 철광석으로 강철을 생산하면 중국이 그 강철로 공장을 세우고 기계를 만든다. 이 공장과 기계에서 우리가 사용하는 스마트폰이 만들어지고 배터리가 조립되고 아이들의 장난감이 제작된다.

다음 물질은 구리다. 구리는 마법의 물질이다. 전기를 운반한다. 현대 기준으로 봤을 때 전기 이전 시대의 집들은 충격적일 정도로 어두웠다. 가스, 고래기름, 등유를 사용하는 가장 좋은 램프도 밝기가 100와트 전기의 15분의 1 정도도 미치지 못했다.(315쪽) 이 램프의 사용은 냄

새 나고 위험한 데다가 매우 비싸기까지 했다. 전기로 거리가 밝아지면서 더 안전해졌고 일터가 밝아지면서 더 오래 일할 수 있게 됐다. 어렸을 때 시골에 있는 외갓집에 놀러가면 등잔불을 쓴 기억이 난다. 소가 여물을 먹었고 밥은 장작이나 낙엽을 모아서 솥에서 지었다. 전기는 이 모두를 일소해버렸다.

저자는 현대 사회에서 가장 저평가된 경제적 사건으로 전기모터의 탄생을 들고 있다. 전기모터는 생산성을 비약적으로 향상시켰지만 그 가치를 제대로 인정받지 못했다. 증기 엔진 대신에 전기모터가 들어오면서 제조업 생산성이 1930년대에 두 배나 증가했고 1960년대에는 또 다시 두 배 증가했다.(316쪽) 저자는 이런 기적을 가능하게 한 구리 생산지로 칠레의 추키카마타 광산으로 찾아간다. 100여 년간 추키카마타 광산은 그 어떤 광산보다 더 많은 구리를 생산했다. 지구상에서 채굴되고 정제된 구리의 13분의 1은 여기 추키카마타에서 나왔다. 그래서 광산은 마을을 삼켜버리고 깊이는 땅속으로 1킬로 이상 내려간다. 거대한 폐광석 쓰레기산이 놓여있고 엄청난 양의 물을 사용하고 있다. 거대한 분쇄 동광석 더미에 물을 뿌리고 희석한 산성 용액에 동광석을 적시면 구리를 함유한 산성 용액은 바닥으로 배수되어 정제소의 다음 단계로 보내진다.(336쪽)

저자는 왕립 과학탐사선인 제임스쿡호를 타고 대서양 한가운데로 나가 다금속단과 얘기를 들려준다. 태평양 특정 지역에 가면 해저에 돌덩어리들이 무수히 많이 흩어져 있는 모습을 볼 수 있다. 감자처럼 생긴 이 작은 돌들은 상어 이빨이나(상어는 평생 이빨이 계속 나는데 약 30,000개 정도라고 한다.) 조개껍데기 등 해저에 떨어진 유기물 파편에 무기물이 달라붙으면서 수백만 년에 걸쳐서 형성된다. 니켈, 망간, 코발트, 구리 등 광물이 다금속단괴에 많이 농축되어 있다.(360쪽) 이런 글을 읽으면 걱정이 먼저 앞선다. 인간이 언젠가는 바다 밑도 파헤치겠구나 하는 우려다. 그저 채굴비용이 비싸서 엄두를 못내기를 바란다.

그 다음 광물은 석유다. 저자는 사우디아라비아의 가와르 유전을 어떻게 발견했는지 탐사 이야기로 시작한다. 1940년대 스탠더드오일에서 근무하던 지질학자 어니 버그가 주인공이다. 이런 저런 우연과 기적의 과정을 거쳐 세계 최대의 가와르 유전이 발견된다. 남북으로 282킬로미터, 너비는 31킬로미터에 달한다. 가와르 유전은 이미 700억 배럴 이상의 원유를 생산했고 지하에 500억 배럴 이상의 매장량을 보유했다고 알려져 있다.(385쪽) 가와르는 세계 최대의 유전이면서 세계 2위의 가스전이다. 가와르의 이야기는 약 1억 년 전에 시작되었다. 당시는 빈번한 화산 활동으로 대기 중 이산화탄소 농도가 높아지면서 플랑크톤 개체 수가 어마어마하게 증가하던 때였다. 오늘날의 페르시아만 지역(당시에는 초대륙 곤드와나의 북쪽 해안) 해저에서 이런 유기물들의 잔해가 쌓이면서 곧 하나의 층을 이루었다. 그후 동물성 플랑크톤과 해조류가 수백만 년 동안 가열 및 압축되어 석유와 가스로 변했다. 거기다 원유와 가스를 밀봉할 저류암층도 있었다.

우리에게 익숙한 석유제품은 정유공장을 통해 제품으로 만들어져 온다. 정유공장은 원유 혼합물을 분리하도록 설계된 일종의 거대한 화학 세트라고 할 수 있다. 정유공장은 어떻게 작동할까. 미국 정유공장을 예로 들어보자. 정유공장에서는 먼저 사우디아라비아, 나이지리아, 텍사스 등지에서 온 원유에서 염분과 오염물을 제거하여 깨끗한 상태로 만든다. 다음은 가장 중요한 증류 단계로 원유를 가열, 증발, 응축하는 과정을 반복하여 혼합물을 분리한다. 혼합물을 이루는 물질들은 고유의 끓는 점을 갖고 있는데 증류탑에 원유 혼합물을 넣고 가열하면 끓는 점을 이용하여 각각의 물질을 분리할 수 있다. LPG 같은 가스류는 섭씨 30도 이하, 석유는 섭씨 40도 이상이 끓는 점이다. 비등점이 낮은 물질은 가열이 시작되면 증류탑에서 가장 빠르게 꼭대기까지 솟구치므로 이를 '가벼운 유분'이라고 표현한다. 더 끈적거리고 단단한 물질은 증류탑의 바닥으로 가라앉으므로 '무거운 유분'이라고 한다.(405쪽)

독일 베셀링의 정유공장은 전 세계에서 온 대략 100가지 맛의 다양한 원유를 정제할 수 있다 한다. 대단한 실력이다. 책은 우연히 발견된 폴리에틸렌과 폴리에틸렌을 이용해 만든 전화선과 전투기 내에 레이더를 설치한 이야기 등 물질의 비사를 재미있게 전개한다.

마지막은 전기자동차에 쓰이면서 사람들 모두가 알게 된 리튬이다. 벨기에의 유미코아 같은 회사가 리튬 재활용을 하는 방식과 태양광 모듈과 리튬 이온 배터리의 급격한 가격 하락 같은 이야기가 이어진다. 인간이 물품을 더 잘 만들 수 있게 된 이유 중의 하나는 우리가 에너지 사다리를 오르고 있다는 점에 있다. 나무에서 석탄으로, 석탄에서 석유로, 석유에서 가스로. 이 연료들의 에너지 밀도는 높아지고 연료는 점점 더 청정해졌다. 그러나 이러한 개선이 인간이 점점 더 많은 에너지를 소비한다는 사실을 상쇄시키지는 못한다. 오늘날 토마토, 감자 등거의 모든 작물에 천연가스로 만든 비료를 사용한다. 하버-보슈 공정은 화학비료를 무제한 생산할 수 있게 함으로써 식량의 대량생산을 가능하게 했다. 딜레마다. 화석연료 덕에 인류가 굶주림에서 벗어났지만 동시에 기후위기를 불러오고 있는 것이다.

저자는 마무리에서 물질의 세계는 오늘날 우리 삶의 기반이며, 우리의 조상들이 감내해야 했던 힘든 노동과 고된 가사에서 벗어나게 해준다고 말한다. 1801년 당시 1만 제곱미터의 밭에서 밀을 생산하려면 평균 150시간의 노동력이 필요했다. 오늘날에는 강철 쟁기, 디젤 엔진, 반도체 기반의 콤바인 추수기 덕분에 2시간이 채 걸리지 않는다. 또 같은 면적에 훨씬 많은 밀을 심을 수 있다. 100년 전에는 1톤의 구리를 생산하는 데 230시간의 노동력이 필요했지만 오늘날에는 약 18시간이면 충분하다. 이처럼 놀라운 발전을 이루게 된 것은 농업과 광업을 산업화하기 위하여 엄청난 양의 에너지, 금속, 화학물질이 투입되었기 때문이다.(539쪽)

우리는 안락과 발전을 위해 더 많은 물질을 투입하고 그 물질 때문에 다시 환경이 악화되는 도돌이 세계에 살고 있다. 또 과학자들은 현재보다 더 뛰어난 소재와 물질을 계속 개발하고 있다. 저자는 결론에서 물질이 우리가 마법을 이룰 수 있도록 해주었다고 낙관적으로 미래를 전망하지만 알 수 없다. 마법의 물질인 플라스틱이 지구 생태계에 미친 악영향을 생각해보자. 역사는 인간을 배신한 적이 많았고 대개는 인간의 어리석음과 탐욕에서 빚어진 참사였다. 어찌됐든 우리의 어려움을 해결해주는 새로운 물질을 계속 기대해야 하는 걸까.

트럼프 2.0 시대

박종훈/ 글로퍼스

트럼프가 대통령에 당선된 후의 변화와 경제를 예측하고 한국의 대응을 촉구하는 책이다. 놀라운 건 저자가 미국 대통령에 트럼프가 당선될 것으로 예측하고 미리 책을 써놓았다는 것이다. 2024년 미국 대선일은 11월 5일이고 트럼프 당선은 11월 6일 경 확정되었다. 이 책의 초판 1쇄는 2024년 10월 29일이고 내가 산 초판 5쇄는 11월 22일 발행되었다. 트럼프가 당선되자 책은 품절되었고 한참을 지나서야 받아볼 수 있었다. 놀라운 예측력과 추진력이 아닐 수 없다. 책의 지은이는 박종훈이고 펴낸이도 박종훈이다. 일종의 1인 출판사이니 책을 팔아 얻는 이득도 상당할 것이다.

저자는 서울대 경제학 박사 출신으로 1998년 KBS에 입사해서 KBS의 대표 경제 기자로 활동했다. 2024년에 KBS를 퇴사하고(새로 온 사장이 그를 한직으로 발령내는 바람에 그만두었다는 말도 있다.) 개인 유튜브 채널 '박종훈의 지식한방'을 운영하고 있다. 2024년 11월 25일 현재 구독자 수가 약 45만 명이고 계속 늘고 있다. 세계 정세와 세계 경제를 새롭고 참신한 시각으로 방송하고 있어 채널 인기가 계속 높아질 것 같다.

책의 프롤로그 제목은 "왜 언론은 트럼프 당선 예측에 또다시 실패했을까?"이다. 그는 미국 언론의 이념적 양극화가 심하기 때문에 어떤 기관이 여론조사를 실시했느냐에 따라 결과 편차가 매우 크다는 점을 지적한다. 그래서 정치적 편향성을 고려해서 객관성이 높고 정확한 데이터인지를 검증해서 보도해야 한다고 말한다. 저자는 이를 제대로 평가 못하고 NBC나 ABC 같은 해리스를 공개적으로 지지하는 미국 언론사를 주로 인용해서 보도하는 한국 언론을 질책하고 있다. 저자는 한국 언론들이 해리스 찬가를 부르던 2024년 8월부터 이 책을 쓰기 시작해서 대선이 치러지기 전에 미리 완성했다고 밝힌다. 저자가 객관적인 분석을 해보니 트럼프 당선이 너무나 확실하기 때문이였기 때문이다.

저자가 이 책에서 주장하는 첫 번째 주장은 트럼프 2.0 시대는 1기와 비교할 수 없을 정도로 강력하다는 것이다. 1기 때의 트럼프는 전통적인 공화당 정책과 완전히 다른 정책을 펼쳤기 때문에 끊임없이 공화당 전통 세력과 충돌했다. 이제 트럼프는 공화당을 완전히 장악했으며 트럼프의 지지를 받은 후보의 96%가 예비 선거에서 승리했다. 트럼프는 경제, 무역, 외교, 이민, 환경 정책에서 트럼프주의를 얼마든지 밀어붙일 수 있는 힘을 얻게 되었다.(21쪽) 왜 이렇게 트럼피즘이 기승을 부릴까. 한마디로 미국인의 삶이 나아지지 않았기 때문이다. 2024년에야 미국인들의 시간당 실질 임금이 1970년대 초반 수준을 회복하는데 그쳤다.

미국 사람들의 소득이 가장 급격하게 줄어든 때는 1970년대 후반부터 1980년 초반까지였다. 1970년대 후반 카터 대통령 시절 미국의 물가 상승률은 전년 대비 14.8%에 이를 정도로 치솟아올랐다.

빌 클린턴 대통령 시절 미국 경제는 다시 활력을 찾았지만 이는 중국을 세계무역기구(WTO)에 가입시킨 덕이었다. 중국에서 값싼 제조업 제품이 물밀 듯이 들어오기 시작하자 공산품 가격이 내려가면서 실질소득이 회복되는 착시 현상이 일어났다. 그 대신 미국의 제조업 기반은 급속도로 무너지기 시작했다. 중산층은 더욱더 힘든 삶을 살게 되는 악순환에 빠졌다. 러스트 벨트 노동자들은 원래 민주당의 열렬한 지지자였으나 민주당으로부터 등을 돌리고 트럼프를 지지하게 된 사람들이 적지 않았다. 캘리포니아는 2024년부터 불법 이민자 모두에게 건강 보험 혜택을 주는 메디케이드 혜택을 제공하고 있어 세금을 내는 중산층의 분노가 높아졌다.(29쪽)

미국의 인구 비중을 보면 백인이 62%, 히스패닉이 21%, 흑인이 12%이다. 히스패닉은 불법 이민자가 많아서 투표권이 없는 경우가 많다. 실제 등록 유권자 비중은 백인이 70%, 흑인이 12%, 히스패닉이 10%로 백인 비중이 압도적으로 크다.(33쪽)

저자는 트럼프 2.0 시대에 한국 경제를 걱정하고 있다. 바이든 대통령이 교묘하게 한국을 비롯한 해외의 공장을 미국에 짓도록 유도해 왔다. 인플레이션 감축법과 반도체 지원법을 이용해 보조금을 지급하는 방법을 통해서이다. 트럼프는 이를 적극 활용해 더 많은 타국의 제조업체를 자국에 끌어오려고 할 것이 분명하다. 트럼프의 정책 기조는 우리나라 같은 제조 강국에게는 국가 비상사태에 준하는 위협 요인이 될 수 있다. 트럼프의 압박 정책이 더해지면 한국의 첨단 제조업 공동화 현상은 더욱 위험한 수준으로 치닫게 될 것이다.

첨단 제조업이 국내에 제조 설비를 계속해서 지어야 수많은 협력업체가 창출되고, 제조업체들이 서로 연결되면서 융합되어야 새로운 아이디어가 넘쳐 나는 혁신 생태계가 탄생할 수 있다.(52쪽)

미국은 제조업 일부만 빼면 글로벌 밸류체인을 다 지배하고 있다. 그런데 미국의 제조업은 어떻게 몰락하게 되었을까? 첫 번째는 레이건 대통령 시절에 경쟁력이 약화된 제조업을 포기하고 금융과 서비스 산업 위주로 경제를 재편하는 전략을 취했던 때이다. 두 번째는 2000년부터 2010년까지 10년 동안 미국의 제조업체들이 공장을 중국으로 옮기거나 중국에 위탁하기 시작하면서이다. 세 번째는 2008년에 발생한 글로벌 금융 위기를 기점으로 제조업이 거의 전멸하다시피했다. 금융 회사들은 미국 정부의 막대한 지원을 받아 대부분 회생했지만 미국의 제조업체들은 신용경색으로 운영 자금을 구하지 못해 몰락하는 일이 생겨난 것이다. 2018년 미국 보잉사의 보잉 737 MAX가 기체 결함으로 추락하고 2024년에도 같은 기종의 문짝이 4킬로미터 상공에서 떨어져 나가는 사고가 발생하기도 했다. 미국에서 제조업을 비용 절감 대상으로만 보면서 생겨난 경쟁력 저하때문이라고 저자는 말한다.(55쪽)

트럼프 시대에 닥칠 제조업 경쟁력 강화에 한국은 어떻게 대응해야 할까? 중국의 대응을 보자. 중국은 부동산을 포기하고 남은 마지막 여력을 제조 굴기와 로봇 굴기에 쏟아붓고 있다. 우리나라는 별다른 산업 정책이 없다고 해도 과언이 아니다. 게다가 이런 다급한 상황에서 한국 경제에 마지막 남은 여력을 부동산으로 쏠리도록 유도하는 바람에, 지금 우리나라의 자금은 부동산으로만 몰리고 있는 형국이다. 우리나라 기업들은 충분한 인력과 에너지조차 확보하지 못하고 있다고 저자는 진단한다. 산업별로 봤을 때 반도체 분야에서는 향후 10년 동안 3만 명이 부족할 전망이고 바이오 분야에도 10만 8000명이 넘는 추가 인력이 필요하다. 클라우드와 빅데이터 분야도 4만 명에 가까운 인력이 부족하고 조선업계는 수주를 받아도 인력이 부족해서 납기를 맞출 수 없다는 불안감에 시달리고 있다. 한국이 부동산을 수출해서 먹고살 수 있는 게 아니라면 이제 국가의 남은 여력을 부동산으로 유도하는 정책을 멈추고 최소한 주요 산업 분야의 인재 육성과 송전망 건설이라도 서둘러 추진해야 한다.(201쪽)

저자는 한국 청년의 상용직 근로자 감소 현상을 한국 대기업들이 미국에 공장을 짓기 때문이라고 주장한다. 청년들이 상용직이 아닌 비정규직으로 첫 직장을 시작하면 좀처럼 비정규직을 벗어나기 어렵다. 비정규직으로 시작해 정규직으로 되는 경우는 불과 12.8%밖에 되지 않는다. 2023년 상반기 해외 기업의 직접 투자로 미국에 창출된 일자리 중에 한국이 17%로 1위를 차지했고, 영국이 15%, 독일 11%, 중국과 일본이 9%였다고 한다. 우리 대기업들이 한국보다 미국에 더 많은 일자리를 만들고 있는 셈이다. 그런데 한국 대기업들이 미국에 투자하는 이유는 한국 정부의 국내 투자 유인책이 너무나도 미약하기 때문이라고 저자는 진단한다.

저자는 트럼프 시대에 대응 1순위는 급격히 무너져 가는 혁신 생태계를 복원하는 것이다라고 말한다. 특히 우리나라의 미래 먹거리인 반도체와 AI, 바이오, 로보틱스 등 핵심 전략 산업을 선정하고, 이렇게 선정된 산업에 국가 R&D 예산을 대폭 늘려서 첨단 산업 생태계 조성에 우리나라의 남아 있는 마지막 자원을 아낌없이 쏟아부어야 한다. 청년 자원이 급속하게 줄고 있어 대대적인 교육 혁신도 필요하다. 혁신 생태계 조성이 급선무라는 말이다.

　저자는 트럼프 2.0 시대가 몰고 올 대변화를 정치, 국제, 경제, 사회로 나눠 분석하고 한국은 어떻게 대응해야 하는가를 논한다. 유튜브 방송에서도 이 책에 나오는 꼭지를 하나씩 떼내 분석하는 영상을 올리고 있다. 순발력과 대응력이 최고다. 이 책이 아주 깊이 있지는 않지만 트럼프 당선이 되자 그동안 쌓은 실력으로 즉시 트럼프 2.0 시대의 예측과 대응을 분석해 책을 발간하는 자세가 탁월하다.

칩워

크리스 밀러/ 노정태 옮김/ 부키

　부제가 '누가 반도체 전쟁의 최후 승자가 될 것인가'이다. 이 질문은 공정하지 못하다. '반도체 전쟁'은 전혀 공정하지 않게 이어지고 있기 때문이다. 반도체는 미국이 처음 만들기 시작했고 제작 장비와 소프트웨어 역시 미국에서 만들기 시작했기 때문이다. 70년의 제조 역사를 가진 나라가 이제 막 생산에 투자를 하기 시작한 나라와 전쟁을 벌이면 승패는 뻔하다. 더군다나 미국은 제조 장비와 고성능 칩을 중국에 수출 금지하고 있다. 트럼프 1기에 시작한 중국 반도체 옥죄기는 바이든 정부 내내 이어졌다. 미국은 화웨이 등 중국회사가 TSMC에 의뢰하여 고성능 칩을 제조하는 걸 금지했다. 스마트폰 생산 세계 1위로 올라가려는 화웨이는 주저앉고 만다. 그래서 질문은 '반도체 전쟁은 어떻게 진행될 것인가'가 훨씬 적절할 것이다.

　미국은 마이크로소프트와 애플과 구글을 비롯한 빅테크 기업의 거점이다. 그런데 인터넷이건 클라우드건 소셜 미디어건 모든 디지털 세계는 엔지니어들이 실리콘에서 질주하는 전자의 가장 미세한 흐름을 통제하는 법을 배웠기 때문에 가능하다. 지난 반세기 동안 1과 0을 기억하고 처리하

는 비용이 10억분의 1 이하로 떨어지지 않았다면 "빅 테크"는 존재할 수도 없었다.(34쪽)

현재 생산되는 거의 모든 칩은 실리콘밸리와 접점을 지니고 있거나, 캘리포니아에서 설계되고 만들어진 도구로 제작된다. 미국의 과학 분야 전문가 풀은 굉장히 넓다. 미국의 과학계는 정부 연구 자금을 먹고 자라며 다른 나라의 최고 과학자들을 낚아채오는 식으로 힘을 기른다. 미국의 벤처 캐피털사와 주식 시장은 새로운 회사의 성장에 필요한 스타트업 자금을 제공하며, 실패한 회사는 무자비하게 솎아내버린다. 동시에 세계에서 가장 큰 미국의 소비 시장은 수십 년간 새로운 유형의 칩을 개발하기 위한 연구개발 자금을 대며 성장을 견인하고 있다.(35쪽) 미국의 반도체 파워는 여전히 막강하다. 그럼에도 '반도체 전쟁'이라는 말이 성립하는 이유는 미국의 다른 분야와 마찬가지로 미국의 막강한 일극 파워가 완만하지만 저물고 있기 때문이다.

미국은 반도체 파워를 소비재에 적용시키는 실력이 그다지 좋지 않았다. 일본 소니의 1960년대 비지니스 모델은 근본적으로 혁신, 제품 디자인, 마케팅에 바탕을 두었다. 모리타 회장의 꿈은 실리콘밸리의 최신 회로 기술을 활용한 새로운 소비자 기기를 내놓는 것이었다. 그는 이렇게 선언했다. "우리의 계획은 소비자에게 무슨 제품을 원하냐고 묻는 대신 새로운 제품으로 소비자들을 이끄는 것이다. 대중은 무엇이 가능한지 모르지만 우리는 안다."(120쪽) 스티브 잡스가 소비자가 바라는 제품 조사를 하지 않는 이유와 같았다. 소비자는 생산자가 혁신적인 제품을 내놓을 때까지 무엇을 바라는지 모른다는 것이었다. 실제로 그랬다. 소비자가 나오지도 않은 전자제품을 어떻게 욕망할 수 있겠는가. 욕망은 구체적이고 리얼한 제품을 손에 쥐어야 탄생한다. 소니의 진정한 강점은 칩을 설계하는 것이 아니라 소비재를 개발하고 소비자가 필요로 하는 전자 제품을 내놓는 것이었다. 샤프전자의 계산기 역시 일본 기업들이 바꿔 놓은 또 다른 소비자 전자 제품 중 하나였다.

미국은 소비제품이 아닌 다른 분야에서 반도체의 새로운 적용을 시험하고 있었다. 베트남 전쟁이 끝나갈 무렵 미국 텍사스인스트루먼트가 반도체를 넣어 만든 레이저 유도 시스템 폭탄이 베트남 타인호아 다리를 폭파했다. 미국은 군사강국답게 군사 분야의 반도체 사용에서 앞서나가기 시작한 것이다. 1991년 미국이 이라크를 침공할 때 정밀유도폭탄은 이라크의 통신시설과 군사용 표적을 정확하게 파괴했다. 현대전은 통신이 없으면 무너지고 만다. 이라크는 전쟁을 시작하자 얼마 가지 않아 군사무기와 결합한 반도체의 힘에 무너지고 말았다.

한국이 세계 최강의 자리를 차지한 D램 생산도 일본의 국제적 경쟁력에 맞서기 위해 미국이 키운 측면이 있다. 실리콘밸리는 한국에서 저렴한 D램 공급원을 찾고 미국은 연구개발 에너지를 범용 D램보다 더 부가가치가 높은 제품에 집중하는 방식으로 방향을 잡았다. 삼성전자와 SK하이닉스는 독불장군이 아니라 미국이 키운 양아들과 비슷한 회사였다.

미국은 반도체업계에서 되살아나기 시작했는데 콘웨이와 미드는 일련의 수학적 규칙에 기반한 '설계 규칙'을 만들어냈고 컴퓨터 프로그램으로 칩 설계를 자동화할 수 있는 길을 열었다. 이는 반도체 설계의 구텐베르크 혁명이라 할 만했다.(250쪽) 1989년 인텔이 486 마이크로프로세서를 발표했을 때, 그 작은 실리콘 하나에는 120만 개의 초소형 스위치가 내장되어 있었다.(255쪽)

대만도 반도체 전쟁에 뛰어들었다. 대만은 텍사스인스트루먼트에서 반도체 업무를 하던 모리스 창에게 반도체 분야 전부를 지배할 수 있는 권한을 주었다. 창은 자신이 구상하던 반도체 사업에는 많은 돈이 필요하다는 것을 알고 있었다. 창은 전화기에서 자동차, 식기세척기까지 모든 제품에서 새로운 칩 수요가 발생할 것이고 반도체 제조에 특화된 전문 기업에 아웃소싱할 것으로 예측했다. 1980년대 중반, 대만 정부는 파운드리 업체인 TSMC를 만들었다. 대만 정부가 자금의 48퍼센트를 투자하고 필립스와 대만의 부자들이 투자했다. 대만 정부는 또 TSMC에 광범위한 세제 혜택을 제공했다. TSMC는 모든 칩 설계자들에게 신뢰할 만한 파트너를 제공하는 일에 성공했다. TSMC는 절대로 자체 칩을 만들지 않겠다고 고객에게 약속했다. 고객과 경쟁하지 않겠다는 방침을 천명했고 TSMC는 성공했다.

네덜란드의 ASML도 전 세계 각지에서 공급받은 부품을 조립하여 리소그래피 시스템을 만들기로 했다. 핵심 부품을 타 회사에서 공급받는 것은 위험이 따르는 일이었지만 ASML은 그 위험과 함께 하는 방법을 익혀나갔다. 일본 경쟁사들은 모든 것을 자체 제작하려 애쓰고 있었던 반면에 ASML은 시장에 존재하는 최고의 부품을 구입할 수 있었다. ASML의 또 다른 장점은 네덜란드 회사라서 미국과 일본 사이에 있는 중립 지대로 보였다는 점이다. 미국 회사들은 ASML을 니콘이나 캐논을 대체할 신뢰할 만한 대안으로 여겼다.(322쪽)

이제 우리에게 익숙한 CPU 대신 GPU가 등장할 때가 되었다. CPU는 중앙처리장치라는 뜻으로 PC에 실린 마이크로프로세서가 한 예다. CPU는 범용성을 지니지만 단점이 있다. 그 모든 계산을 순차적으로 한 번에 하나씩 할 수밖에 없다는 것이다. AI가 필요로 하는 수준의 연산력을 CPU로 제공하려면 말도 안 될 정도로 높은 비용이 든다. GPU는 그래픽처리 장치로 많은 계산을 동시에 처리하도록 설계된다. 이런 구조를 "병렬 처리"라 하는데 병렬 처리가 컴퓨터 게임의 이미지 픽셀 말고도 할 수 있다는 일이 많다는 사실이 드러난 것이다. 고양이 이미지를 학습한다면 CPU는 픽셀 하나하나를 처리하는데 비해 GPU는 많은 픽셀을 동시에 "볼" 수 있는 셈이다. 컴퓨터가 고양이를 알아볼 수 있도록 훈련하는 데 필요한 시간이 놀랍게 단축되었다. 그 후 엔비디아는 인공지능에 미래를 걸었다. 창업 초기부터 엔비디아는 칩 제작의 많은 부분을 TSMC에 위탁했다. 대신에 차세대 GPU를 개발하고 엔비디아 칩을 활용할 수 있게 해주는 프로그래밍 언어인 CUDA를 개선하는 데 온 힘을 기울였다. 투자자들이 데이터센터에 힘을 실어주면서 더 많은 GPU가 필요해졌고 그에 따라 엔비디아 역시 미국에서 가장 중요한 반도체 회사로 떠올랐다.(404쪽)

이 책의 제목이 말해주듯 반도체 뉴스에서 빠지지 않는 이슈가 미국의 중국 반도체 제재다. 미국 정부와 달리 미국 반도체 업계의 딜레마는 요약하면 이렇다. "우리의 근본 문제는 우리의 최대 고객이 우리의 최대 경쟁자라는 겁니다." 중국은 세계 최대의 반도체 시장이다. 제조 강국 중국은 핸드폰을 비롯한 엄청난 전자 제품을 만든다. 미국 반도체 업계는 중국 시장 의존도가 점점 커지고 있었다. 인텔 같은 칩 제조사, 퀄컴 같은 팹리스 설계 업체, 어플라이드머티리얼즈 같은 장비 제조 업체 모두 마찬가지였다. 트럼프는 1기 때 중국에 첨단 반도체와 장비 수출을 규제했다. 여기에 대항해 중국은 기업과 국가 모두 총력을 기울여 반도체 자립에 나서고 있다. 시간이 걸리고 비용이 많이 들지만 달성 못할 목표는 아니다. 어쨌든 반도체는 인간과 기업이 만든 것이고 중국이 못 만들 마법이 걸린 제품은 아니다. 미국과 중국 모두 서로의 멱살을 잡고 있는 형편이다. 칩워의 미래가 궁금하다.

책을 버리며

책을 버려야 한다. 책은 물질성을 지니고 있다. 차곡차곡 시간이 흐를수록 늘어난 책은 식탁 옆과 거실벽과 큰방의 문 뒤를 차지하며 세를 불리고 있다. 전자책으로 책을 구하면 이 문제는 해결된다. 어릴 적부터 종이책을 읽어온 나는 전자책과 이상하게도 맞지 않다. 전자책을 읽으면 기억도 잘되지 않고 뭔가 미진한 느낌에 빠져든다. 공간을 차지하더라도 종이책으로 손이 간다.

모든 종이책은 언젠가는 사라질 운명이다. 삼국유사 옛 판본과 훈민정음 해례본과 같은 보물급 책들만 목숨을 부지하고 연명할 수 있지만 그 책들도 사실상 사라진 것과 다름없다. 누구도 그 책을 손에 들고 읽을 수 없다. 습도와 온도가 일정한 유리관 속에서만 존재할 수 있을 뿐이다.

쌓인 책을 덜어내고 책을 정리하고 새 책들을 승진시켜 눈에 띄는 곳에 배치한다. 이 작업을 하면 책을 버려야 한다. 어떤 책을 버릴 것인가. 책 한 권 한 권을 살피고 버릴 책들을 바닥에 쌓는다. 이 책은 버릴 것인가, 살릴 것인가. 순간의 판단이 오고 간다.

김대중이 쓴『새로운 시작을 위하여』를 손에 든다. 김영사에서 32년 전인 1993년 12월에 낸 책이다. 김대중이 1992년 대통령 선거에서 패배한 후 출판사 요청으로 썼다. 책을 대충 훑어본다. 자서전이자 여러 번의 대통령 선거에서 진 정치인이 한국 정치를 평한 책이다. 이 책은 살려둔다. 아마 절판되어 종이책으로 구하기도 쉽지 않을 것이다. 그런데 2024년 1월에 신개정판을 김영사에서 냈다. 신개정판은 김대중 탄생 100주년에 걸맞게 부록, 화보, 연표 면에서 보완했다. '정치인 김대중'의 이름을 국민의 뇌리에 각인시킨 <삼선개헌 반대 시국대강연회 연설>(1969)을 비롯해, 제15대 대통령 취임사(1998), 그의 생애 마지막 연설이 된 <6·15 남북공동선언 9주년 기념식 특별연설>(2009)까지 세 편의 명연설 전문을 수록했고, 김 전 대통령의 출생부터 퇴임 후까지의 파란만장했던 삶을 화보로 구성하여 그의 생애를 회고하고 싶은 독자들에게 특별한 의미를 전하고자 했다는 것이다. 어떤 책의 목숨은 생각보다 길다.

　『체 게바라 평전』을 손에 든다. 2000년 3월에 실천문학사에서 냈다. 역사인물찾기 시리즈 중 한 권이다. 체 게바라를 우상으로 모셨던 한 시절이 있었다. 지금은 셔츠의 초상화나 벽화로 박제된 것은 아닐까. 1990년대 초반 소련이 무너지고 자본주의는 세계화로 치달아 전세계를 장악했다. 자본주의는 워낙 변화무쌍하게 모습을 바꿔 각 나라의 자본주의가 과연 동일한 범주에 들어가는지 의문이지만 승리자임은 명백하다. 2000년대 초반만 해도 실천문학사에서는 닥터 노먼 베쑨과 케테 콜비츠, 여운형과 뇌봉과 같은 인물의 평전을 역사인물찾기 시리즈로 내고 있었다. 책 첫 화보에 체 게바라가 웃는 사진에 "우리 모두 리얼리스트가 되자. 그러나 가슴속에 불가능한 꿈을 가지자." 글이 쓰여 있다.

체 게바라가 살아 있으면 오늘의 가자 전쟁, 우크라이나 전쟁, 트럼프의 관세 전쟁을 어떻게 생각할까. 이 책도 살려 둔다. 2005년에 같은 출판사에서 낸 개정판이 인터넷 서점에 있다. 아직 절판되지 않았다. 체 게바라는 꿈을 가지고 책 속에서 계속 살아 있다.

정주영이 쓴 자서전 『시련은 있어도 실패는 없다』를 손에 들었다. 1992년 2월에 나온 책으로 비매품인 <당원 교육용>이다. 정주영 회장은 1992년 1월 현대그룹과 결별을 선언하고 국민당을 창당한다. 그 후 1992년 12월, 14대 대통령 선거에 도전하지만 참패한다. 국민당과 아무 연관이 없는 내게 이 책이 어떻게 넘어왔는지 모르겠지만 책에는 흥미로운 이야기가 많다. 정주영은 1915년 통천군 송전면 아산리에서 태어났다. 정주영의 일대기는 그야말로 한국 자본주의 역사다. 화웨이를 창업한 런정페이가 중국현대경제사를 알려주는 것과 같다. 자서전 성격상 자기를 치켜세우는 부분이 많겠지만 감안해서 읽더라도 그야말로 대단한 인생이었다. 시대의 운명이 개인의 운명을 만들었다고 볼 수 있다. 특히 경부고속도로 공사와 현대조선소 건설 스토리가 흥미롭다. 이 책도 2001년 판매용으로 재출간되었다. 한국자본주의 역사의 산 증인을 버리기는 그렇다. 이 책도 남겨둔다.

다음 책은 도스토옙스키의 『유럽 인상기』였다. 1999년 5월에 도서출판 푸른숲이 발행했다. 이 책은 절판됐고 인터넷 서점에서 8천원 정도에 중고책을 살 수 있다. 이 책을 읽은 것은 기억나지만 내용은 기억나지 않는다. 책 한 권을 다 읽고 핵심 주장 1~2개만 외워도 성공한 독서라고 하더니 이 책이 그 꼴이다. 책을 몇 곳 들춰보니 도스토옙스키는 프랑스의 공화주의와 부르주아 사상을 논하고 공산주의가 퍼지는 현상도 말하고 있다. 도스토옙스키가 유럽 사회를 비판하고 러시아의 농민과 대지를 사랑한 것은 잘 알려져 있다. 몇 곳을 읽으면서 도스토옙스키가 왜 그런 생각을 가지게 되었는지 근거를 잘 알 수는 없다. 훗날에 독일과 러시아가 충돌하리라고 말한 부분도 있다. 그러나 약 70년 후의 독소전쟁을 미리 예언했다고 보기는 맞지 않다. 이 책은 어찌 처리해야 할까. 망설이다가 보관으로 기운다. 도스토옙스키 이름값이 크긴 하다.

지은이가 <옥태권 외>로 기재된 『말하는 유물』을 손에 든다. 2013년 4월, 문학수첩에서 발간했고 표지가 반구대 암각화인데 깔끔하다. 이 책은 부산소설가협회와 부산박물관, 하나은행, 부산시, 부산일보 공동 프로젝트인 '부산 유물의 소설적 스토리텔링'의 결과물이다. 부산일보에 2012년 6월부터 12월까지 총 7개월에 걸쳐 연재된 동명의 기획물을 엮어서 펴낸 책이다.

불과 13년 전의 일인데 아득하기만 하다. 부산의 소설가 30명의 작품을 모았다. 그중에서 세 분이 고인이 되었다. 옥태권, 정태규, 전용문 선생님이다. 세월은 빠르고 세상에 변하지 않는 일은 없다. 절판되었으니 이 책도 남겨둬야겠다. 훗날에 이 책이 살아남아 있을까. 백 년의 세월이 지나면 죽음과 이사와 폐기로 책은 도서관 지하수장고에서만 살아있기 십상이다. 『삼국유사』를 쓴 일연이 참고한 서적들 중 대부분이 사라졌다. 책은 출판된 당대에는 그런대로 버티지만 몇 세대를 지나면 망각의 힘이 꾸준하고 인내심있게 공격해 모두를 무시무시한 부재의 자리로 몰아넣는다.

『최후의 몽골유목제국』을 살펴본다. 미야와기 준코가 쓴 중앙유라시아 준가르족에 관한 역사서이다. 책은 이미 절판되었고 나는 복사해서 제본한 책을 들고 있다. 청나라 강희제가 준가르와 몇 번이나 전투를 벌여 승리했고 신장지역을 복속시켰다. 선물받은 책인데 아직 읽어보지 못했다. 중앙아시아와 신장을 공부하는 필독서다. 이 책은 별 고민없이 살아남았다.

살아남은 책은 많다. 박스로 들어가 버려진 책은 더 많다. 11박스를 버렸으니 박스 하나에 20권으로 잡아도 220권의 책이 사라졌다. 요즘 도서관에서도 오래된 책은 기증을 받지 않으니 이 책들이 갈 곳은 뻔하다. 종이 신문과 종이 잡지가 세상에서 밀려 나가는 추세와 비슷하다. 버리는 책 한 권 한 권에 사연이 있고 이제는 절판돼서 구하기 힘든 책들도 많지만 어쩔 수 없는 일이다.

우리 아파트에서 운영하는 작은 도서관이 있다. 도서관 앞 책장에 사람들이 읽었던 책을 기증하는 장소가 있다. 기증된 책은 누구나 가져갈 수 있다. 지나는 길에 봤더니 출판사 뿌리깊은나무에서 펴낸『한반도와 한국 사람』시리즈 8권이 있었다. 첫째판을 1983년 4월에 냈고 작은 도서관에 나온 책은 1987년 6월에 나온 넷째판이었다. 40여 년 전의 귀한 책이다.「부산」편을 펴니, 1980년대 초반의 사진과 도시 사정이 자세하다. 해방 전에 지금의 동래 대동병원 앞에서 줄다리기를 준비하는 사람들과 같은 희귀한 사진도 들어 있다. 그런데 이 구하기 힘든 시리즈 8권을 아무도 가져가지 않았다. 내가「부산」과「경상남도」,「경기도」편 3권을 가져오고 한 달이 지나도록 책을 가져간 사람이 없었다.

출판사 뿌리깊은나무는 책을 자신의 출판철학에 맞춰 공들여 내기로 유명한 곳이었다. 스마트폰과 유튜브와 넷플릭스와 같은 디지털 구경감에 밀려 사라지는 것이 한두 개가 아니지만 계속 쌓여있는 책은 가슴이 찡한 장면이었다. 책이 귀한 시대에서 책이 흔한 시대로 넘어왔기 때문에 대접을 못 받을 수 있다. 사람들의 흥미를 끄는 볼거리가 너무 많아져 책이 선택받지 못할 수도 있다. 어쨌든 섭섭하다.

필름으로 유명했던 코닥이 디지털카메라의 시대에 적응하지 못하고 도태되었다. 책은 고유의 물질성과 아직도 지식 전달의 유용한 수단이라는 점에서 코닥과 같은 신세가 되지는 않을 것이다. 하지만 한때 '신의 하사물'과 같은 대접을 받았던 종이책의 영광은 저물어가고 있다. 나는 종이책을 사랑한다. 물질적 공간의 제약 때문에 어쩔 수 없이 책을 버려야 하지만 또 새로운 책으로 그 공간을 채울 것임을 믿어 의심치 않는다. 혹시 아는가. 한국의 갓은 사라질 유물로 취급되었고 만드는 사람도 극소수였다. 드라마와 K-팝의 인기를 타고 멋스럽고 독특한 모자로 부활하는 중이다. 그러니 종이책이 모두가 손에 들고 다니는 힙한 아이템으로 재탄생할지도 모를 일이다.

『작가의 드론독서』는 창작에 도움되기를 바라며 쓴 책이다. 정리하고 숙고하고 기록하지 않으면 독서 경험은 순식간에 휘발되어 몇 달만 지나면 어떤 책이었고 핵심 내용이 뭐였는지 기억나지 않는 일이 흔하다. 독서 내용을 글로 정리해두면 학습 근육 강화에도 도움이 된다. 2015년 9월에 1권을 냈고 2025년에 5권을 출간하니 2년에 한 권씩 낸 셈이다. 이번에도 교정을 보면서 다시 원고를 읽으니 글을 처음 쓰면서는 보이지 않던 시각이 새롭게 생겨난다.

앞으로 계속 『작가의 드론독서』를 내겠다고 다짐해본다.

작가의
드론 독서
5

1판 1쇄 2025년 9월 25일

지은이 정광모
펴낸이 서정원
펴낸곳 도서출판 전망
주소 48931 부산광역시 중구 해관로 55(201호)
전화 051) 466-2006
팩스 051) 441-4445
이메일 jmw441@hanmail.net
출판등록 제1992-000005호
ⓒ정광모 KOREA

ISBN 978-89-7973-652-6
ISBN 978-89-7973-398-3(셋트)

값 20,000원